嘤鸣诸野

当代中国私家收藏明清及近代名贤手迹丛刊

《谭屑》拾馀

晚清驻朝鲜使臣丛札及诗文稿

丁小明 编撰

國家圖書館出版社

图书在版编目（CIP）数据

《谭屑》拾馀：晚清驻朝鲜使臣丛札及诗文稿／丁小明编撰.—北京：国家图书馆出版社，2014.9
（嘤鸣诸野：当代中国私家收藏明清及近代名贤手迹丛刊）
ISBN 978-7-5013-5390-3

Ⅰ.①谭⋯ Ⅱ.①丁⋯ Ⅲ.①中国历史—史料—清后期 Ⅳ.①K252.06

中国版本图书馆CIP数据核字（2014）第155430号

书　　名　《谭屑》拾馀——晚清驻朝鲜使臣丛札及诗文稿

丛 书 名　嘤鸣诸野：当代中国私家收藏明清及近代名贤手迹丛刊
编　　者　丁小明　编撰
责任编辑　王燕来

出　　版　国家图书馆出版社（100034 北京市西城区文津街7号）
　　　　　（原书目文献出版社　北京图书馆出版社）
发　　行　（010）66139745,66175620,66126153
　　　　　66174391（传真），66126156（门市部）
E-mail　cbs@nlc.gov.cn（邮购）
Website　www.nlcpress.com→投稿
经　　销　新华书店
印　　装　河北三河弘翰印务有限公司
版　　次　2014年9月第1版　2014年9月第1次印刷

开　　本　787×1092毫米　1/16
印　　张　31.75
印　　数　500

书　　号　ISBN 978-7-5013-5390-3
定　　价　480.00元

嘤鸣诸野

当代中国私家收藏明清及近代名贤手迹丛刊

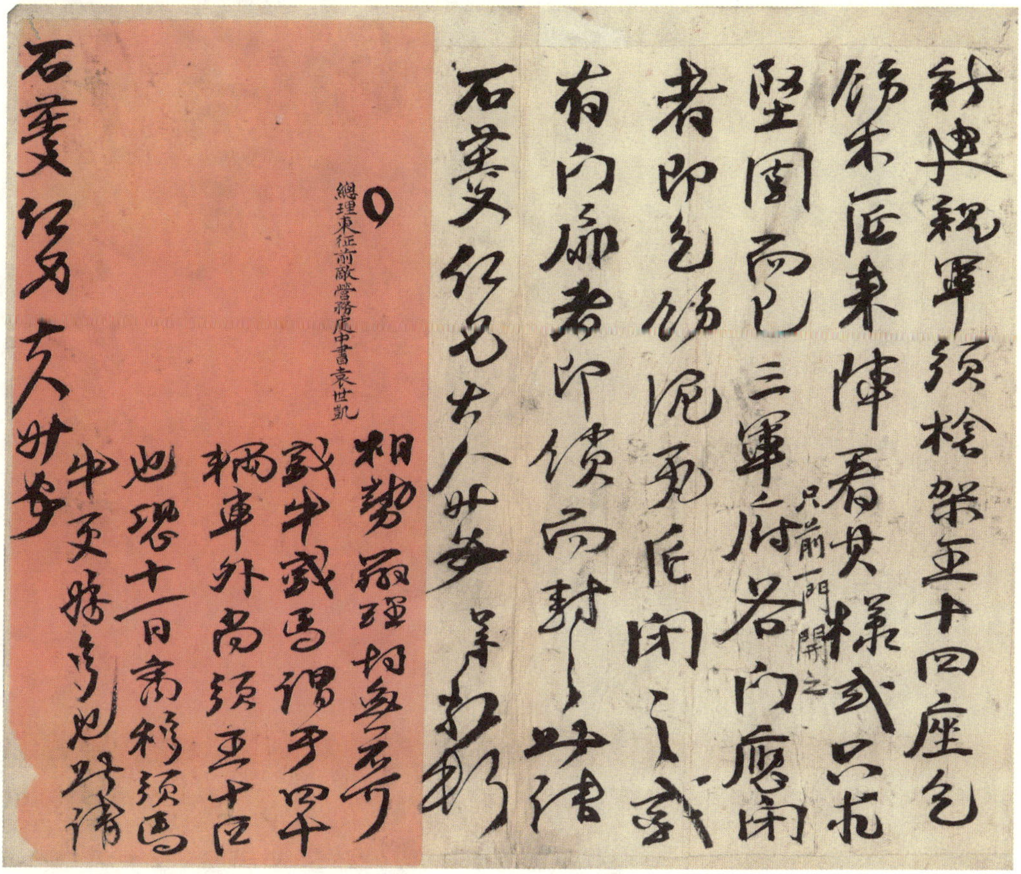
總理東征前敵營務處中書袁世凱

袁世凯致金昌熙信札

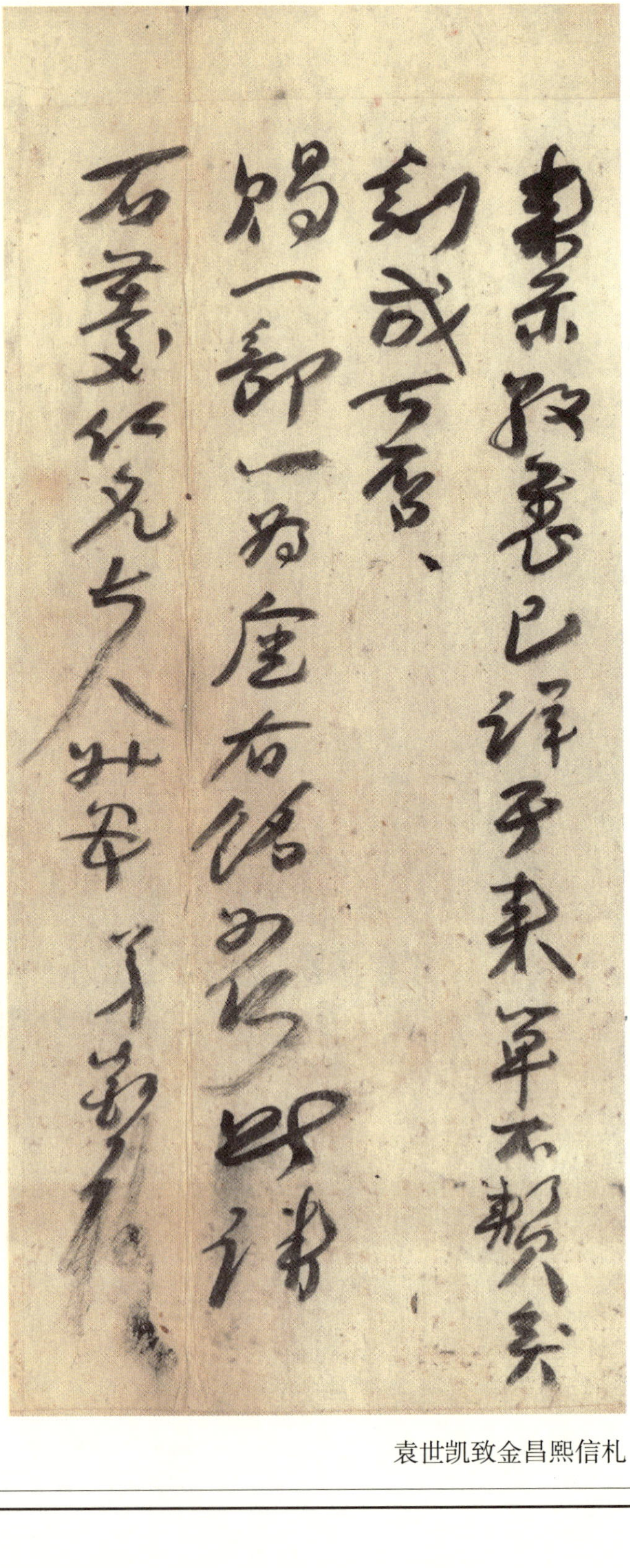

袁世凯致金昌熙信札

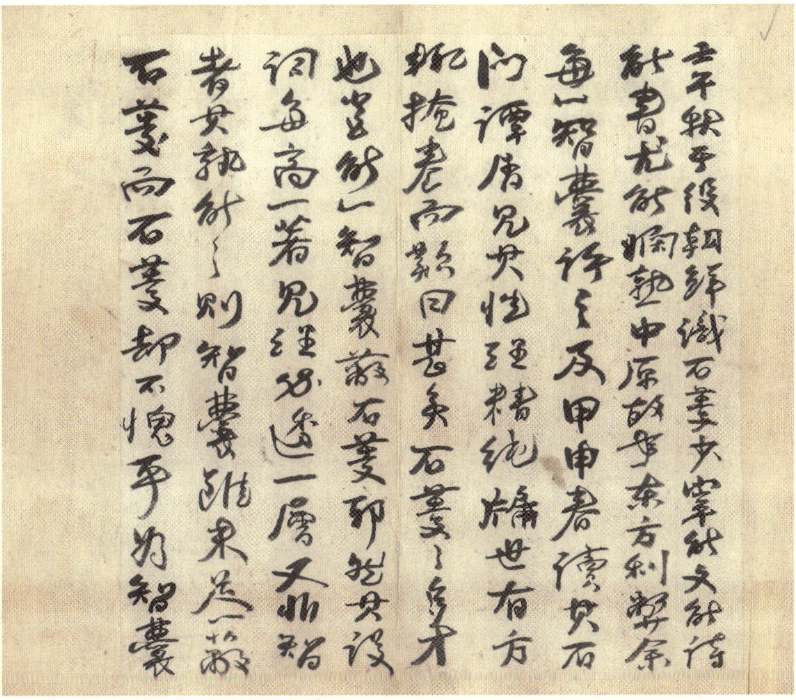
壬午秋，予役朝鲜，识石菱少宰，能文能诗能书，尤能娴熟中原故事。余方[illegible]，每以智囊许之。及甲申春，读其石阿谭唐兄，其性理精纯，[illegible]世有方，抵掩卷而叹曰：甚矣，石菱之多才也。岂能以智囊薮石菱耶？然其设词每高一着，见往[illegible]远一层，又非智者其孰能之？则智囊虽未足以薮石菱，而石菱却不愧乎为智囊

袁世凯致金昌熙信札

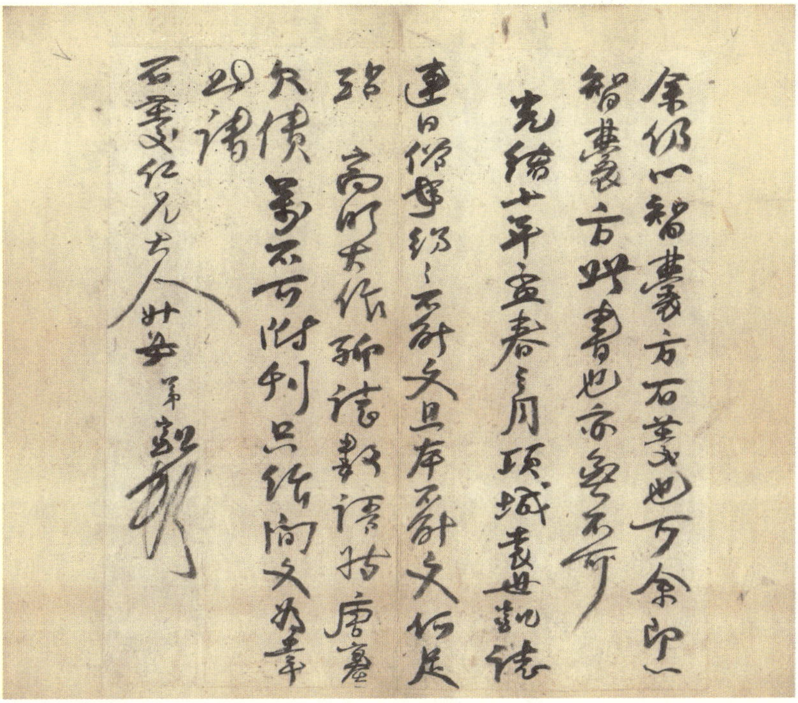
余仍以智囊方石菱也。今余即以智囊方[illegible]书也，亦无不可。
光绪十年孟春之月，项城袁世凯识
连日俗冗纷纷，不能文，且本不能文，何足[illegible]。高明其作[illegible]语数语，并唐突大[illegible]，[illegible]不可附刊，只作[illegible]文为幸。此请
石菱仁兄大人升安　弟凯[illegible]

袁世凯致金昌熙信札

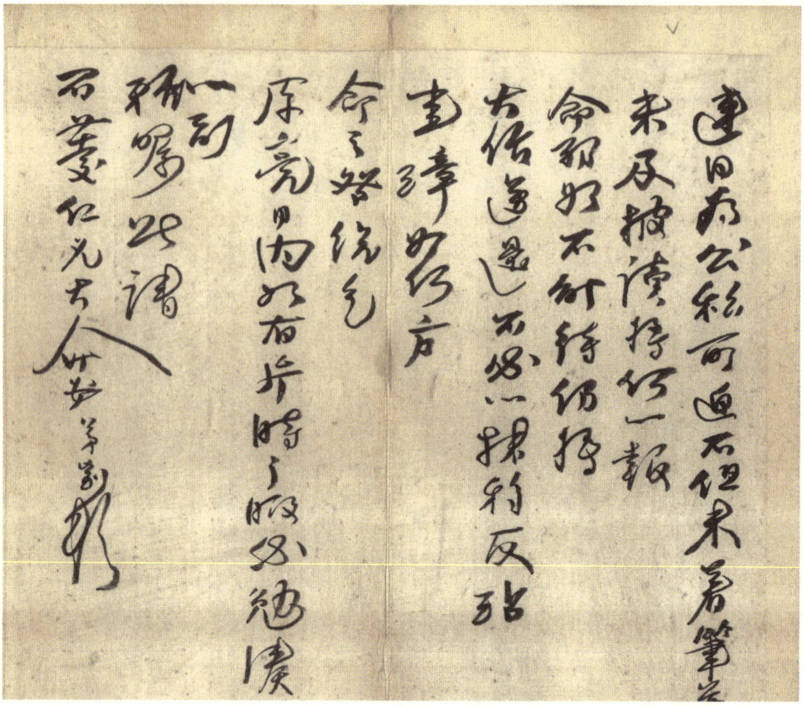

袁世凯致金昌熙信札

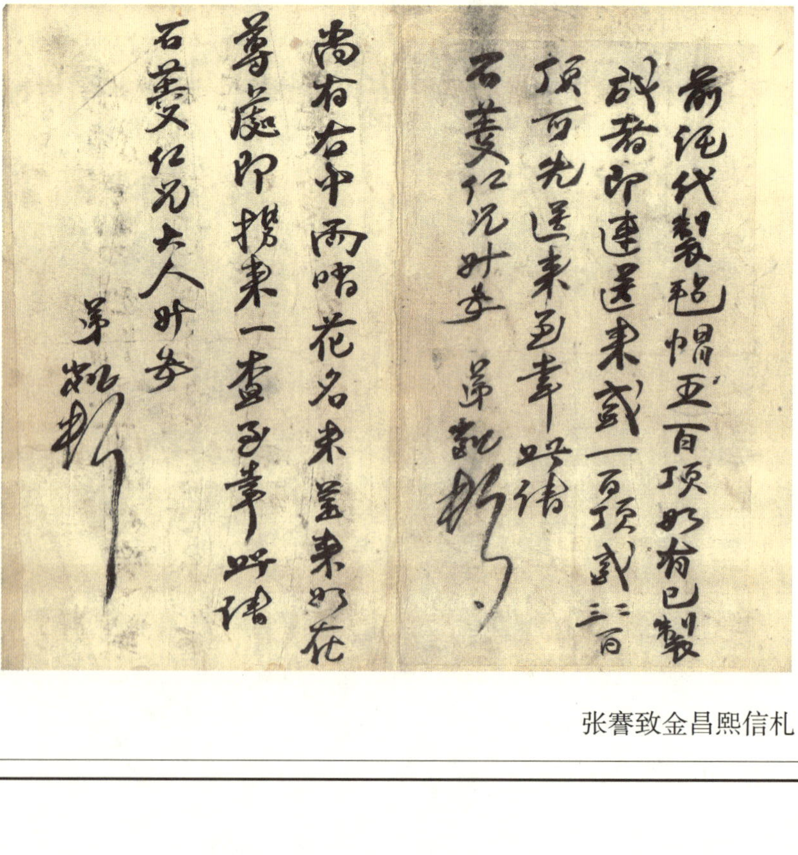

张謇致金昌熙信札

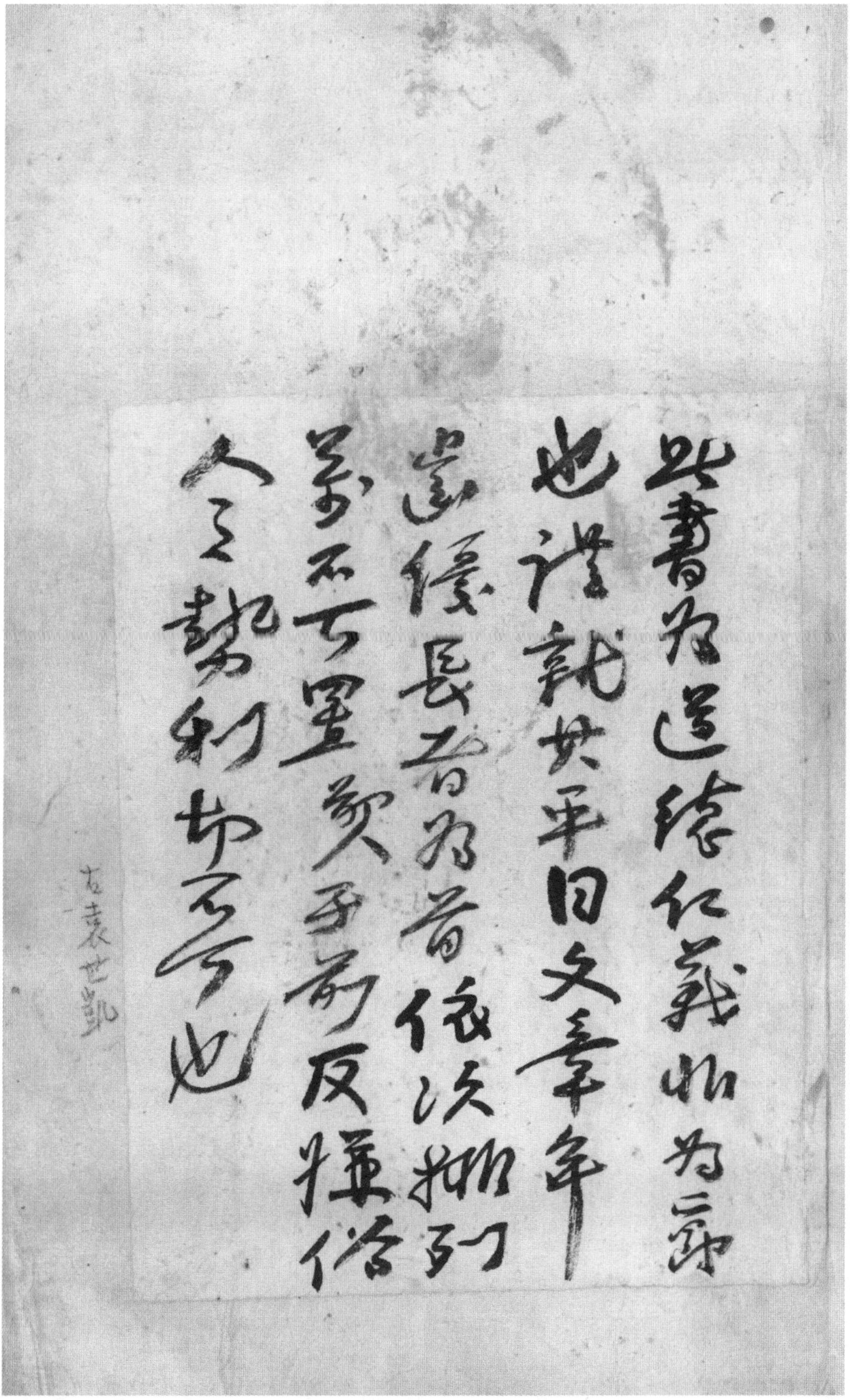

袁世凯致金昌熙信札

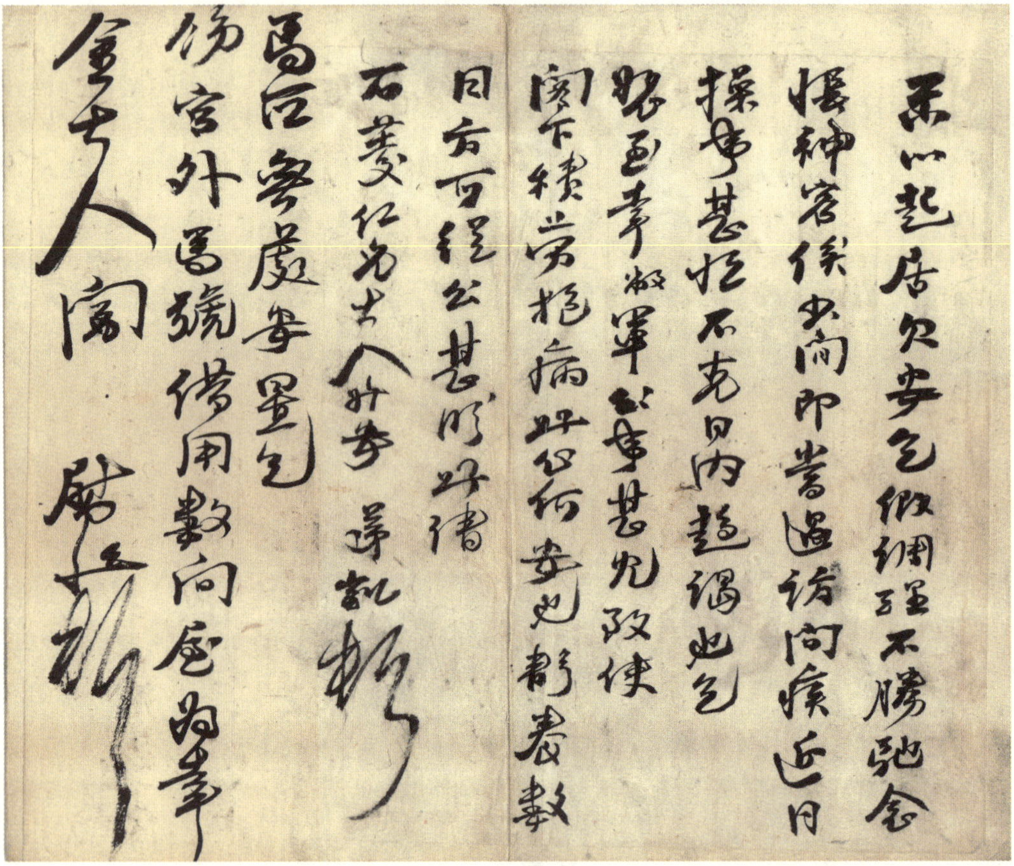

承以起居欠安乞假調理不勝馳念
懷神容俟出向即當過訪問候近日
操事甚忙不克日内趨謁也乞
將函寄淑軍公事甚冗致使
閣下積勞抱病此仍行安也謝袁數
日方可經公甚明此請
石菱仁兄大人升安　弟凱頓
昌啓者處每置乞
飭官外昌號借用數向屆為幸
金大人閣　凱又頓

袁世凯致金昌熙信札

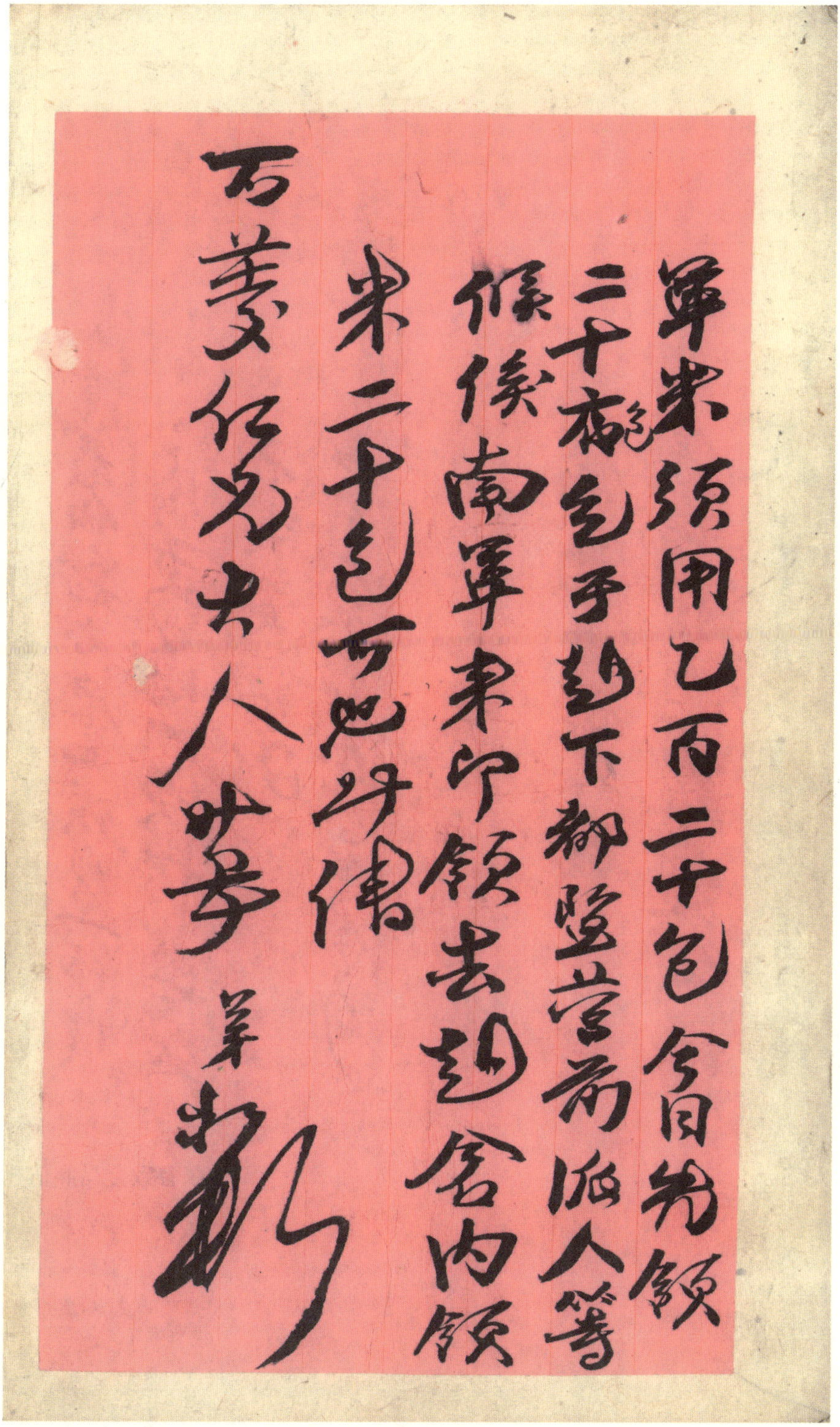

軍米須用乙百二十包今日先領二十包乞于到下都監營前派人等候俟南軍來即領去到倉內領米二十包可也此請石菱仁兄大人升安弟凱

袁世凯致金昌熙信札

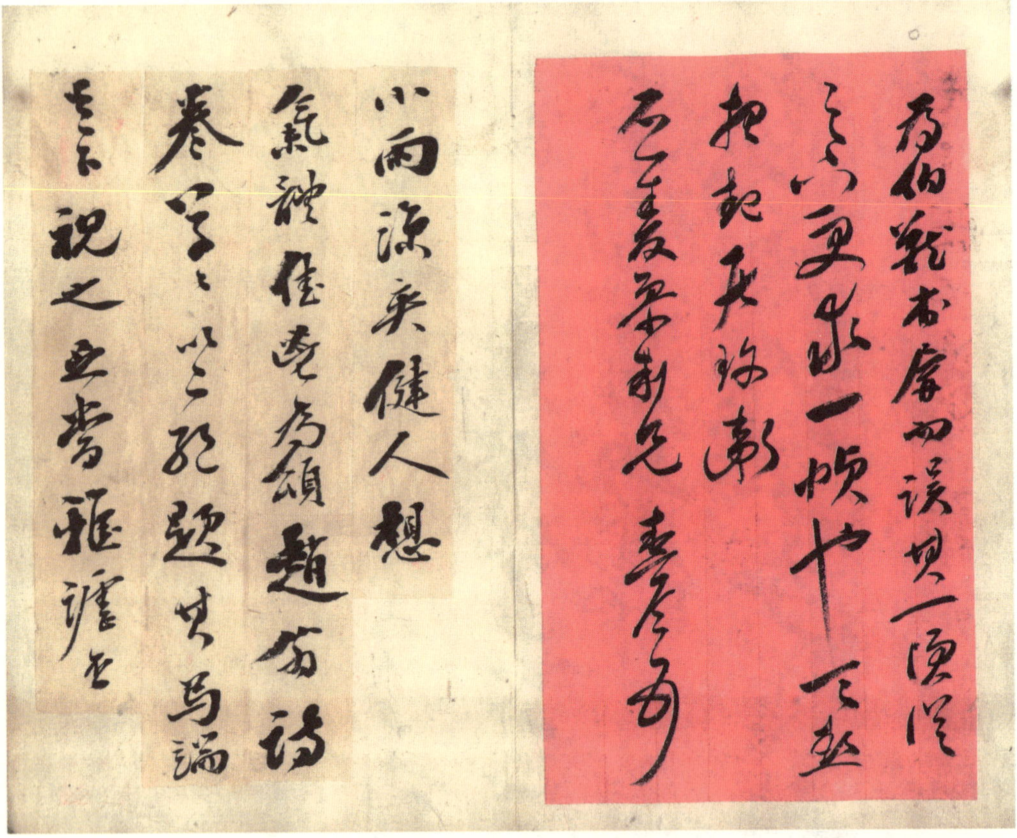

张謇致金昌熙信札

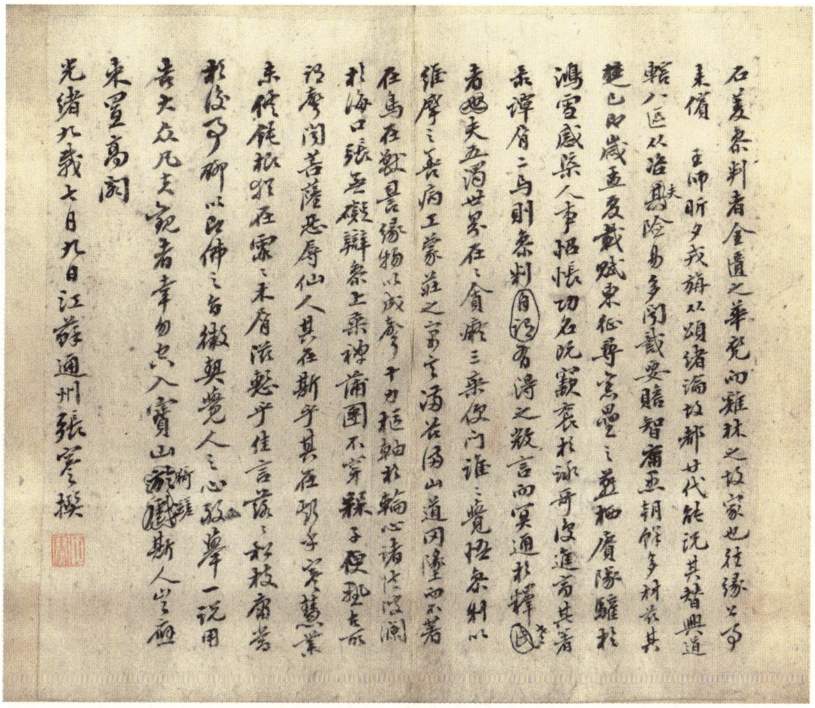

张謇撰《金昌熙〈谭屑〉序》

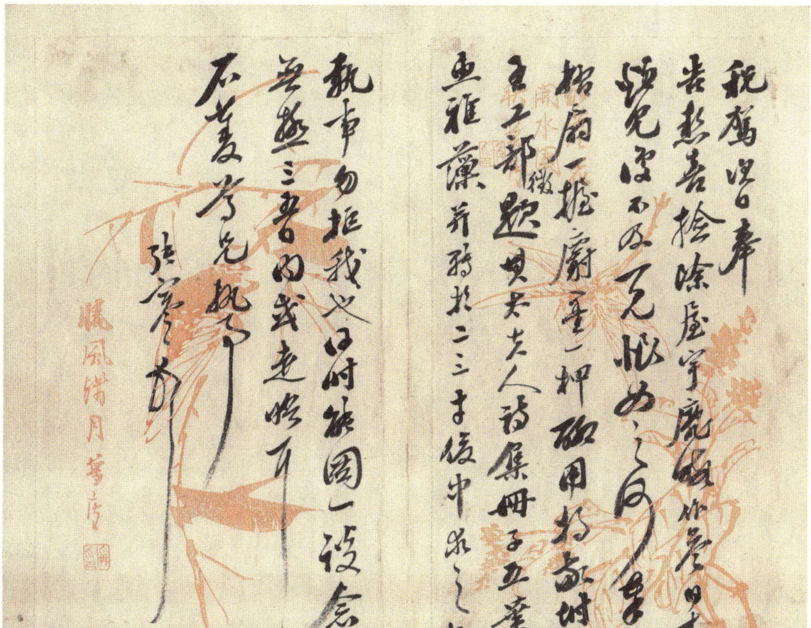

张謇致金昌熙信札

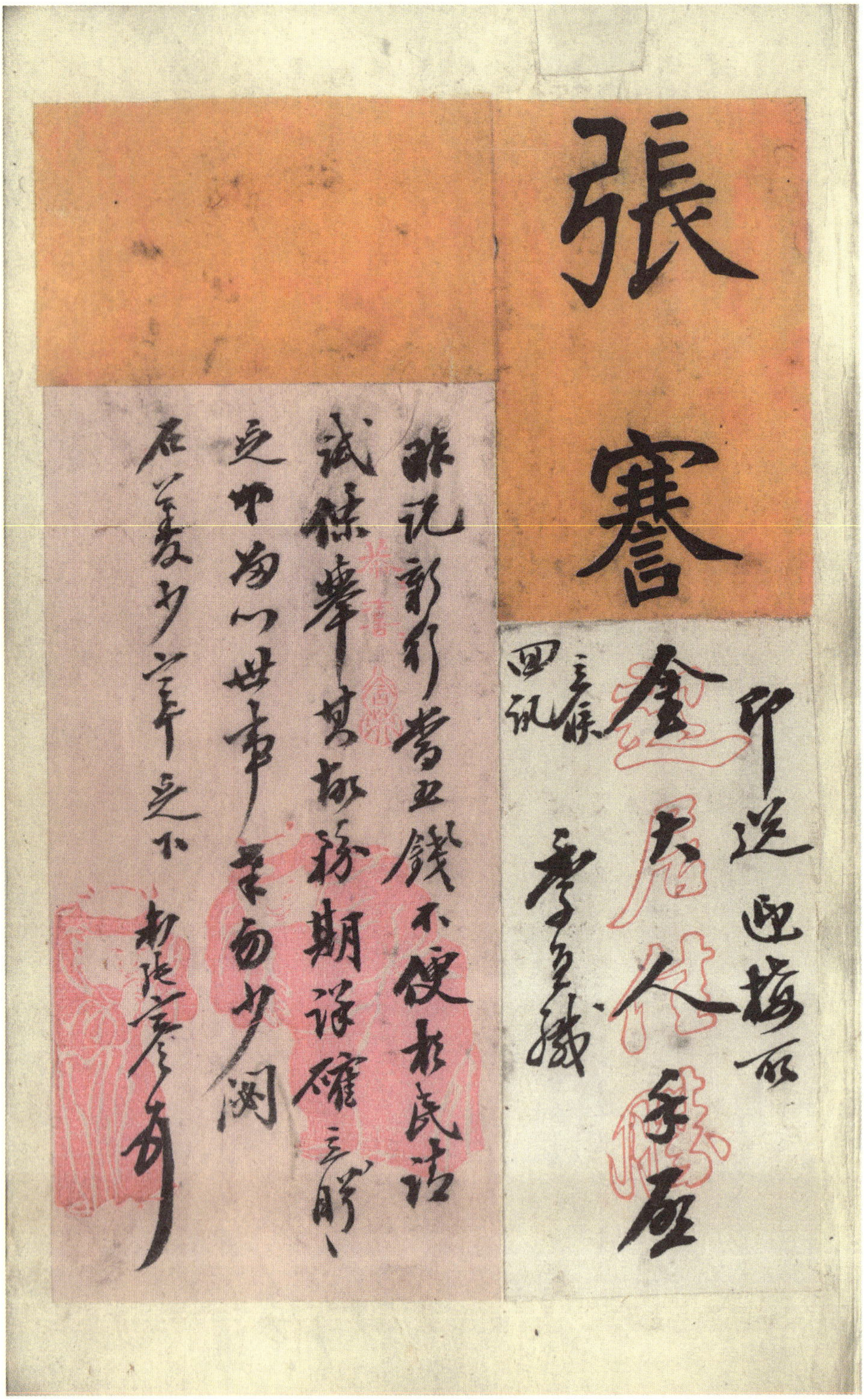

张謇致金昌熙信札

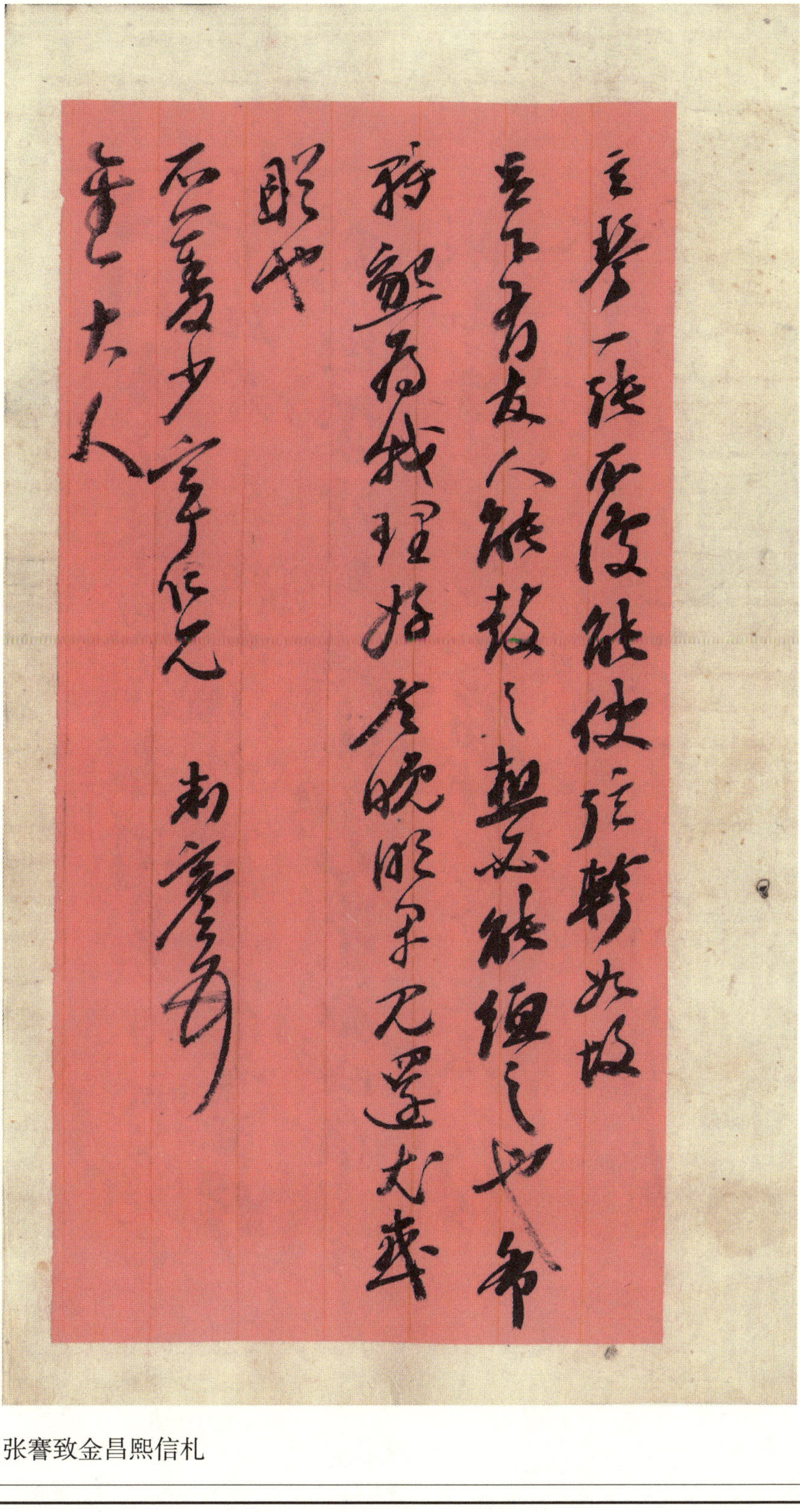

张謇致金昌熙信札

《谭屑》拾余

张謇致金昌熙信札

此间有主琴公銘者闻襄自郭罷防
足下能考其始末详甚所用以见吾兄
旗德宽颇厄 延陵子尚若托此後之至
诚索一印知足黄八谨补何日画示
天暑惟珍重
石荃爱如弟謇之不 幸彊寒弟

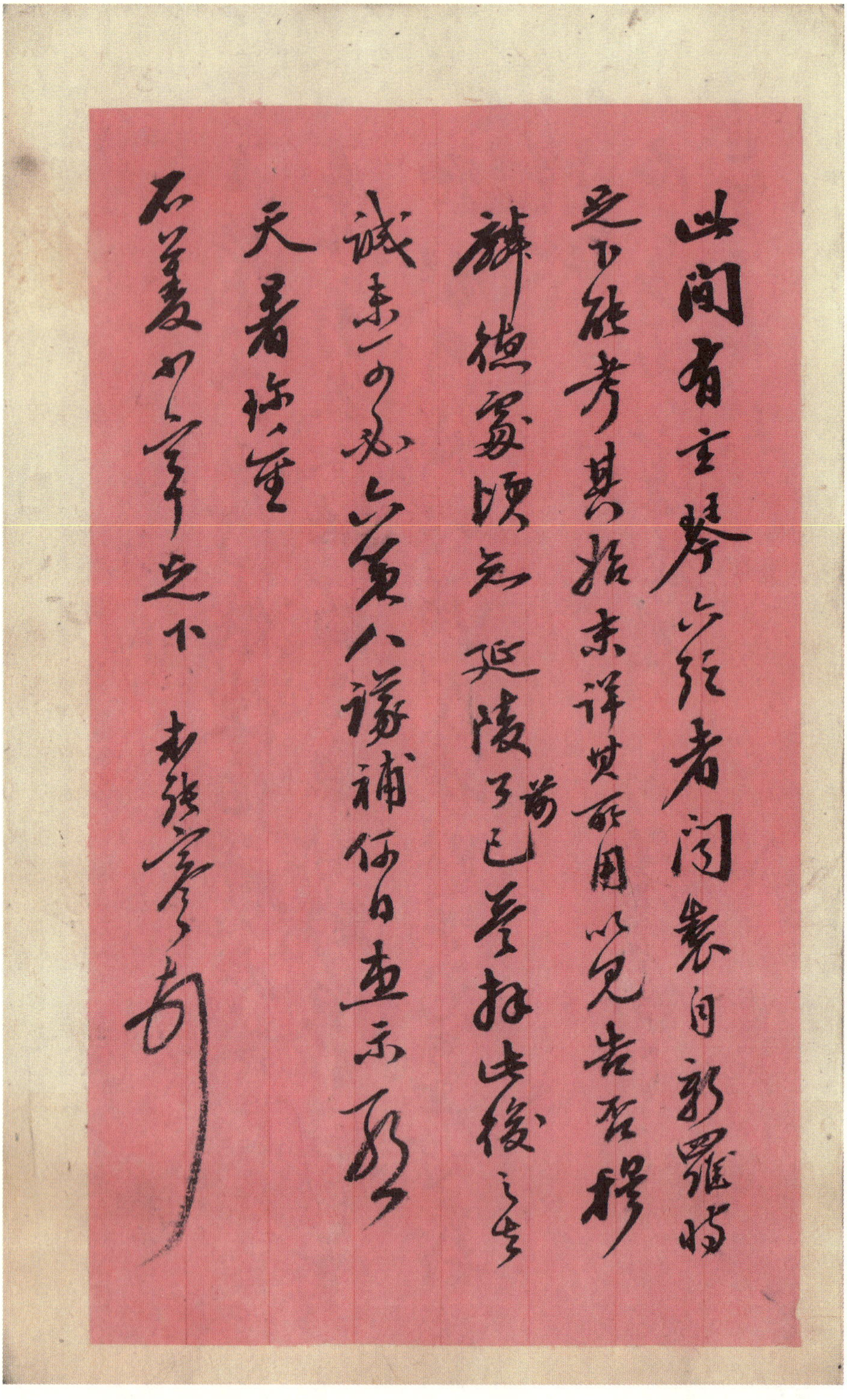

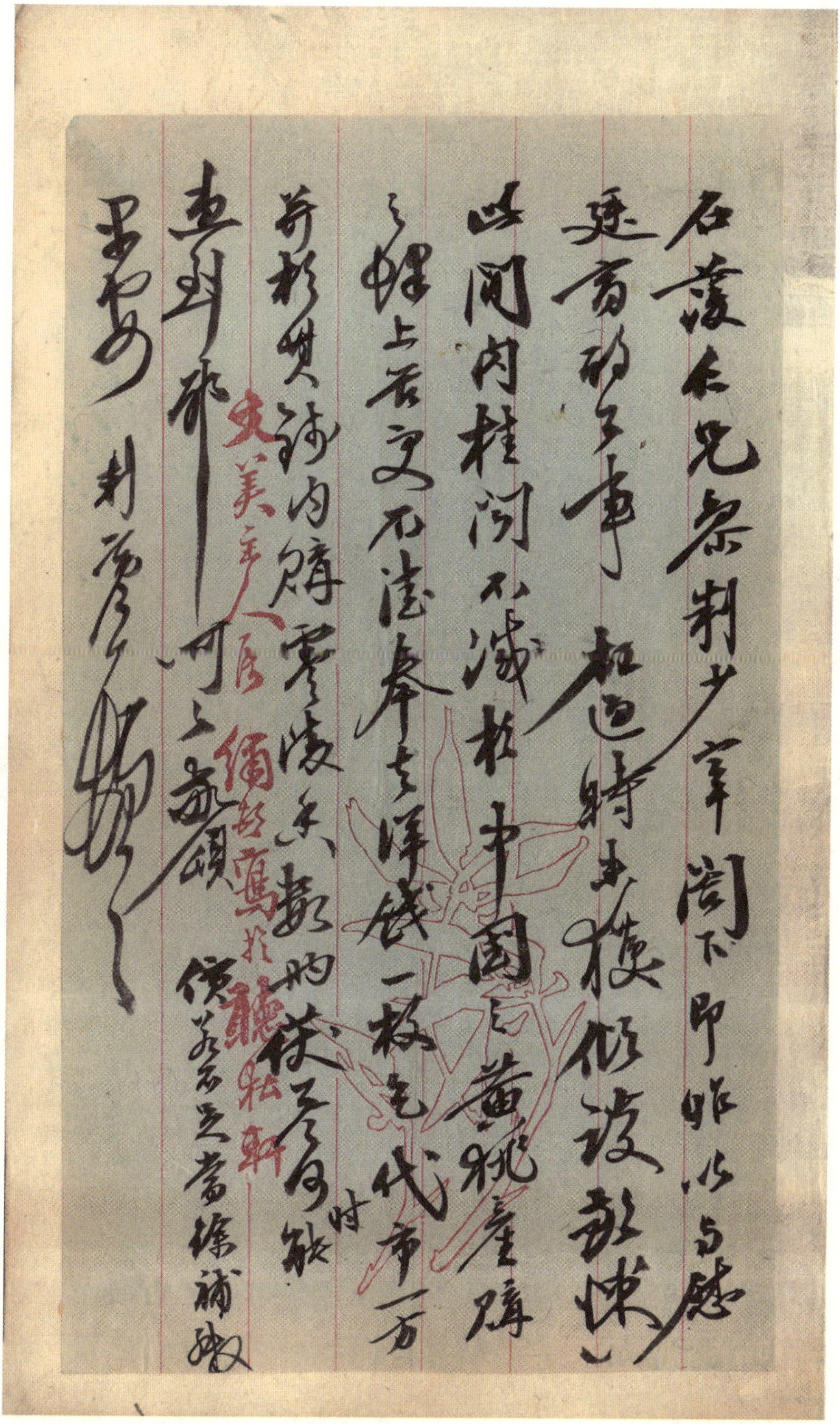

张謇致金昌熙信札

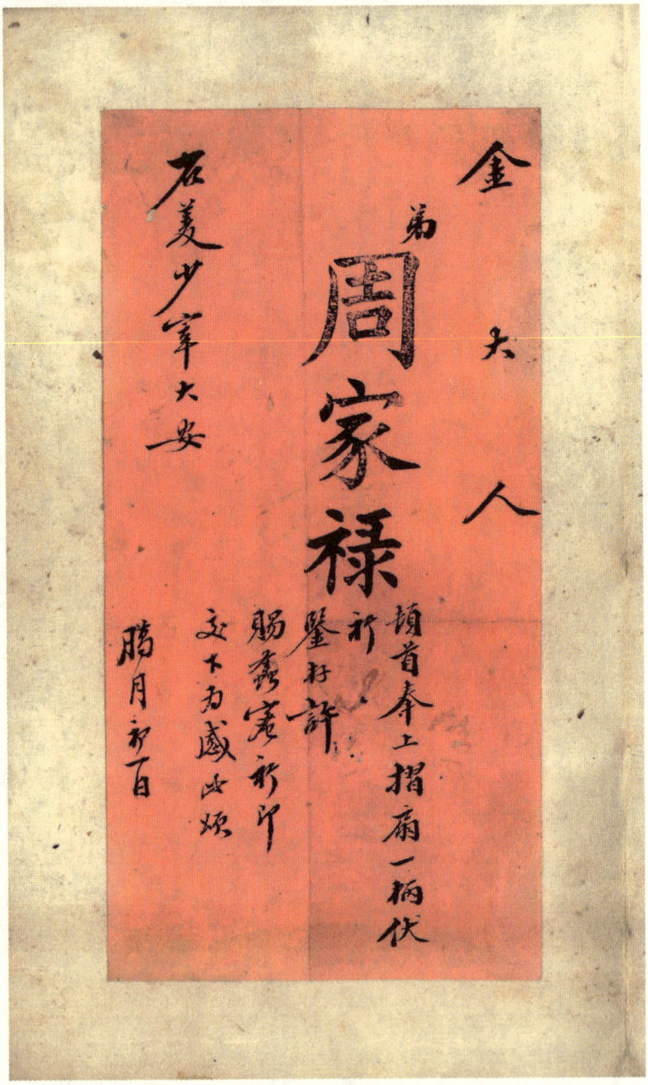

金大人
弟周家祿頓首奉上摺扇一柄伏
祈
鑒存許
賜壽寵新印
並示為感此頌
石菱少宰大安
臘月初四

周家禄致金昌熙信札

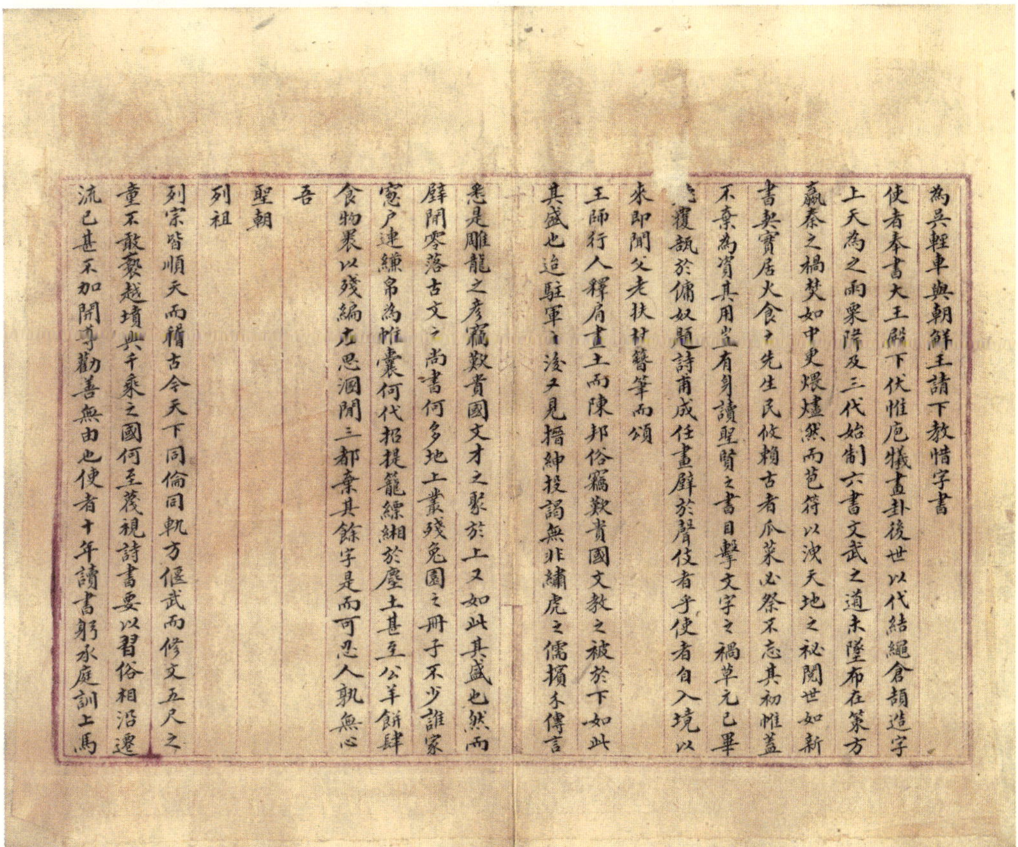

為吳輕車與朝鮮王請下教惜字書
使者奉書大王殿下伏惟庖犧畫卦後世以代結繩倉頡造字
上天為之雨粟降及三代始制六書文武之道未墜布在策方
嬴秦之禍焚如中吏煨燼然而苞符以洩天地之秘閱世如新
書契實居火食之先生民攸賴古者釋菜必祭不忘其初惟蓋
不棄為資其用豈有身讀聖賢之書目擊文字之禍草元已畢
之覆瓿於傭奴題詩甫成任畫壁於僧伎者乎使者自入境以
來即聞父老扶杖簪筆而頌
王師行人釋肩書土而陳邦俗竊歎貴國文教之被於下如此
其盛也迨駐軍々淩又見搢紳投謁無非繡虎之儒擯斥傳言
悉是雕龍之彥竊歎貴國文才之聚於上又如此其盛也然而
辟閒零落古文々尚書何多地上叢殘兔園之冊子不少誰家
窗戶連縑帛為帷囊何代招提籠縹緗於塵土甚至公羊餅肆
食物裹以殘編左思酒閒三都棄其餘字是而可忍人孰無心
吾
聖朝
列祖
列宗皆順天而稽古今天下同倫同軌方偃武而修文五尺之
童不敢褻越境與千乘之國何至蔑視詩書要以習俗相沿遷
流已甚不加開導勸善無由也使者十年讀書躬承庭訓上馬

周家禄致金昌熙信札

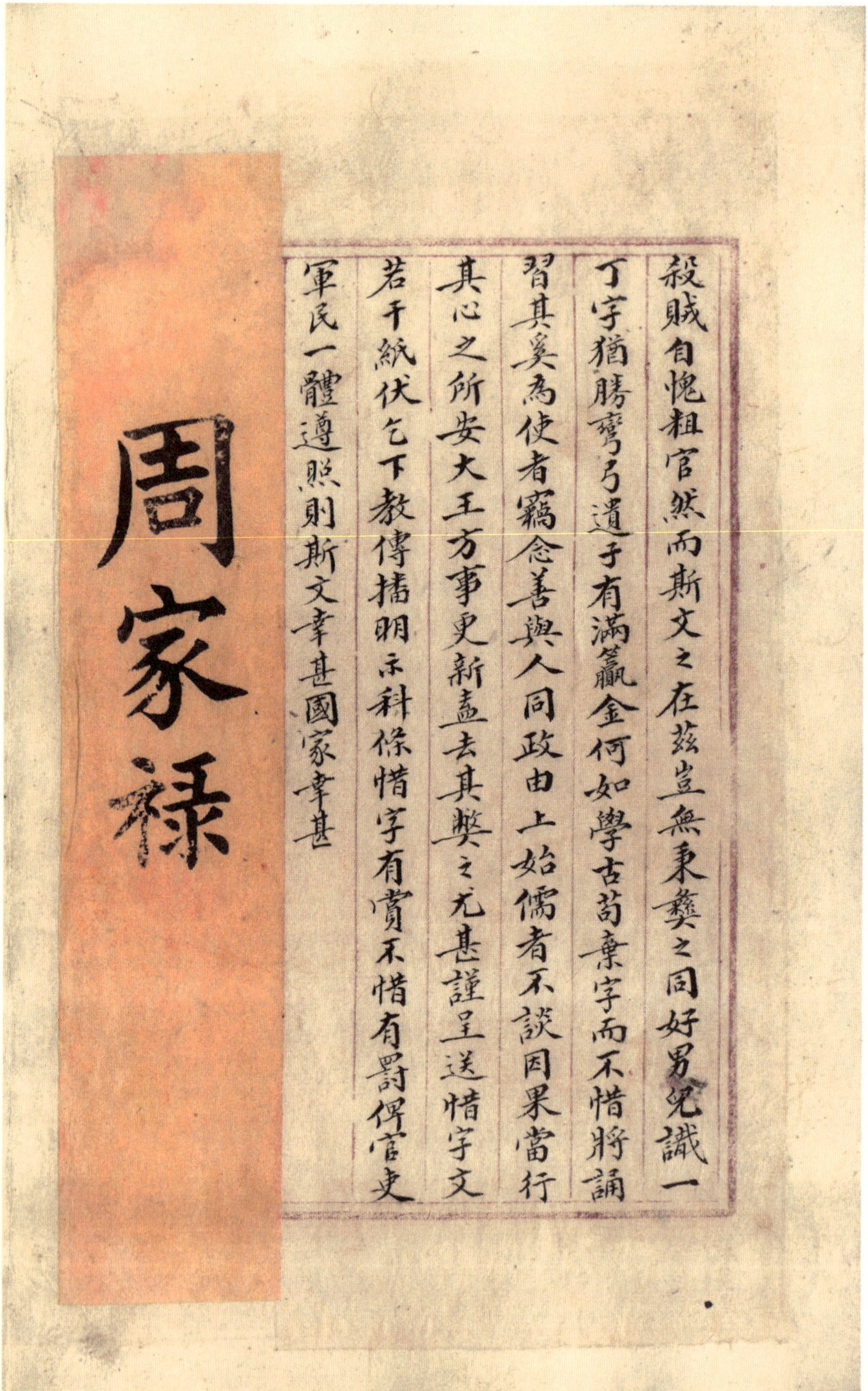
周家祿

殺賊自愧粗官然而斯文之在茲豈無秉彞之同好男兒識一
丁字猶勝彎弓遺子有滿籯金何如學古苟棄字而不惜將誦
習其奚為使者竊念善與人同政由上始儒者不談因果當行
其心之所安大王方事更新盡去其弊之尤甚謹呈送惜字文
若干紙伏乞下教傳播明示科條惜字有賞不惜有罰俾官吏
軍民一體遵照則斯文幸甚國家幸甚

周家禄致金昌熙信札

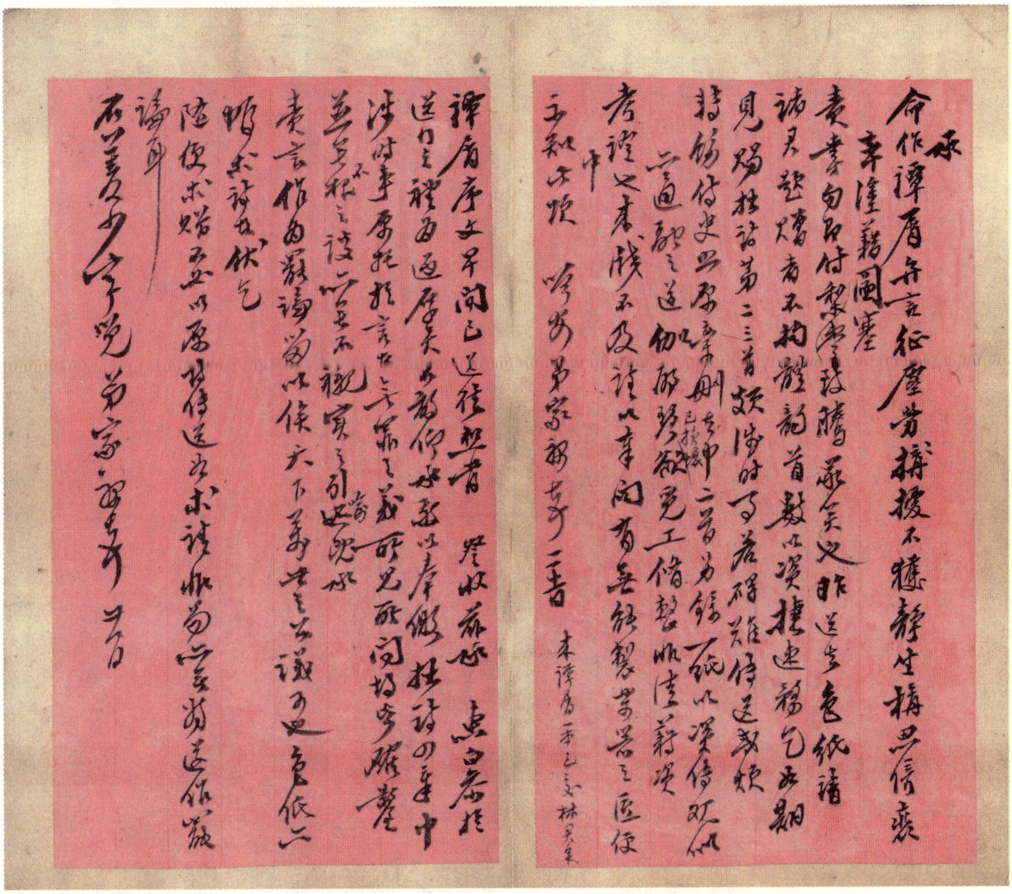

周家禄致金昌熙信札

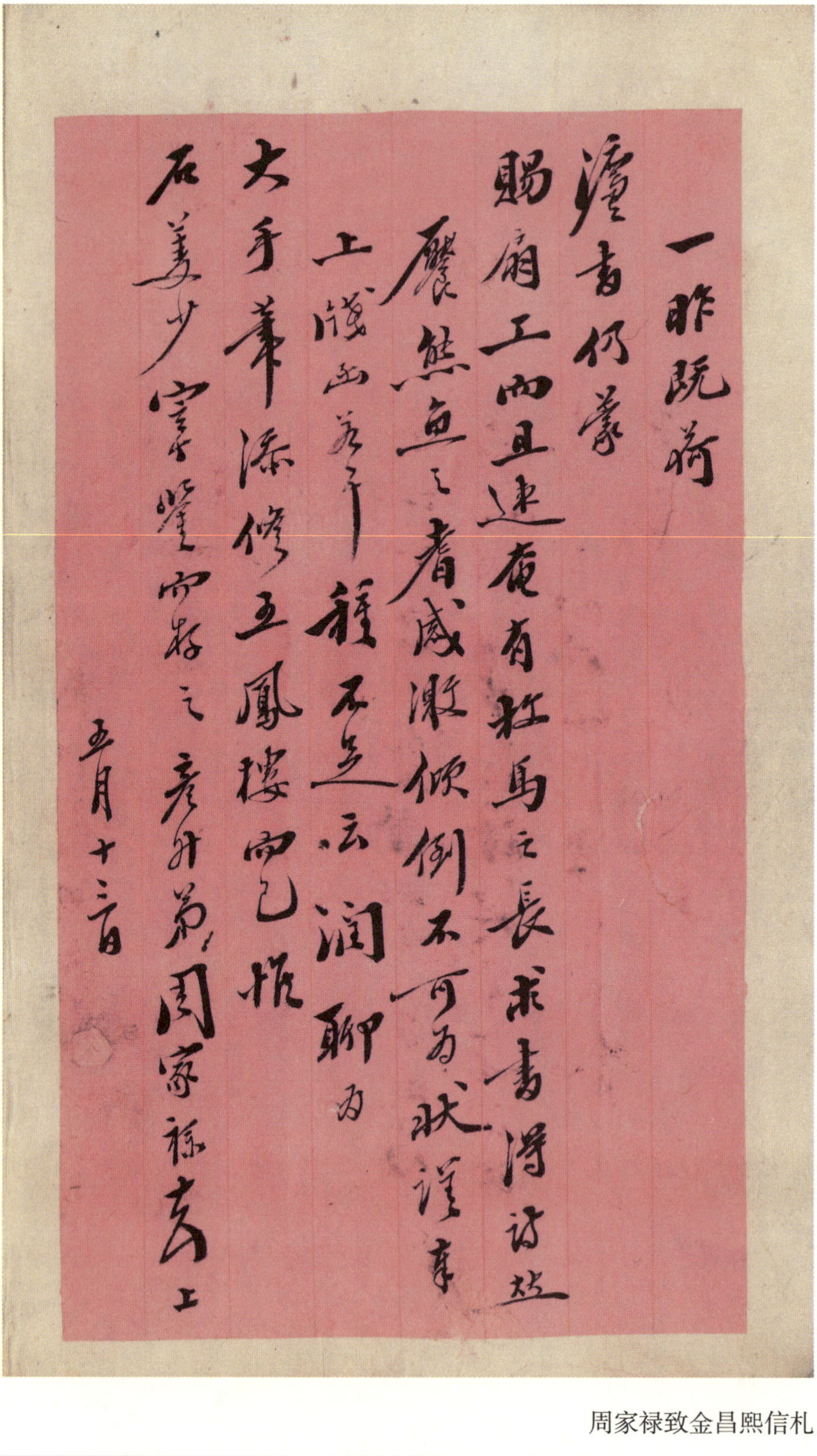

一昨既荷
瀆青仍蒙
賜扇工而且速庶有杜馬之長求書得詩並
屢無血之者咸激傾倒不可名狀謹奉
上牋函芹雜不足云潤聊為
大手筆添作五鳳樓前之柱
石美步
寶璧所好之 彥升弟 周家祿頓首上
五月十二日

周家禄致金昌熙信札

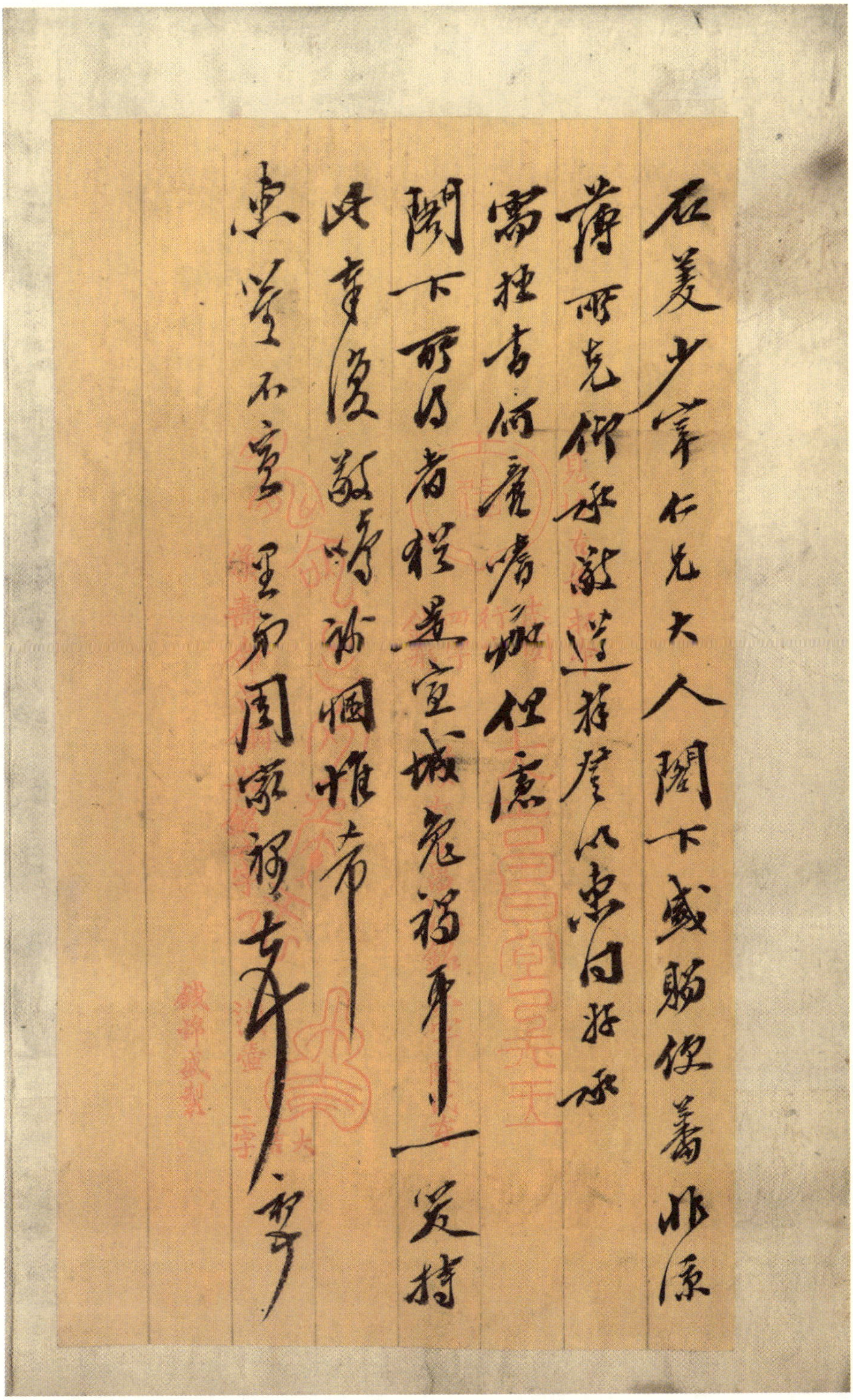

周家禄致金昌熙信札

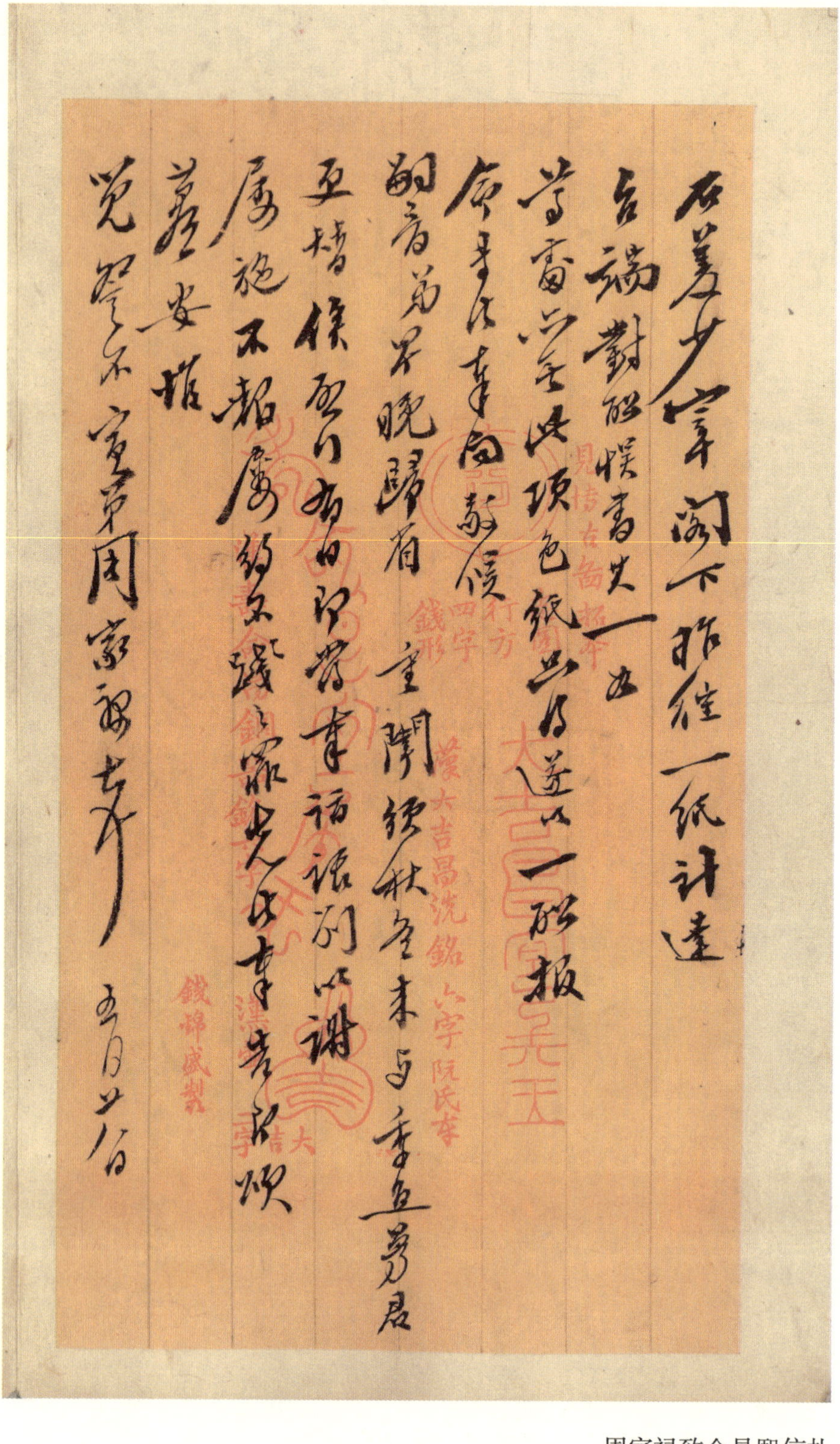
石蓴少宰閣下：昨從一紙計達
台端，對照候書共一函
當審公呈次項色紙並乃遂以一紙報
命。弟昨奉函敬候
朝旨，弟男曉歸省　重闈綏秋冬來可季立夏居
至禧。僕既有印書話，張別以謝
厚施，不報。廣納未踐，家眾老年者欲快
慈安。諸
照鑒不宣。弟周家祿頓首。五月廿八日
見持古齒拓本
行方
四字
錢形
蒙大吉昌洗銘
六字
阮氏本
錢錦盛製

周家禄致金昌熙信札

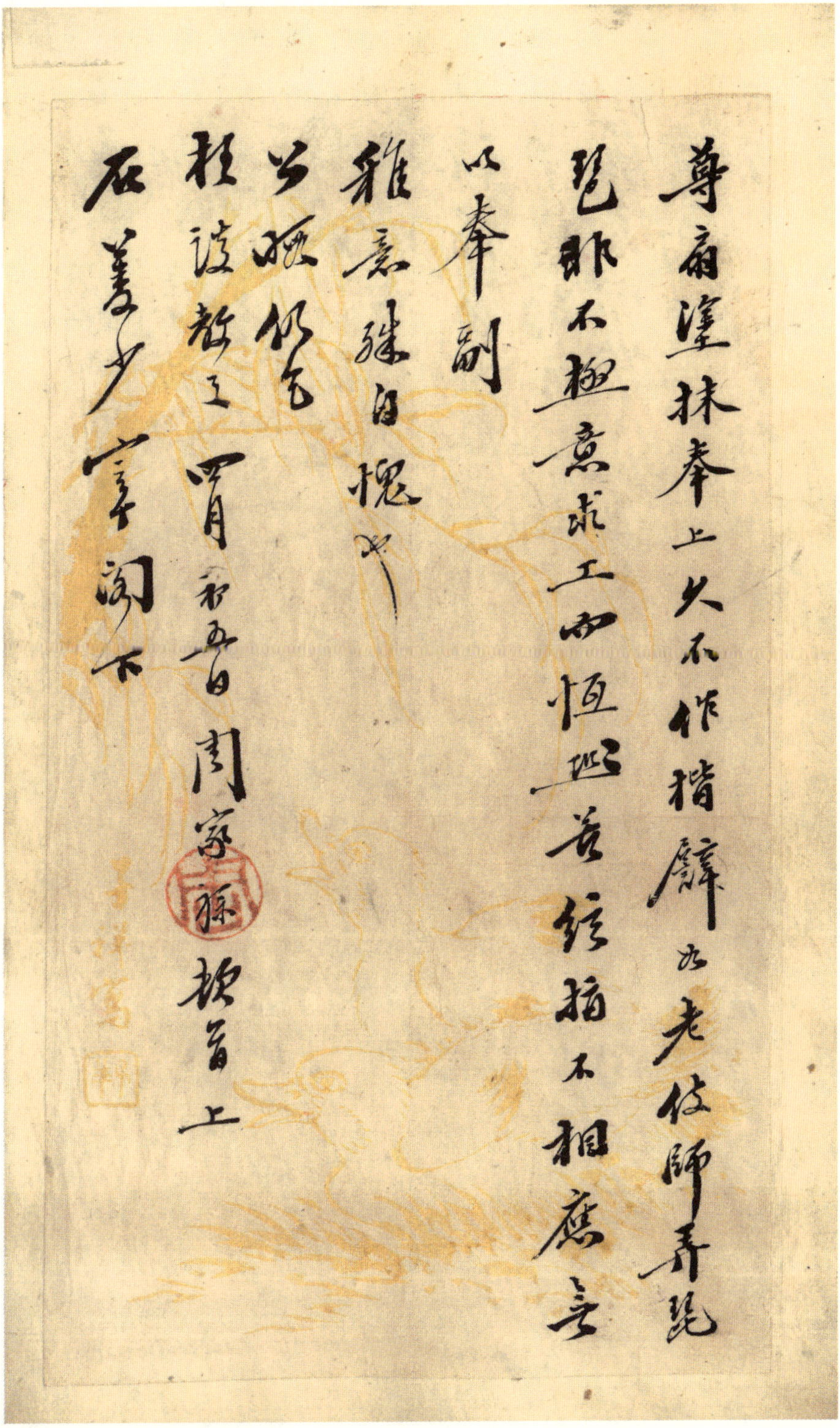

尊扇塗抹奉上，久不作楷，辭之，老伎師弄筆
筆非不極意求工，而恒然手指不相應，亦
以奉副
雅意，殊自愧々。
公暇復
枉談敘之。四月初五日 周家祿頓首上
石菱少宰閣下

周家禄致金昌熙信札

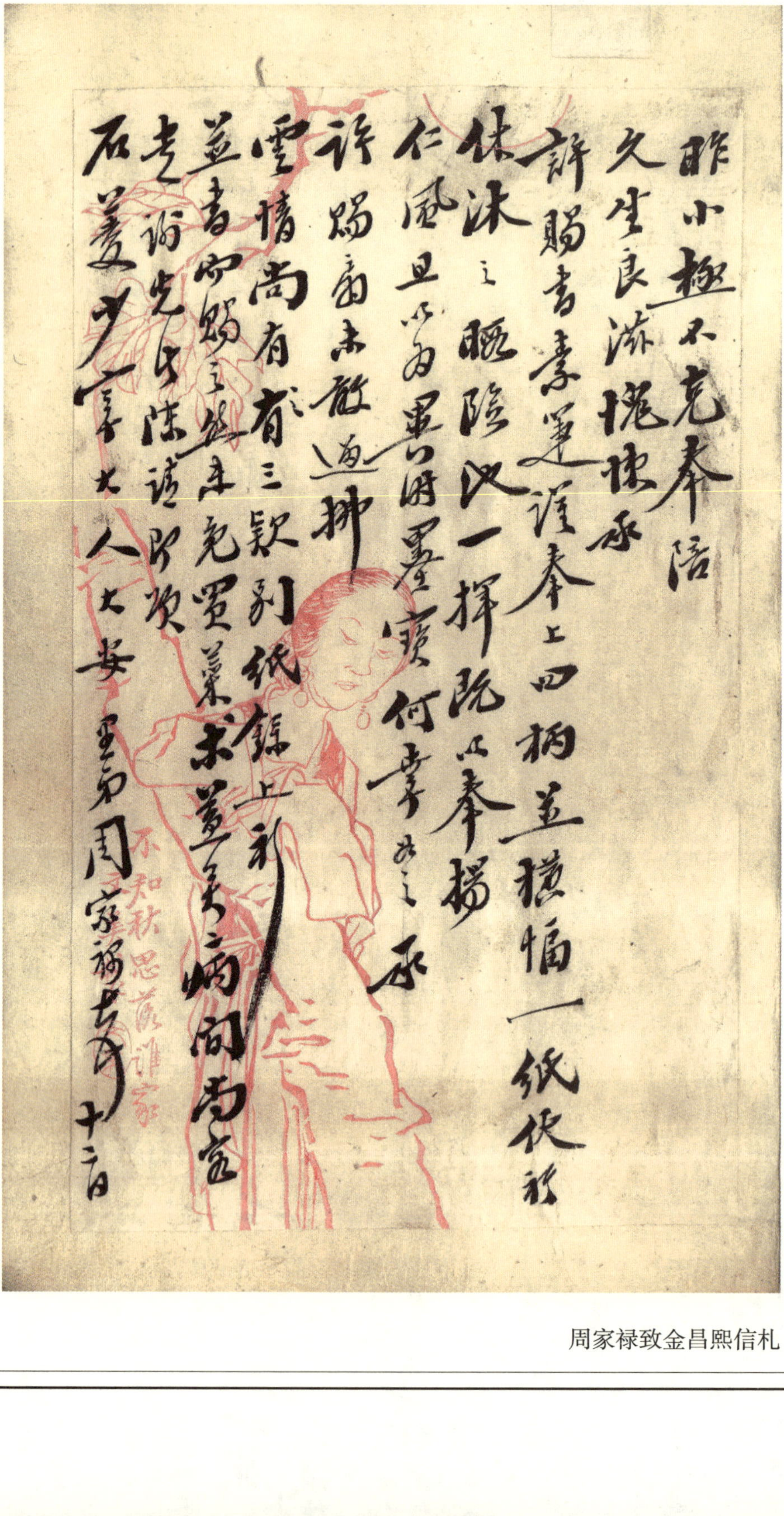

昨小極不克奉陪
久坐良深愧悚承
許賜書[?]箑謹奉上四柄並[?]幅一紙伏祈
休沐之暇賜以一揮既以奉揚
仁風且以為[?]墨寶何幸如之承
許賜扇未敢過[?]
雲情尚有三款列紙錄上新
並書示賜之然未免罣[?]求蓋美之為何而宜
走謁先生陳請可數
石菱夫子大人大安 受業弟周家祿頓首 十二日

周家禄致金昌熙信札

朱铭盘题写《谭屑》书签

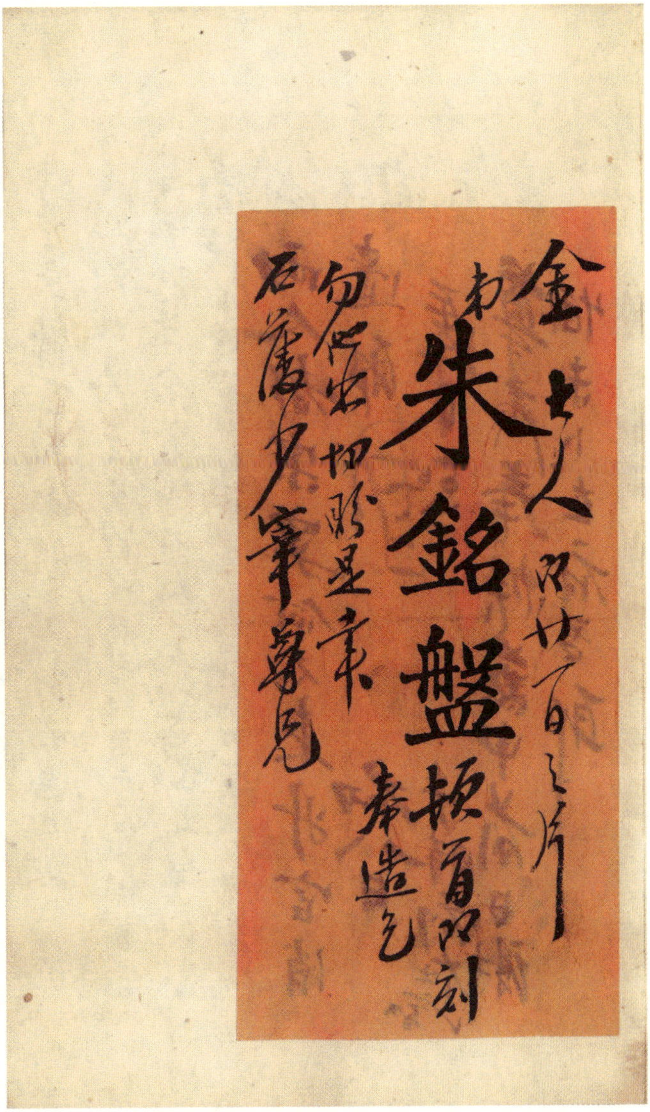

朱铭盘致金昌熙信札

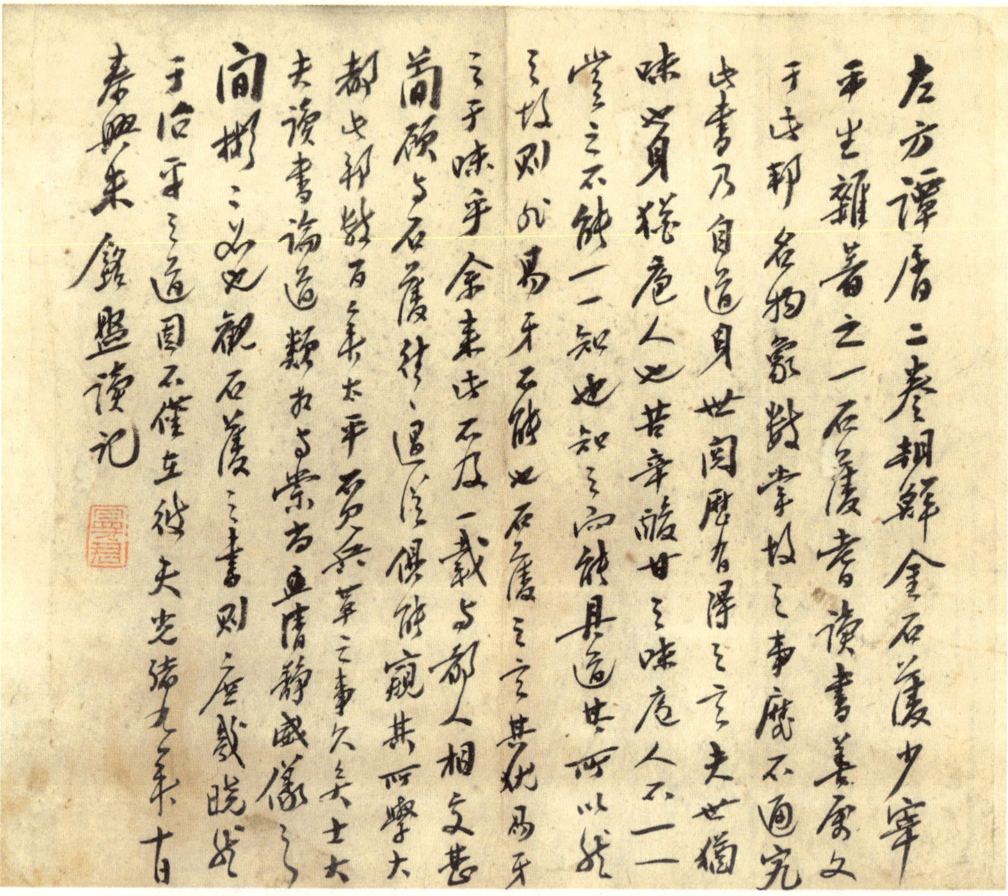
右方谭屑二卷朝鲜金石菱少宰平生杂著之一石菱读书善属文于诗联名物象数掌故之事靡不通究此书乃自道身世阅历有得之言夫世独味者犹庖人也其辛酸甘苦之味庖人不一一尝之不能一一知也知之而能具道其所以然之故则成易于不能也石菱之言其犹易于之于味乎余来此不及一载与都人相交甚简顾与石菱往还偶能窥其所学大都此邦数百年来太平无兵革之事久矣士大夫读书论道类知以崇古尚清静盛仪之间携二者以观石菱之书则庶几晓然于治平之道固不仅在彼夫光绪九年十
嘉兴朱铭盘读记

朱铭盘致金昌熙信札

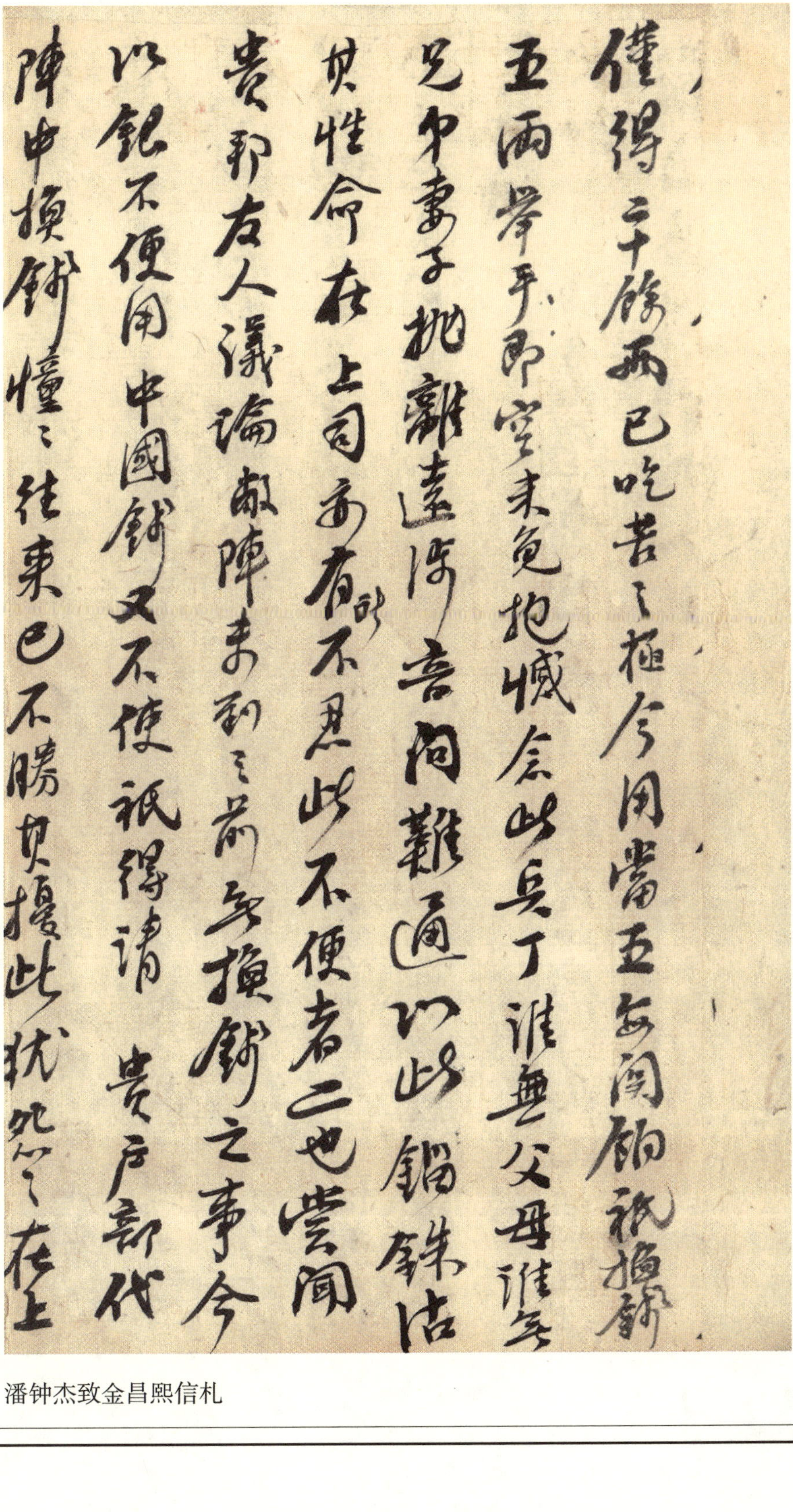

僅得二十餘兩已吃苦苦極今用當五每兩銅祇換錢
五兩嘗平平即空未免抱憾念此兵丁誰無父母誰無
兄弟妻子拋離遠涉音問難通以此錙銖活
其性命在上司亦有所不忍此不便者二也嘗聞
貴邦友人議論敝陣未到之前無換錢之事今
以銀不便用中國錢又不使祇得請 貴戶部代
陣中換錢憧憧往來已不勝其擾此狀外在上

潘钟杰致金昌熙信札

者如用當之之錢他日敵陣回去勢必中不行則

今日之强民使用是爲陣中他日之樓行使民受

害实是爲陣中歸怨之由不待他日今已实有

以聞矣此又使怨人手下者因利致怨已爲不可因我們

而使怨民間將歸罪于 政府則尤不可此大不便者

三也

大帥與諸営反悱惻爲怀視同一律再四思維有

難自安者故將入告

潘钟杰致金昌熙信札

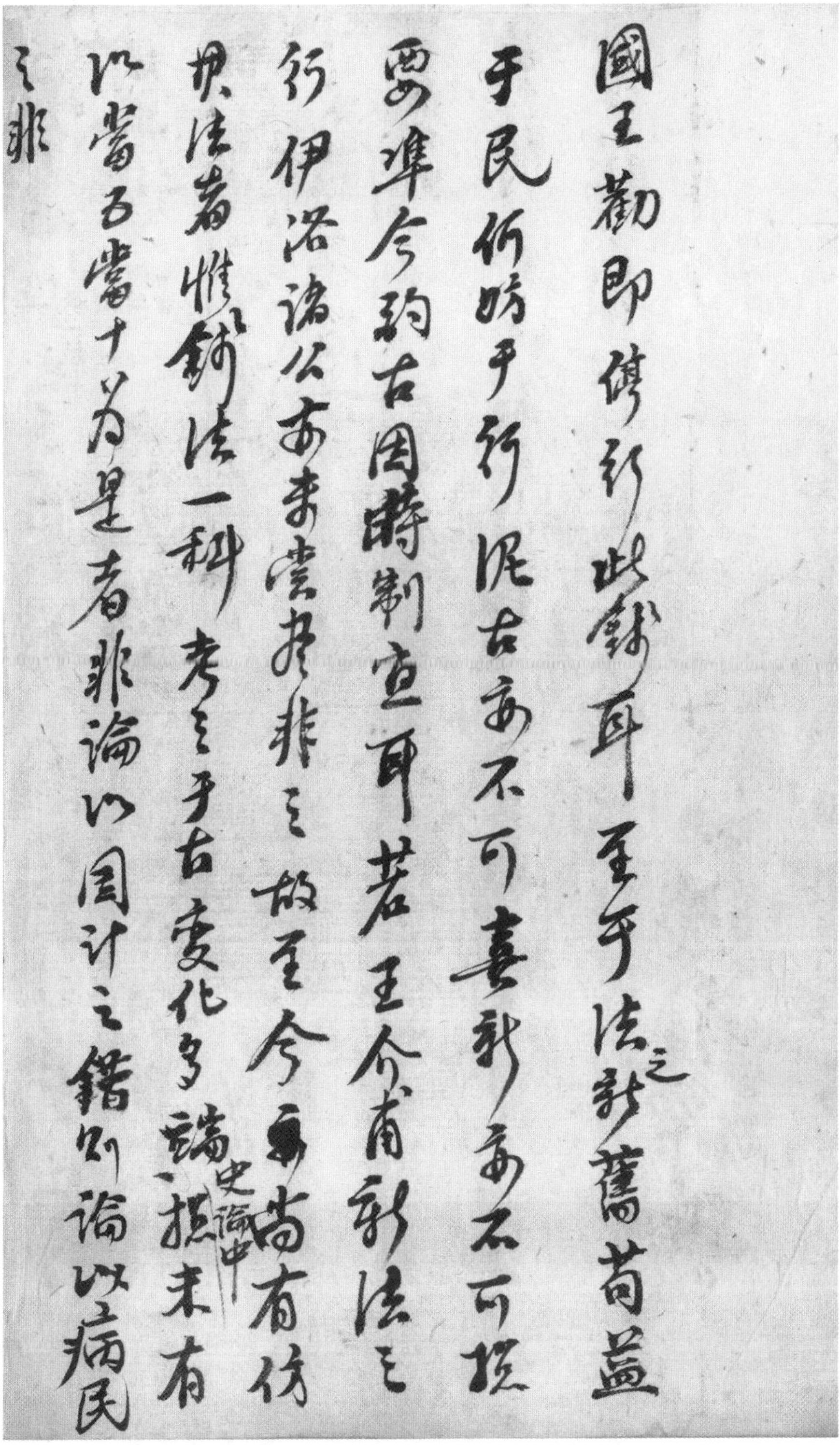

國王勸即傳行此錄耳至乎法之新舊苟益
于民何妨乎行泥古者不可喜新者不可據
要準今酌古因時制宜耳若王介甫新法之
行伊洛諸公亦未嘗非之故至今史論中尚有仿
其法者惟錢法一科考之于古變化多端據來有
以當五當十為是者非論以國計之錯則論以病民
之非

潘钟杰致金昌熙信札

潘钟杰致金昌熙信札

阁下傅雅君子公忠为 国竭肝胆见必有
薑谭沈 老兄既来馆舘乃切己应问之事
不必谦让谨め
来教鹄候
良箴匡补 速赐回音以便复
大帅玓量施行 不尽笔墨举之不荩尚希
原谅 敬竹
著安

昌平 潘锺生 顿

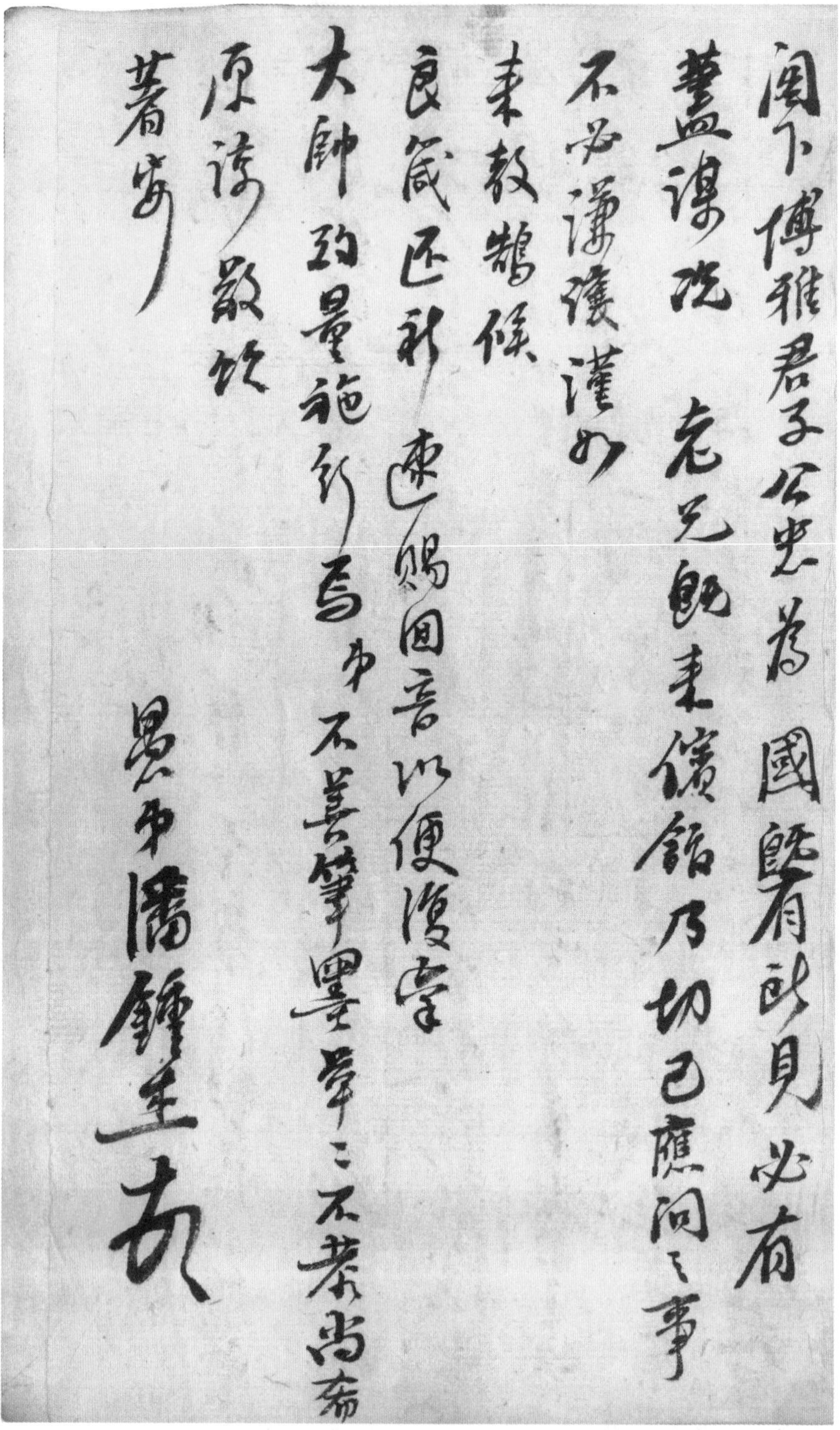

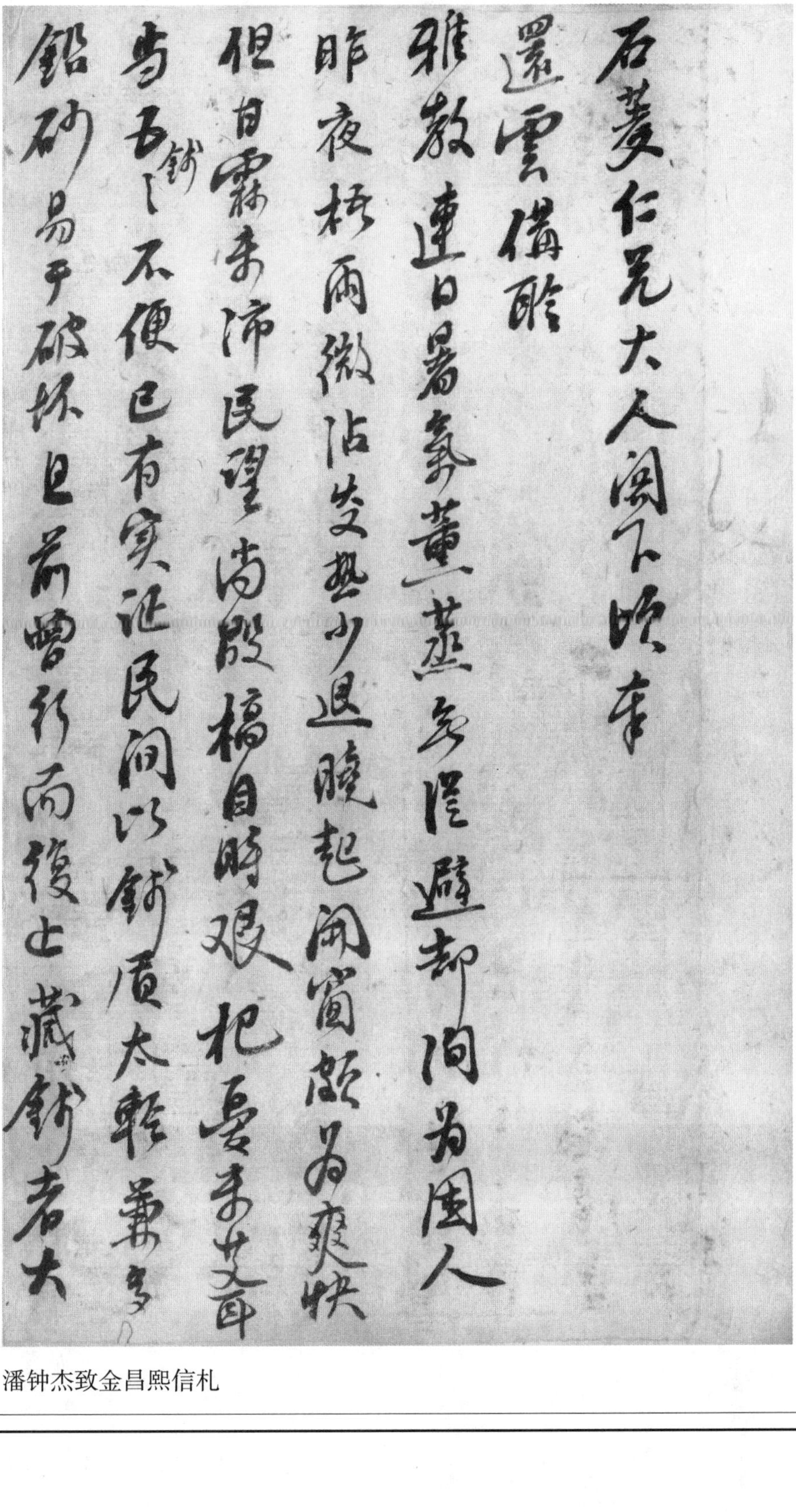

石菱仁兄大人閣下頃奉
還雲備聆
雅教連日暑氣薰蒸多晷避却向為困人
昨夜橋雨微沾炎熱少退曉起開窗頗爲爽快
但旱霖未沛民望尚殷橋自時艱把長未支郵
當十錢不便已有實證民間以錢質太輕兼多
鉛砂易于破壞且前曾行而復止藏錢者大

潘钟杰致金昌熙信札

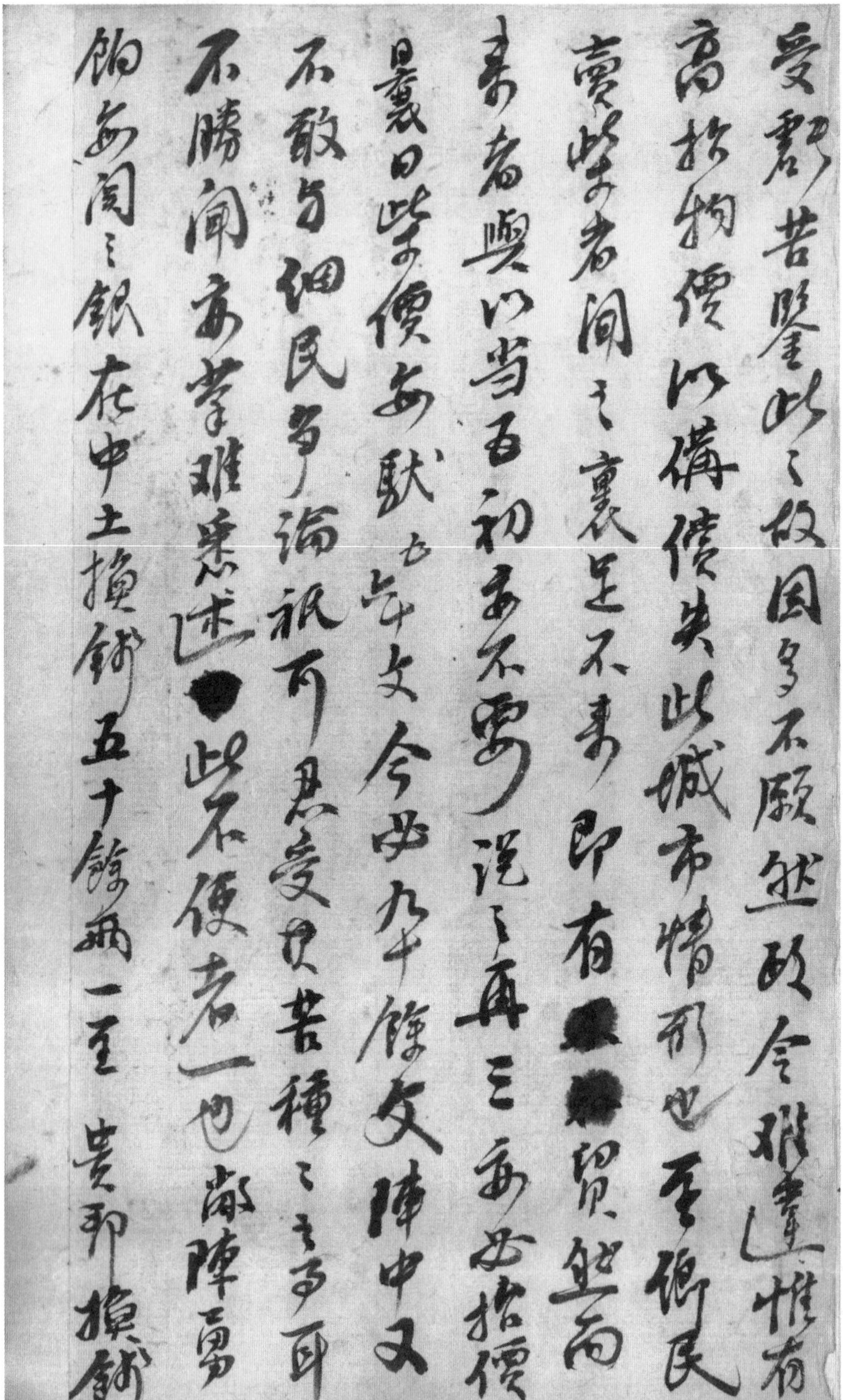
受郡苦鑿此〻故固多不厭然政令艱違推有
商於物價以備價失此城市情形也至細民
賣些者間〻裹足不來即有貿然而
來者與以當百初亦不要說〻再三亦要拾價
曩日些子價亦默〻無文今要九千餘文陣中文
不敢與細民爭論祇可忍受其苦種〻之事耳
不勝聞亦甚難悉述此不便者一也敝陣萬
餉亦間〻銀在中土換錢五十餘兩一至貴郡換錢

潘钟杰致金昌熙信札

丛书编委会

总序

间有论者云：「当今之世，日晦月明，沧海横流，存古之道，恐今不逮昔。」余以为不然，今之超轶前代者有数事，鉴藏必居其一也。盖鉴藏者，存古之大宗也。其滥觞于宋，滋衍于元，极盛于明清及民国。数百年来，番番良士，莘莘同好，并轨扬芬，标领风骚。比惟问诸故家，宗册如新；瞻彼前修，典刑未沬。且今地不爱宝，四海之藏，并出拍场，丽诸日月，美奂天壤。故鉴藏之道，文物之盛，今隆于昔者远矣！

予性不敏，困学多歧，而今屠龙未成，百里未半，雕虫方炽，一篑为山。沪市中隐，闭门自讼。朋从往还，稽古相勖。吾友某君，庋藏甚富，尤喜聚前贤笔札，以为不啻亲接几席而聆欬唾也。一日，语及古今鉴藏家，以为封己守株独乐者众，所谓「一归其室，无不绨绵为衣，旃檀作室，扃鐍以为常。有问焉，则答无有也」。而绣梓通行、广诸同好者寡。某君言：「天下奇物无尽，吾之所有，愿寿之枣梨，与天下赏音者共珍之宝之，亦愿天下奇物常常一见为快耳。」吾曰：「噫！此愿大有可为，上则可以成就古人，与之续命。下则可充拓闻见，有裨学术。」顾名迹流传，散在诸野，甄综贯通，有待来者。方今藏家并起，百舸争流。吾等持此同气之求，鸠集朋侪之藏，勉著先鞭。思益艺林以寸草，汨藏海以涓流，岁成《嘤鸣诸野》初编，区以六种，目次如左：

一、滂沛寸心：清代名贤诗文稿集粹
二、义门世泽：明末清初曲阜颜氏两世信札
三、《谭屑》拾馀：晚清驻朝鲜使臣丛札及诗文稿
四、桂棹兰枻：汤贻汾秋江罢棹图题咏册
五、雪堂雅集：罗振玉及其友朋手迹初编
六、长水遗珠：金兆蕃致曹秉章信札百通集释

初目既竣，芜杂疏漏，在所难免。遗讯大雅，当无旁言。前修往绪，藏海波流，蚊负之身，知非可任。茔火须弥，何堪世参？捃华撷秀，尚或未逮！惟愿旧雨兰契，莫遗诸野之滨；新知投分，正期嘤鸣之日。拙编既次，爰掇数言，藉申鄙怀而已。

癸巳春莫东亭丁慕光撰于海上小雪堂

目录

《谭屑》拾馀……一
一、袁世凯……一
二、张　謇……二七
三、周家禄……六七
四、朱铭盘……九九
五、李延祜……一三三
六、潘钟杰……一八七
七、吴朝彦……二一〇
八、王锡罂……二三二
九、林　葵……二四四
十、张光前……二五三

十一、方正祥……二五八
十二、刘绍棠……二六五
十三、谭赓尧……二七一
十四、郭春华……二八〇
十五、吴兆有……二八二
十六、纪堪沛……二八五
十七、李毓林……二八九
十八、刘长英……二九一
十九、吴鸣銮……二九三
二十、沈朝宗……三〇一
二十一、邱心坦……三〇五
二十二、张　督……三〇七
二十三、王湛恩……三〇九
二十四、叶觐仪……三一〇
二十五、□　鹤……三一二

二十六、无　款……三一四
二十七、无　款……三一八
二十八、无　款……三二〇
二十九、无　款……三二九
三十、无　款……三三一

附录

……三三九
一　《东庙迎接录》　金昌熙　撰……三四〇
二　《容庵弟子记》卷一、卷二　沈祖宪、吴闿生　编纂……三五九
三　《〈张季子九录〉涉韩文献辑录》　张謇　撰……三九一
四　《〈寿恺堂集〉涉韩文献辑录》　周家禄　撰……四一九
五　《朝鲜壬午甲申事件之文件》　陈裕菁　辑……四三五

《谭屑》拾馀

——「晚清驻朝鲜使臣袁世凯等人致朝鲜大臣金昌熙丛札及文稿」小识

十九世纪末，凭借朝鲜「壬午兵变」的契机，以「总理东征前敌营务处中书」（见本书「袁世凯名刺」）身份渡韩增援的袁世凯，在其后驻朝生涯中开展了一系列纵横捭阖的政治、军事活动。其所作所为不唯为个人仕途夯实了成功基础，对近代东亚政局的发展亦深具影响。只是比较遗憾的是，由于第一手文献的阙征，大多数有关晚清中国的朝鲜研究，只能依靠政府档案记载对这一时期袁氏活动进行粗线条的描述，让人很难看到袁氏为谋划朝鲜军政发展所做出的具体努力与鲜活身影。

「晚清驻朝鲜使臣袁世凯等人致朝鲜大臣金昌熙丛札及文稿」这一重要历史档案的公布，不仅为我们揭密了袁氏早年驻朝的政坛往事，更透露了十九世纪末风云际会的东亚时局中的隐秘细节。所以，「晚清驻朝鲜使臣袁世凯等人致朝鲜大臣金昌熙丛札及文稿」不唯是袁世凯研究资料的新发现，也有助于我们对中国晚清驻朝鲜使臣团在朝期间的诸多重要历史事件的挖掘和还原，更为近代东亚关系研究提供了大宗资粮。

本次所公布的「晚清驻朝鲜使臣袁世凯等人致朝鲜大臣金昌熙丛札及文稿」档案有袁世凯、张謇、周家禄、朱铭盘、李延祜、吴朝彦、林葵、张光前、方正祥、郭春华、沈朝宗、邱心坦等人致金昌熙（石菱）信札、诗稿、文稿、笔谈实录、名刺等各类文件约一百三十五件。其内容大致分为三个部分：一是晚清名臣袁世凯等人致金昌熙的系列信札；二是袁世凯等人为金昌熙《谭屑》一书所作的序文与跋文；三是驻朝大臣与金昌熙笔谈原件及他们赠与金氏的名刺。具体言之，袁世凯致金昌熙信札十通，《谭屑》序、跋原稿各一篇，名刺一页；张謇致金昌熙信札十六通，《谭屑》序原稿一篇，名刺一页，其他跋文一篇；朱铭盘致金昌熙信札十一通，《谭屑》序原稿一篇，《谭屑》题端原稿一页，名刺一页；吴朝彦致金昌熙信札五通，《谭屑》序一篇，名刺一页；周家禄致金昌熙十二通，致朝鲜国王书一篇，名刺一页；李延祜致金昌熙信札十九通，《谭屑》序一篇，诗稿三开，名刺一页；林葵致金昌熙信札两通，《谭屑》序一篇；王锡鬯致金昌熙信札五通；吴鸣銮致金昌熙信札两通，《谭屑》序言一篇；潘钟杰致金昌熙信札四通，文一页；张詧《谭屑》序原稿一篇；邱心坦《谭屑》题诗原稿一开；纪堪沛《谭屑》题诗原稿一开；谭赓尧致金昌熙信札一通，《谭屑》序原稿一篇；另有方正祥、吴兆有、郭春华、刘绍棠、沈朝宗等「庆军」驻朝将领致金昌熙的信札与众人赠与金氏的名刺及部分将领与金氏笔谈的实录。

本批书札与文稿的上款人金昌熙是晚清时期朝鲜政坛与文坛赫赫有名的人物。金昌熙（1840—1890）字寿敬，号石菱，韩国月城人，历官李朝吏部侍郎、国子监祭酒等职，有《石菱集》《谭屑》等著作行世。金昌熙与晚清驻朝「庆军」诸将领渊源甚深，朝鲜「壬午兵变」时，「庆军」东渡入朝，金昌熙就是李朝的迎接官〔一〕，其间他与袁世凯等人交往甚多，并著有《东庙迎接录》详记这段波起云涌的岁月。而「庆军」诸将领对金昌熙的才识亦多有推许，袁世凯每以「能文能诗能书，尤能娴熟中原故事、东方利弊」的「智囊」许之〔二〕。张謇在日记中称誉其为「论事甚有识」的「知外务者」〔三〕，李延祜则以为金昌熙是有「济世之才」的「爱国新京

〔一〕本批书札及文稿中多处提及金昌熙的「迎接官」身份及李朝与庆军联络的机构「迎接所」，如张謇致金昌熙第七札「军中有须迎接官之事甚少」；第十一札中有云「迎接官金石菱参判惠启」；第十三札「即送迎接所金大人」，第十六札「迎接官金大人大安」；第十八札「迎接官金大人石菱参判仁兄安」；潘钟杰致金昌熙第二札中亦云「阁下在此迎接所」云云。

〔二〕袁世凯《谭屑》序言，见本书所载袁氏手稿。

〔三〕检《张謇日记》光绪八年七月二十三日有：「金石菱昌熙来，吏部参判，此邦之知外务者。」二十六日：「有与石菱谈，石菱论事甚有识。」八月有：「是日与石菱谈，石菱不识金品，戏以『论金不辨青黄赤』属之对，石菱大喜，谓肖其生平，转属成联贻之。石菱同治初曾使中朝，遂应以『观乐能知雅颂风』。益大喜，问更能属对否，随以『标卷平分甲丙乙，贡赋犹区下上中』；『闻乐徐参肉竹丝，品酒能分碧白红』应之，石菱善饮，朝酒红上碧中白下。」又光绪八年五月十一日有：「石菱来谈国事，太息良久。」又《张謇全集·诗文集》中有《招隐三首》赠金石菱者，其序有：「石菱筑三思亭，期十载后归隐，索诗为券，感而赋之」云云。

尹」。「庆军」入朝后，金昌熙以「吏部参判」的身份负责李朝与驻朝「庆军」诸将领之间的交通，特别是作为袁世凯编朝鲜亲军的后勤军需助手，亲历了「壬午兵变」后的一系列政治事件。同时，作为一位能以「文章寿世」的士人，金昌熙与「庆军」诸将领在交往的过程中，亦复留下大量私人文墨交往的档案。

有鉴于金昌熙在晚清中朝政治交往中的特殊地位，所以这批信札的重要性也是不言而喻的。故此，就内容而言，编者以为这批信札及文稿具有以下几方面的价值：

首先，这是到目前为止，中国国内所能发现的晚清驻朝使臣最大宗的私人信札及文稿。收藏晚清驻朝使臣文献之富，莫过于北京的第一历史档案馆这样的公立档案机构，只是公立档案机构所收文献主要还是以往来的公文为主，政府往来公文固有其不可替代的历史文献价值，但其弊端亦甚明显。这一点，在驻朝使臣周家禄的纪事诗《朝鲜乐府序》中就有所提及，周家禄说：「顾朝廷之谕旨凭于疆吏之奏疏，疆吏之奏疏凭于军咨之椟报，奉辞伐罪，立言有体，事状或未尽其实。」本书所收包括信札、诗稿、文稿、笔谈实录、名刺等各类私人文件则是收藏朝廷谕旨、疆吏奏疏这一类文件的公立档案馆所不逮的。同时，这批私人信札及文稿的上款均为金昌熙一人，同样数量的信札或文稿，收信人或上款是否为同一人，其作为研究资料的价值就会相差很大。换言之，这批同一上款的信札、序跋文、笔谈实录、诗词唱和等文稿中所蕴涵的史料价值要远高于写给不同或不相关的上款人的信札与文稿，究其由，实是因为就某一问题或某一方面的讨论而言，前者集中与详细程度要高于后者。客观地说，正是由于这批规模甚大的同一上款的文稿，我们今天才得以比较全面而真实地了解十九世纪末晚清驻朝使臣的公私生活空间。

其次，这批信札与文稿的最大意义莫过于它们所具有的极高的史料价值。可以这样说，除了部分《谭屑》序文刊行于诸人的文集中，本书所收的信札几乎都是驻朝使臣们的文集中所未收的，其中绝大多数信札所蕴藏的史料价值是不言而喻的。比如这批信札中颇有价值的袁世凯致金昌熙的系列信札就是现行的《袁世凯全集》所未收的。世人皆知，袁世凯崛起于朝鲜，壬午平乱中一马当先，战功显著。其后深得韩王与吴长庆的器重并委以编练朝鲜亲军的重任。事实上，袁世凯亦不负重望，短短数月就为朝鲜编练了一支「步法整齐、放枪亦熟」的现代军队。只是由于相关资料的缺乏，对于袁氏这一段尘封的历史，研究者历来难以作深入的细部叙述。而袁世凯致金昌熙系列信札则为我们提供袁世凯为朝鲜编练亲军的第一手资料，极大地丰富了袁世凯在朝期间军政活动的历史记载。如袁世凯在致金昌熙信中多次提及练兵的后勤军需细节：

「新建亲军须枪架五十四座，乞饬木匠来阵看其样式，只求坚固而已。三军府各门应闭者，即乞饬泥瓦匠闭之。或有门扉者，即锁而封之」，「前托代制毡帽五百顶，如有已制成者，即速送来。或一百顶或三百顶，可先送来」，「马匹无处安置，乞饬宫外马号借用数间屋」，「军米须用乙百二十包。今日先领二十包，乞于赴下都监营前派人等候，俟南军来，即领去」；「尚有右中两哨花名未呈来，如在尊处，即携来一查」。

有关袁世凯在朝鲜整军经武的过程当以《容斋弟子记》中所记为详尽，但有论者以为此书揄扬有过，问答之间有如文学家言。而今当我们再细细翻阅袁世凯致金昌熙的系列信札时，不但可见袁世凯在为中朝驻军后勤军需的方方面面而劳心劳力的诸多细节，如做枪架、封木门、代制毡帽、安置马匹、检查岗哨等等，更可见他「敏于实行，事必躬亲」的力行本色。与此同时，当我们比较刻本《谭屑》的袁世凯序文与本书所收录的原稿序文时，又会在「慰廷向骄恣」「袁氏早年好作激昂慷慨之大言」的说法之外有新的发现，袁世凯的《谭屑》序文原稿之后还有一段刻本所无的附文，其云：「连日俗事纷纷，不能文，且本不能文，何足沾高明大作，聊志数语，特唐塞欠债，万不可附刊，只作闲文为幸。此请石菱仁兄大人叔安。世凯顿首。」此外，袁世凯文稿中尚有其一节跋语，细审文义，也应是为《谭屑》一书而作：「此书为道德仁义，非为爵也。请就其平日文章年齿优长者为首，依次排列。万不可置鄙人于前，反嫌俗人之势利，切不可也。」从以上两则不载《谭屑》一书的袁氏识语可见，早年袁世凯确有为人低调谨慎、谦抑自下的一面，至于其谨言慎行的原由，你说他精明自律也好，刻意伪饰也罢。总之，这样细微而客观的史料不但会丰富我们对袁世凯的认识，让我们在关注历史的过程中不会带着度数过深的「有色眼镜」，以「结果论」与「成败论」的眼光将一个鲜活而复杂的历史人物加以脸谱化的审视。甚至，通过本书所公开的这些历史细部，来还原一些被忽视与被遮闭的历史场景，从而有助于后人对袁世凯这样的历史人物在近代中国社会向上向前的发展过程中所起到的积极作用给出公正评价。

再次，统观这批信件与文稿，无论是累累千言的繁翰，或者是寥寥数行的短札，写信人大都广敞心怀，披肝沥胆，大声地吐露他们对时局的忧思、对家国的感怀，后之览者，如果细心披阅，就会发现政治、经济、文化、文学等多方面有价值的信息纷至沓来，应接不暇。在此，我们采取「尝一勺而知江水」的方法，就其中一些具有代表性的文稿及信札略作管陈。

在这批文稿中有七件无款文书，细绎其文义，当为赴朝将领与金昌熙笔谈的原件。将笔谈中有关内容与笔迹相考订，我将其定为张謇与金昌熙的笔谈内容〔一〕。因为内容属于他们之间的私人交谈，故文字和内容皆不同于官方文书或收入《张季子九录》中的文章那样严谨和有所顾忌。其语言直率，笔下多真情实话，肺腑之言溢满字里行间，如第一则所云：

> 公等二三人，皆能持大体之人，故仆等所望于公等者甚大且远。若与彼贪昏浮躁辈例视，何责尔耶？竹添（颇有经学）亦颇不以此间近所闻见为然，七、八月行且去矣。矿务即日与书北洋，当极力设法，正恐骛利者多，则后堂未有量耳。天下事真不可为，如何如何（小人多，而君子少）。大臣尤不易，而此间之所为大臣异乎所闻。浮法岂非大可痛恨之事。
>
> 躁竞中另有人才，所谓呈身御史、识面台官，则此者耳。曾文正起迹之始，所共图艰难者，皆十数老儒之有学行者，谁谓成大事徒恃才气耶？也好也有病，贤者有才，则可大用。不肖有才，则躁竞而已。合

〔一〕无款笔谈中提及修刀与征题王太夫人《焦尾阁遗稿》两事，此两事唯有张謇致金昌熙信中提及，且无款笔迹类似张謇，故定为张謇手笔。

肥相国是才气人，所以勋业不能比隆前辈。才气有消落时，学问无消落时。胡文忠、曾文正当军务倥偬之会，时以延揽英俊为心，故规模如此之远，以今距彼，才数十载，岂遂江湖草野无一人耶？正坐在位之非其人，不能虚心以求之耳。惟其有之，是以似之。抑何能责于此间耶？

迂远而阔，于事情但为贵邦虑，不得不从其长者。今日此间之政事，仍如病夫之未起，是真可叹！……中国所病亦正在此。

从张謇与金昌熙笔谈的内容可知，张謇对朝鲜时局的看法是比较悲观的，所谓能持大体者不过如金昌熙等二三人而已，馀皆「贪昏浮躁辈」。就是日本驻朝公使竹添光鸿也「颇不以此间近所闻见为然，七、八月行且去矣」。张謇对中国时事也持同样的观点，他以为「小人多，而君子少」，故「天下事真不可为」。其笔下波澜所涉，尤其以月旦人物为醒目，张謇通过对胡林翼、曾国藩与李鸿章用人上气度的差别，突显出他对李鸿章的负面评价，他以为李鸿章是「正坐在位之非其人」的才气人，远不如胡林翼、曾国藩那样能虚心延揽英才。我们可以这样理解，张謇这一人物品评多少与他沉沦下僚、志不得申的际遇有关，一定程度上也纠缠着「庆军」与李鸿章的恩恩怨怨，而从心态的角度来理解，张謇对李鸿章的这一品评不仅影响到他在吴长庆逝后拒绝李鸿章的延揽入幕的邀请，更可能为他后来上书弹劾李鸿章埋下伏因。很显然，这一笔谈材料为我们审视张謇、李鸿章的关系以及理解淮军内部纠葛提供了新的资料与起点。

在这批文稿中，有「庆军」粮台官潘钟杰致金昌熙的几通信札，据《江苏艺文志·无锡卷》中「潘钟杰」

条可知，潘钟杰为宜兴人，早年读书不遇，投笔从戎。后为清军统领吴长庆所器重。光绪八年（1882）吴长庆平定朝鲜内乱，以总理粮台兼参军事，事平褒奖知县。据此可知，身为「庆军」的粮台官潘钟杰与金昌熙的通信自然会涉及与军需有关的经济问题，其中两通信札中关于「当五钱」的讨论不仅涉及驻朝清军的经济生活，其政治、军事等方面的影响也是可以推知的。由于两信的重要性，故此不避冗长，将全文迻录如下：

一

石菱仁兄大人阁下：近日贵部以当五钱输阵中应用，民间不便，以致物价腾贵，兵勇又不愿，故大帅饬敝局仍将当五钱送还户部，函请政府停用，另筹别法。敝阵到贵邦，各事已重累诸公，今又以钱法之故累及百姓，更为不可。况当五之重，只有小钱之二，操利权者，未始不得计，而结怨之由，必归于阵中，我大帅数十年爱民如子，今至贵邦，视同一家，岂肯因便己之用，不便于民，使万民致怨乎？即贵政府苟知民之不欲，亦必不强之使行也。惟物价骤贵，柴草不来，将大不利于兵勇。阁下在此迎接所，则上自大帅，下至夫丁，无不承蒙照拂。务请晓谕民间，照常买卖，勿再抬价，则感仰仁施，弥有涯涘矣。敬此，布请暑安。愚弟潘钟杰顿首。十四日。

二

石菱仁兄大人阁下：顷奉还云，备聆雅教。连日暑气熏蒸，无从避却，洵为困人。昨夜梧雨微沾，炎热少退，晓起开窗，颇为爽快。但甘霖未沛，民望尚殷。槁目时艰，杞忧未艾耳。当五钱之不便，已有实证。民间以钱质太轻，兼多铅砂，易于破坏。且前曾行而复止，藏钱者大受亏苦。鉴此之故，固多不愿。然政令难违，惟有高抬物价，以备偿失，此城市情形也。至乡民卖柴者，闻之裹足不来，即有贸然而来者，与以当五，初亦不要，说之再三，亦必抬价。曩日柴价，每驮五六十文，今必九十馀文，阵中又不敢与细民争论，只可忍受其苦。种种之事，耳不胜闻，亦笔难悉述，此不便者一也。敝阵勇饷，每关之银，在中土换钱五十馀两。一至贵邦，换钱仅得二十馀两，已吃苦之极，今用当五，每关饷只换钱五两，举手即空，未免抱憾。念此兵丁谁无父母，谁无兄弟妻子，抛离远涉，音问难通，以此锱铢，沽其性命，在上司亦有所不忍，此不便者二也。尝闻贵邦友人议论，敝阵未到之前，无换钱之事，今以银不便用，中国钱又不使，只得请诸贵户部代阵中换钱，憧憧往来，已不胜其扰，此犹怨之在上者，如用当五之钱，他日敝阵回去，势必改令不行，则今日之强民使用，是为阵中他日之禁行，使民受害，亦是为阵中归怨之由，不待他日始见，今已实有所闻矣。此又结怨于下者。因利致怨，已为不可，因我们而结怨民间，将归罪于政府，则尤不可。此大不便者三也。

大帅与诸营官悱恻为怀，视同一体。再四思维，有难自安者，故将入告国王，劝即停行此钱耳。至于法之新旧，苟益于民，何妨于行，泥古亦不可，喜新亦不可，总要准今酌古，因时制宜耳。若王介甫新法之行，伊洛诸公亦未尝尽非之，故至今尚有仿其法者。惟钱法一科，考之于古，变化多端，史论中总未有以当五、当十为是者，非论以国计之错，则论以病民之非。

阁下博雅君子，公忠为国，既有所见，必有荩谋。况老兄既来傧馆，乃切己应问之事，不必谦让，谨如来教，鹄候良箴，还祈速赐回音，以便复奉大帅酌量施行焉。弟不善笔墨，草草不恭，尚希原谅。敬颂著安。愚弟潘钟杰顿首。

关于「当五钱」对驻朝「庆军」的影响，当以袁世凯致李鸿章的公函所云「韩前以常平钱不敷用，由阂台镐改用当五钱，弊窦百出，公私渐绌」最为概要。再检视潘钟杰这两通信札，其第一札所说「近日贵部以『当五钱』输阵中，应用民间不便，以致物价腾贵，兵勇又不愿」，显然「当五钱」之发行对驻朝清军的影响甚大，「物价骤贵，柴草不来」的结果无疑是「将大不利于兵勇」，故潘钟杰在第一札提出「大帅饬敝局仍将当五钱送还户部，函请政府停用，另筹别法」的意见，而此意见并非只是潘氏的个人意见，而是以「庆军大帅」吴长庆的名义向金昌熙间接表达对「当五钱」的看法。第二札则是以累累八百言的篇幅论述「当五钱」对驻朝「庆军」所造成的「物价高抬」「勇饷变贱」「民间结怨」的三大不便，虽然信中亦提及「大帅与诸营官悱恻为怀，视同一体。再四思维，有难自安者，故将入告国王，劝即停行此钱耳」云云，吴长庆光绪十年（1884）

秋回国后病逝，光绪十一年（1885）袁世凯因驻朝商务办经费问题致函清廷的信中奏陈云「：朝鲜当五钱通行后，百物腾贵，所有需用各件，俱取给于上海署处。运费川资或倍蓰。陈道因公款支绌，罕有宴会，各国同处汉城，独上国凡事啬陋，殊不足以饰观听，或稍加酬酢联络，则公费必至倍多，此应酬之难也。」显然，「当五钱」在吴长庆离开朝鲜后并未停用，有学者指出「当五钱」与驻朝庆军的开销问题是纠结晚清政府的大问题，甚至以为「清廷对朝政策的最终失败，归根到底是经济上的问题」〔一〕。由此可知，潘钟杰致金昌熙这两通信不仅具有经济史的意义，对于近代中朝关系研究，也是一份值得重视的文件。

最后，值得强调的是这批信札与文稿当为近代东亚汉文化圈文化交流活动最直接的证据，其本身所具有的文化意义非同寻常。在金昌熙与驻朝使臣的交往中，比较重要的文化活动就是围绕金昌熙在光绪甲申（1884年）春所刊印的汉文著作《谭屑》而展开的，本书汇集的驻朝使臣袁世凯、张謇、朱铭盘、林葵、吴朝彦、吴鸣銮、李延祜、邱心坦、谭赓尧等人的一系列文稿及信札中涉及《谭屑》的内容在在多见，而他们在《谭屑》序言中对金昌熙其人其学揄扬鼓吹，大有海外逢知己、他乡遇故友的感觉。如吴朝彦《谭屑》序言云：

> 朝鲜金石菱少宰深得身心性命之学，而又博览群书，洞达世务，故著为文辞，成一家言……其阐发义理，识解深透，不倚不偏，足与吕新吾先生《呻吟语》相颉颃。而短章片言，潇洒隽永，则如苏黄小品，

〔一〕周国瑞《晚清驻朝商务委员经费分析》，《兰台世界》2013年第3期。

岂寻常操觚者能津逮及之哉！

吴鸣銮《谭屑》序言云：

> 日昨见赐手著《谭屑》一部，公馀取读，觉往古圣经贤传、诸子百家之精义，莫不融会于其中。句俗而雅，意浅而深，而近而远，可以问世，可以觉世，可以传世。

与此同时，诸人信札中对《谭屑》一书的品评及对此书编刻过程的关注，不仅是《谭屑》刻本序言中无法读到的，其细节也远比刻本序言要丰富与有趣。如朱铭盘致金昌熙的信中言及《谭屑》一书：「余诵此书毕，既为漫记其端，暇时辄更酌细玩之。有所大可于余心者，辄墨其处。吾平生最喜食蟹，此书可吾意之处，不啻置大螯满前也。」虽然我们现在已无法获知朱铭盘漫记于其端的识语，但朱氏信中的寥寥数言，则栩栩如生地写出他在读此书时的欣喜神态。在这些信札中，我们还可知，他们比较关注金氏的编书刻印过程，如诸人对他们的序文的编刻次序多有留心，周家禄信中有云：「《谭屑》弁言，文在前，诗在后。文义以齿为序，林最长，周亚之，张、朱又亚之，袁最少。」袁世凯在信中亦云：「此书为道德仁义，非为爵也。谨就其平日文章年齿优长者为首，依次排列。万不可置鄙人于前，反嫌俗人之势利，切不可也。」张謇兄张詧序之前有一句批语云：「此序应在张謇前。」「长幼有序、尊卑有别」是儒家文化伦理纲常的要则，序文排列顺次以年齿为序正是这一要则的具体体现，中土士人刊刻诗文集时都会严守这一要则，自然他们也会不约而同地向三韩士人输入这一理念，比对金昌熙的《谭屑》刻本序言的次序，金氏无疑是接受了晚清驻朝使臣以年齿为序的排序要求的。

需要强调的是，在金昌熙与驻朝使臣的文化交往过程中，并非驻朝使臣向以金昌熙为代表的三韩士人的单向文化输入，而是彼此之间文化的双向输入与互动，在这个互动的过程中，不仅有彼此文化融合与接受，也有各自不同的文化的立场与坚守。

金昌熙因刻《谭屑》而遍请驻朝使臣撰序，张謇亦代友人王彦威征求三韩士人题记其母王太夫人的《焦尾阁稿》，张謇在致金昌熙的札中说：「埘为王工部征题其太夫人诗集册子五叶，乞惠雅藻，并转于二三才俊中求之」，其结果是「《焦尾阁稿》金、李诸人皆题记，足征顽叟之需滞也」，显然，三韩士人在《焦尾阁稿》上多有题记。又如，张謇在朝鲜得韩琴一张，便向金氏征询韩琴的制作历史及修理方法：「此间有玄琴六弦者，闻制自新罗时，足下能考其始末、详其所用以见告否。」「玄琴一张，不复能使弦轸如故。足下有友人能鼓之，想必能缉之也。希转恳为我理好，今晚明早见还，尤感盼也。」再者，赵冕镐为朝鲜王朝晚期的文坛领袖，张謇在驻朝期间曾与其唱和，张謇致金氏札亦有提及：「赵翁诗卷，草草以二绝题其卷端，足下视之，足当雅谑否？」朱铭盘为驻朝使臣中诗书并妙的通士，他在致金昌熙的信中对精于诗道的赵冕镐甚为尊崇：「玉丈诗十来卷，一握读过，一并送还君处，乞为转完。此老于诗道用功颇深，不似寻常口头之作，甚可钦仰。」闵蕙庭精于书道，李延祜甚喜其书，多次在致金昌熙信中恳请金氏代求闵氏墨宝：「弟见蕙翁法书，爱不能已。欲更得楹联一副，奈无佳纸何，兹友人曾瞻、云迟两兄各欲求蕙翁书佳什小横幅」。「弟向闻蕙翁法书甚妙，拟请执事代求单条一幅，或斗方亦可。总以蕙翁佳作诗句书之，尤觉蓬荜生辉。」凡此种种文化互动无不说明，中韩士人文化交流的双向性，既有驻朝士人对三韩士人的文化输出与影响，也有三韩士人对驻朝将领的文化输出与影响。

自然，因为各自的民族立场、国家立场的不同，在中朝士人的文化交往过程中也会产生不同意见。这其中最为典型的是三韩士人对周家禄的纪事性组诗《朝鲜乐府》的态度。周家禄随吴长庆东征三韩，平定朝鲜内乱，他在归国前写下纪事组诗《朝鲜乐府》以纪其事，他在诗中用白描式诗歌语言记录了他亲身经历的这一戎马生涯，其在《朝鲜乐府》序言中写道：

光绪八年六月，朝鲜都监营兵之变，倭人乘机启衅。上命广东水师提督庐江吴公长庆往援护之，应时定乱，功业伟矣。顾朝廷之谕旨凭于疆吏之奏疏，疆吏之奏疏凭于军咨之椟报，奉辞伐罪，立言有体，事状或未尽其实。余征诸国人与其朝之士大夫、庆军将校之与斯役者，作朝鲜乐府十篇，随事立名，托于辞以风，事不悉喻。

细察周家禄致金昌熙的信札，我们发现周家禄在撰写此诗的过程中曾征求过包括金昌熙在内的三韩士人的意见，例如，他在致金昌熙札中有云「诗中颇涉时事，托于『言者无罪』之义，想亦大雅所亮也」。与此同时，极有可能他是投诗请三韩士人唱和，但最终非但遭到拒绝，还引起对方指责。此一情节，亦在他致金氏信札可寻到端倪，如他说「求诗之举，偶然兴到，转生枝节，甚所怅怅」，所谓「转生枝节」，当是「拙诗四章中涉时事，原托于『言者无罪』之义，所见所闻均皆确凿，并无不根之谈，亦无不衬实之引喻。既承责言，作为罢论，留以俟天下万世之公议可也」所说的内容，虽然所引来的责言为何，吴家禄在札中并无明言，但可以肯定是与他所写《朝鲜乐府》有关，极有可能是与他在诗中对时局世事的秉笔直书有关。虽然他申明诗人足当「言者无罪」之名，但三韩士人可能会认为诗中关涉国事及王者私事处，有需要为国家讳及尊者讳，故不当托于「言者无罪」之义而秉笔直书。也许，这样的细节是在提醒驻朝使臣，三韩虽为中土属邦，金昌熙等三韩士人也普遍认同以儒学为普世价值的中华文化，但他们毕竟是有他们自身的独立性与国家尊严。

通过以上的列举，我们发现这批文稿可谓是晚清中朝关系研究，特别是中朝士人交往研究的一座富矿，其中所蕴藏近代中朝政治、经济、文化等多方面价值要远远高于野史笔记所记载的同类内容，其真实的细节甚至能弥补官方档案的不足。虽然人们对历史的解读与研究也许永远无法获知最终的真相，但可以肯定的是，这批资料的公布不但在一定程度会让人们感受到那个时代的中朝关系的脉搏与折光，也为历史学家靠近甚至还原近代中朝关系的部分原貌提供了佐证。

可以说，当我们翻阅驻朝使臣致金昌熙这批内容丰富、意义非常的信札与文稿时，我们可能就在不经意间重新激活一段尘封已久的历史，我们似乎又看到袁世凯、张謇、周家禄、李延祜这样一批怀抱建功立业的政治抱负的青年仕子，在三韩冰天雪地的广阔疆场上跃马驰骋，横槊赋诗。他们将他们青春年华中最宝贵的一段岁月永久留在异国他邦，留在如梦如幻的历史幽深处。尽管他们所拱卫的中朝宗藩制度连同清帝国与李氏王朝一样早已灰飞烟灭，尽管沧海桑田，几经烽火，悠悠岁月并没有完全抹去他们的痕迹。细细地拂拭这些竹头木屑般的手迹，我们会在冷冰冰的政府公文与档案之外看到中朝士人政治、经济、文化交往的诸多细节，追维着他们当年遗留在这些故纸上的笔墨风雷，我们似乎又能感受到他们心中激荡的热血与种种音容笑貌。

甲午正月初十，丁小明撰于海上小雪堂

一、袁世凯

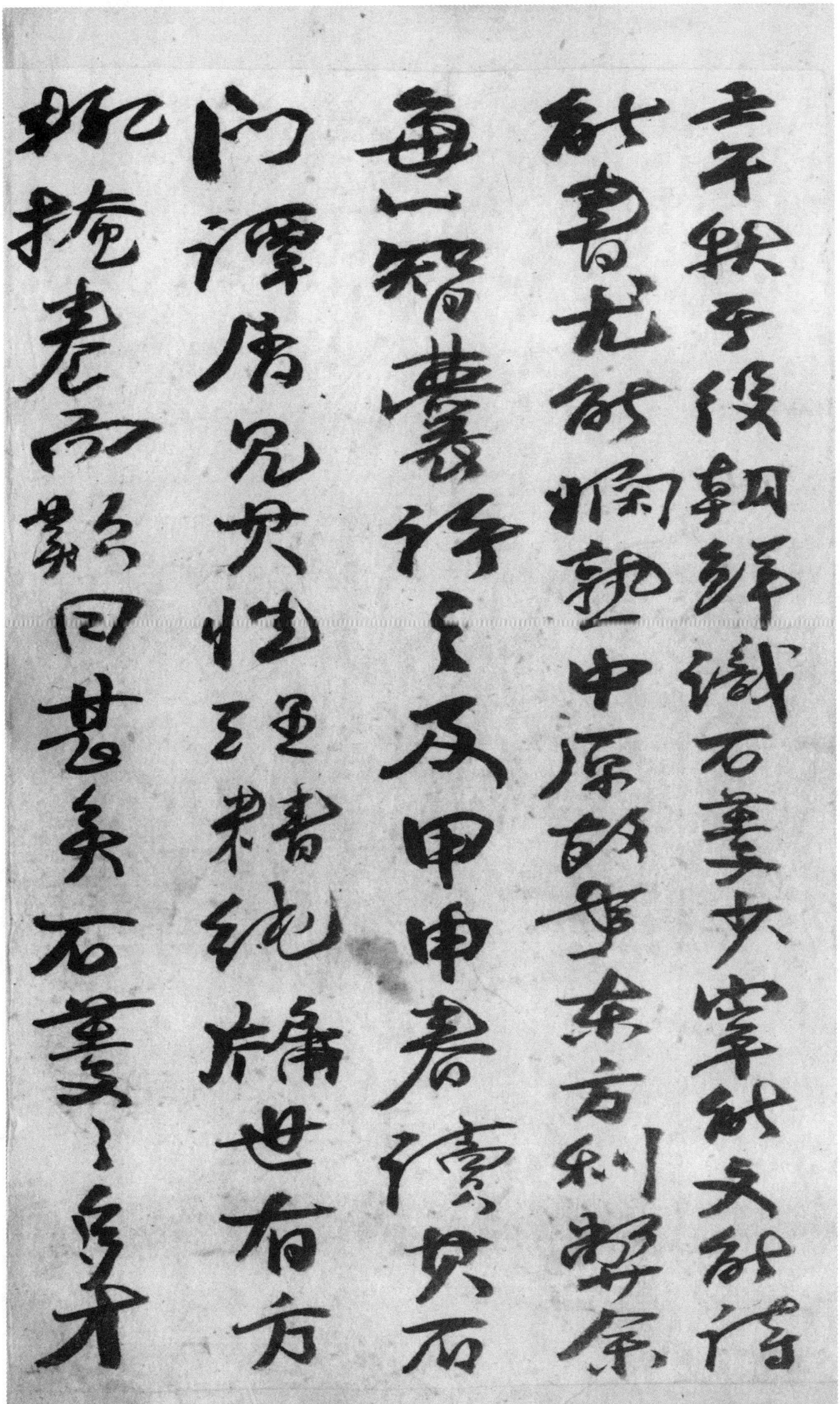
壬午秋于役朝鲜识石姜女史掌故文献诗
献书尤所娴熟中原故事东方利弊原
每以锦囊许之及甲申春读其石
门谭唐兄其性理之精书纯粹世有方
批掩卷而叹曰甚矣石姜之多才

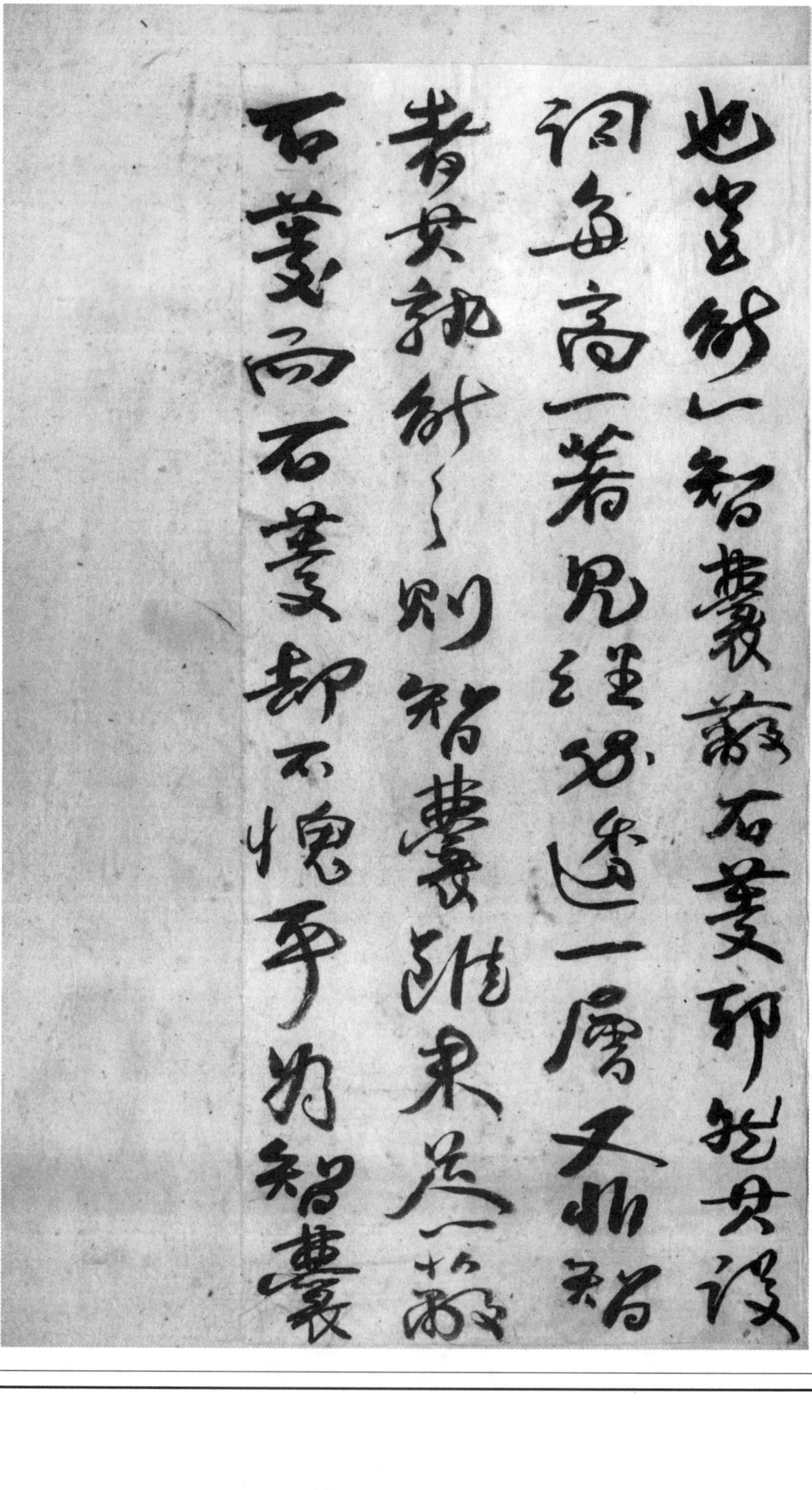
也豈能之智囊藪石簣耶能其設
詞每高一着見經過一層又如智
者其親能之則智囊雖未足以藪
石簣尚石簣却不愧乎為智囊

壬午秋，于役朝鲜，识石菱少宰，能文能诗能书，尤能娴熟中原故事、东方利弊，余每以智囊许之。及甲申春，读其所著《谭屑》，见其性理精纯，牖世有方，辄掩卷而叹曰：甚矣！石菱之多才也，岂能以智囊蔽石菱耶！然其设词每高一着，见理必透一层，又非智者其孰能之？则智囊虽未足以蔽石菱，而石菱却不愧乎为智囊！

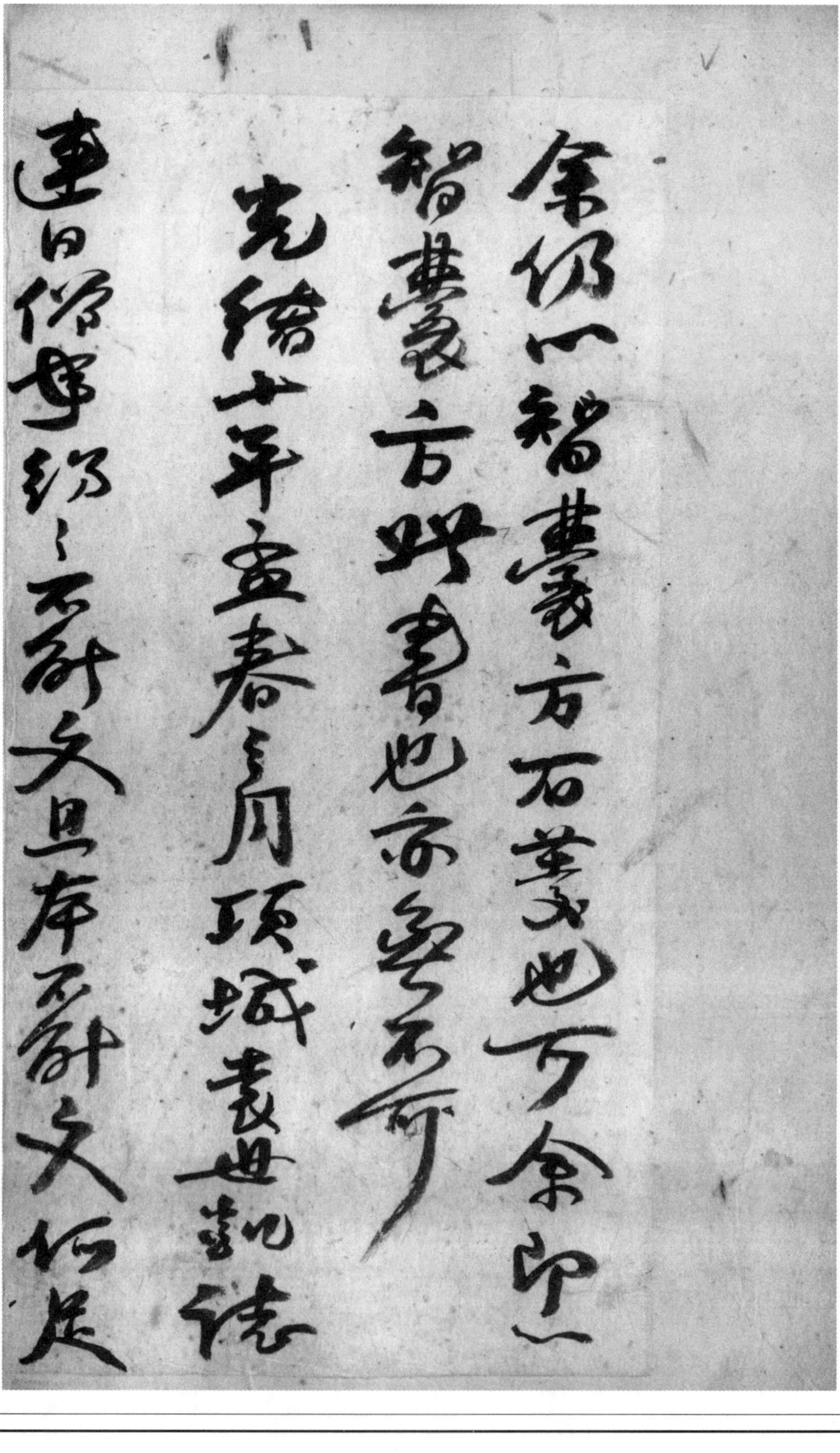

余仍以緗蕓義方石篆也下余印之
緗蕓方野書也亦無不可
光緒廿年孟春之月項城袁世凱識
連日俗事紛紛不耐文且本不耐文何足

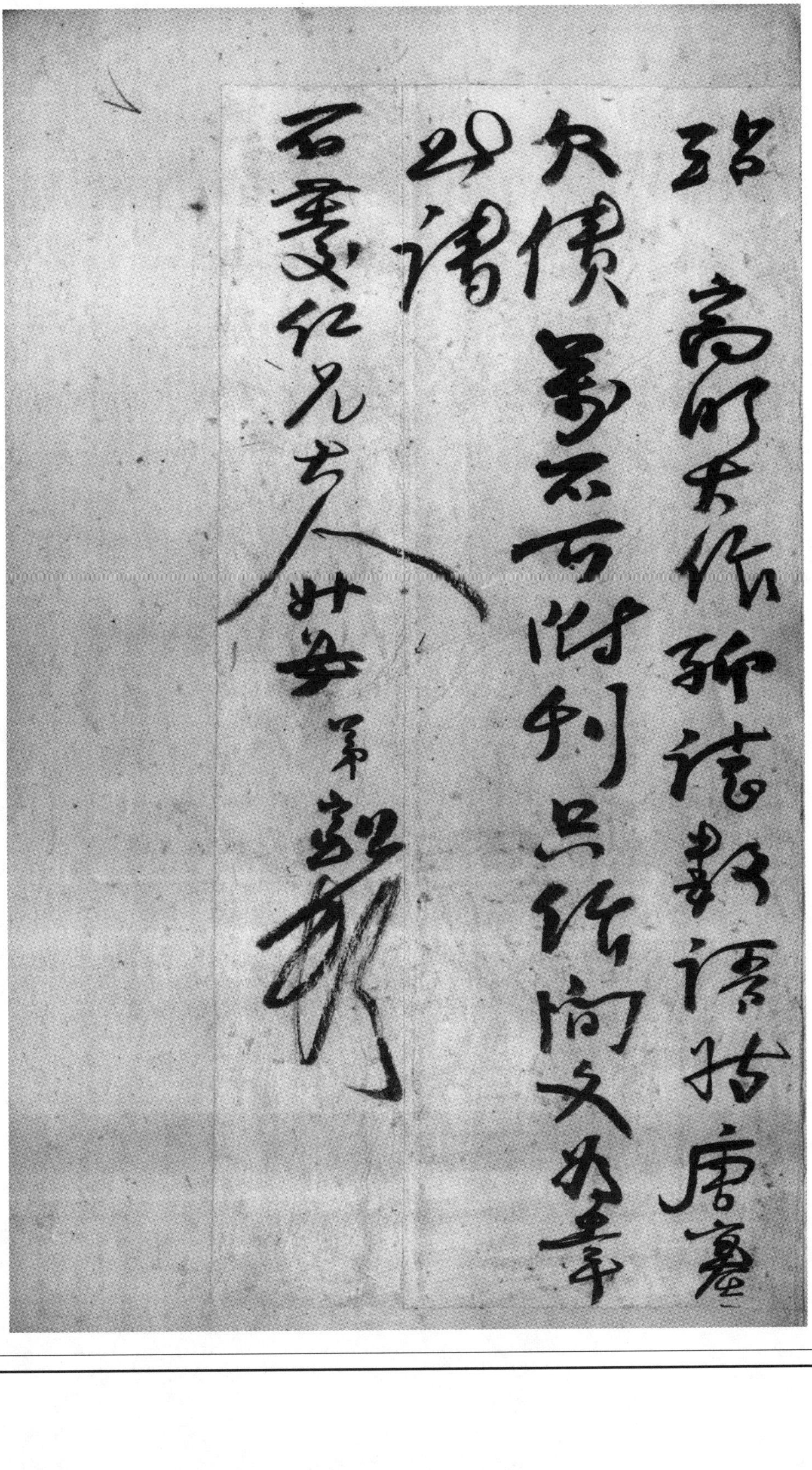
昭高吟大作聊議數語搪塞
欠債萬不可附利只能向文叔筆
28 請
石叟仁兄大人 廿四 弟 [illegible]

余仍以智囊方石菱也可，余即以
智囊方此书也，亦无不可。
光绪十年孟春三月项城袁世凯志。
连日俗事纷纷，不能文，且本不能文，何足
沾高明大作，聊志数语，特唐塞
欠债，万不可附刊，只作闲文为幸。
此请
石菱仁兄大人叔安。弟凯顿首。

連日為公私所逼，不但未着筆，並
未及披讀，特此一報。
命題叔不能得便，待
大信遠道，不必然，心掛稍反
畫璋如何方

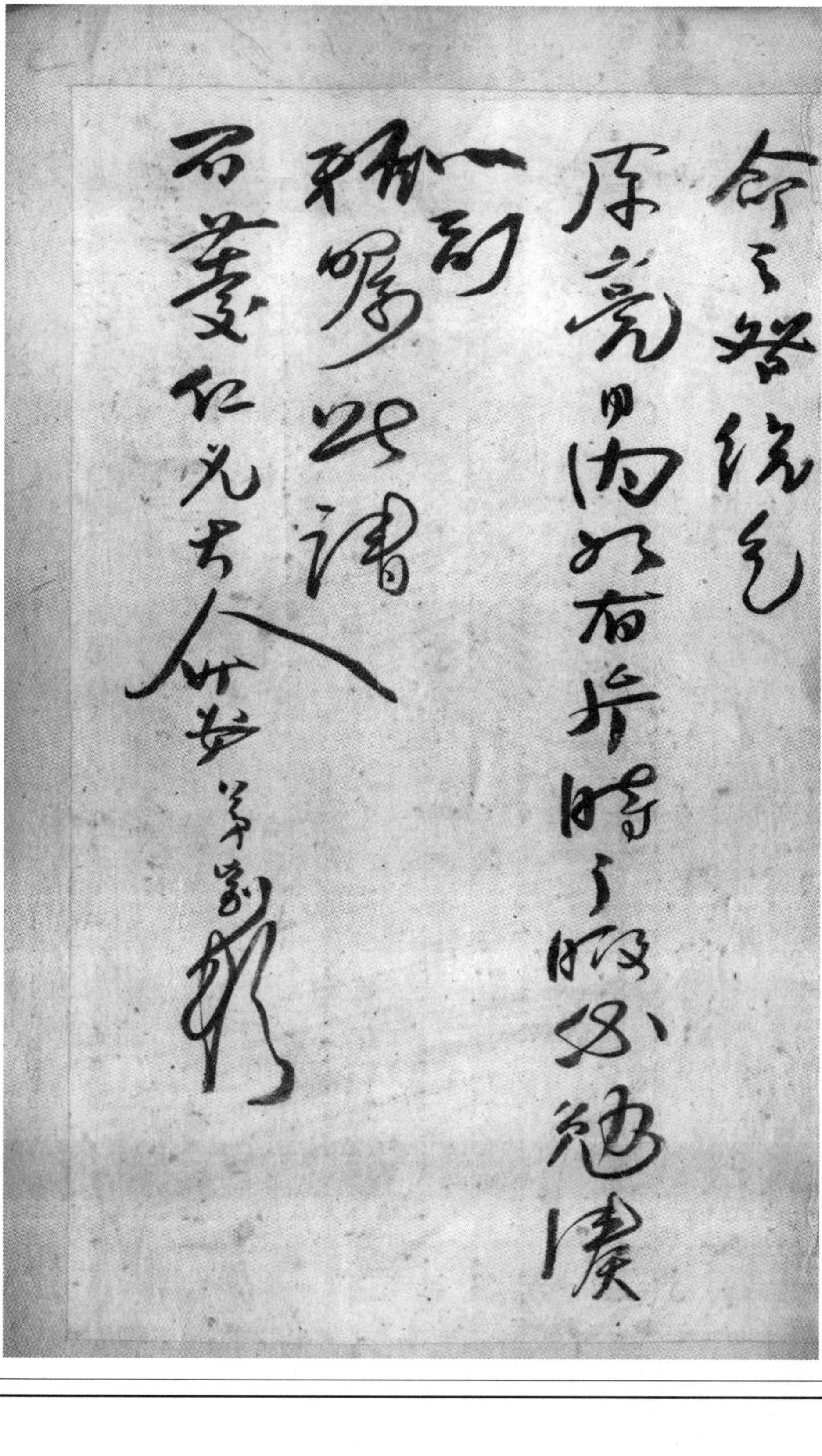

连日为公私所迫，不但未着笔，并
未及披读，将何以报
命邪？如不能待，仍将
大作送还，不必以抹鸦反沾
圭璋，如何？方
命之咎，总乞
原亮。日内如有片时之暇，必勉凑
以副雅嘱。此请
石菱仁兄大人叔安。弟凯顿首。

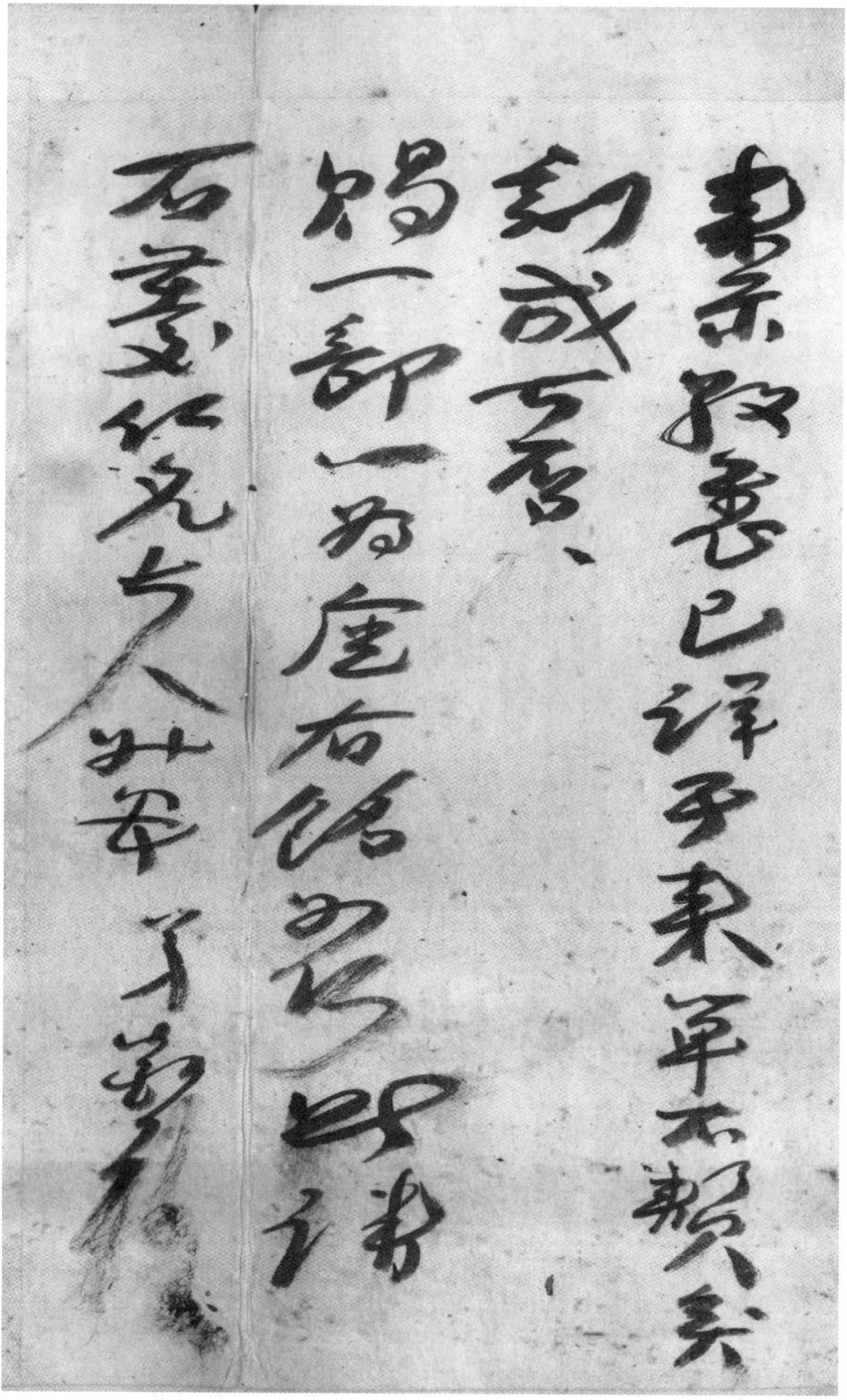

来示敬悉已详，干来单不赘矣。
刻成，可否
赐一部以为座右铭，如何？此请
石菱仁兄大人叔安。弟凯顿首。

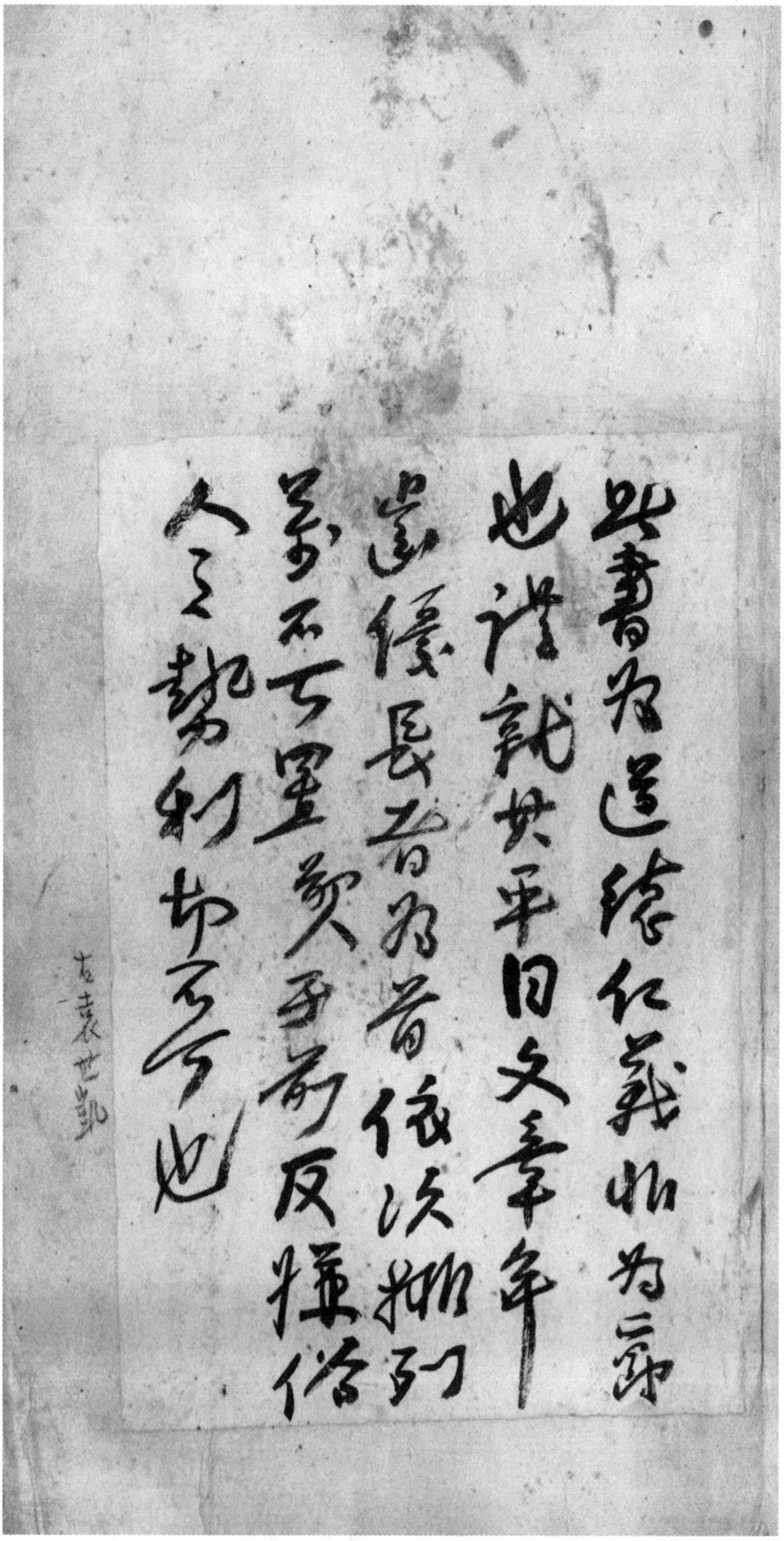

此書為道德仁義而為之說也讀熟其平日文章年遂以長者為首依次排列萬不可置敵人手前反擬倣人之勢利亦可恥也

右袁世凱

此书为道德仁义，非为爵也。谨就其平日文章年齿优长者为首，依次排列。万不可置鄙人于前，反嫌俗人之势利，切不可也。

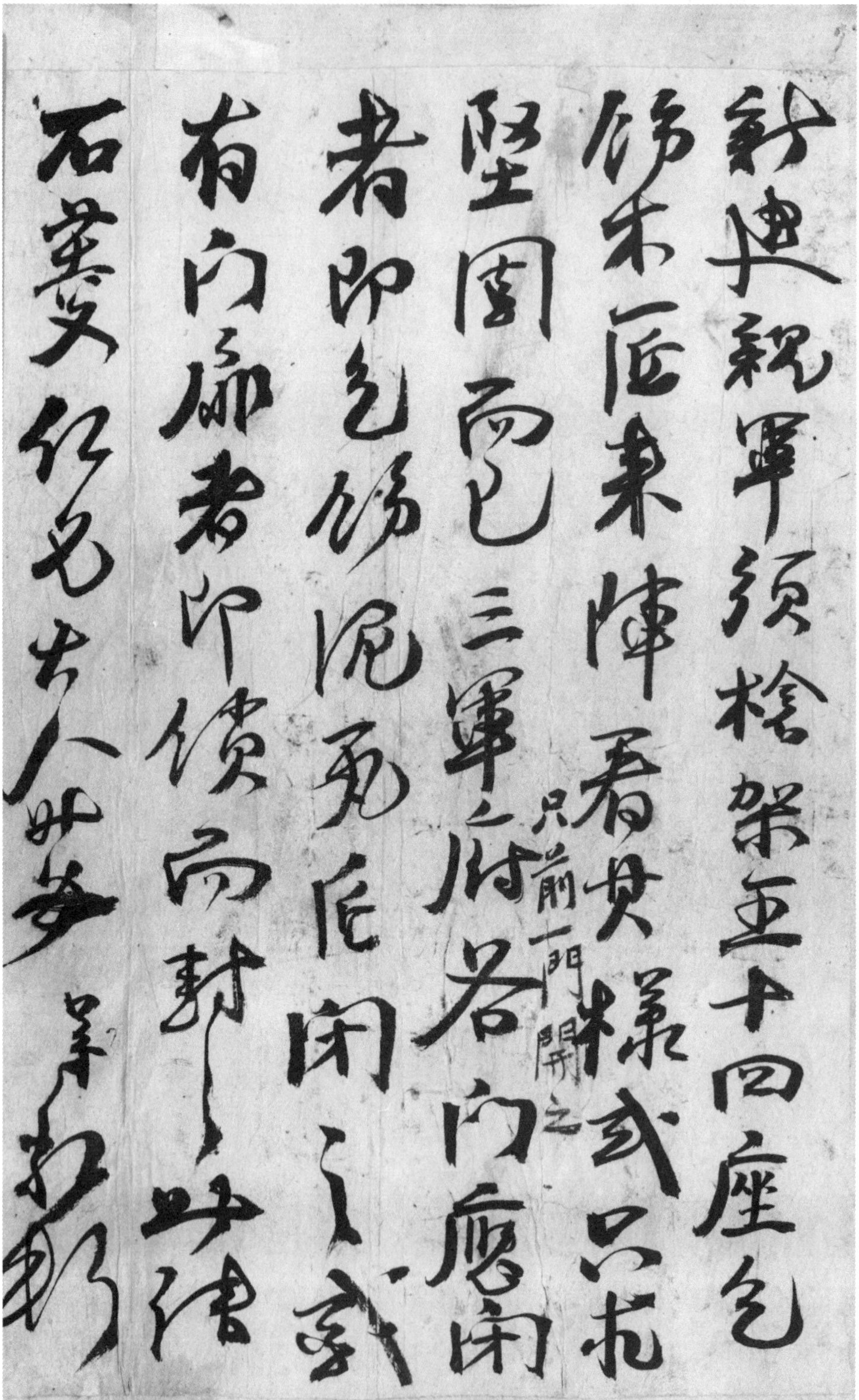

《谭屑》拾馀

新建亲军须枪架五十四座，乞
饬木匠来阵看其样式，只求
只前一门开之
坚固而已。三军府各门应闭
者，即乞饬泥瓦匠闭之。或
有门扉者，即锁而封之。此请
石菱仁兄大人叔安。弟凯顿首。

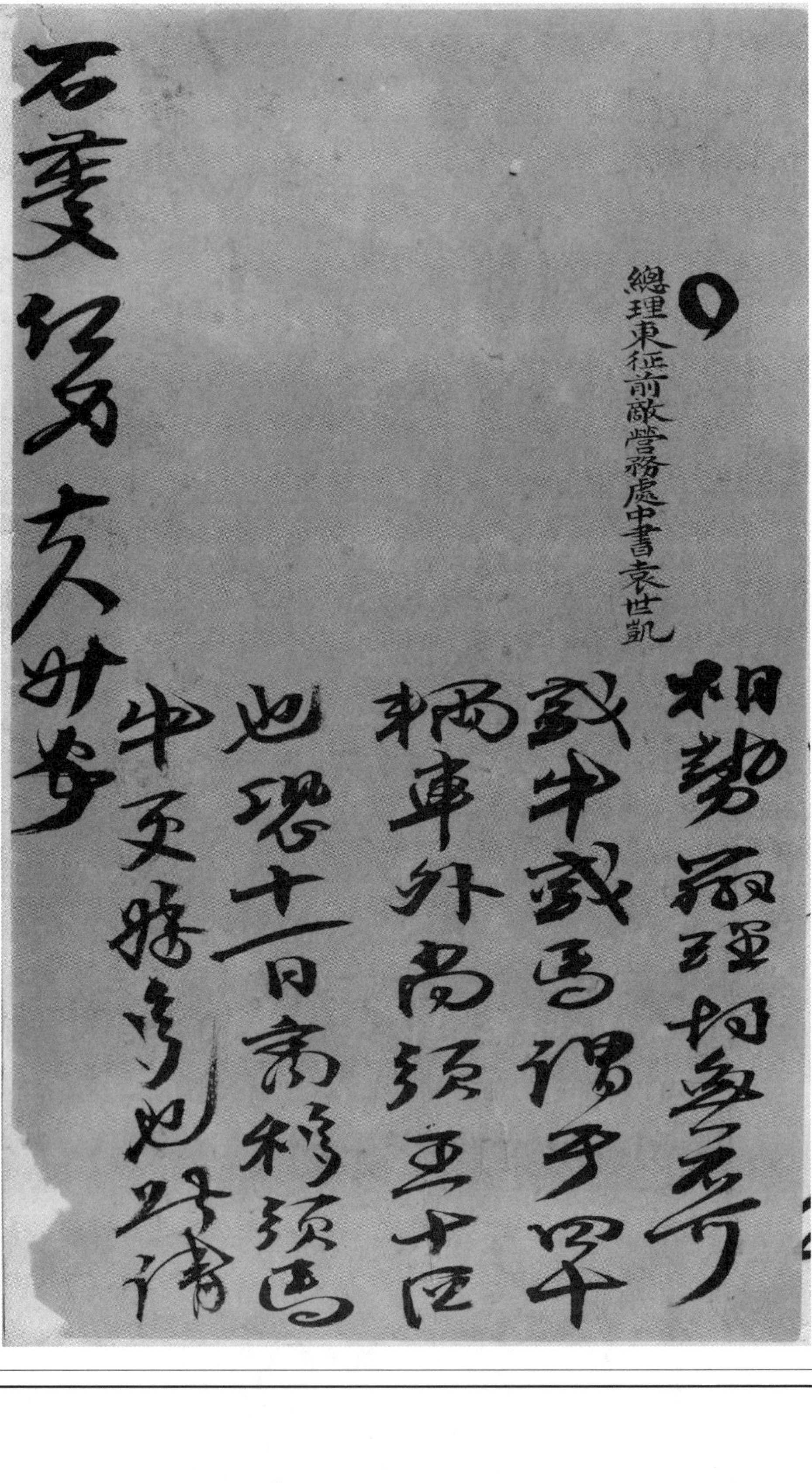

總理東征前敵營務處中書袁世凱

相勢酌理均無不可
職中職馬隊亦四千
輛車外尚須再十匹
也恐十一日齊移須馬
中更難多也此請
石夔仁兄大人升安

相势办理，均无不可。
或牛或马，谓于四十
辆车外尚须五十四
也。恐十一日商移，须马
牛更多也，此请

石菱仁兄大人叔安

总理东征前敌营务处中书袁世凯（此为名刺）

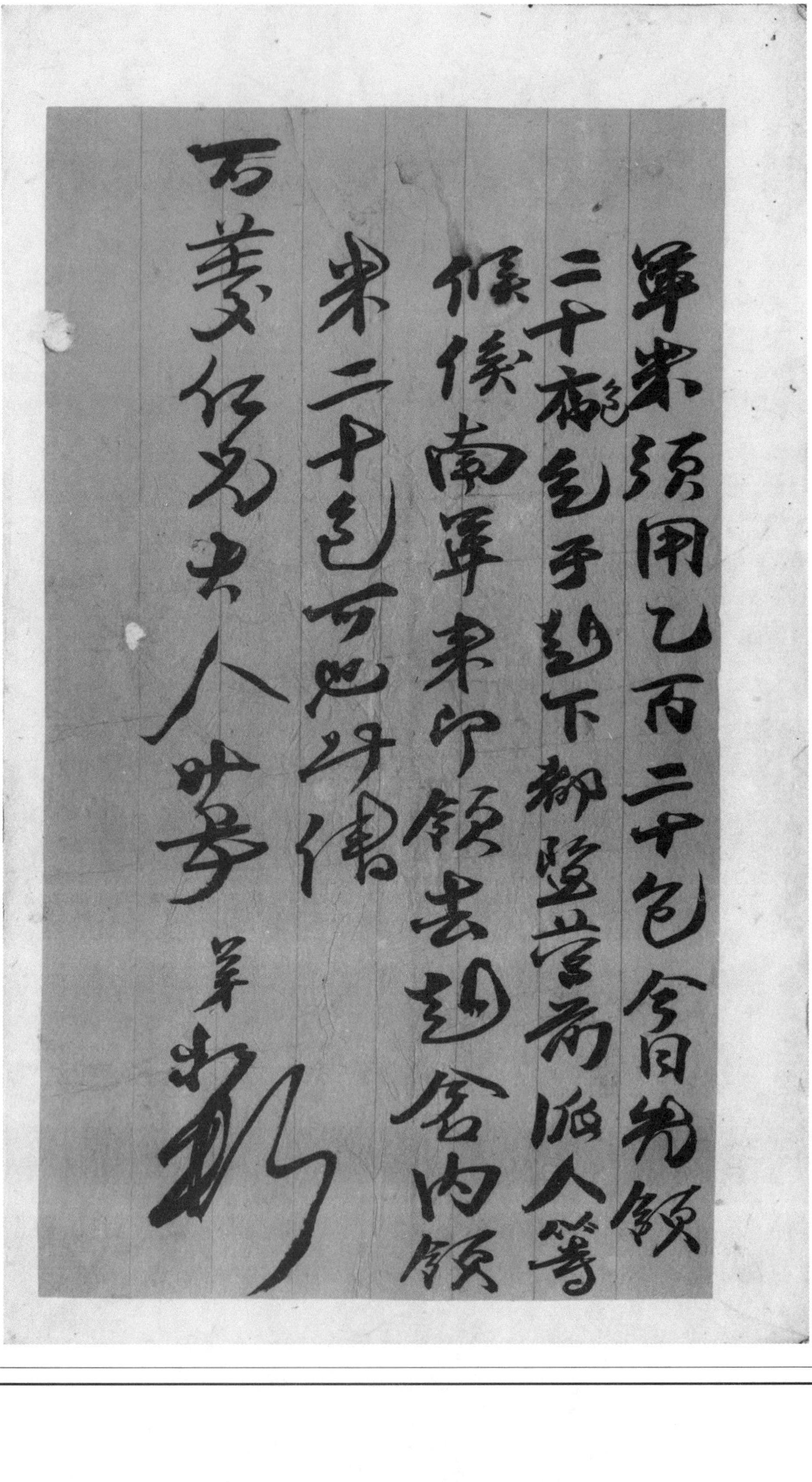
军米须用乙丙二十包今日先领
二十五包手到下都监营前派人等
候俟南军来即领去到仓内领
米二十包可也此侍
石芙仁兄大人升弟 草 期

军米须用乙百一十包，今日先领二十包。乞于赴下都监营前派人等侯，俟南军来，即领去。赴舍内领米二十包可也。此请

石菱仁兄大人叔安。弟凯顿首。

原以起居欠安乞假調理不勝馳念
惟神宮候出尚即當造訪問候近日
操事甚忙不克見内趨謁也乞
報函章溆軍以事甚冗致使
閣下積勞抱病乎似何安也歉愧數

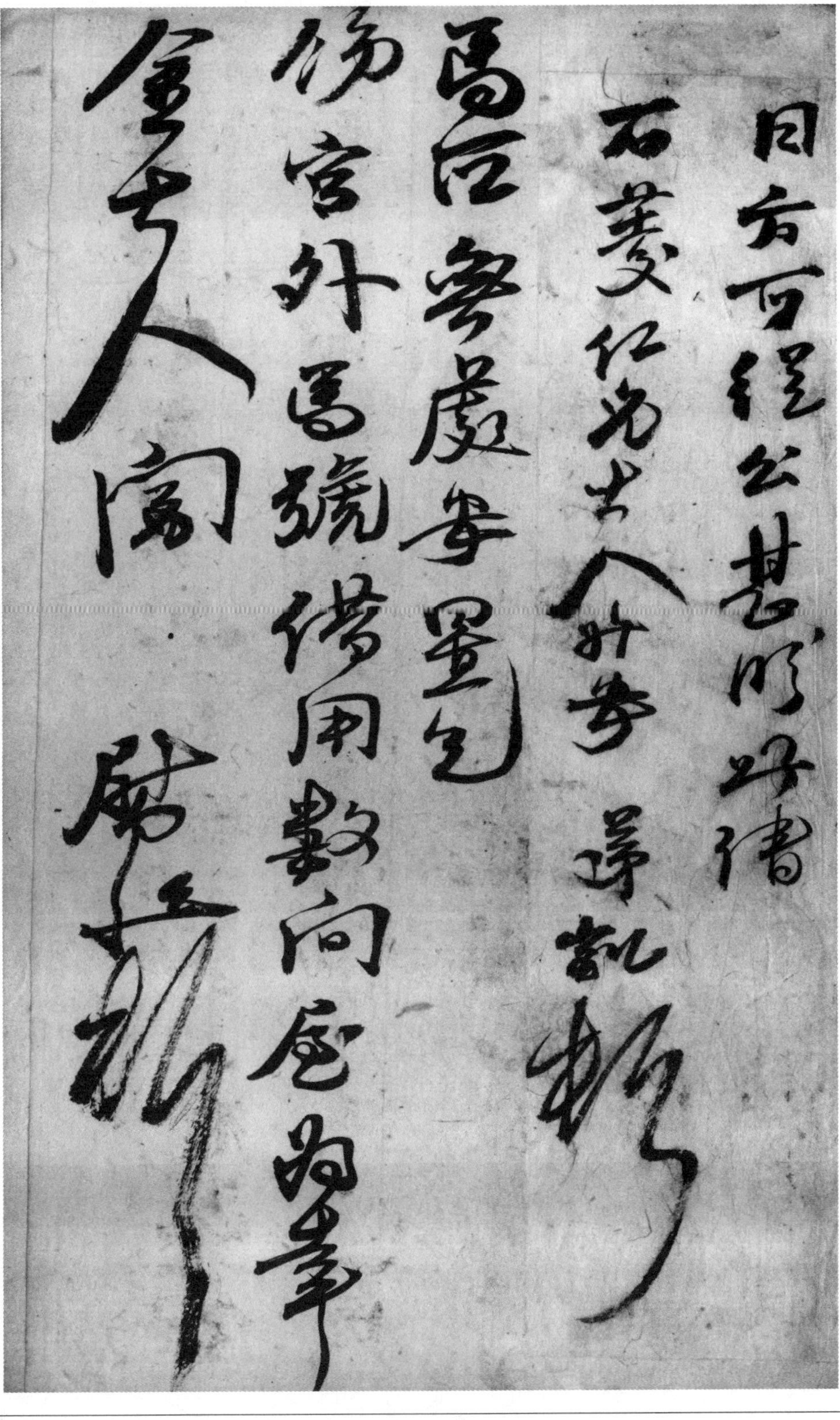
日前百經公甚明好請
石菱仙先生入城等[illegible][illegible][illegible]
[illegible]同[illegible]處等置包
[illegible]宮外[illegible]號借用數向屋爲章
[illegible]人[illegible]　[illegible][illegible]記

示以起居欠安，乞假调理，不胜驰念

怅神。容俟少闲，即当过访问疾。近日

操事甚忙，不克日内趋谒也。乞

恕至幸。敝军公事甚冗，致使

阁下积劳抱病，此心何安也。静养数

日，方可从公，甚盼。此请

石菱仁兄大人叔安。弟凯顿首。

马匹无处安置，乞

饬宫外马号借用数间屋为幸。

金大人阅。慰廷顿首。

前託代製毡帽五百顶，如有已製
成者即速送来贰一百顶贰三百
顶可先送来，至要，此请
石斐仁兄时安 弟谭眉

前讬代制毡帽五百顶，如有已制成者，即速送来。或一百顶或二三百顶，可先送来，至幸。此请石菱仁兄叔安。弟凯顿首。

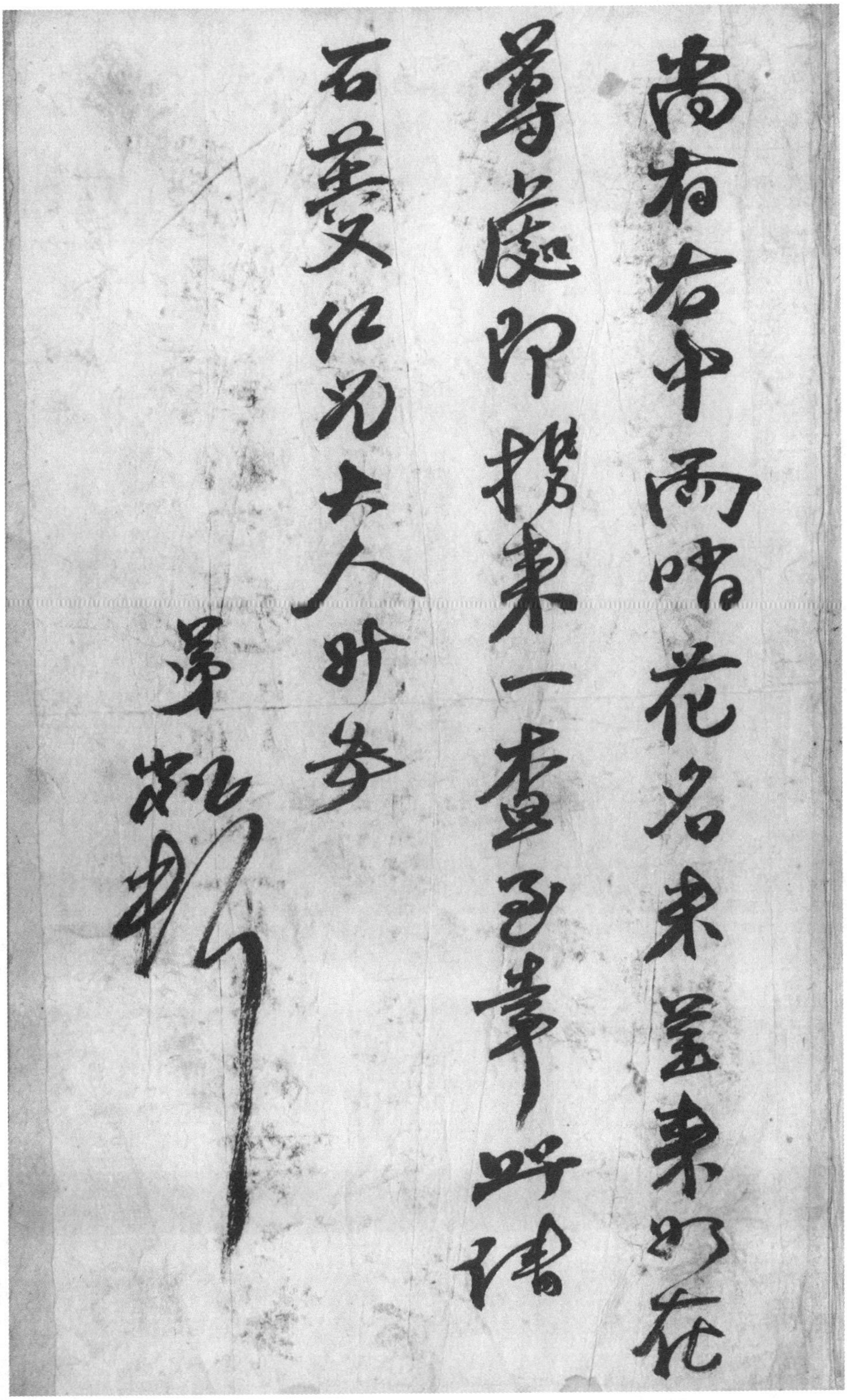

尚有右中兩嗜花名来，蓋来即花蕚處即携来一查，至幸。呼請
石芙丈紅兄大人外務
弟□□頓

《谭屑》拾馀

尚有右中两哨花名未呈来，如在
尊处，即携来一查，至幸。此请
石菱仁兄大人叔安。
弟凯顿首。

二、张謇

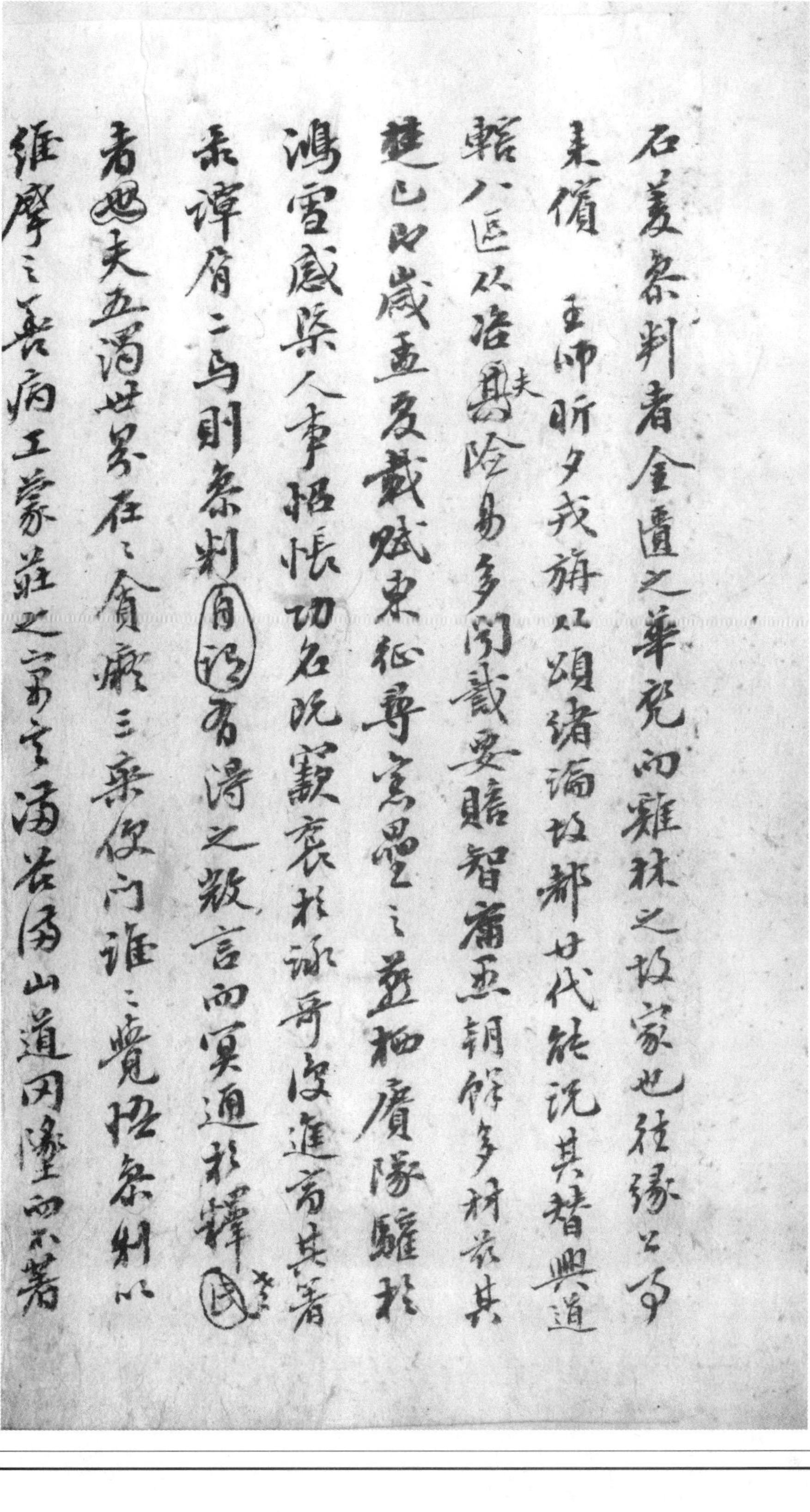
石菱参判者金匱之華究而難秣之故家也往緣公事來償 王師昕夕戎旃以頌緒論故都廿代能況其替興道轄八區以洛其（夫）險易多闕截要賠智爾亞朝鮮多材哉其楚已四歲五及截賦東征尊寓疊之益栖賡隊雖於鴻雪感槩人事怊悵切名既觀袞於詠哥復進前其著示譚眉二与副参判自語有得之數言而莫通於釋氏者也夫五濁世界在在貪癡三乘假門誰誰覺悟参判以維摩之長病工篆莊之如宾涵若函山道因緣墜而不著

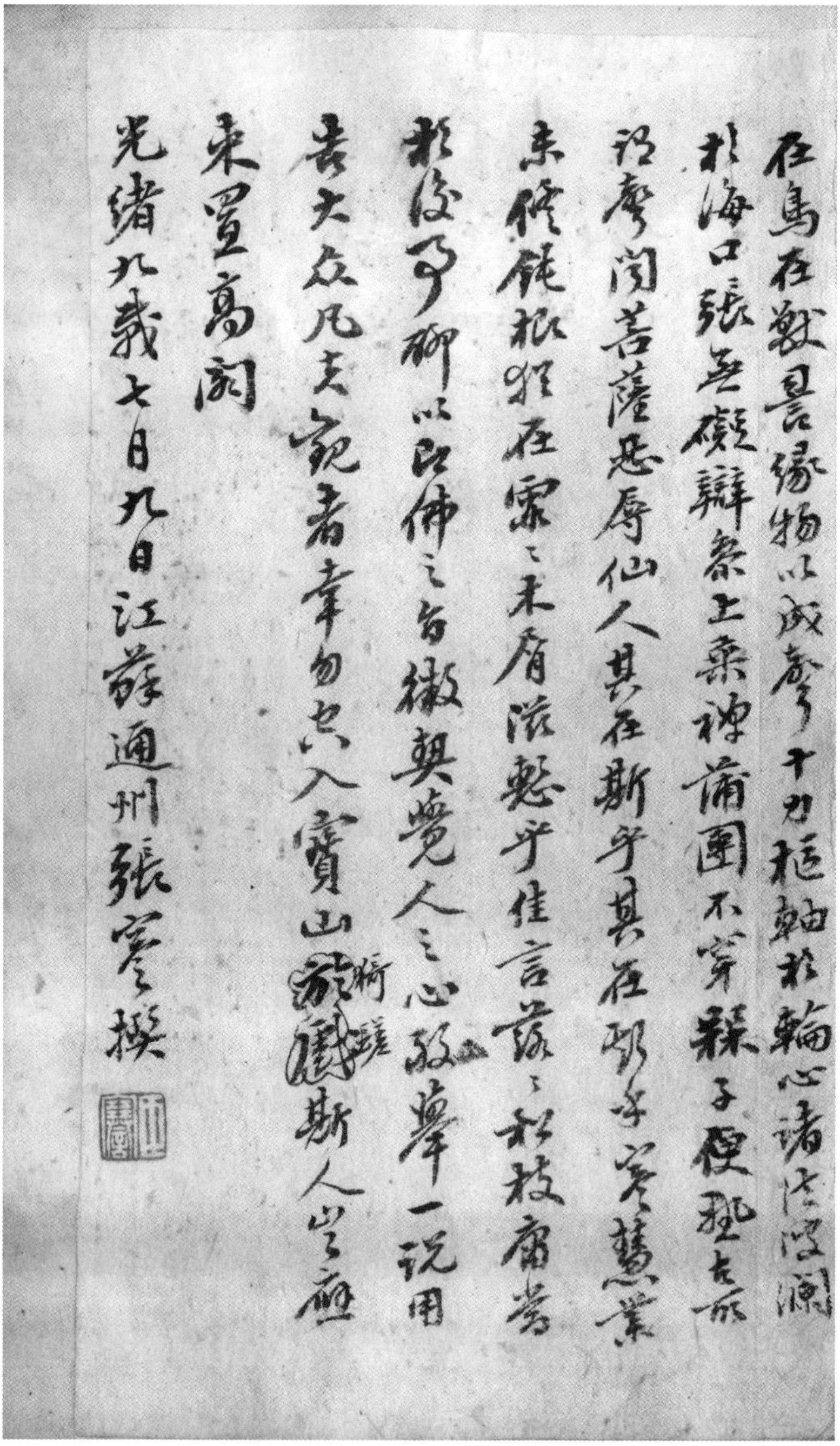

在焉在彀曇緣物以成麼十力拒軸於輪心諸法淵瀾
於海口張無礙辯祭上乘禪蒲團不窮釋子硬頭去所
羽麼聞菩薩忍辱仙人其在斯乎其在那乎究慧業
來儳鈍根雅在家家未有從懸乎佳言叢叢秋枝甯夢
於後予聊以印佛佛旨徽契覺人人心發尊一說用
表大眾凡夫觀者章句也入寶山斯人世無
來置高閣
光緒九載七月九日江蘇通州張謇撰

石菱参判者，金匮之华裔，而鸡林之故家也。往缘公事，来傧王师，昕夕戎旃，从颂诸论。故都廿代，能说其替兴；道辖八区，从咨夫险易。多闻识要，赡智庸愚。朝鲜多材，兹其楚已。即岁孟夏，载赋东征，寻旧垒之燕栖，赓队骓于鸿雪。感慨人事，怊怅功名。既窾裒于咏歌，复进商其著录。《谭屑》二焉，则参判有得之微言，而冥通于释老者。夫五浊世界，在在贪痴；三乘便门，谁谁觉悟。参判以维摩之善病，工蒙庄之寓言。满谷满山，道冈坠而不著；在鸟在兽，词缘物以成声。十力枢轴于轮心，诸法波澜于海口，张无碍辩，参上乘禅。蒲团不穿，梅子便熟。古所谓声闻菩萨，忍辱仙人，其在斯乎？其在斯乎？謇慧业未修，钝根犹在，霏霏木屑，滋惭乎佳言；落落松枝，庸当于后事？聊以即佛之旨，微契觉人之心，敬摹一说，用告大众。凡夫观者，幸勿空入宝山；猗嗟斯人，岂应束置高阁。

光绪九载七月九日江苏通州张謇撰。

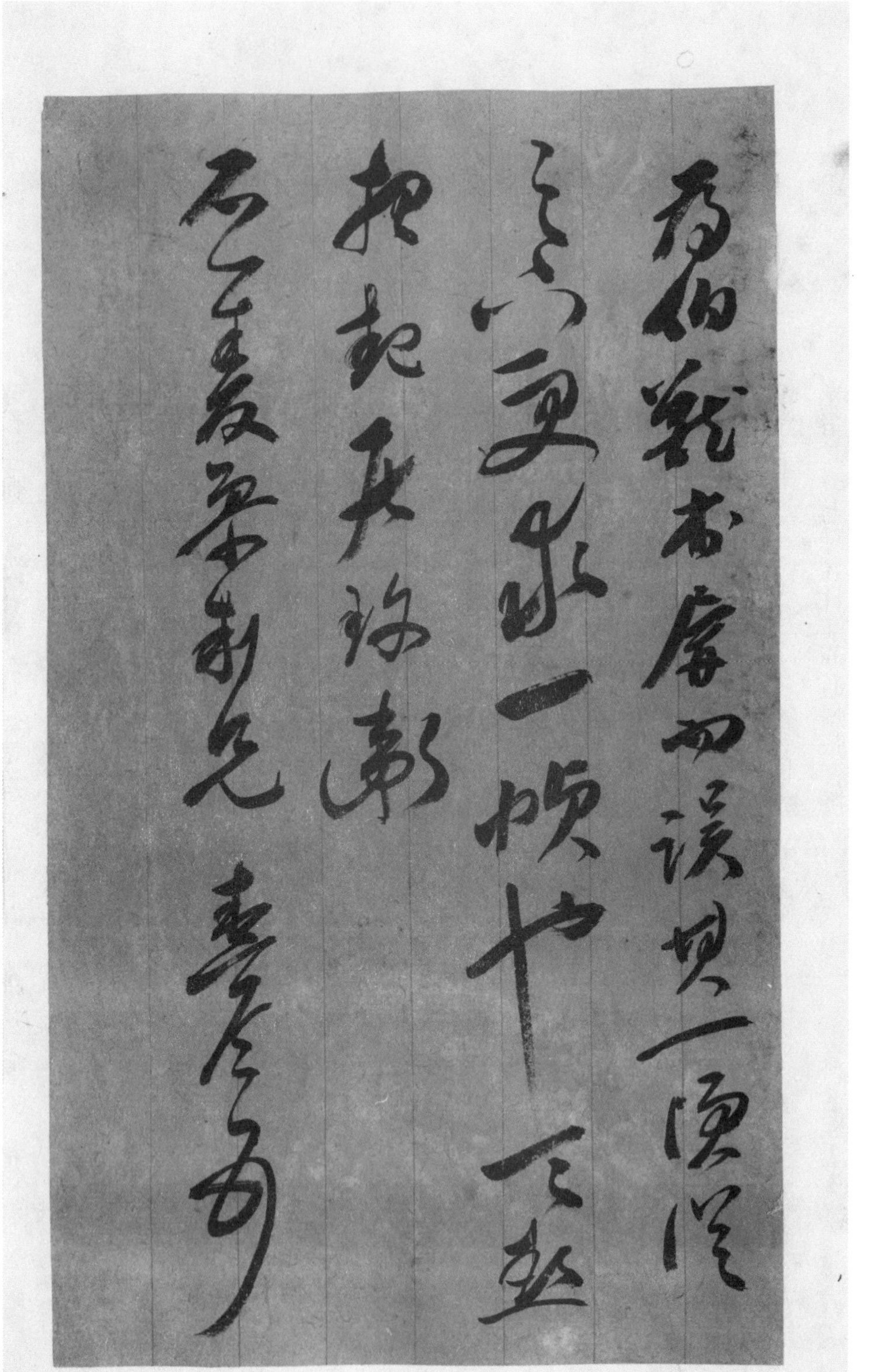

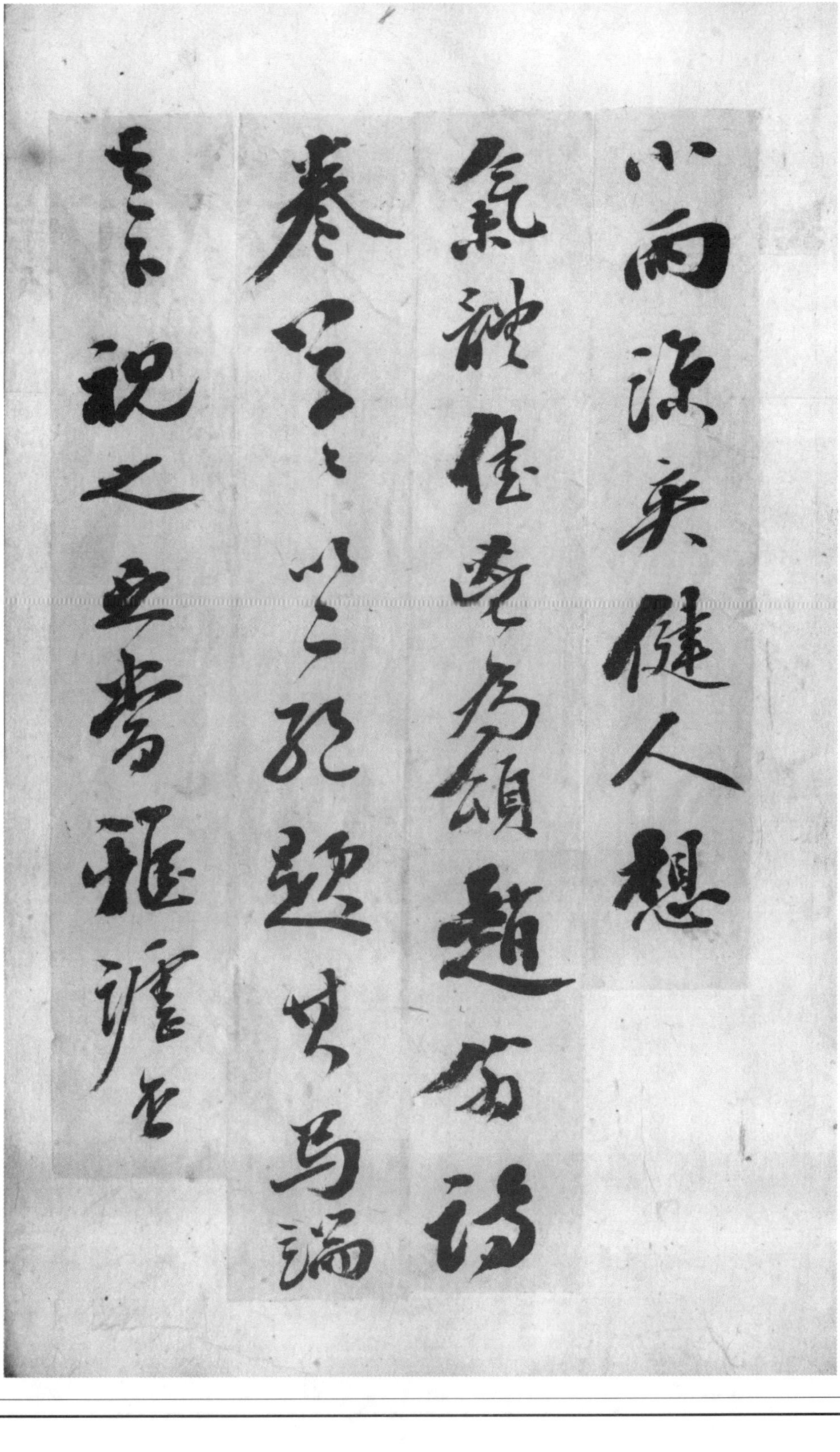

为伯龙书屏而误其一，顷从足下更求一帧也。天热，想起居珍卫，石菱参制兄，制謇顿首。

小雨凉奕健人，想气体佳鬯为颂，赵翁诗卷，草草以二绝题其卷端，足下视之，足当雅谑否？

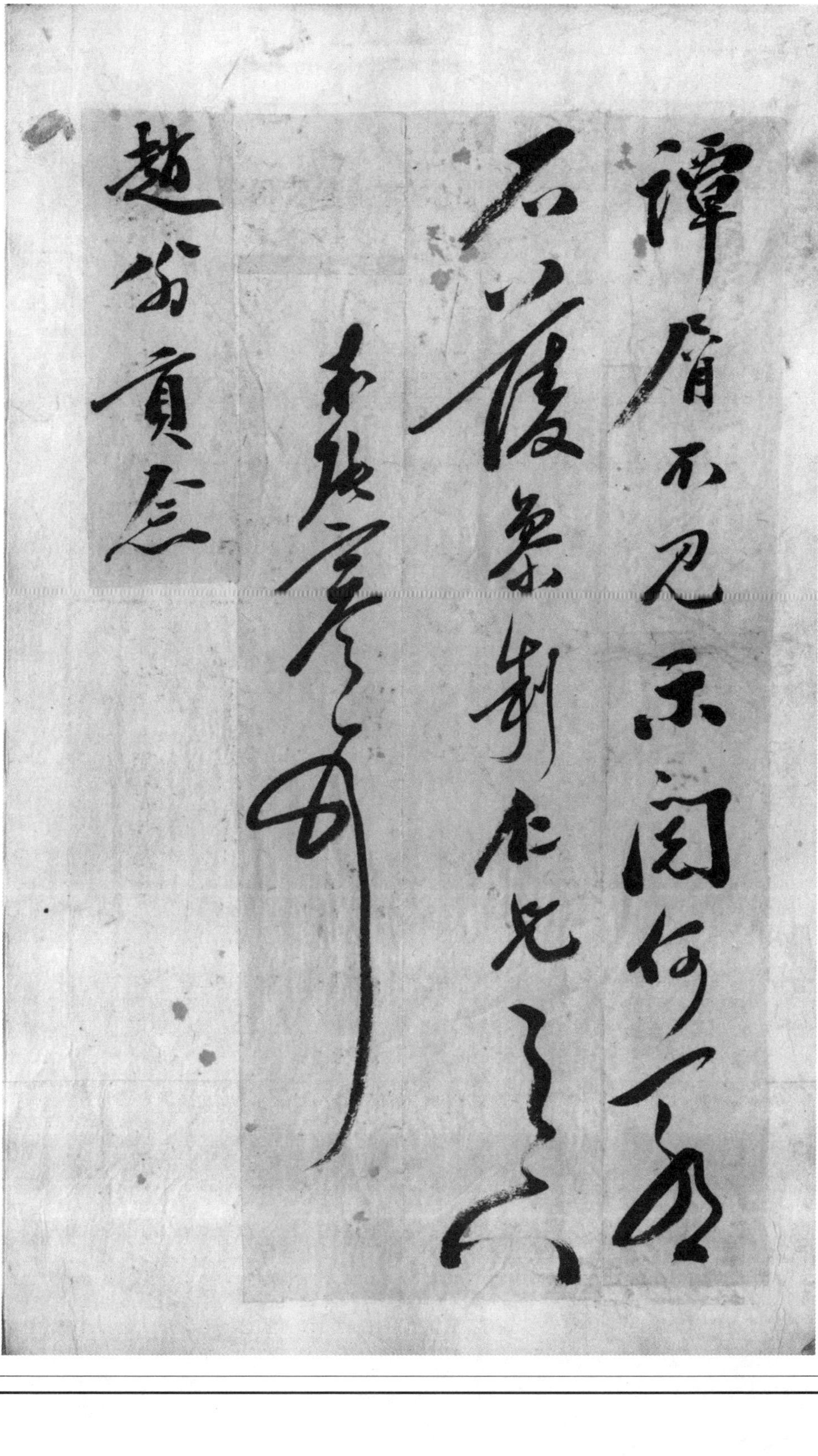

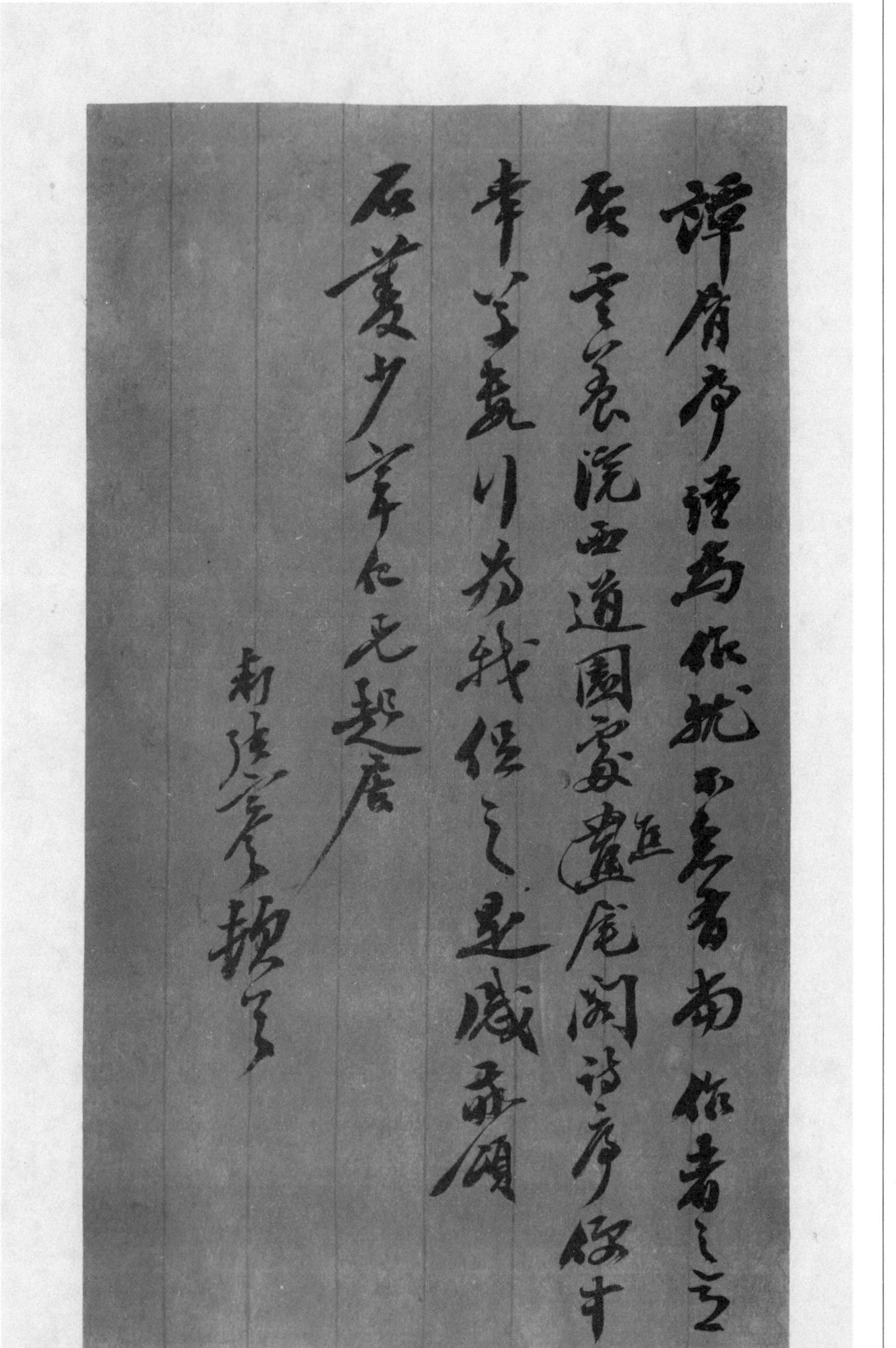

《谭屑》不见示阅何一部。

石菱参制仁兄下。

制张謇顿首。

赵翁亦念。

《谭屑》序谨为作就，不知有当作者之意否？云养、浣西、道园处《焦尾阁诗序》，便中幸草数行，为我促之是感。敬颂

石菱少宰仁兄起居。

制张謇顿首。

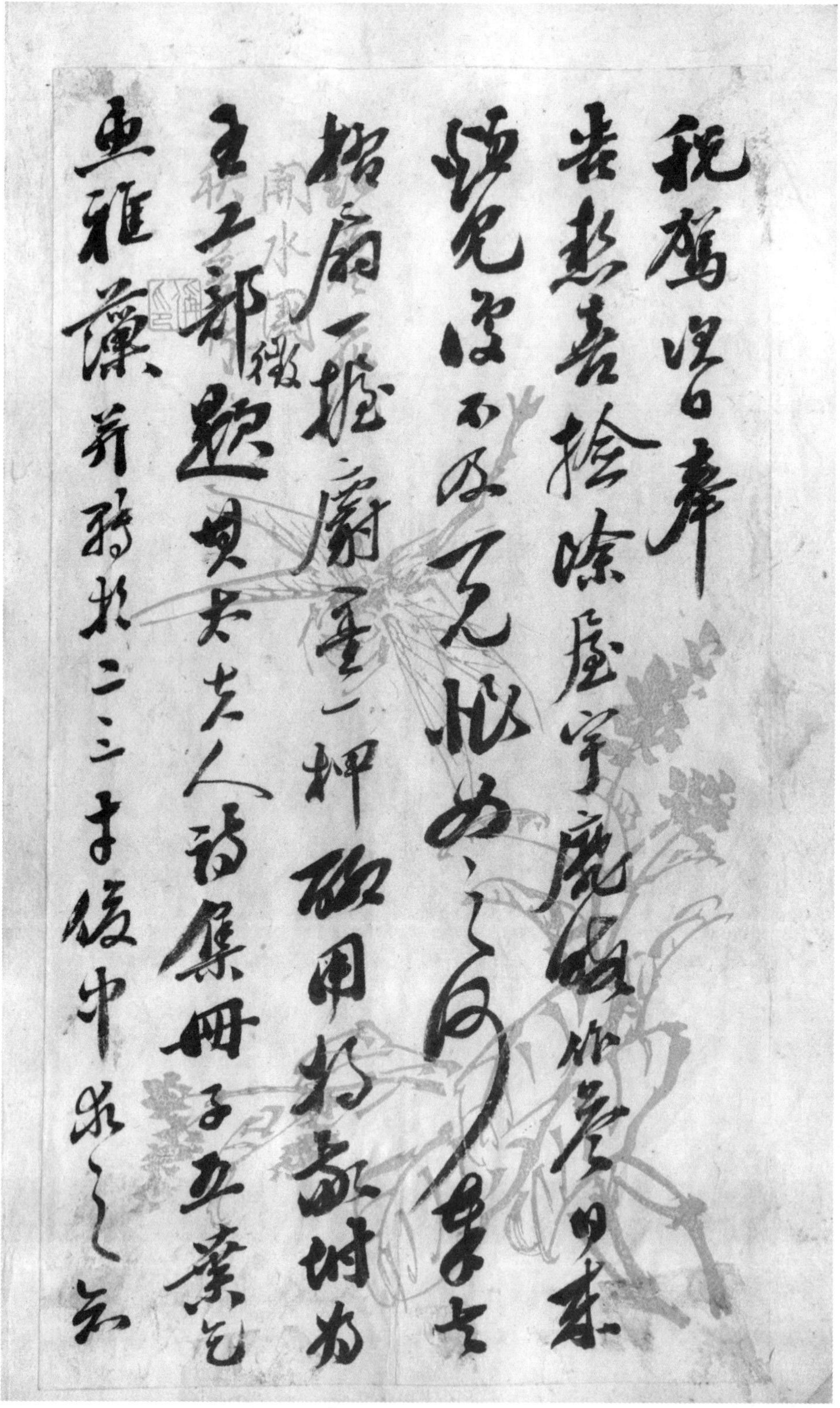

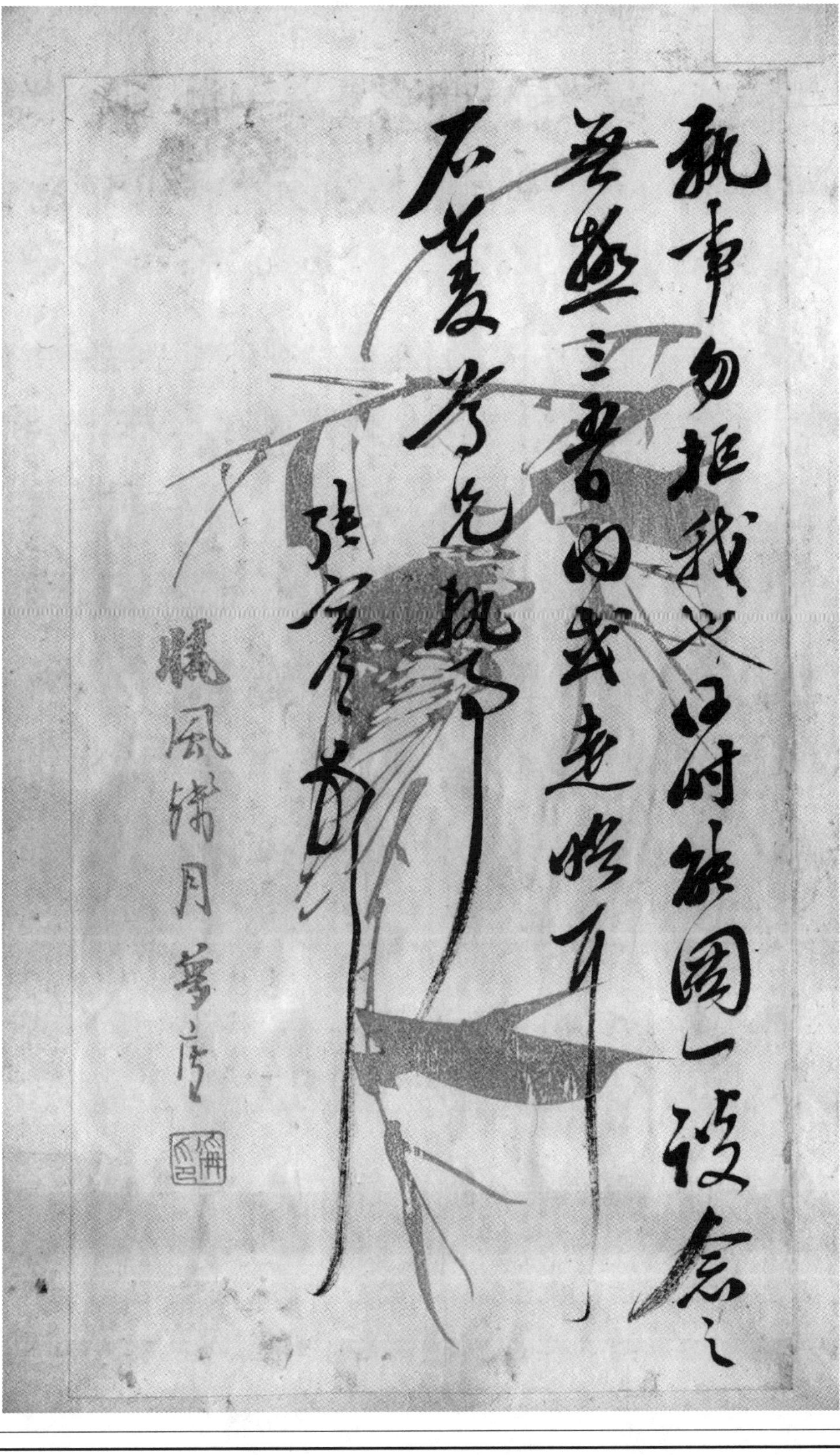

税驾次日奉

告，想喜捡除屋宇，靡暇作答，日来烦冗，复不及一见，恨如之何？奉去折扇一握、麝墨一柙，聊用将敬。坿为王工部征题其太夫人诗集册子五叶，乞惠雅藻，并转于二三才俊中求之，知执事勿拒我也。何时能图一谈，念之无极，三五日内或走晤耳。

张謇顿首。

石菱尊兄执事。

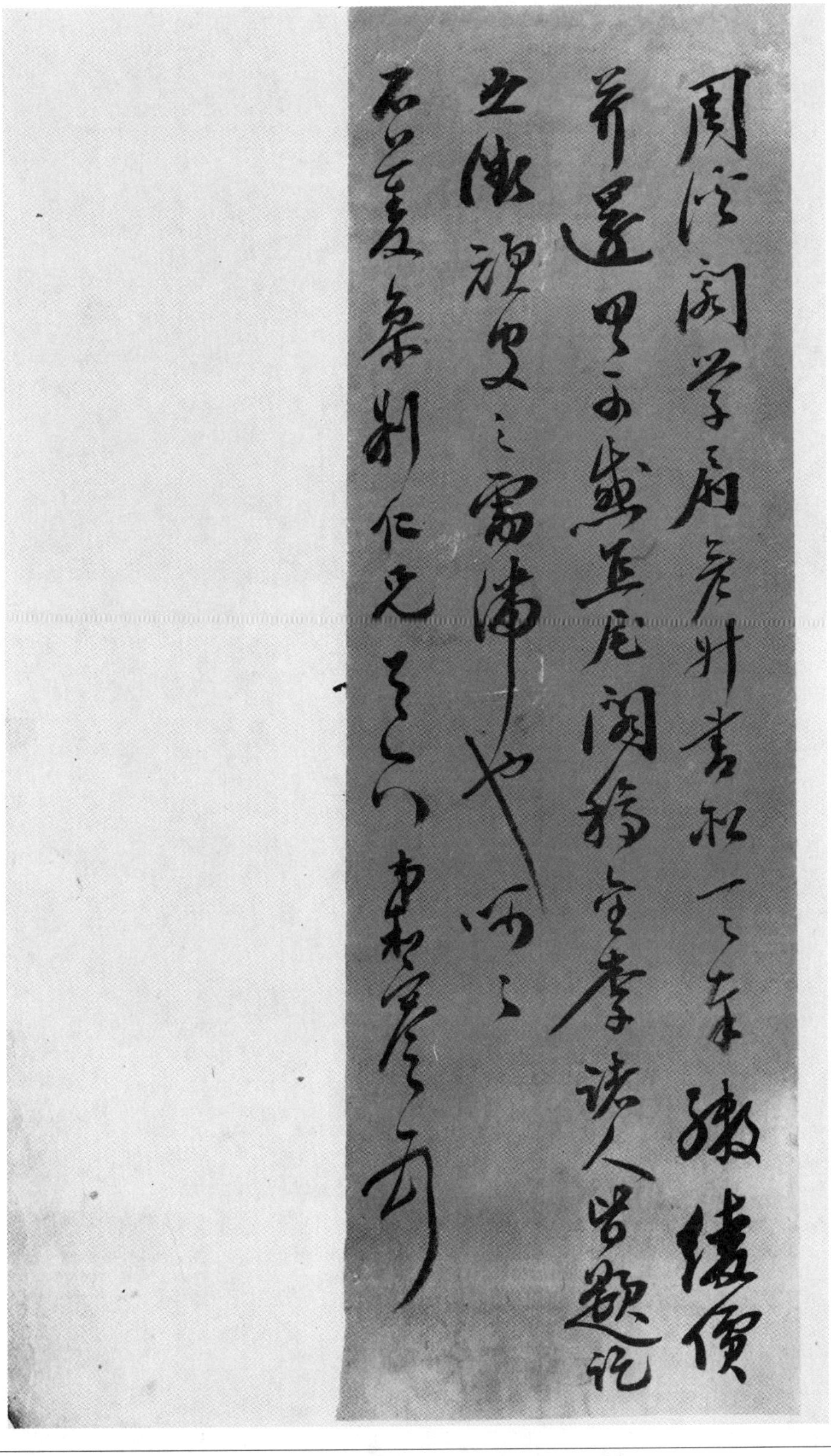

周溪阁学扇、彦叔书联，一一奉缴。绫价并还且可感，《焦尾阁稿》金、李诸人皆题记，足征顽叟之需滞也。呵呵。

石菱参判仁兄足下，弟制謇顿首。

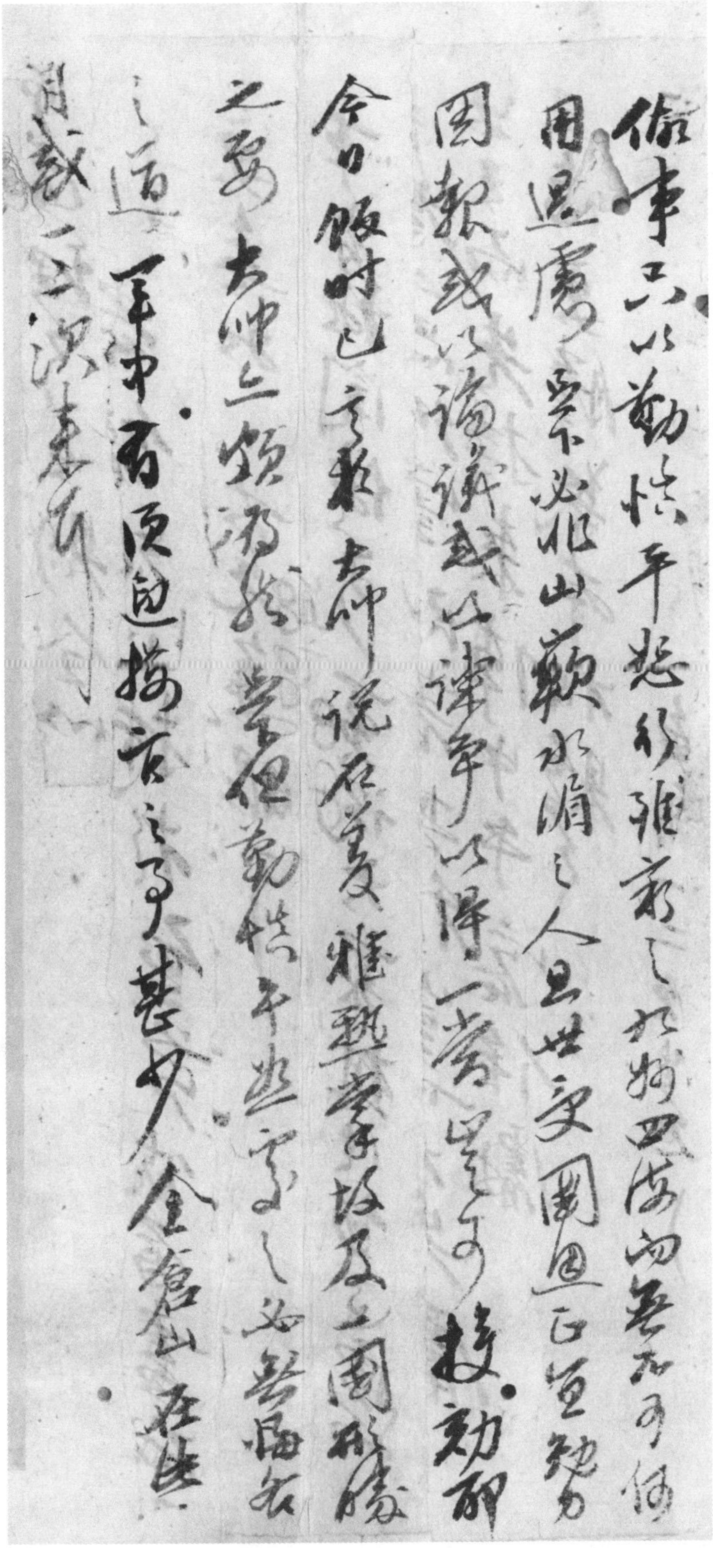

兵輪今明日可到馬山浦度滿
之人廿六七日到氐西度之船亦須不
出 十月初三日

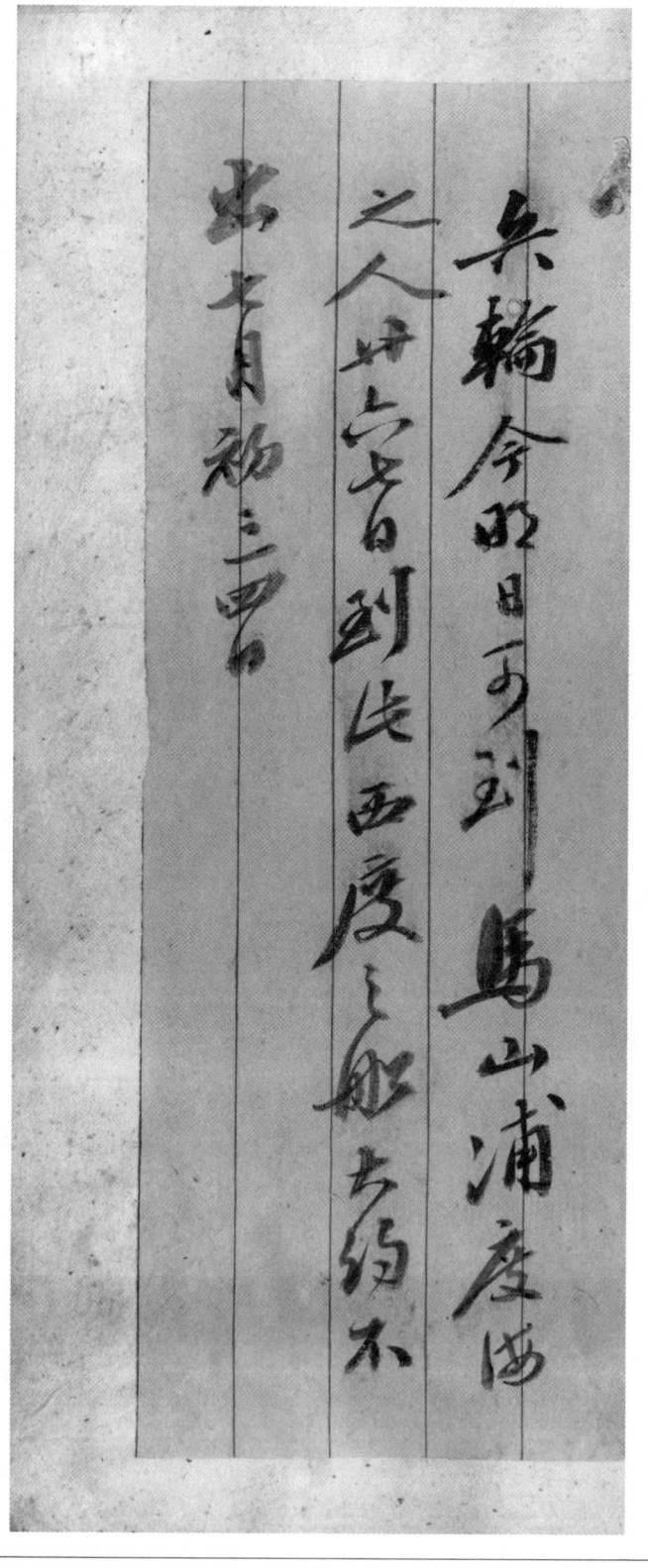

做事只以勤慎平恕行，虽穷之九州四海而无不可，何用过虑？足下必非山巅水湄之人，且世受国恩，正宜勉力图报，或以论议，或以谏争，以得一当，岂可授劾耶？今日饭时已言于大帅，说石菱雅熟掌故及一国形胜之要，大帅亦颇为然，足下但勤慎平恕处之，必无悔咎之道。军中有须迎接官之事甚少，金仓山在此，月或一、二次来耳。

兵轮今明日可到马山浦，度海之人，廿六、七日到此。西度之船，大约不出七月初三、四日。

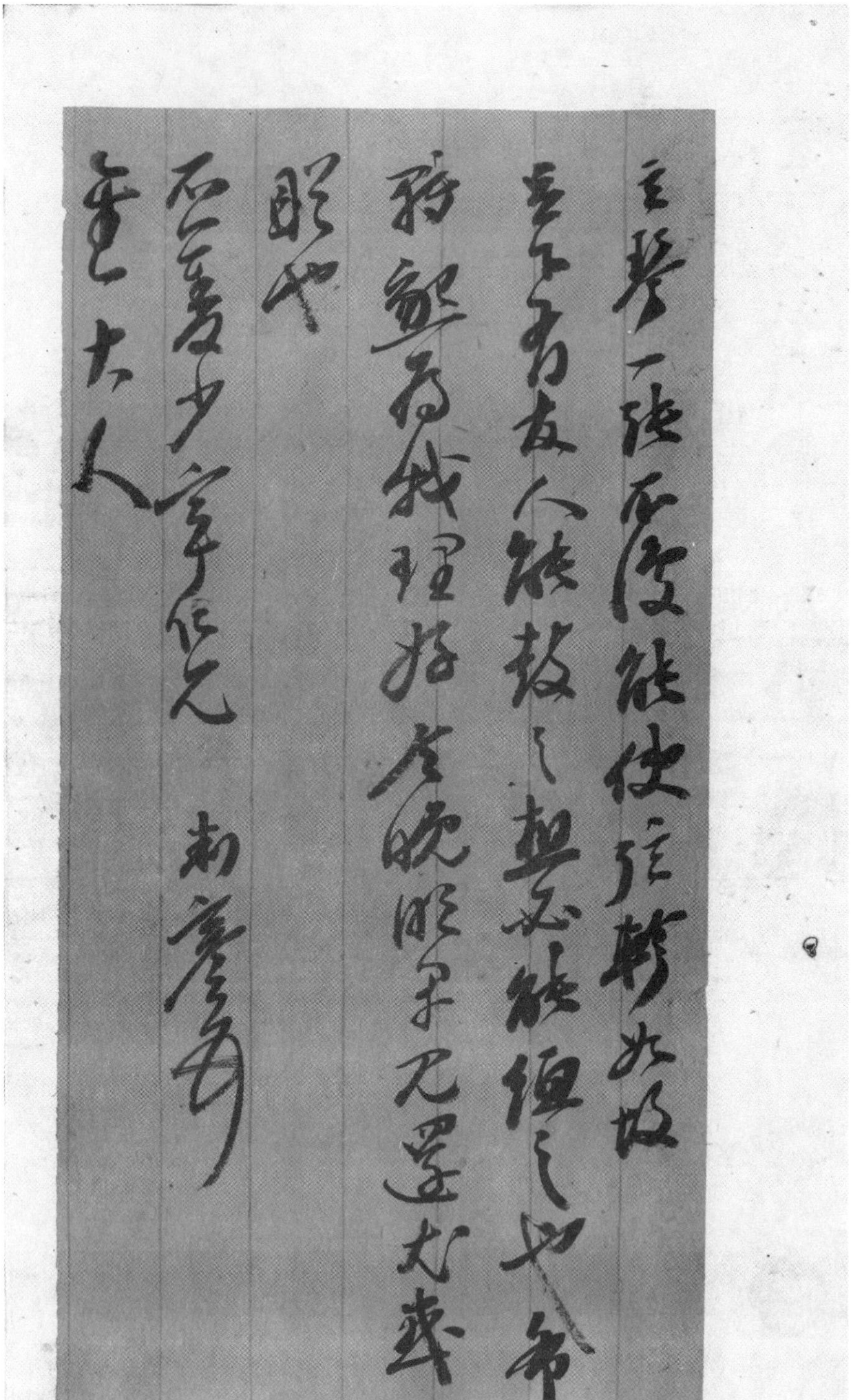

三琴一張不復能使弦轉如故
嘗聞有友人能救之想必能續之也命
將鄒為我理料於晚明早見還尤感
盼也
不盡多少容再作之　嗣襄
重大人

玄琴一张，不复能使弦轸如故。足下有友人能鼓之，想必能絚之也。希转恳为我理好，今晚明早见还，尤感盼也。

石菱少宰仁兄，制謇顿首。

金大人

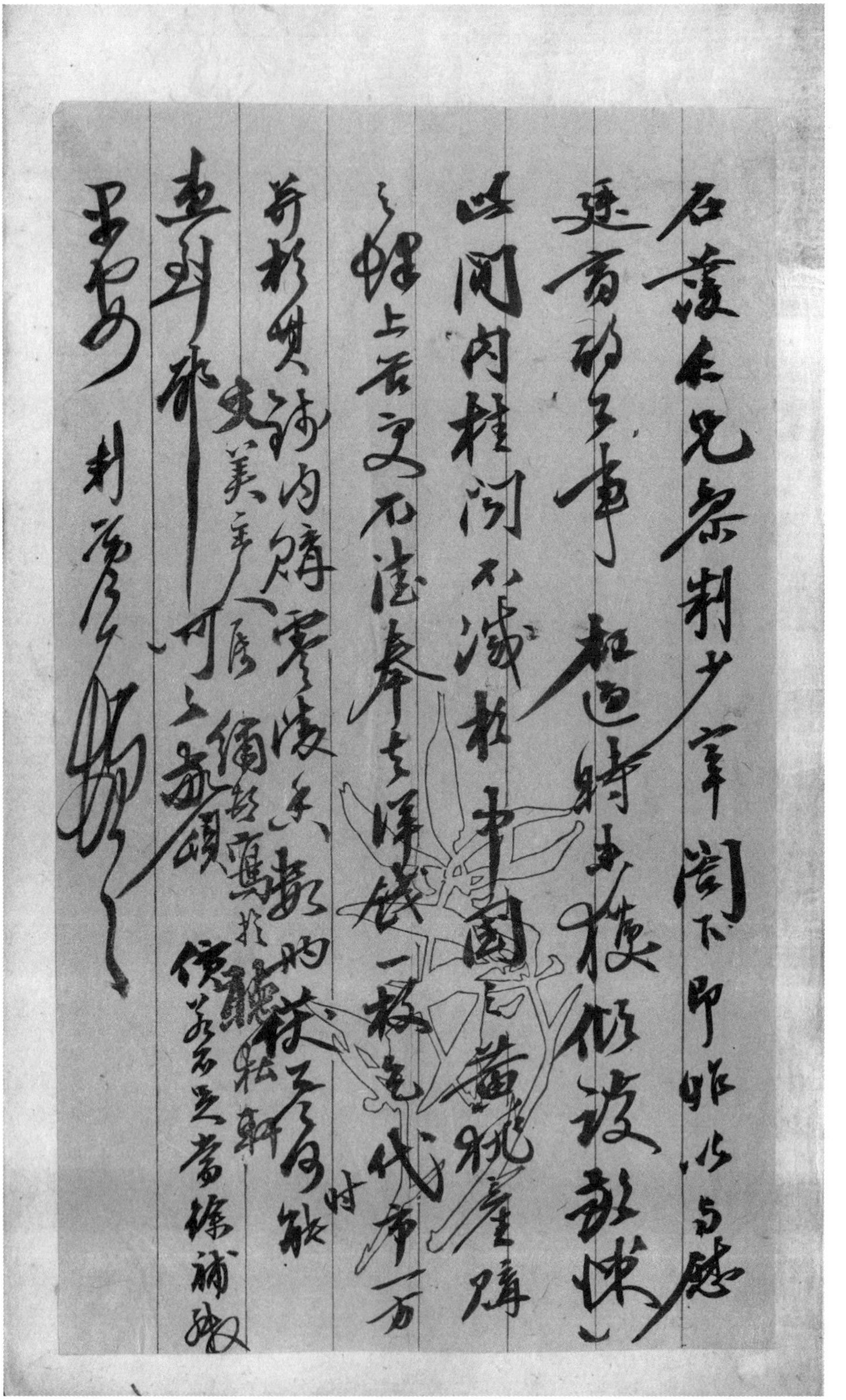

石菱仁兄参判少宰阁下：即昨以与尉廷商酌公事，枉过时未获倾谈，歉悚歉悚。此间肉桂闻不减于中国之黄桃，产购之肆上，答更不佳，奉去洋钱一枚，乞代市一方，并于其钱内购零陵香数两，伏答何时能惠到耶？呵呵。敬颂价若不足，当徐补缴。平安。制謇顿首。

罕中道

万寿礼亦前交书与孝卿商定以

告

李文石归去不知也

中国文受书　万寿宫庭时諮宣示礼

在行营则未深晓也

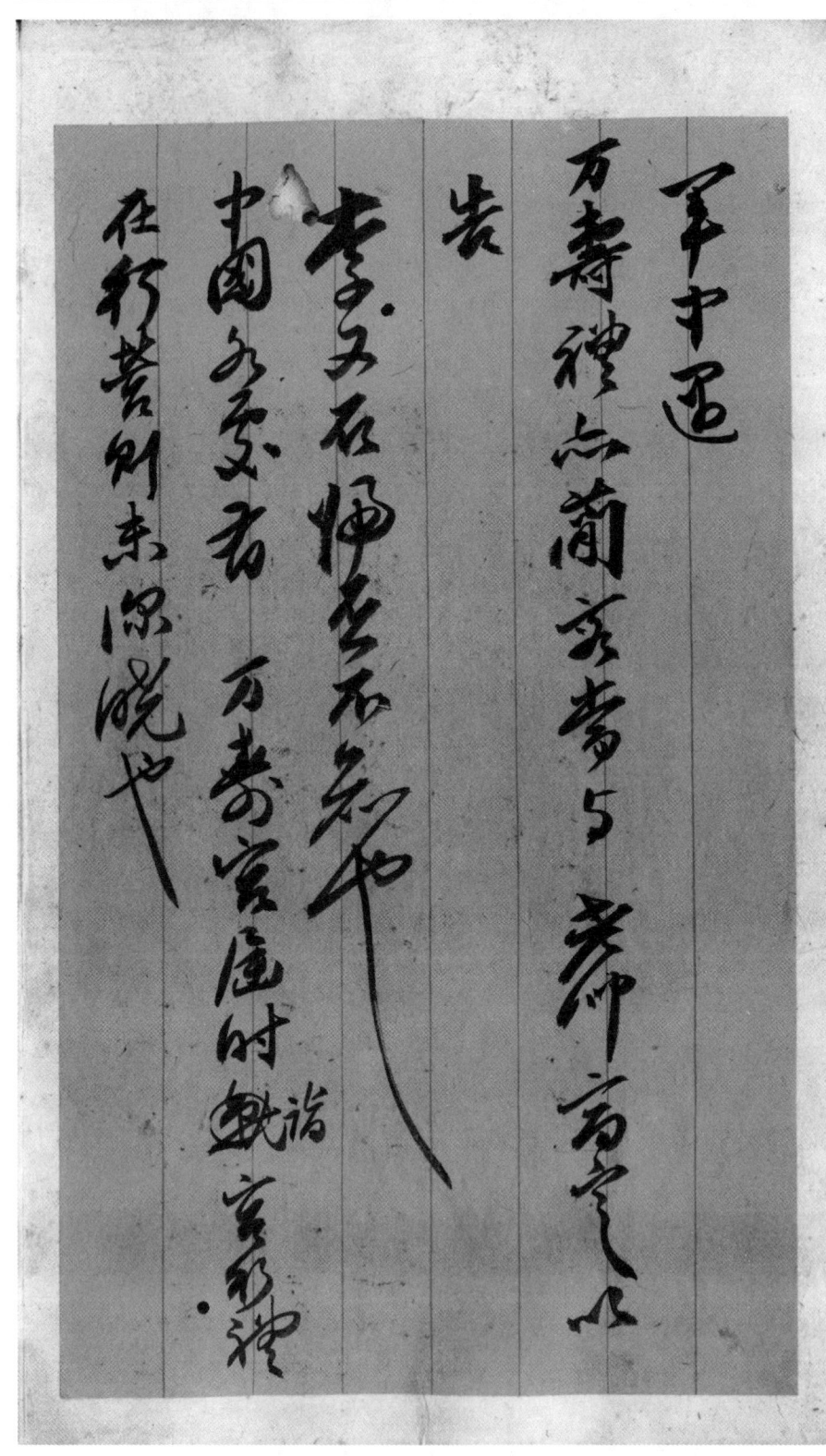

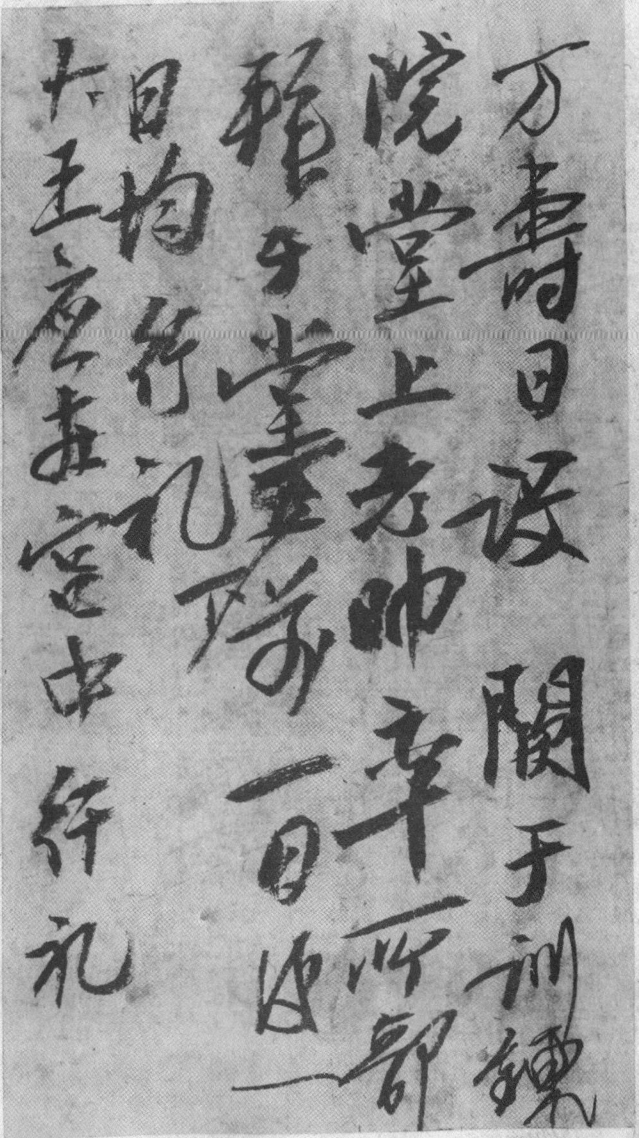

万寿日设 阅于训练
院堂上老帅率所部
稚子当堂叩拜一日随
日均行礼下
大王府妻室中行礼

军中遇
万寿礼亦简，容当与老帅商定以
告，
李又石归还不知也，
中国各处有　万寿宫，届时诣宫行礼，
在行营则未深晓也。
万寿日设　阙于训练
院堂上，老帅率所部
拜于堂下，前一日后一
日均行礼。
大王应在宫中行礼。

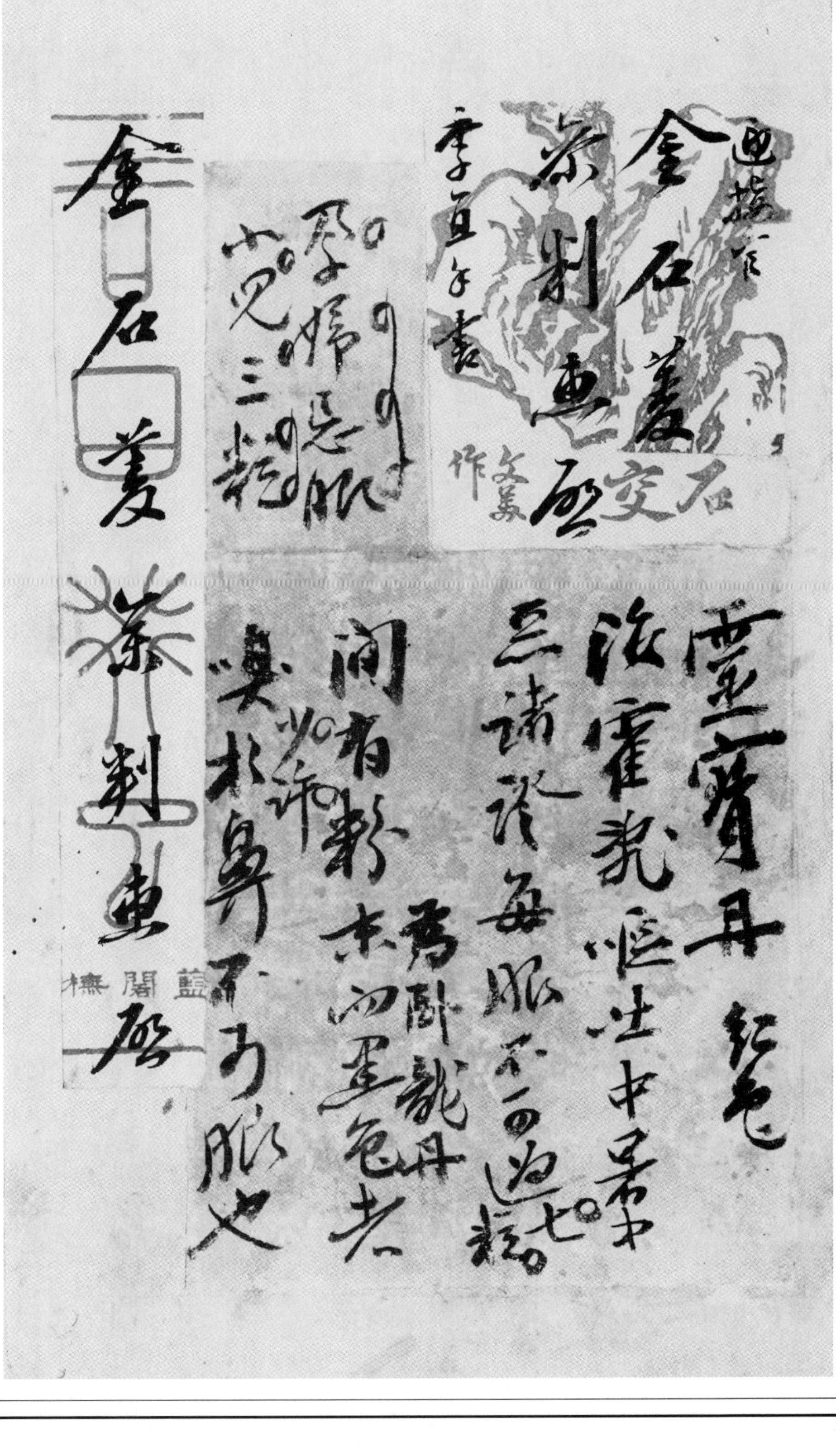

迎接官　灵宝丹，红色，

金石菱　治霍乱、呕吐、中暑、中

参判惠启，　恶诸证，每服不可过七粒。

季直手书。　　为卧龙丹，

孕妇忌服，　间有少许粉末而黑色者。

小儿三粒。　嗅于鼻，不可服也。

金石菱参判惠启

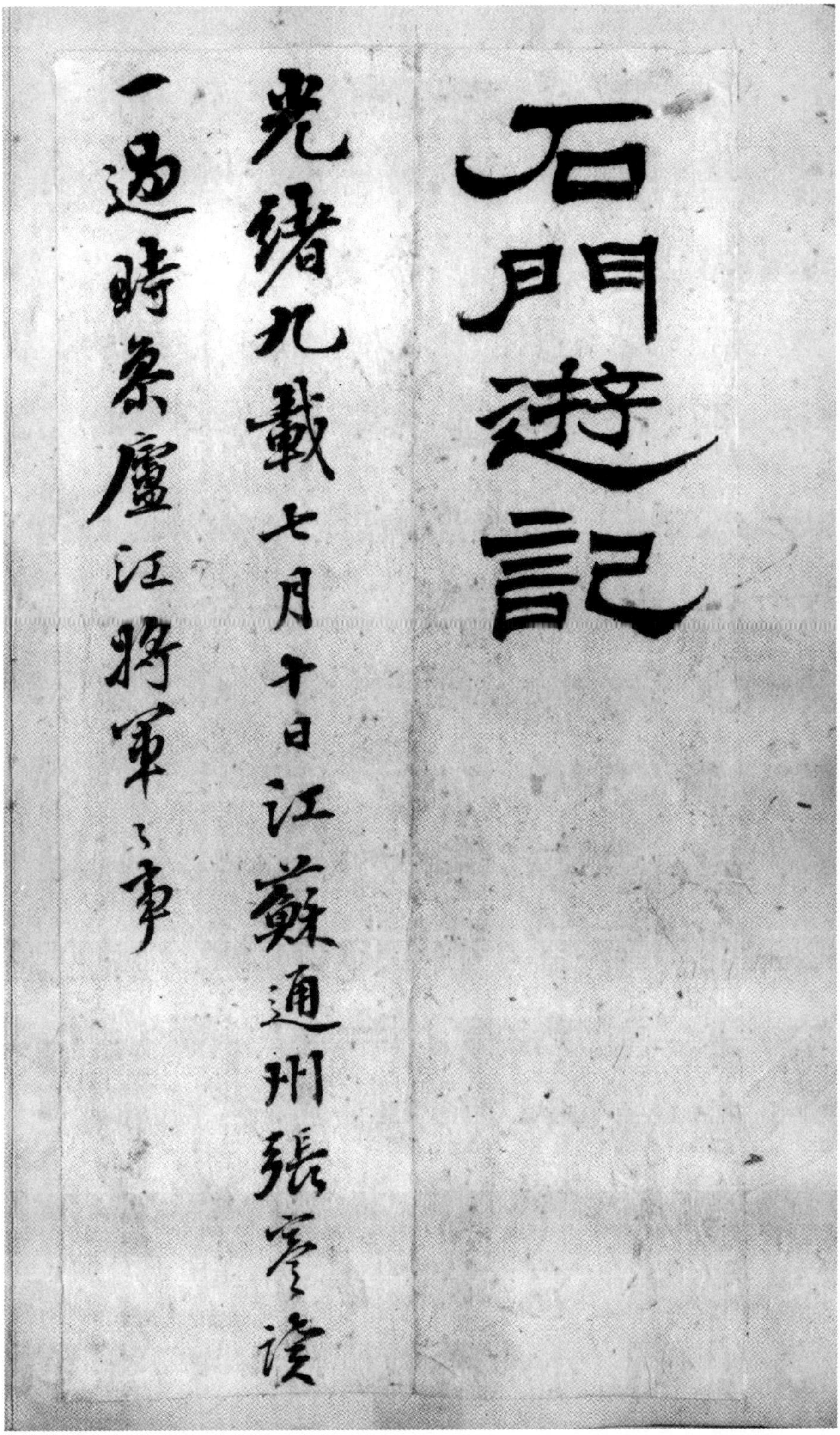

石門遊記

光緒九載七月十日江蘇通州張謇讀

一過時參廬江將軍軍事

《石门游记》，

光绪九载七月十日，江苏通州张謇读

一过，时慕庐江将军之事。

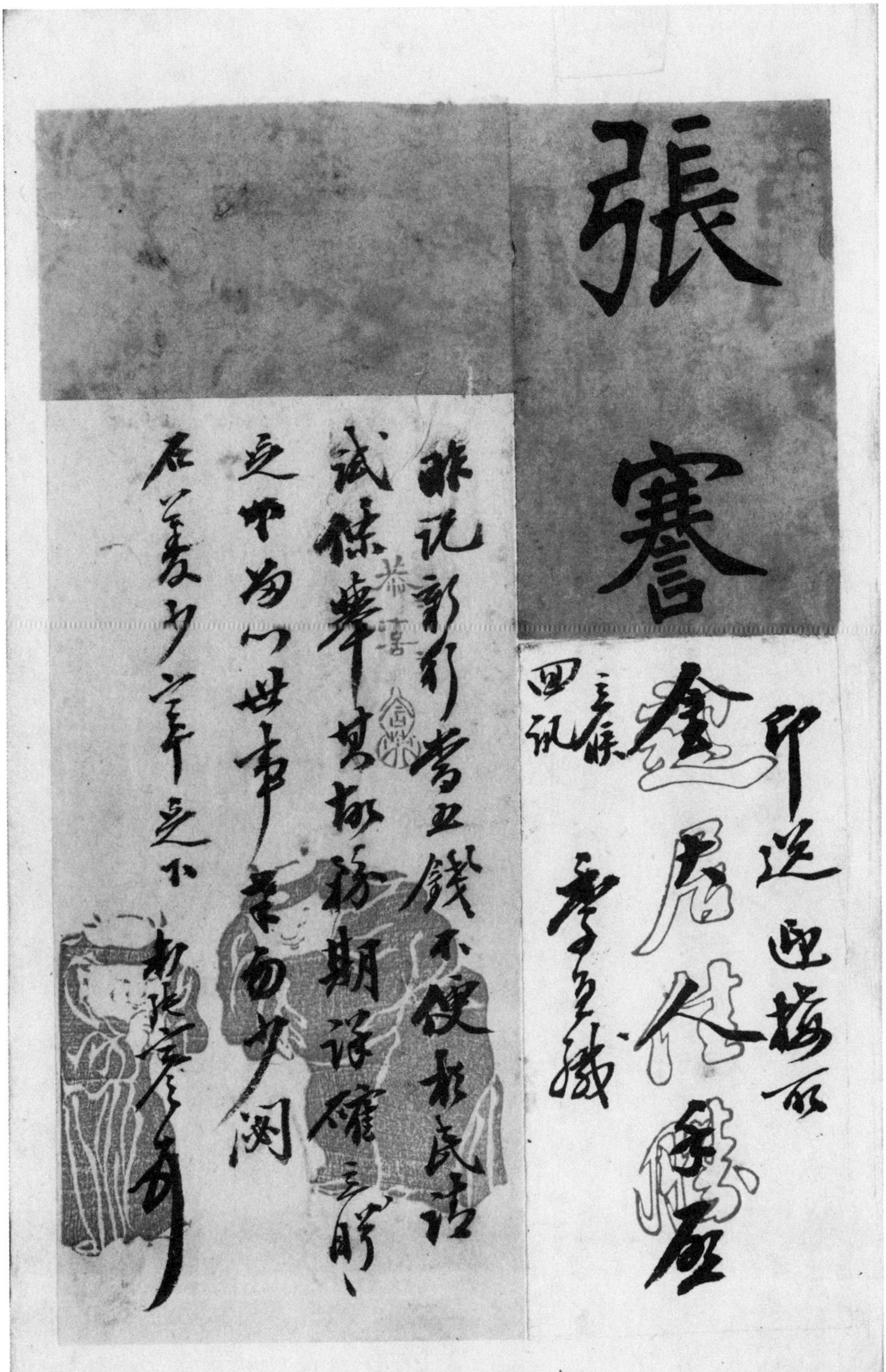
張謇

张謇（名刺）。　即送迎接所

金大人手启

立候季直识。

回讯。

昨说新行当五钱不便于民，请

试条举其故，务期详确，意盼盼。

足下留心世事，希勿少闷。

石菱少宰足下，　制张謇顿首。

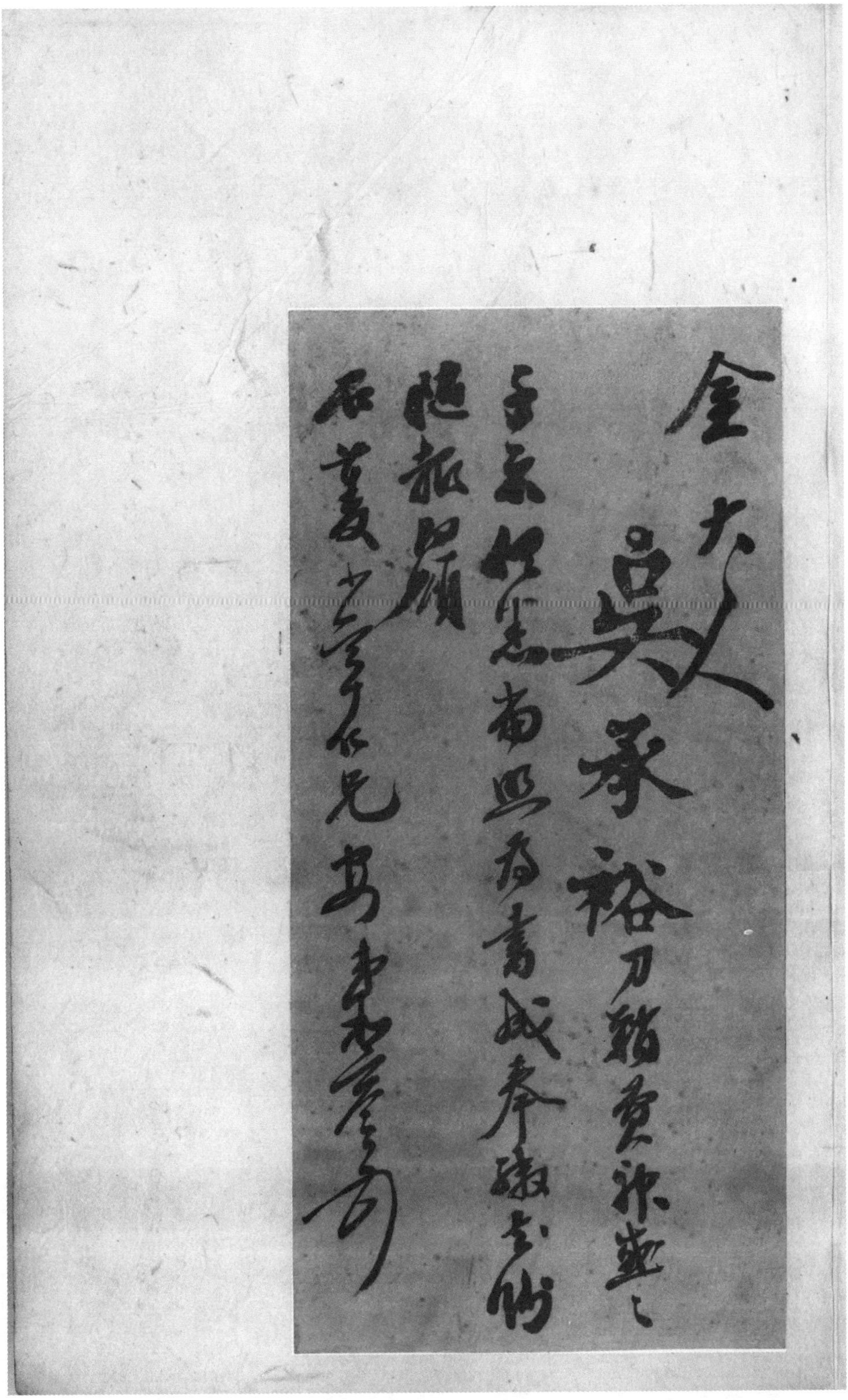

金大人

刀鞘费神，感感，

手示俱悉，当照为书成奉缴，知钱

随报，即颂

石菱少宰仁兄安，弟制謇顿首。

（注：借片［吴承裕］）

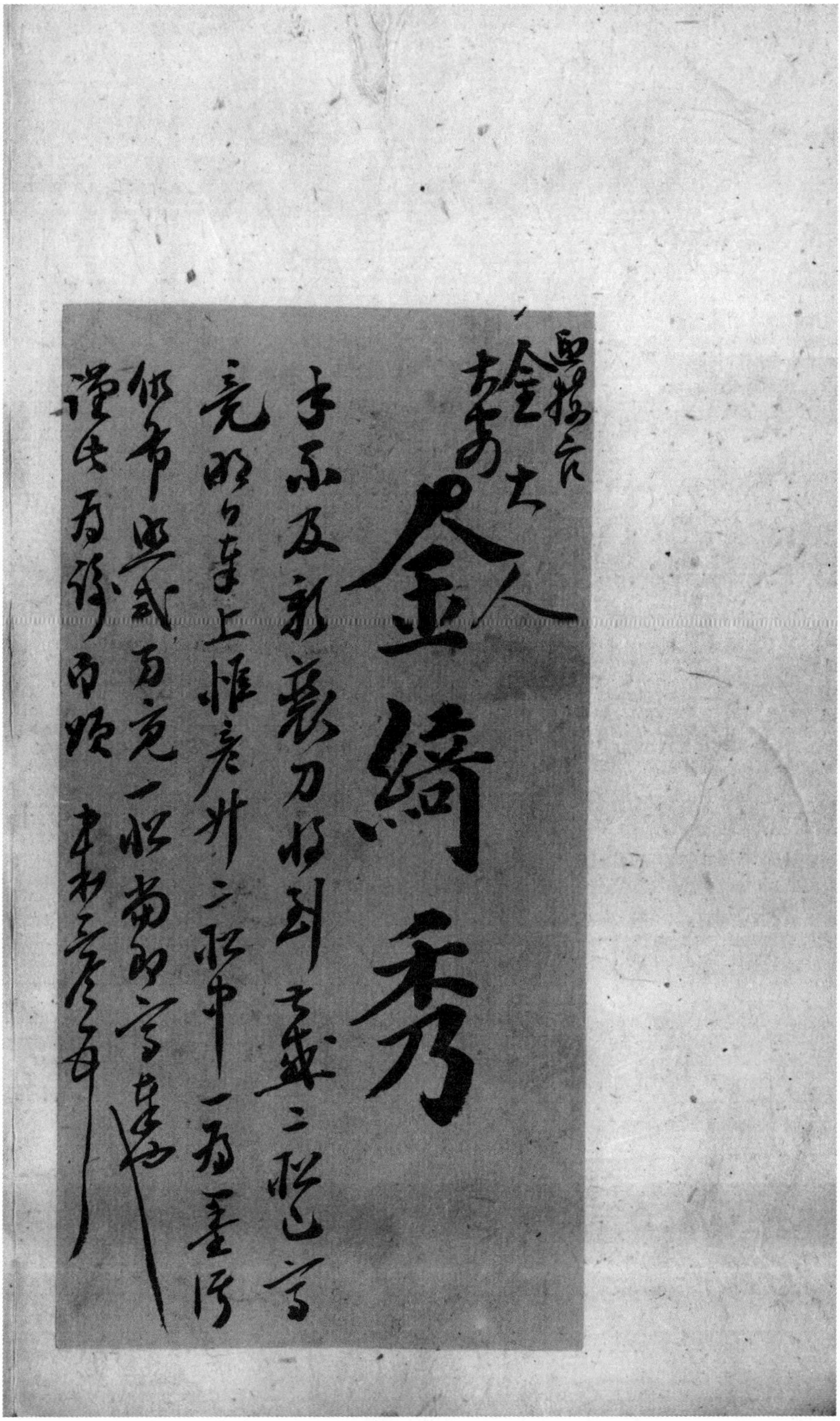
金綺秀

迎接官

金大人

大安。

手示及新装刀收到，甚感。二联已写竞，明日奉上。惟彦升二联中，一为墨污，仍希照式另觅，一联当即写奉也。谨此为谢，即颂。弟制謇顿首。

（注：借片［金绮秀］）

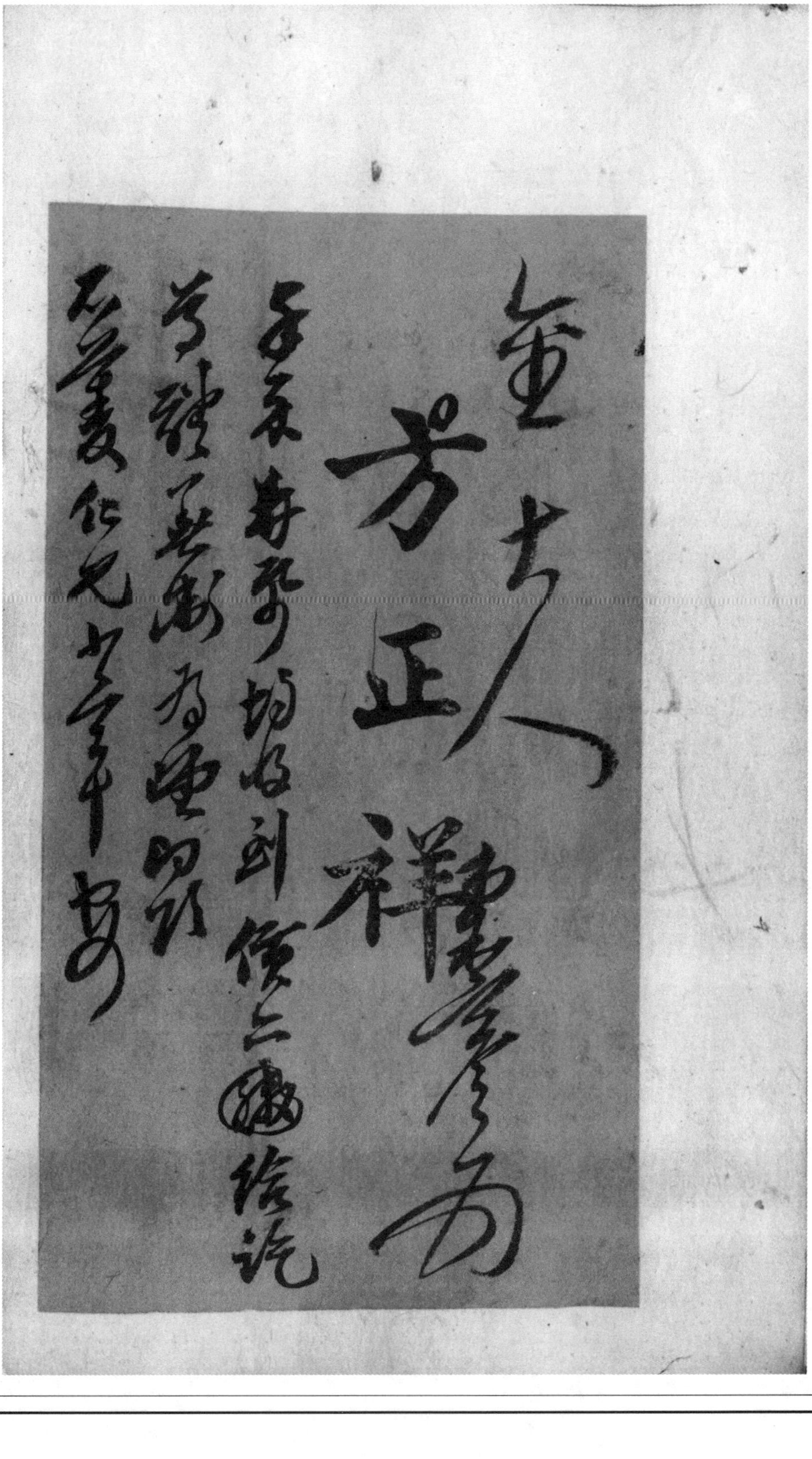

金大人，

弟张謇顿首。

手示并纸均收到，价亦给讫。

尊体善卫为望，即颂

石菱仁兄少宰安。

（注：借片［方正祥］）

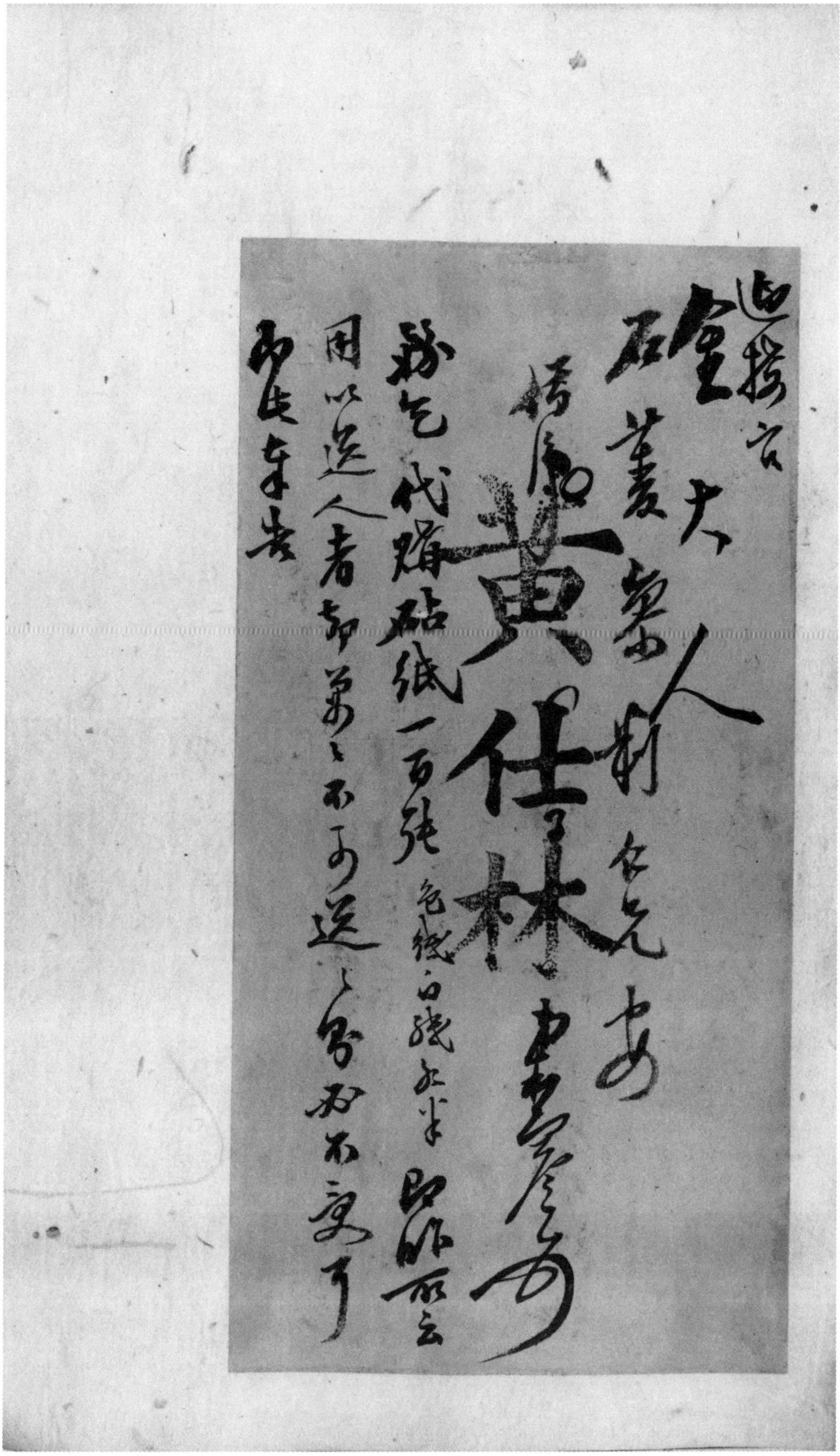
黄仕林

迎接官
金大人
石菱参判仁兄安。
　　弟张謇顿首。
务乞代购砧纸一百张，色纸、白纸各半，即昨所云，用以送人者，却万万不可送，送则必不更耳，即此奉告。
（注：借片［黄仕林］）

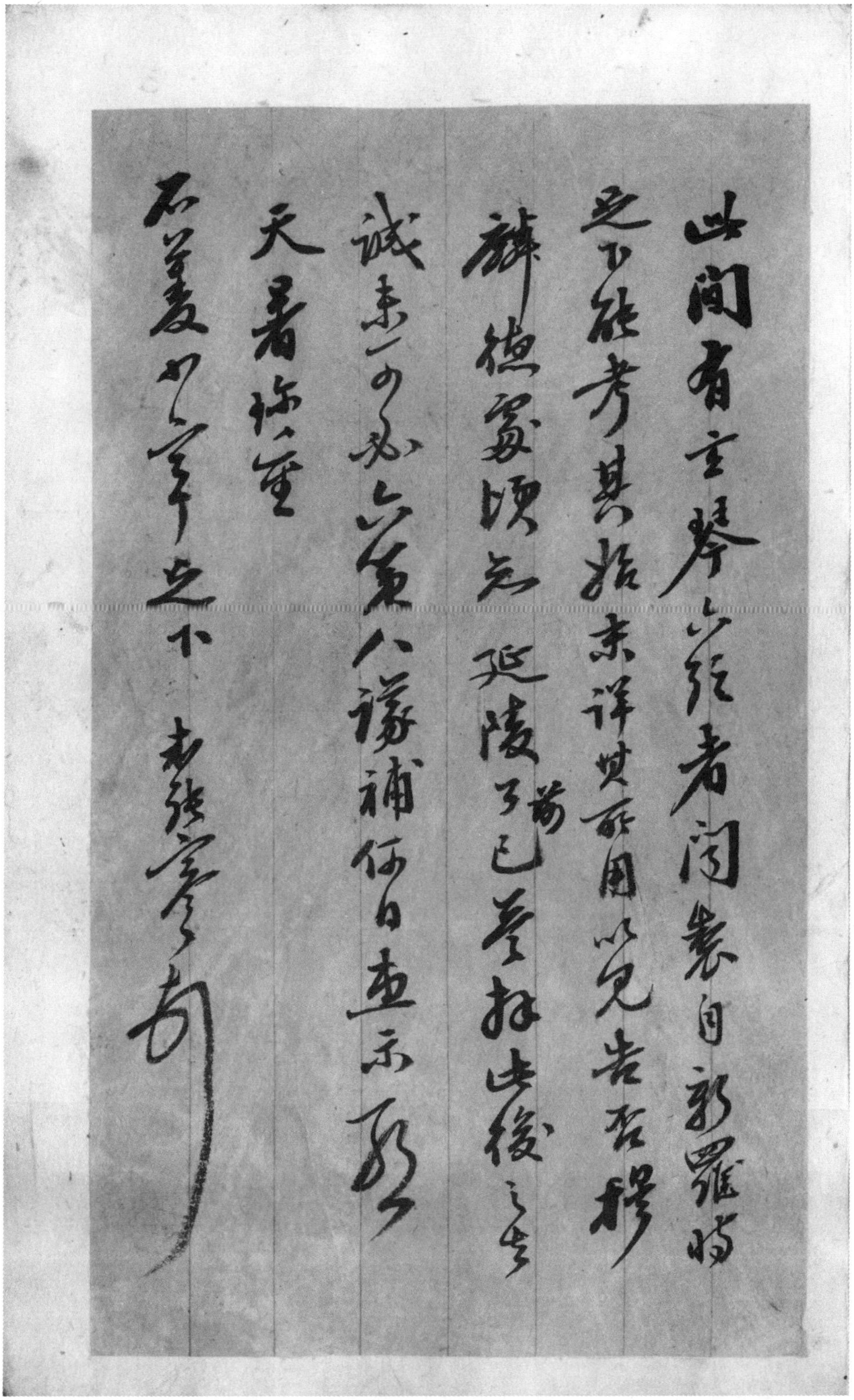

此間有[illegible]琴[illegible]者，聞[illegible]自新羅時
足下能考其[illegible]來詳其所用，以見告否？[illegible]
麟德[illegible]之 延陵子前已[illegible]此後[illegible]
誠來[illegible]知[illegible]八[illegible]補何日查示耶
天暑珍重
不[illegible]之下 [illegible]

此间有玄琴六弦者，闻制自新罗时，足下能考其始末、详其所用以见告否？穆麟德处顷知延陵子前已答拜。此后之去，诚未可必。《六策八议补》何日惠示一部？天暑珍重。

石菱少宰足下，制张謇顿首。

三、周家禄

為吳輕車與朝鮮王請下教惜字書

使者奉書大王殿下伏惟庖犧畫卦後世以代結繩倉頡造字上天為之雨粟降及三代始制六書文武之道未墜布在策方嬴秦之禍焚如中更煨燼然而苞符以洩天地之祕閱世如新書契實居火食之先生民攸賴古者瓜菜必祭不忘其初帷蓋不棄為資其用豈有身讀聖賢之書目擊文字之禍草元已畢[illegible]覆瓿於傭奴題詩甫成任畫壁於聲伎者乎使者自入境以來即聞父老扶杖簪筆而頌

王師行人釋肩畫土而陳邦俗竊歎貴國文教之被於下如此其盛也追駐軍之後又見搢紳投謁無非繡虎之儒擯手傳言

为吴轻车与朝鲜王请下教惜字书

使者奉书大王殿下：伏惟庖牺画卦，后世以代结绳；仓颉造字，上天为之雨粟。降及三代，始制六书。文武之道未坠，布在策方；嬴秦之祸焚如，中更煨烬。然而苞符以泄天地之秘，阅世如新；书契实居火食之先，生民攸赖。古者瓜菜必祭，不忘其初。帷盖不弃，为资其用，岂有身读圣贤之书，目击文字之祸。草元已毕，□覆瓿于傭奴；题诗甫成，任画壁于声伎者乎？使者自入境以来，即闻父老扶杖簪笔而颂

王师，行人释肩画土而陈邦俗。窃叹贵国文教之被于下如此

悉是雕龍之彥竊歎貴國文才之聚於上又如此其盛也然而
辟開零落古文之尚書何多地上叢殘兔園之册子不少誰家
窗户連縑帛為帷囊何代招提籠縹緗於塵土甚至公羊餅肆
食物裹以殘編左思洄閒三都棄其餘字是而可忍人孰無心
吾
聖朝
列祖
列宗皆順天而稽古今天下同倫同軌方偃武而修文五尺之
童不敢褻越墳典千乘之國何至蔑視詩書要以習俗相沿遷
流已甚不加開導勸善無由也使者十年讀書躬承庭訓上馮

其盛也。迨驻军之浚，又见搢绅投谒，无非绣虎之儒；摈分传言，悉是雕龙之彦。窃叹贵国文才之聚于上又如此其盛也。然而壁间零落，古文之《尚书》何多；地上丛残，兔园之册子不少。谁家窗户，连缣帛为帷囊；何代招提，笼缥缃于尘土。甚至《公羊》饼肆，食物裹以残编；左思溷间，《三都》弃其馀字。是而可忍，人孰无心。

吾

圣朝

列祖

列宗皆顺天而稽古，今天下同伦同轨，方偃武而修文。五尺之童，不敢亵越坟典；千乘之国，何至蔑视诗书？要以习俗相沿，迁流已甚，不加开导劝善无由也。使者十年读书，躬承庭训，上马

周家祿

殺賊自愧粗官然而斯文之在茲豈無秉彝之同好男兒識一丁字猶勝彎弓遺子有滿籯金何如學古苟棄字而不惜將誦習其奚為使者竊念善與人同政由上始儒者不談因果當行其心之所安大王方事吏新盡去其弊之尤甚謹呈送惜字文若干紙伏乞下教傳播明示科條惜字有賞不惜有罰俾官吏軍民一體遵照則斯文幸甚國家幸甚

杀贼，自愧粗官。然而斯文之在兹，岂无秉彝之同好？男儿识一丁字，犹胜弯弓；遗子有满籯金，何如学古。苟弃字而不惜，将诵习其奚为？使者窃念善与人同，政由上始。儒者不谈因果，当行其心之所安。大王方事更新，盍去其弊之尤甚？谨呈送《惜字文》若干纸，伏乞下教传播，明示科条，惜字有赏，不惜有罚。俾官吏军民，一体遵照，则斯文幸甚！国家幸甚！

周家禄（名刺）

（注：此文未署款人，但有周家禄名刺附后，故定为周家禄所作。）

家祥頓首　猎師吳公歸於天津序
東土大夫見知不能無惓惓之述事感懷作詩四首謹奉
政
鄭君周溪
閔君蕙庭
金君道園
金君君美求所以為臨別之贈者　君美有所善
朝士及賢人君子之在下位而能詩者伏乞一一

家禄将从督师吴公归于天津。辱
东士大夫见知，不能无惓惓，述事感怀，作诗四首，谨奉
致
郑君周溪、
闵君蕙庭、
金君道园、
金君石菱，求所以为临别之赠者，石菱有所善
朝士及贤人君子之在下位而能诗者，伏乞一二

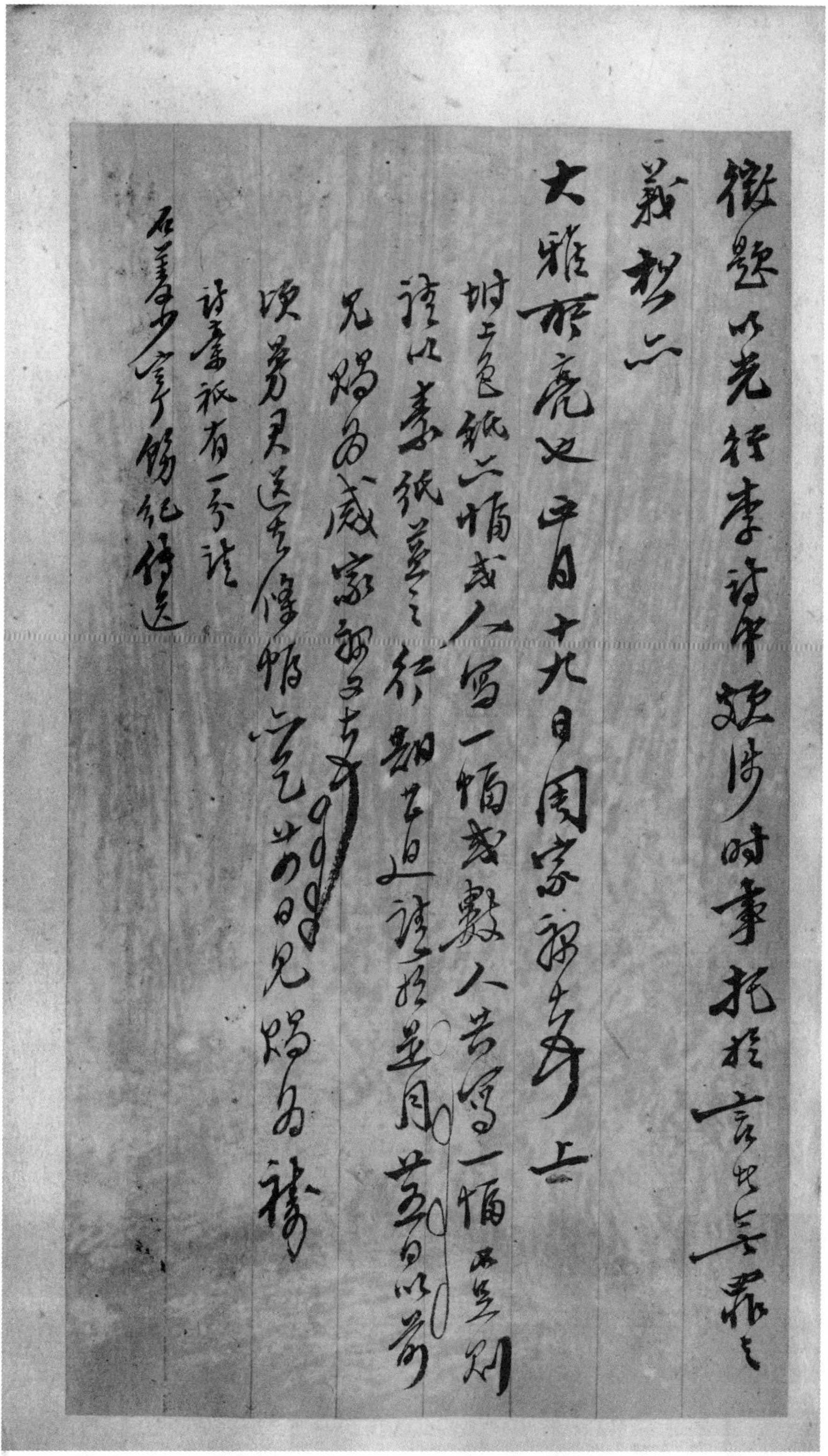

征题，以光行李，诗中颇涉时事，托于［言者无罪］之义，想亦

大雅所亮也。正月十九日，周家禄顿首上。

附上色纸六幅，或人写一幅，或数人共写一幅，不足则

请以素纸益之。行期甚迫，请于是月廿五日以前

见赐为感。家禄又顿首。

顷曼君送去条幅，亦乞廿四日见赐为祷。

诗稿只有一分，请

石菱少宰饬纪传送。

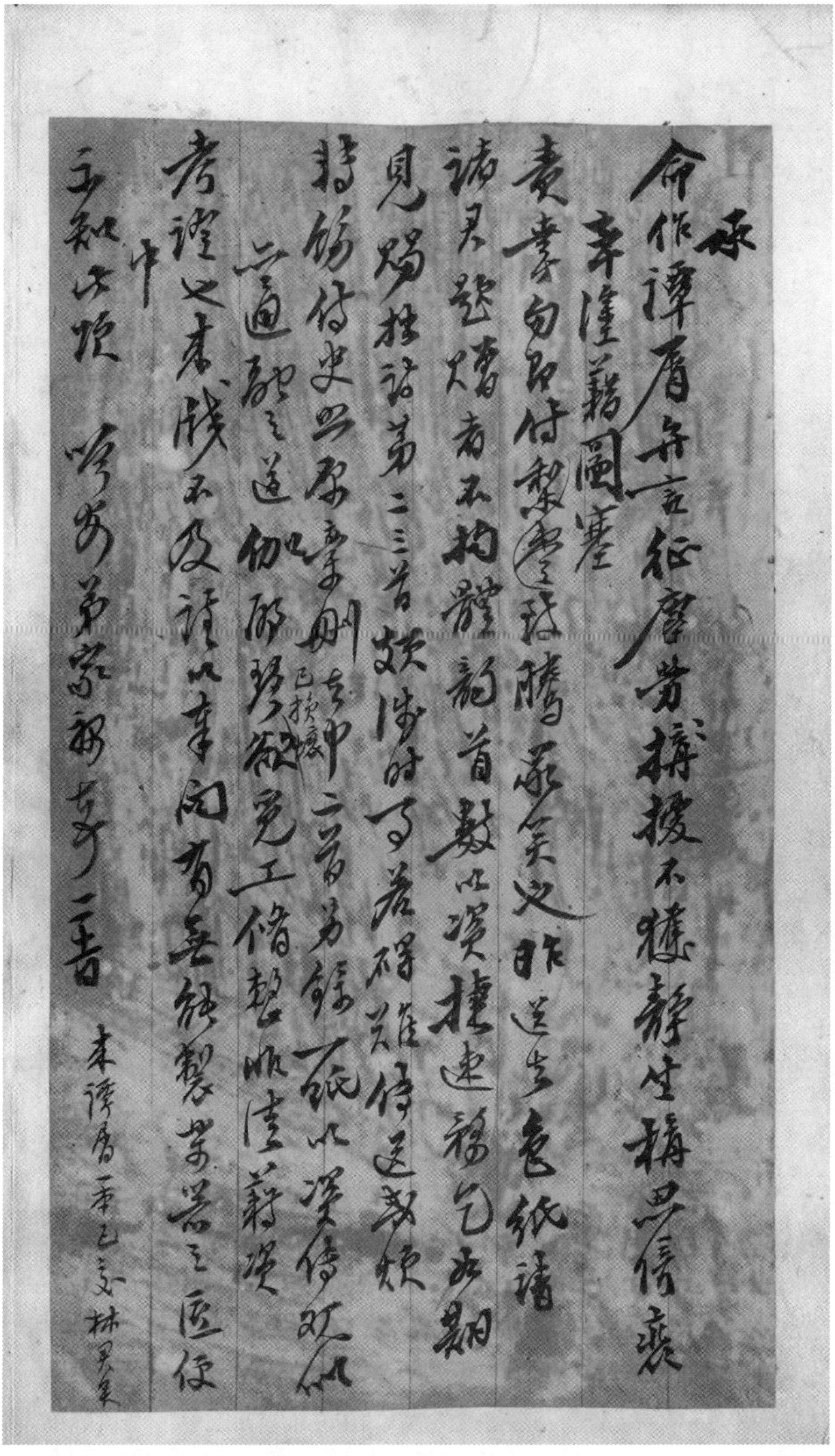
承
命作谭眉弁言[illegible]
幸逢[illegible]圖[illegible]
責[illegible]即付[illegible]
諸君題贈者不拘體韻首數以資捷速[illegible]
見賜拙詩第二三首[illegible]
[illegible]
[illegible]
[illegible]
中
[illegible]
來譚眉一本已交[illegible]

《谭眉》拾馀

承
命作《谭屑》弁言，征尘劳扰，不获静坐构思，信装
率涂，藉图塞
责。幸勿即付枣梨，致腾众笑也。昨送去色纸，请
诸君题赠者不拘体韵首数，以资捷速，务乞如期
见赐。拙诗第二三首颇涉时事，若碍难传送，或烦
转饬侍史照原稿删去，中二首另录一纸，以资传观。似
亦通融之道伽耶？琴已损坏，欲觅工修整，昨徒藉资
考证也。来笺不及，谨以奉问有无能制乐器之匠，便
中
示知，此颂吟安，弟家禄顿首，二十一日。来《谭屑》一本已交林君矣

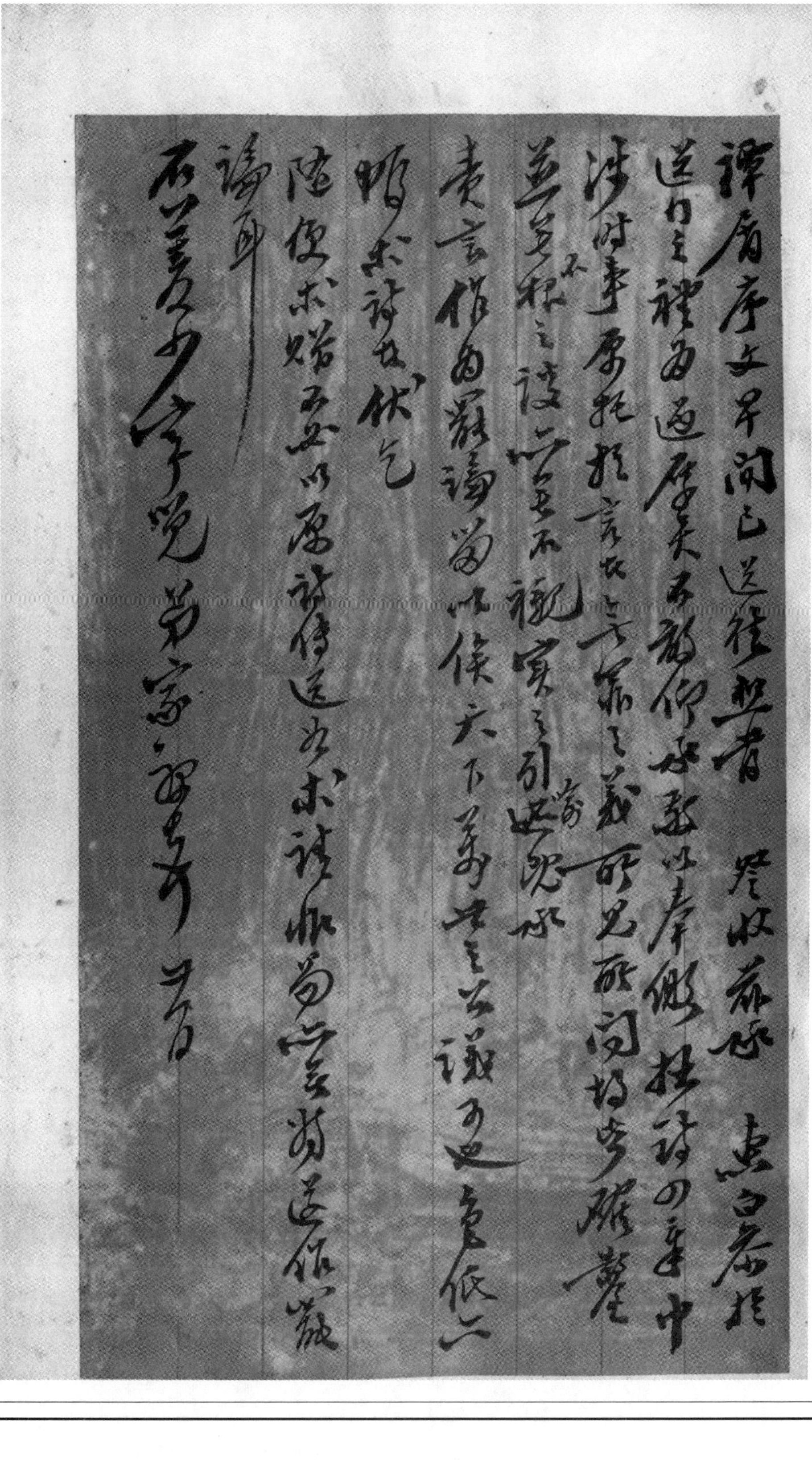

《谭屑》序文，早间已送往，想胥督收。兹承惠白参，于
送行之礼为遇厚矣，不敢仰承，敬以奉傚。拙诗四章中
涉时事，原托于［言者无罪］之义，所见所问均皆确凿，
并无不根之谈，亦无不衬实之引喻。既承
责言，作为罢论，留以俟天下万世之公议可也。色纸六
幅求诗者，伏乞
随便求赠，不必以原诗传送。如求请非易亦无妨，遂作罢
论耳。

石菱少宰览。弟家禄顿首。廿一日

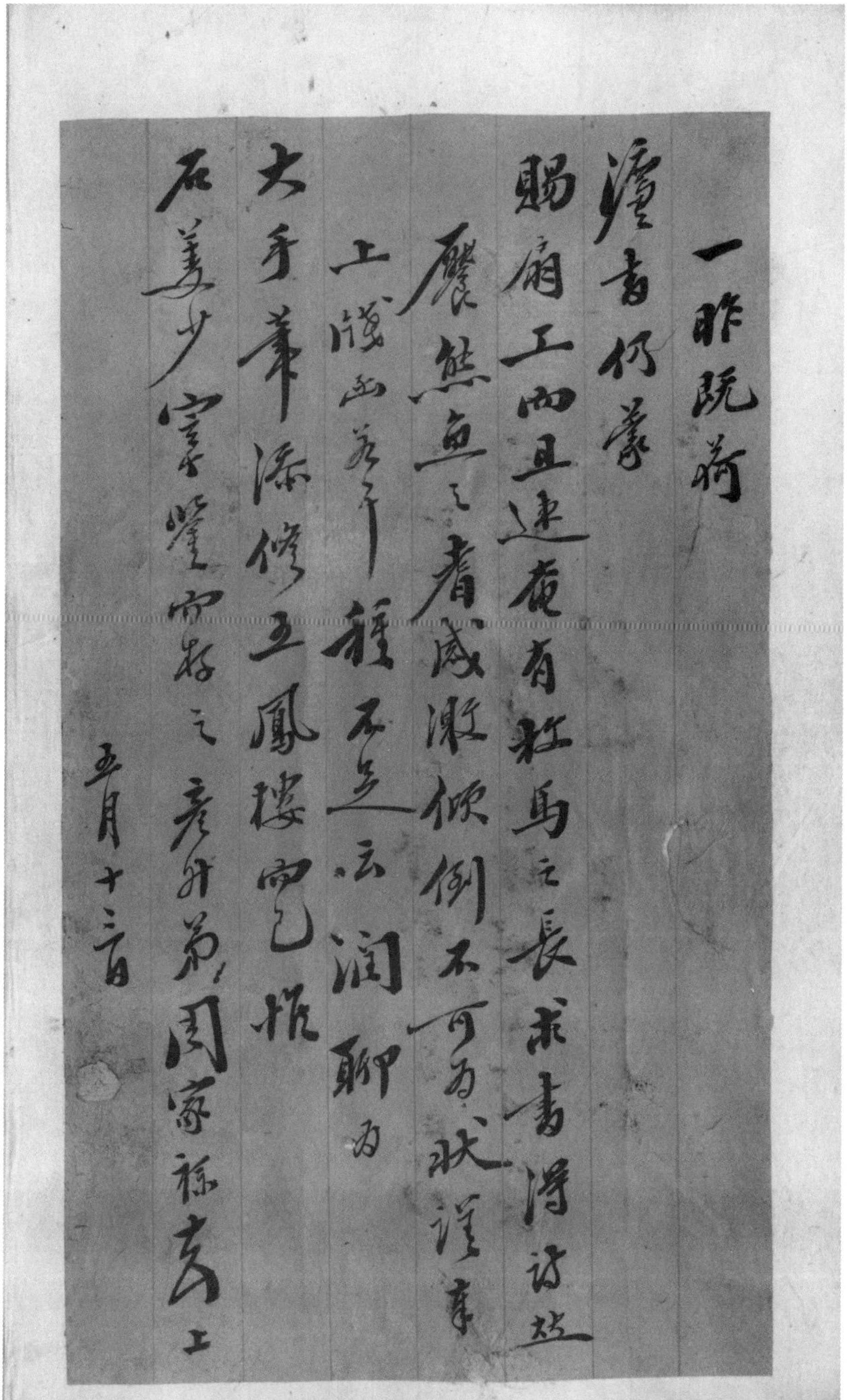

一昨既荷
瀛青仍蒙
賜扇工而且速庬有駿馬之長求書得詩茲
饜然無之者感激傾倒不可名狀謹奉
上牋函若干種不足云潤聊為
大手筆添修五鳳樓[illegible]椽
石美少宰鑒察存之　彥升弟周家祿頓首上
五月十三日

《谭眉》拾馀

一昨既荷
法书，仍蒙
赐扇，工而且速，奄有枚、马之长，求书得诗，并
餍熊鱼之耆。感激倾倒，不可为状。谨奉
上笺函若干种，不足云润，聊为
大手笔添修五凤楼而已。惟
石菱少宰鉴而存之，彦升弟周家禄顿首上。
五月十三日。

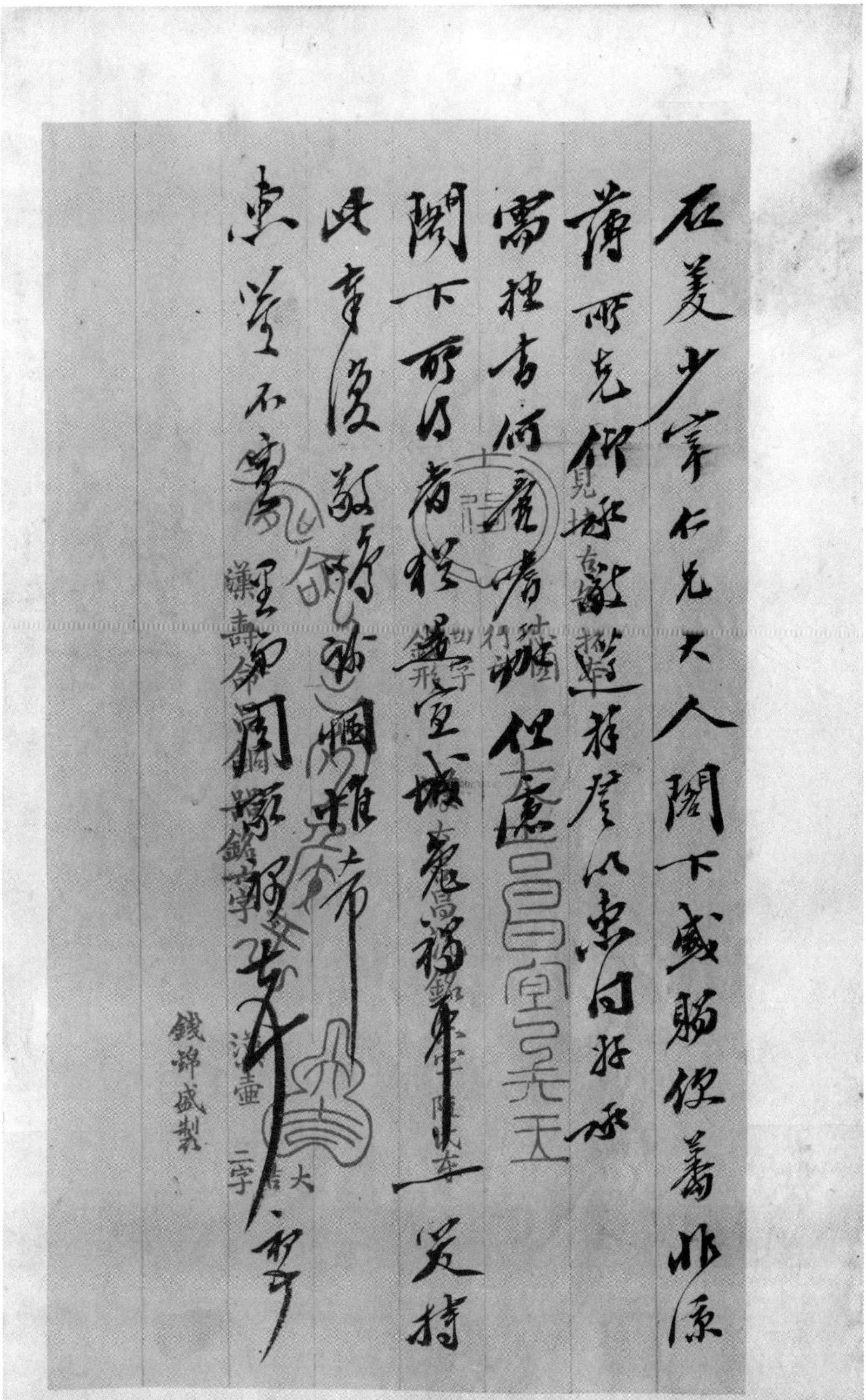

石菱少宰仁兄大人阁下：盛赐便蕃，非凉薄所克仰承。敬遵拜督，以惠同好，承需拙书，何啻嗜痂，但虑阁下所得者，犹是宣城兔祸耳。一笑。持此奉复，敬鸣谢悃，惟希惠鉴，不宣。愚弟周家禄顿首 初五。

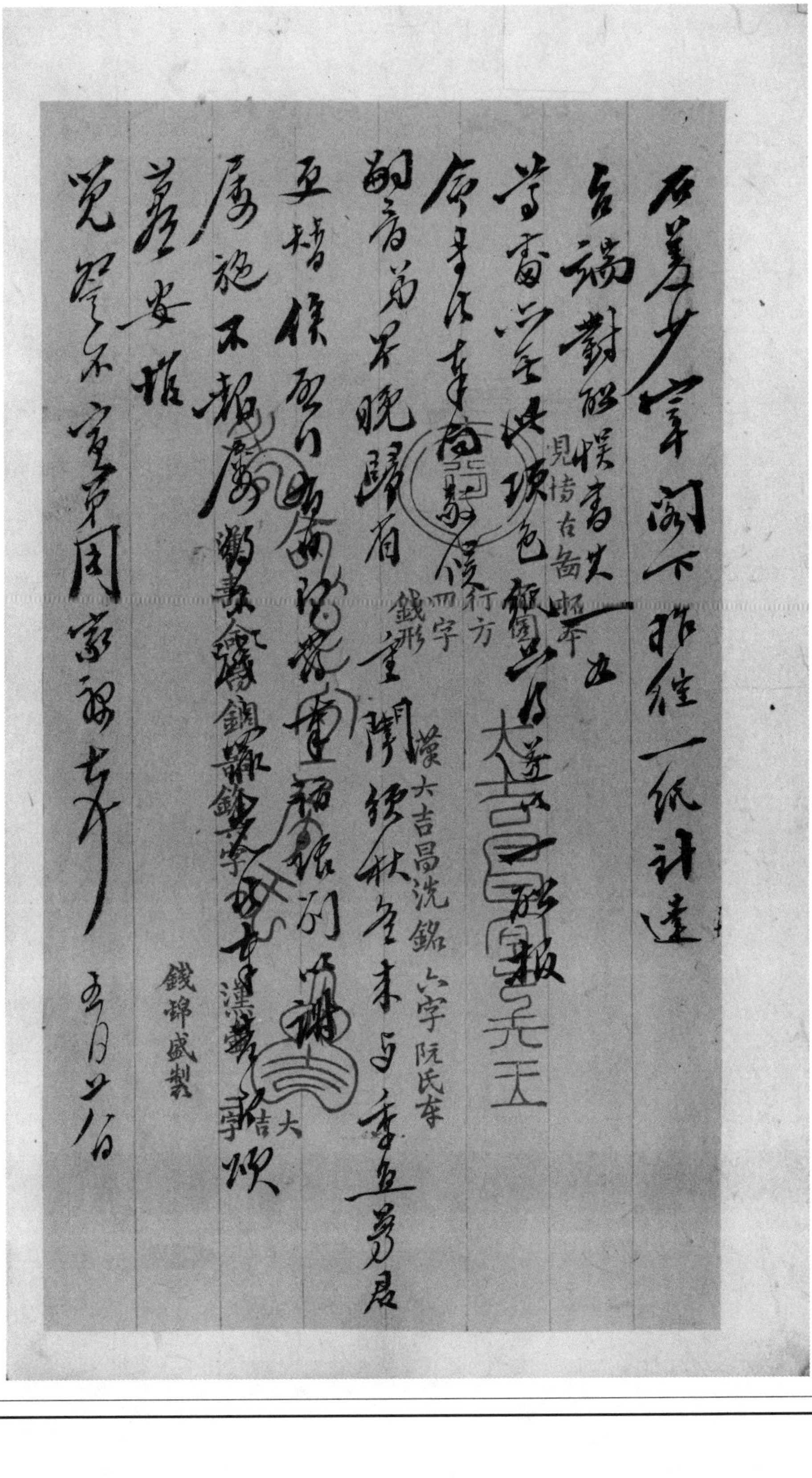

石菱少宰阁下：昨往一纸计达
台端，对联误书其一，如
尊处亦无此项色纸，只得遂以一联报
命，专此奉问，敬候
嗣音。弟早晚归省，重闱须秋冬来，与季直、曼君
更替。俟启行有日，即当奉诣话别，以谢
屡施不报、屡约不践之罪，先此奉告，即颂
暮安，惟
觅詧不宣。弟周家禄顿首。五月廿八日。

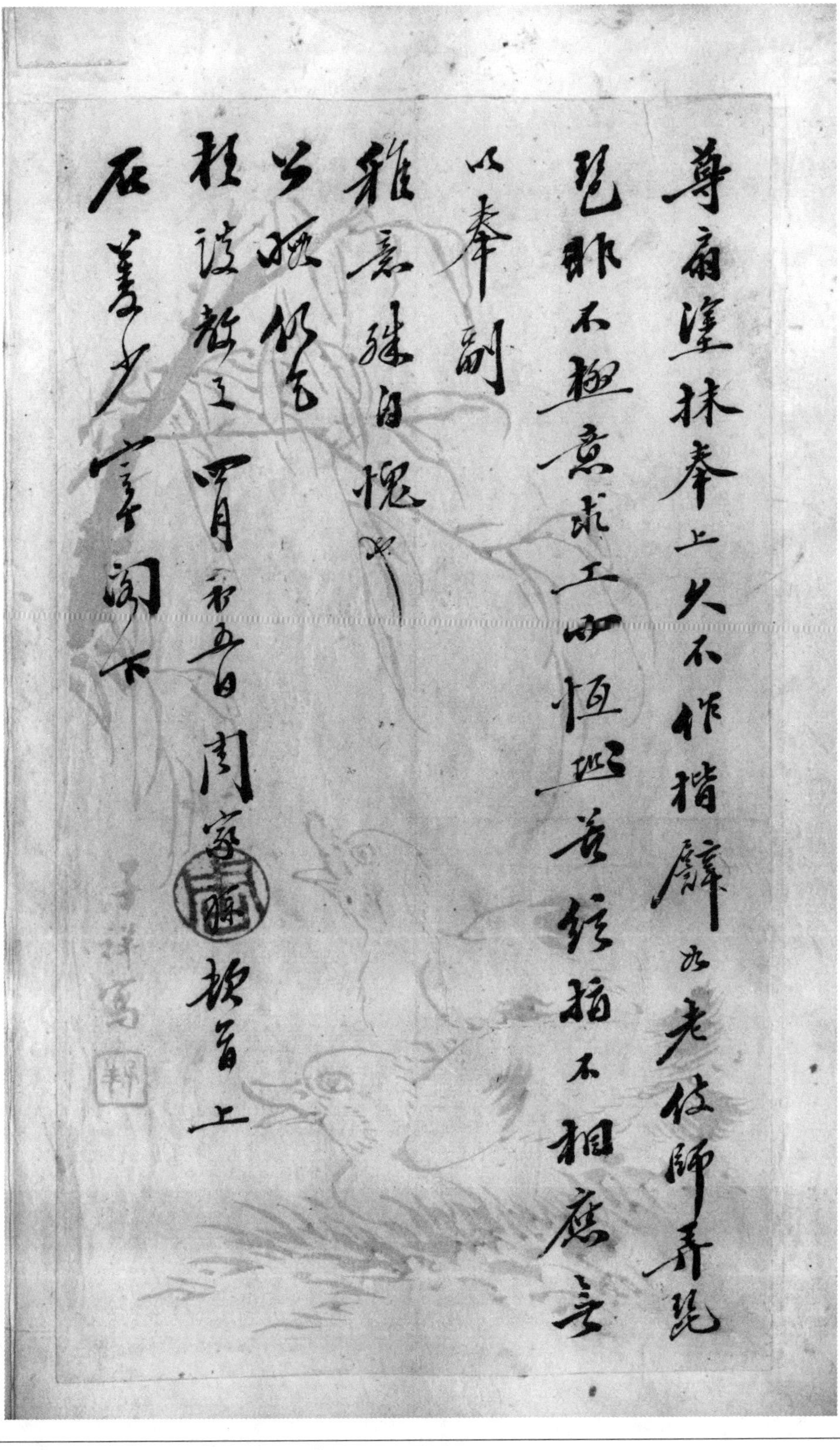
尊扇塗抹奉上，久不作楷，辟如老伎師弄琵琶，非不極意求工，而恆苦其絃指不相應矣。以奉副雅意，殊自愧也。公暇仍乞枉設教之。四月初五日周容頓首上石菴少宰閣下

尊扇涂抹奉上。久不作楷，譬如老伎师弄琵

琶，非不极意求工，而恒□苦弦指不相应，无

以奉副

雅意，殊自愧也。

公暇仍乞

枉谈教之。四月初五日，周家禄顿首，上

石菱少宰阁下。

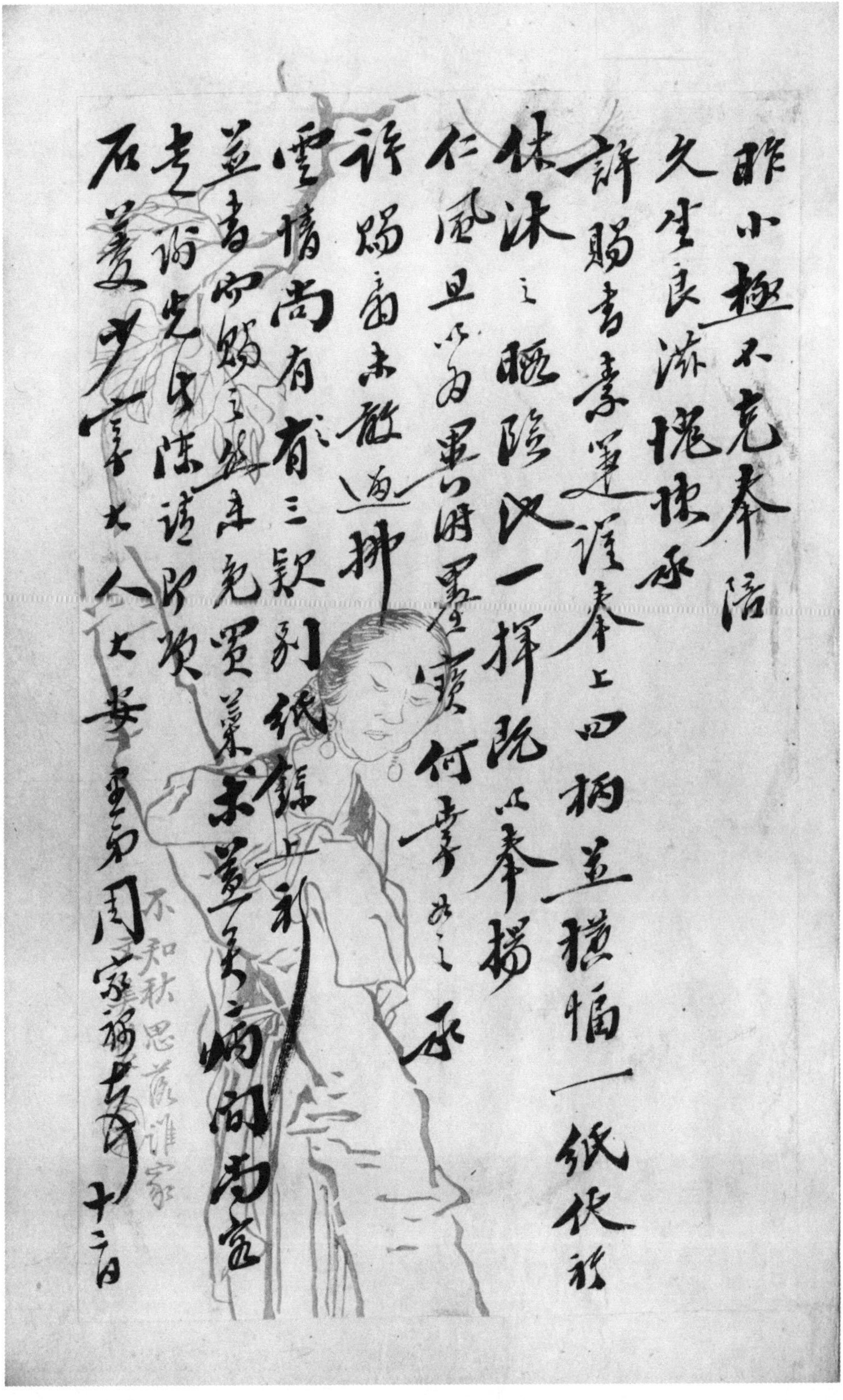

昨小極不克奉陪，久坐良游，愧悚。承
許賜書壽箑，謹奉上四柄並橫幅一紙，伏祈
休沐之暇，賜以一揮，既以奉揚
仁風，且以為異日府墨寶，何幸如之。承
許賜扇，未敢為掛
雲情，尚有於三款刻紙鏡上新
並書所贈之錢來免買，蒙宋叢之扇向有益
老詞兄先生，陳請即頌
石叢少宰大人大安，弟周家祿頓首。十二日

昨小极，不克奉陪
久坐，良滋愧悚。承
许赐书素笺，谨奉上四柄，并横幅一纸，伏祈
休沐之暇，临池一挥，既以奉扬
仁风，且以为异时墨宝，何幸如之！承
许赐扇，未敢过拂
云情，尚有三款别纸录上，祈
并书而赐之，然未免买菜求益矣。病间尚容
走谢，先此陈请，即颂
石菱少宰大人大安。愚弟周家禄顿首。十二日。

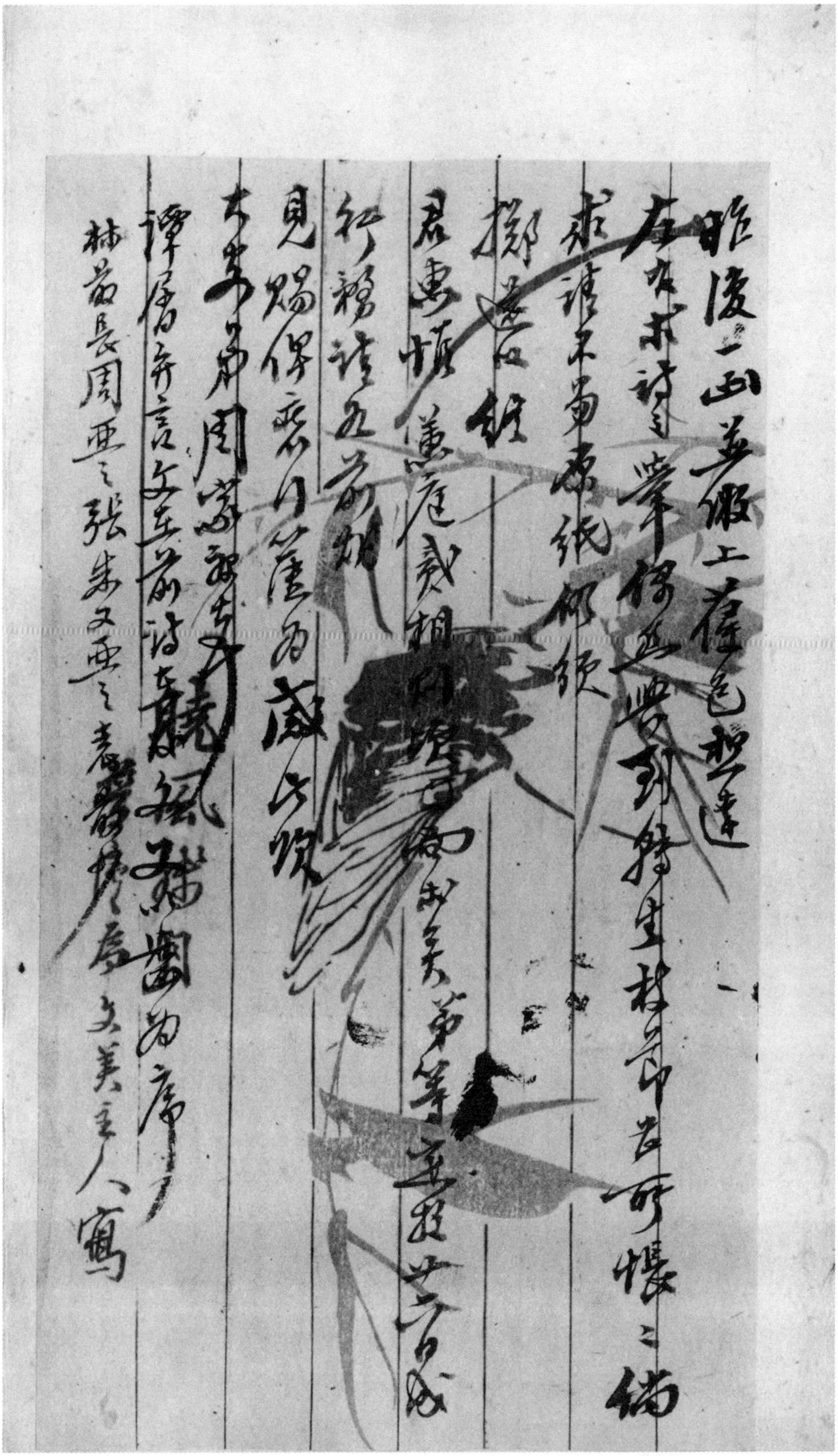

昨复一函，并缴上葠色，想达
左右，求诗之举，偶然兴到，转生枝节，甚所怅怅。倘
求请不易，原纸仍须
掷还，以终
君惠。惟蕙庭贰相，则顷已面求矣。弟等定于廿六日成
行，务请如前相
见赐，俾装行箧为感。此颂
大安。弟周家禄顿首。
《谭屑》弁言，文在前，诗在后。文义以齿为序，
林最长，周亚之，张、朱又亚之，袁最少。

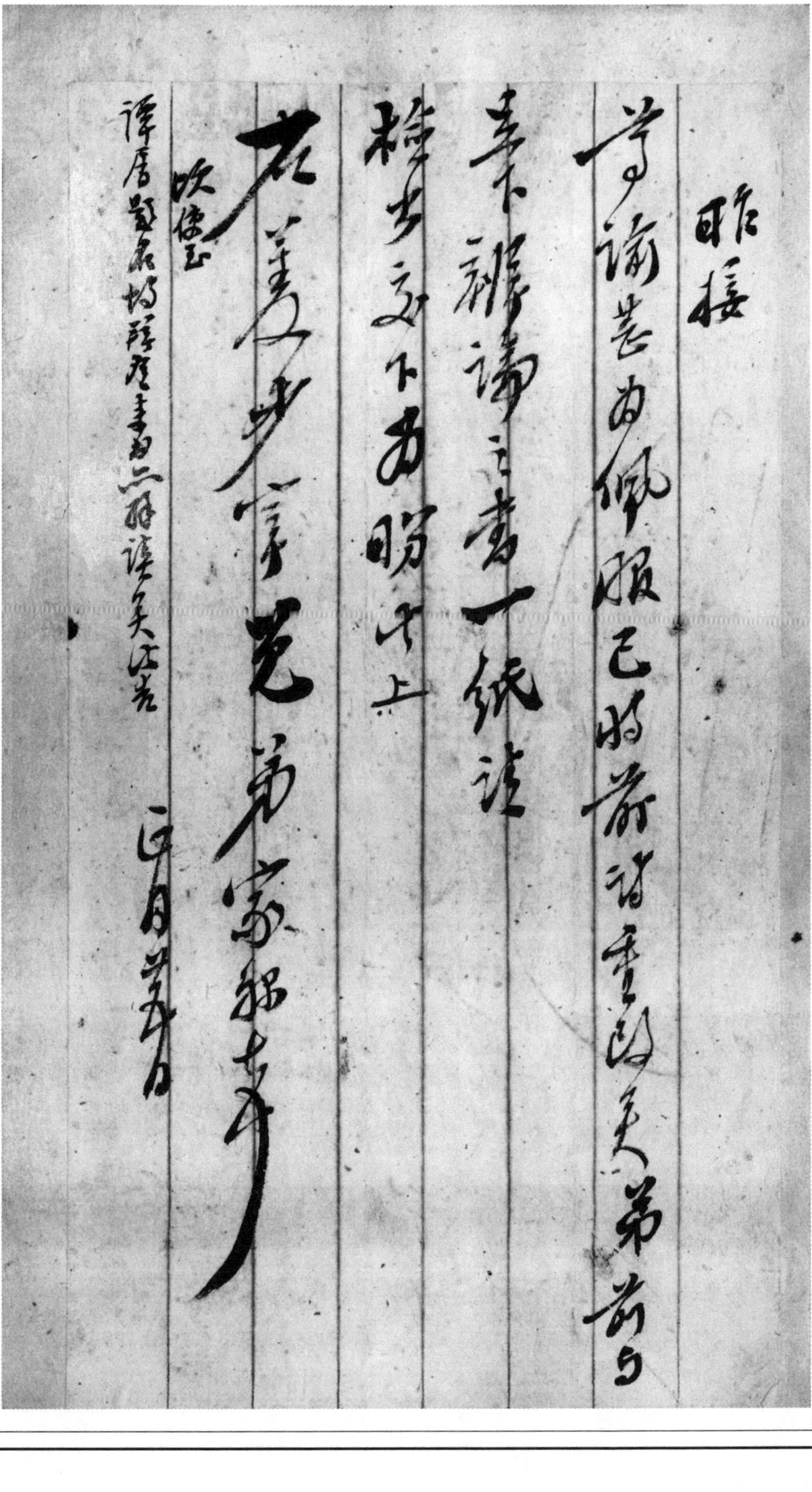

昨接
手諭甚為佩服已將前請[illegible]段交弟前[illegible]
[illegible]下辦論之書一紙請
轉交文下為盼此上
花[illegible]步[illegible]兄弟家[illegible]
[illegible]
譚眉[illegible]
正月廿五日

昨接
尊谕，甚为佩服。已将前诗重改矣。弟前与
足下辨论之书一纸，请
检出交下为盼。此上
石菱少宰览。弟家禄顿首。
顷使至
《谭眉》、《题名》均拜督，来书亦拜读矣。此告。正月廿五日。

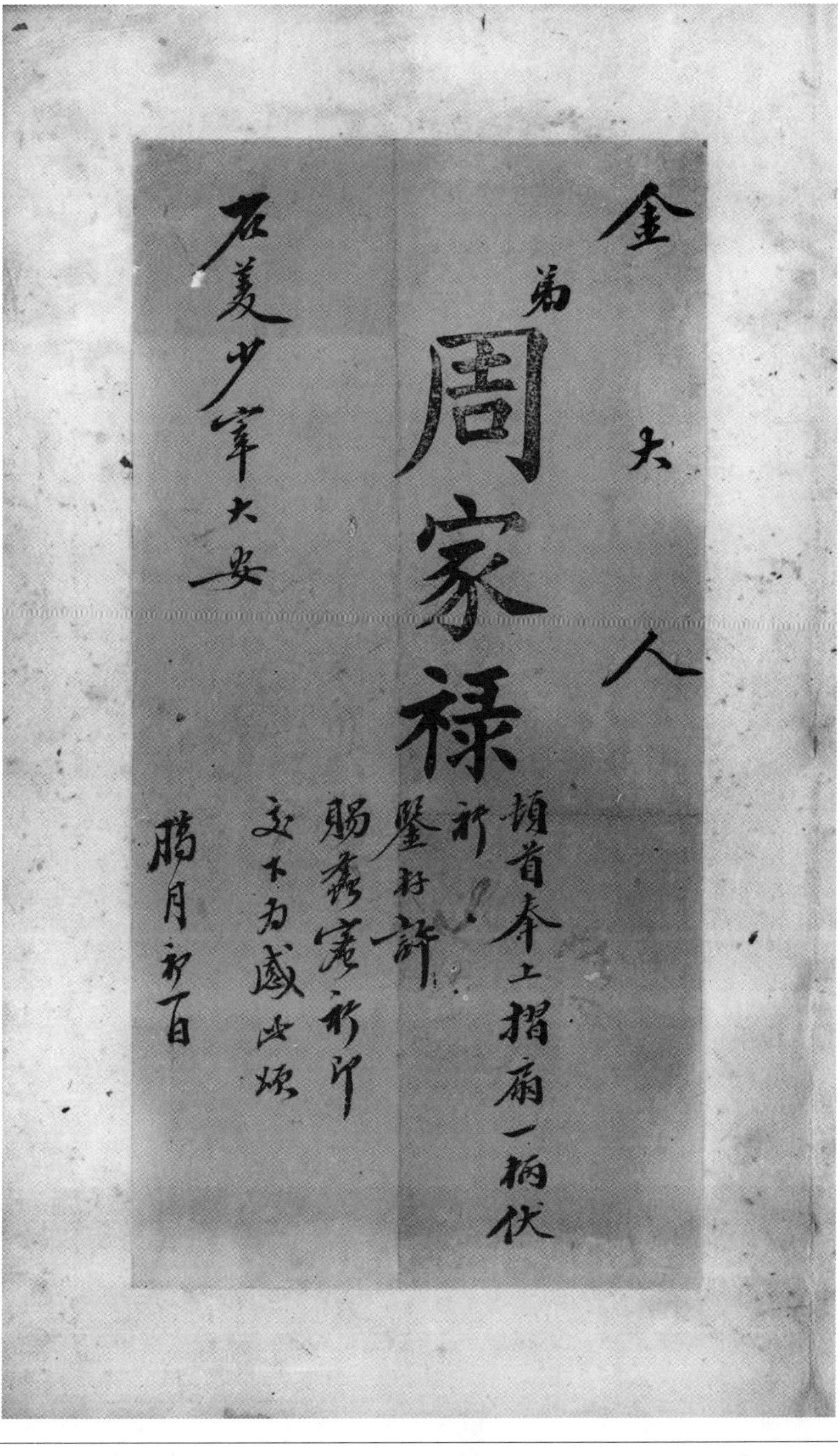

金大人

弟周家禄頓首奉上摺扇一柄伏
祈
鑒存許
賜墨寶祈即
交下為感此頌
右美少宰大安
臘月初百

《谭盾》拾馀

金大人：

弟周家禄（名刺）顿首。奉上折扇一柄，伏
祈
鉴存，许
赐蜂蜜，祈即
交下为感，此颂
石菱少宰大安。

腊月初一日。

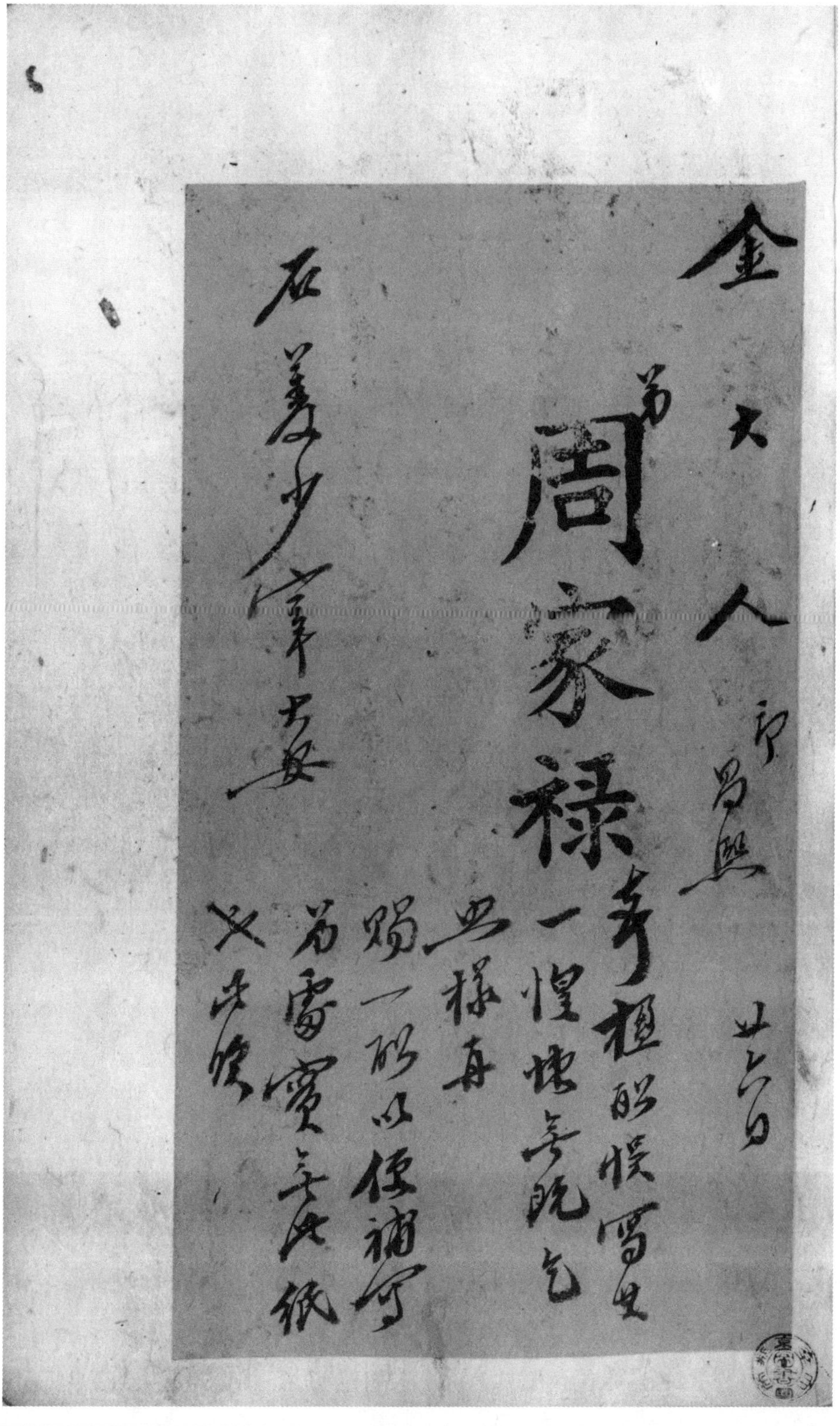
金大人 即呂與
弟周家祿頓首 廿六日
極盼候寫呈
一惶悚無既乞
照樣再
賜一紙以便補寫
弟當實無底紙
石菱少宰大安
又告

金大人：即昌熙　　廿六日。

弟周家禄（名刺）　　顿首。楹联误写其

一，惶悚无既，乞

照样再

赐一联，以便补写，

弟处实无此纸

也。此颂

石菱少宰大安。

四、朱铭盘

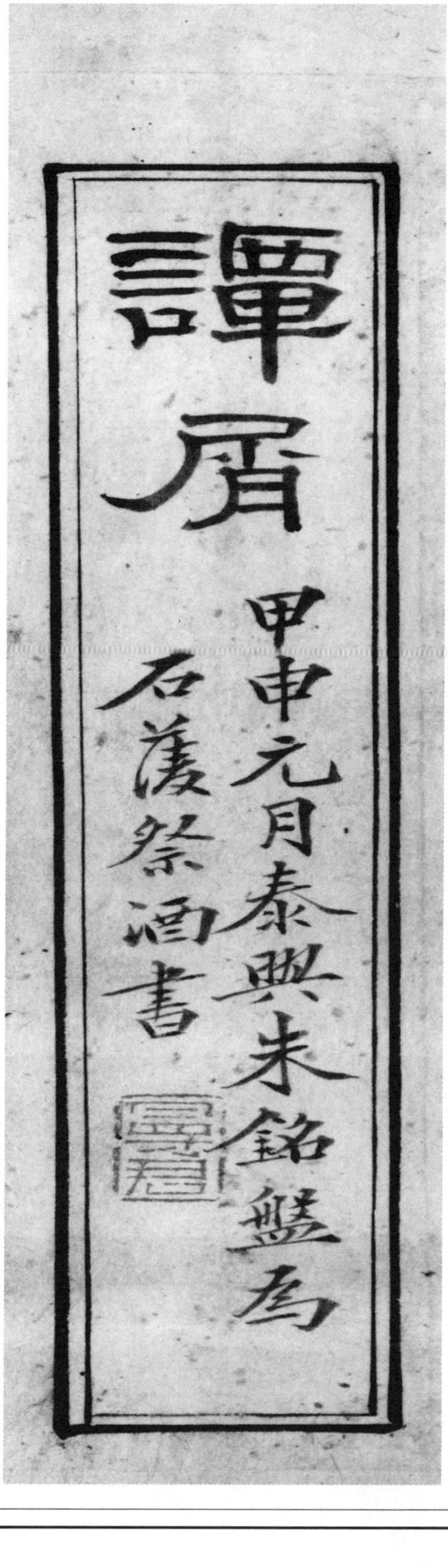

《谭屑》，甲申元月泰兴朱铭盘为石菱祭酒书。（钤印：曼君［朱文］）

（注：此即朱铭盘为金石菱所书《谭屑》一书之耑。）

右方譚眉二卷胡鮮金石庵少宰
平生雜著之一石庵耆讀書善屬文
于史部名物象數掌故之事靡不通究
此書乃自道身世閱歷有得之言夫世猶
味苜蓿庵人也昔年諳甘之味庵人不一
嘗之不能一一知也知之而能具道其所以然
之故則成易乎不能也石庵之言其猶爲乎

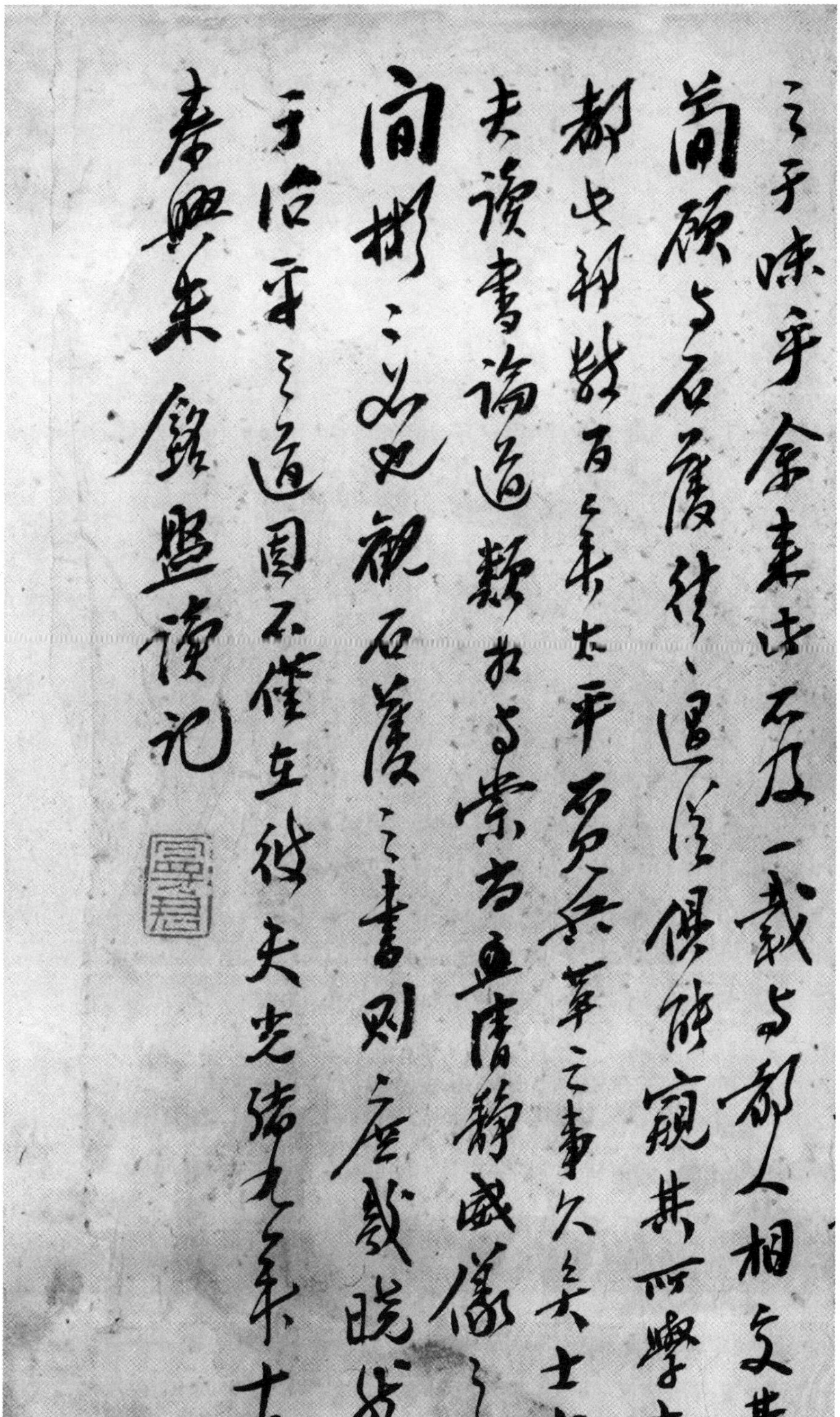
之子味乎余來遲不及一載與都人相交甚
簡顧與石屨往還偶得窺其所學大
都也稍數百年來太平無兵革之事久矣士大
夫讀書論道類如古崇尚清静盛儀之
間彬彬之風也觀石屨之書則歷載曉然
于治平之道固不僅在彼矣光緒九年十日
泰興朱銘盤讀記

左方《谭屑》二卷，朝鲜金石菱少宰平生杂著之一。石菱嗜读书，善属文，于此邦名物象数掌故之事，靡不通究。此书乃自道身世、阅历有得之言。夫世犹味也，身犹庖人也，苦辛酸甘之味，庖人不一一尝之，不能一一知也。知之而能具道其所以然之故，则非易牙不能也。石菱之言，其犹易牙之于味乎？余来此不及一载，与都人相交甚简。顾与石菱往往过从，俱能窥其所学。大都此邦数百年太平，不见兵革之事久矣。士大夫读书论道，类相与崇尚清静，威仪之间，彬彬如也。观石菱之书，则庶几晓然于治平之道，固不仅在彼夫！光绪九年十月，泰兴朱铭盘读记。（钤印：曼君［朱文］）

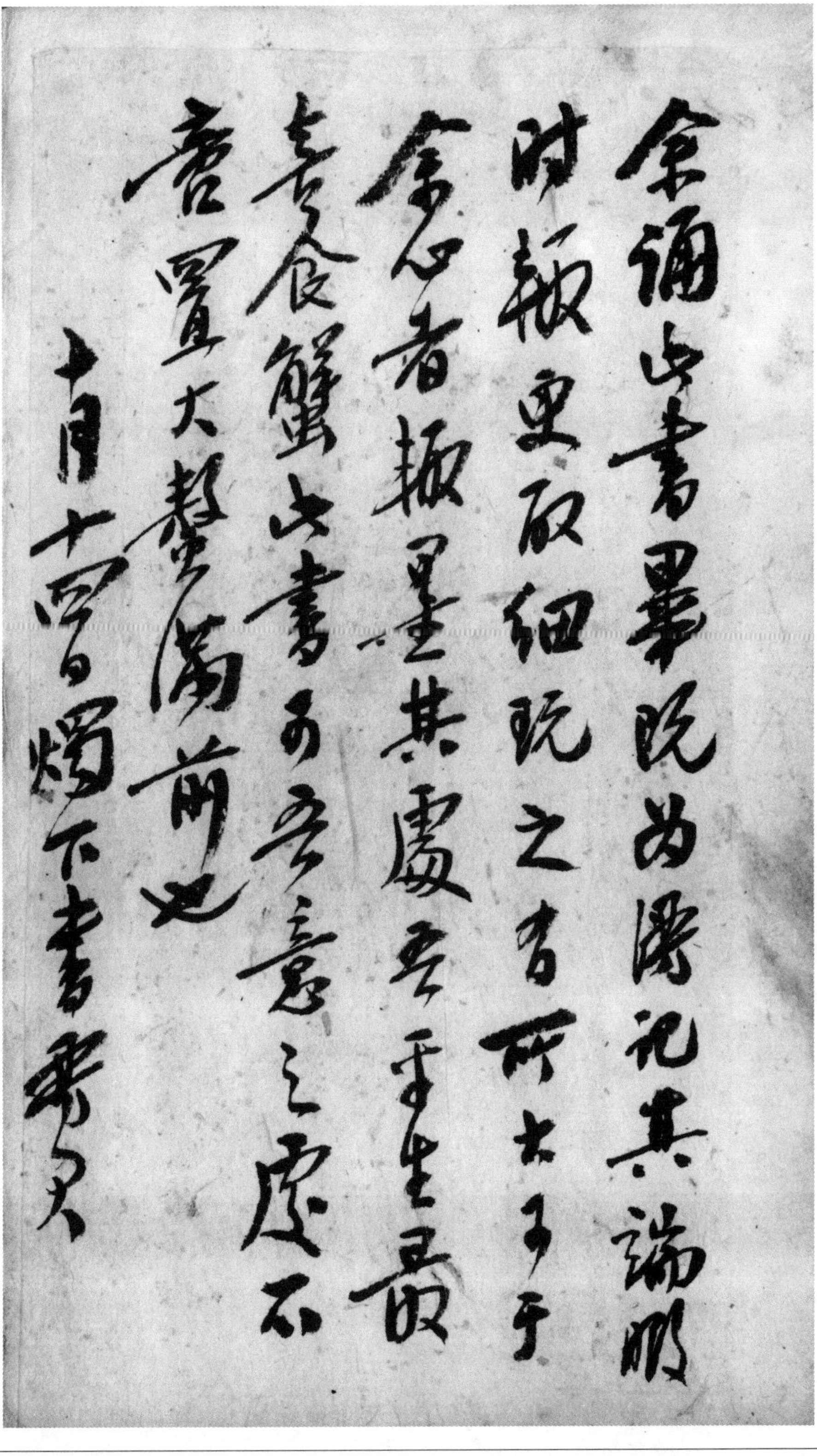
余誦此書畢，既為標記其端。明時輒更取細玩之，有所契于余心者，輒墨其處。吾平生最嗜食蟹，此書可無意之處，不啻置大螯滿前也。十月十四日燭下書 [illegible]

余诵此书毕，既为漫记其端，暇时辄更酌细玩之。有所大可于余心者，辄墨其处。吾平生最喜食蟹，此书可吾意之处，不啻置大螯满前也。

十月十四日烛下书，曼君。

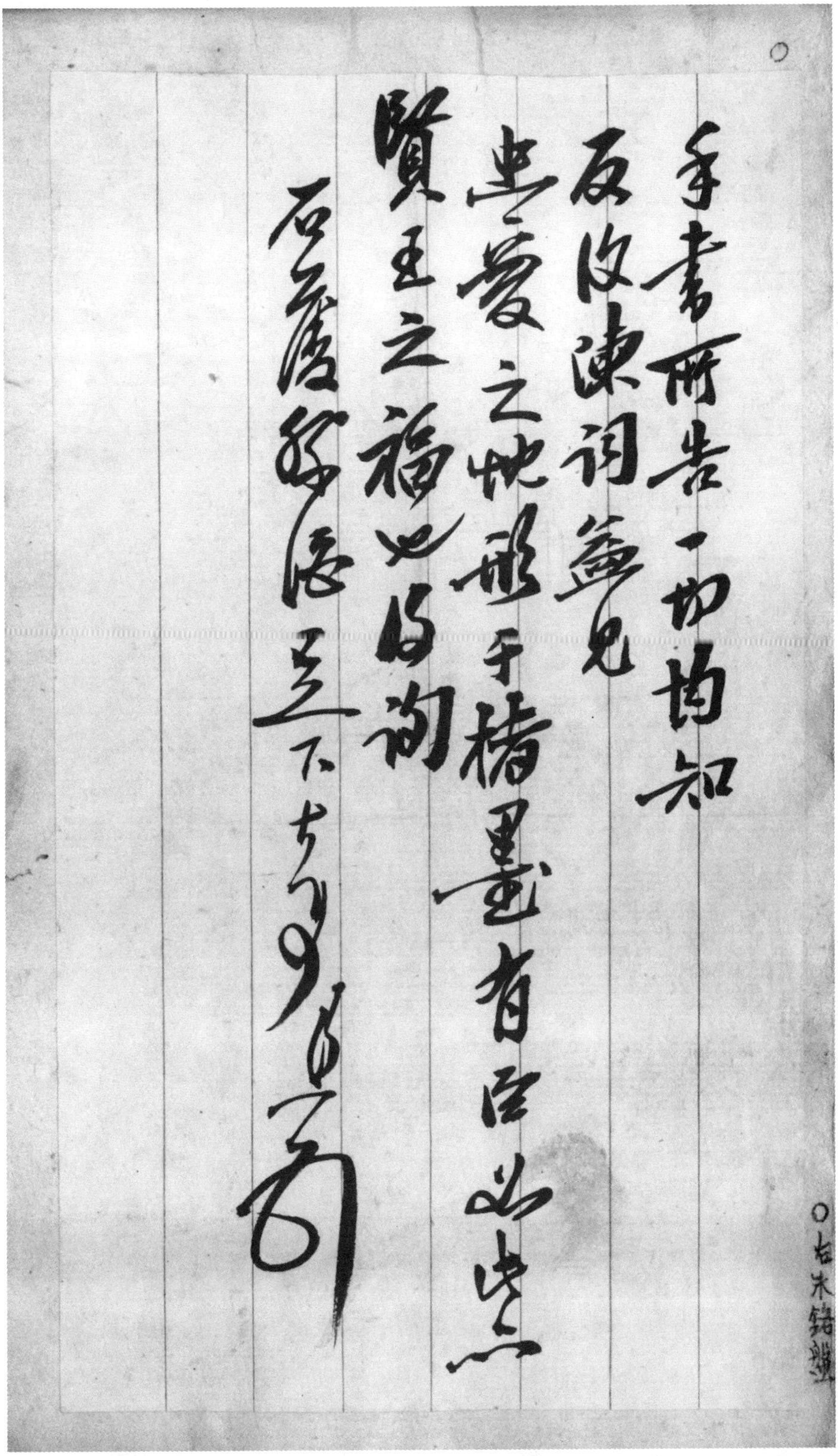

手書所告一切均知
反復諫詞益見
忠愛之忱形于楮墨有足以忠
賢王之福也此詢
石[illegible]兄足下 [illegible]

○古木鎔製

手书所告一切均知。反复陈词，益见忠爱之忱形于楮墨，有臣如此，亦贤王之福也。及询石菱祭酒足下大安，盘顿首。

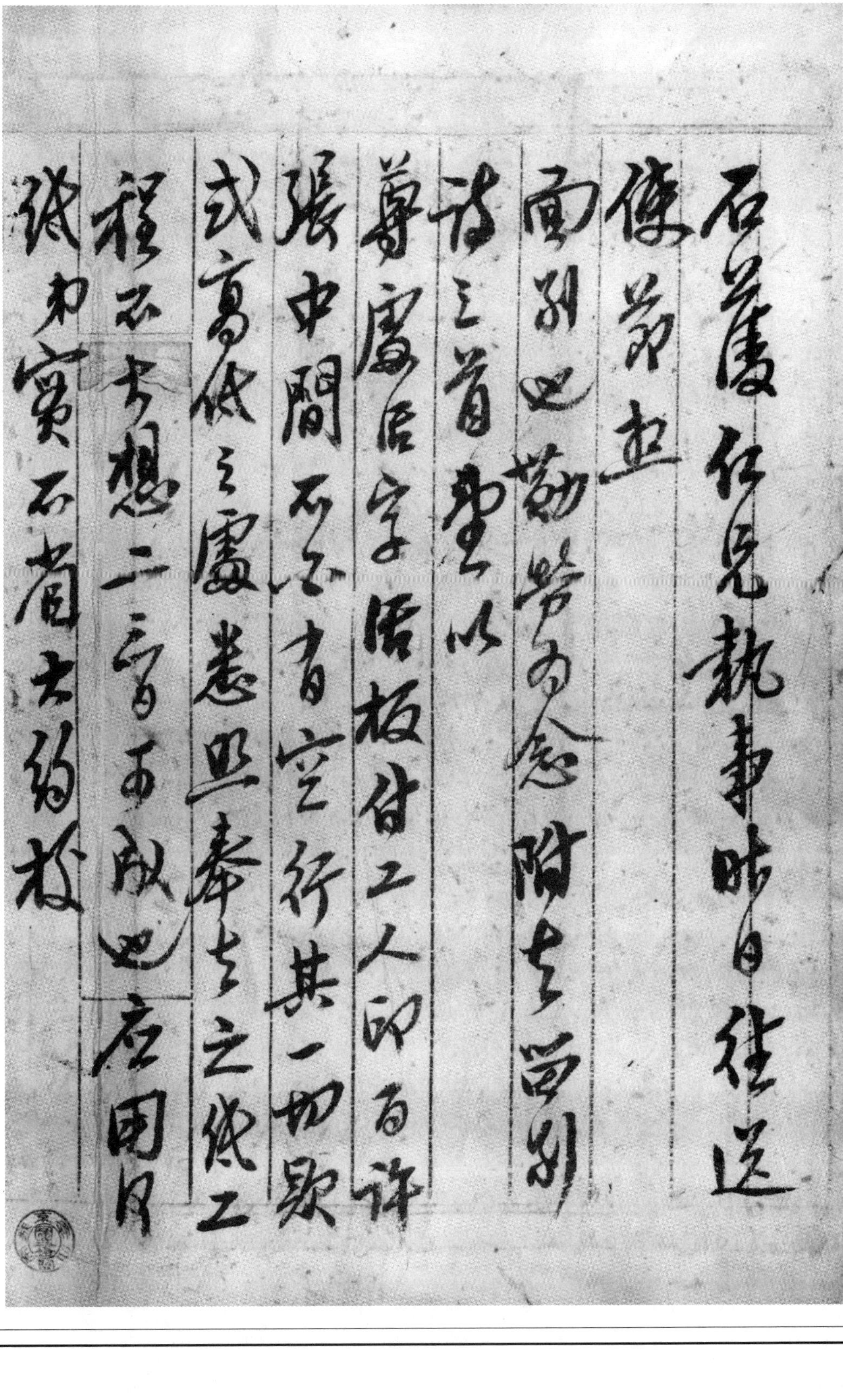
石菴仁兄執事：昨日往送
傳節，並
面別也。勞勞之念，附去留別
詩三首，望以
尊處活字活板付工人印百許
張。中間不必有空行，其一切款
式高低之處，悉照奉去之紙。工
程不大，想二三日可成也。應用
紙如實不當，大約校

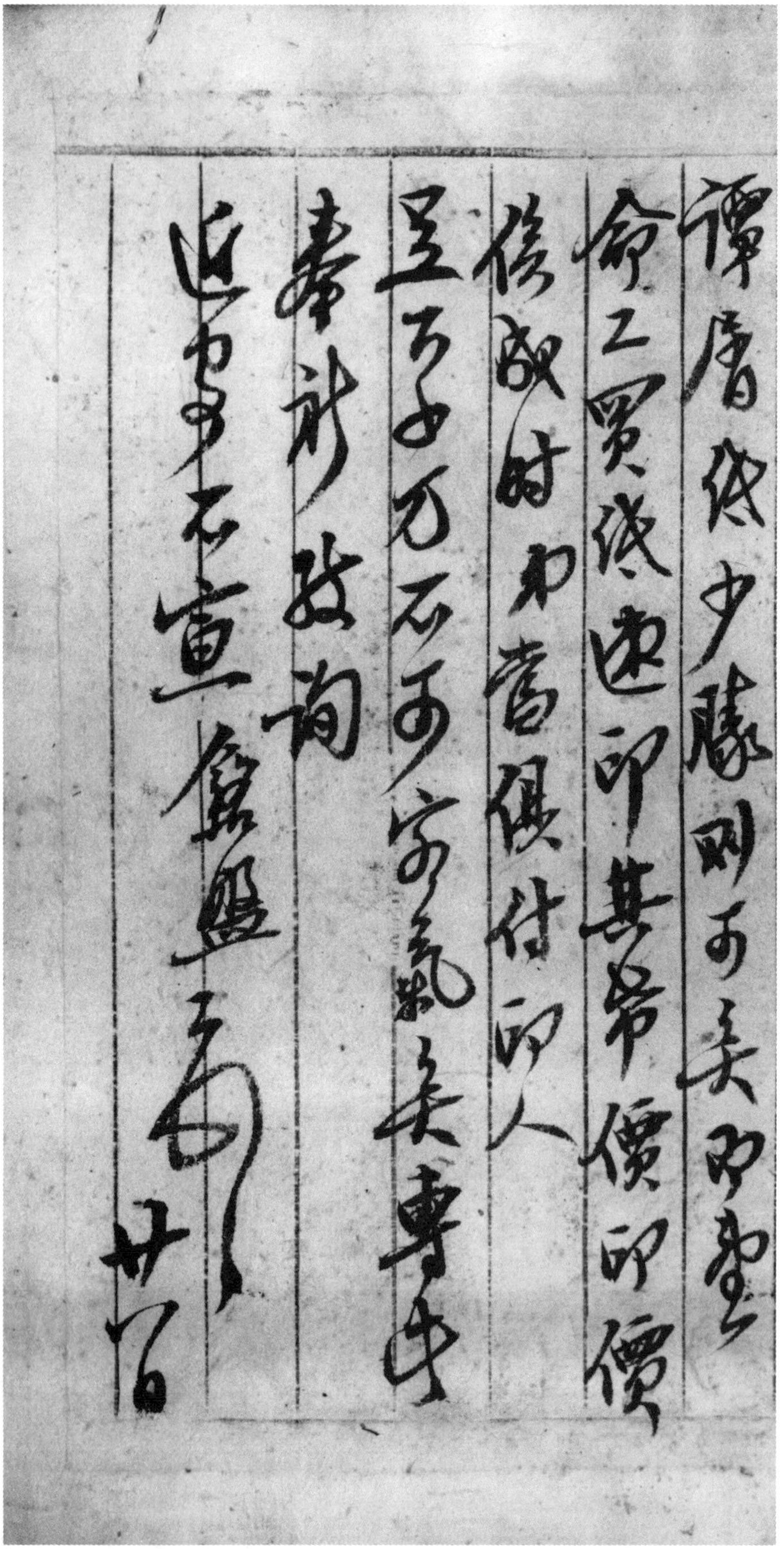

石菱仁兄执事：昨□往送
使节，想
面别也。勋劳为念，附去留别
诗三首，望以
尊处活字活板付工人印百许
张，中间不必有空行，其一切款
式高低之处，悉照奉去之纸。工
程不大，想二三日可成也。应用何
纸，弟实不省。大约较
《谭屑》纸少胜则可矣。即望
命工买纸速印。其纸价印价，
俟成时弟当俱付印人，
足下千万不可客气矣。专此，
奉祈致询
近安，不宣。铭盘顿首。
廿八日

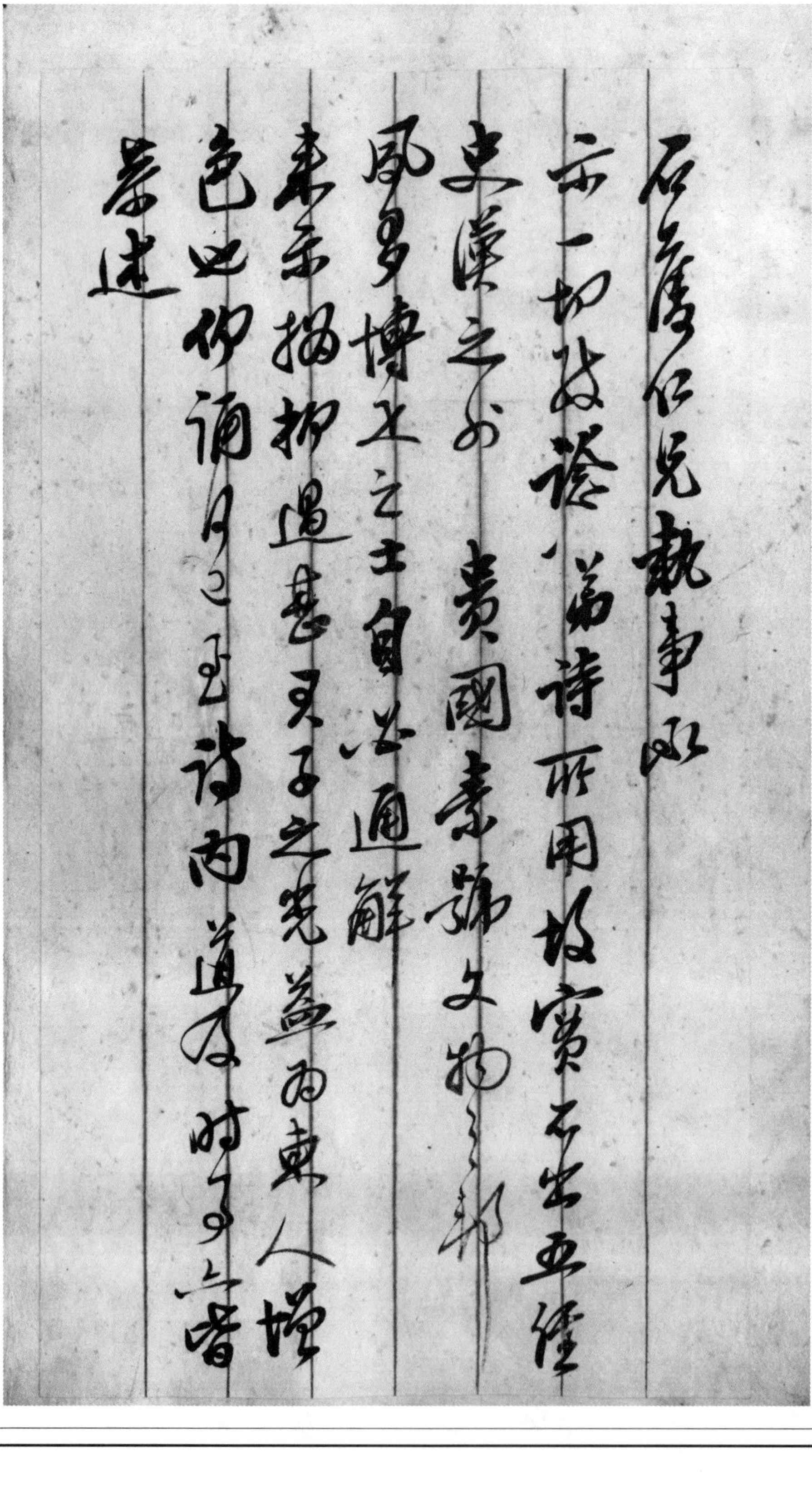
石農仁兄執事以
示一切故談、篇詩所用故實不出五經
史漢之外，貴國素號文物之邦，
風多博雅之士，自必通解。
來示搨抑過甚，天子之先蓋西東人，擅
色也。仰誦見示玉詩，而道及時事之者
奉述

石菱仁兄执事：承

示一切，致谂。弟诗所用故实不出五经、《史》《汉》之外，贵国素号文物之邦，夙多博雅之士，自必通解。来示扮抑过甚，君子之光，益为东人增色也。仰诵何已。全诗内道及时事，亦皆

恭述

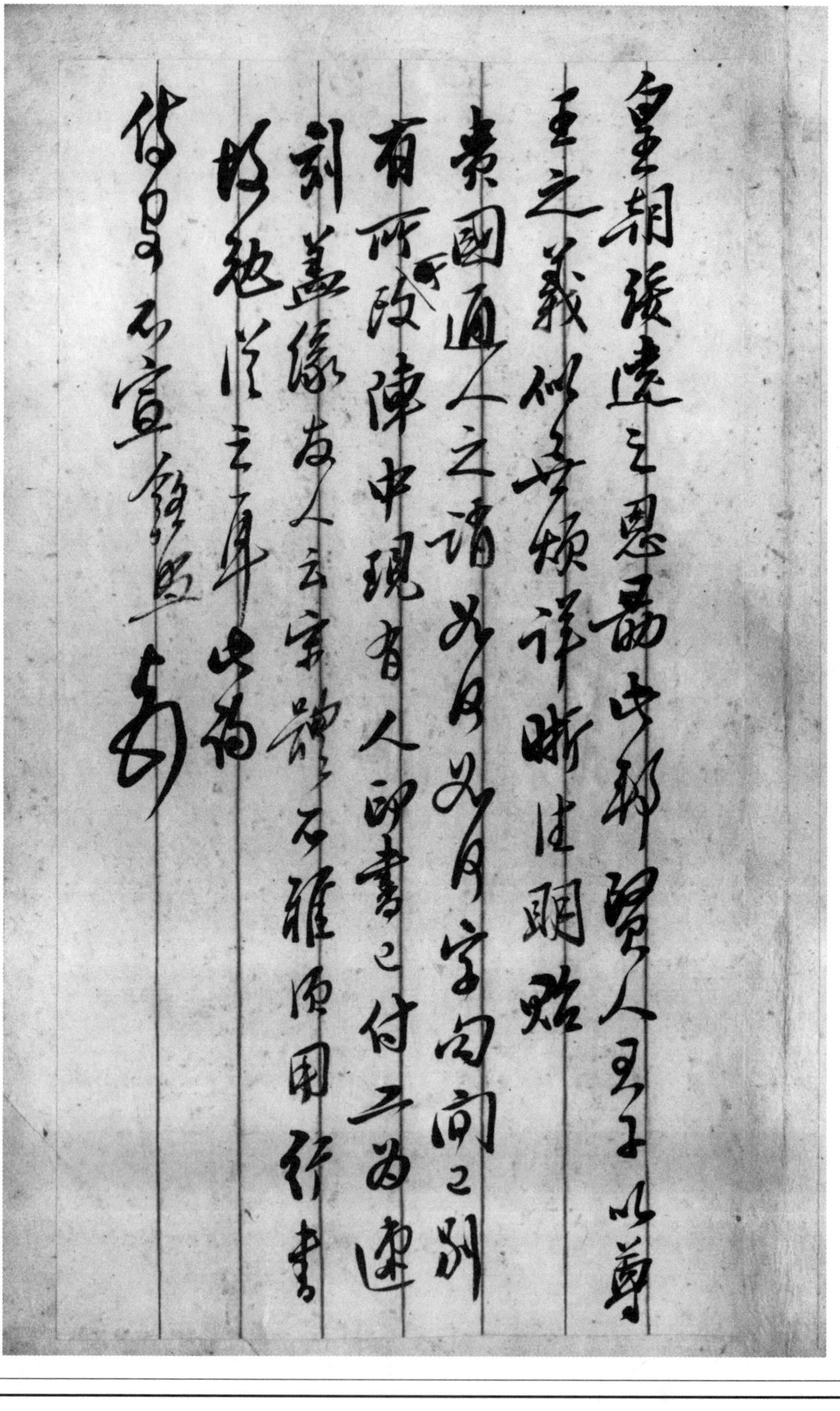

皇朝綏遠之恩勗此邦賢人君子以尊
王之義似無須詳晰注明點
貴國通人之語如曰如日字句間之別
有所改于陳中現有人所書之付工為速
刻蓋緣友人云字體不雅須用行書
故總從之耳此覆
候安不宣餘照
高

皇朝绥远之恩勗，此邦贤人君子以尊
王之义，似无烦详晰注明，贻
贵国通人之诮，如何如何。字句间已别
有所改，阵中现有人印书，已付之为速
刻，盖缘友人云宋体不雅，须用行书，
故勉从之耳。此颂
侍安，不宣。铭盘顿首。

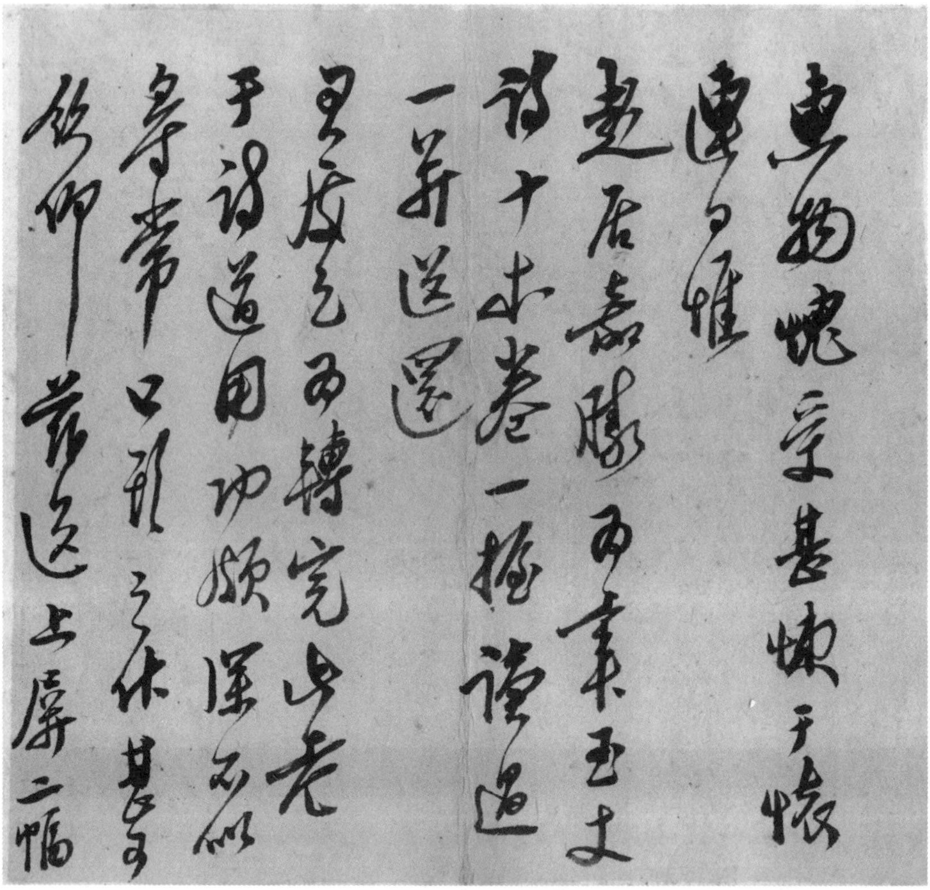

惠物愧受，甚悚于怀。
连日惟
起居嘉胜为幸。玉丈
诗十来卷，一握读过，
一并送还
君处，乞为转完。此老
于诗道用功颇深，不似
寻常口头之作，甚可
钦仰。兹送上屏二幅，

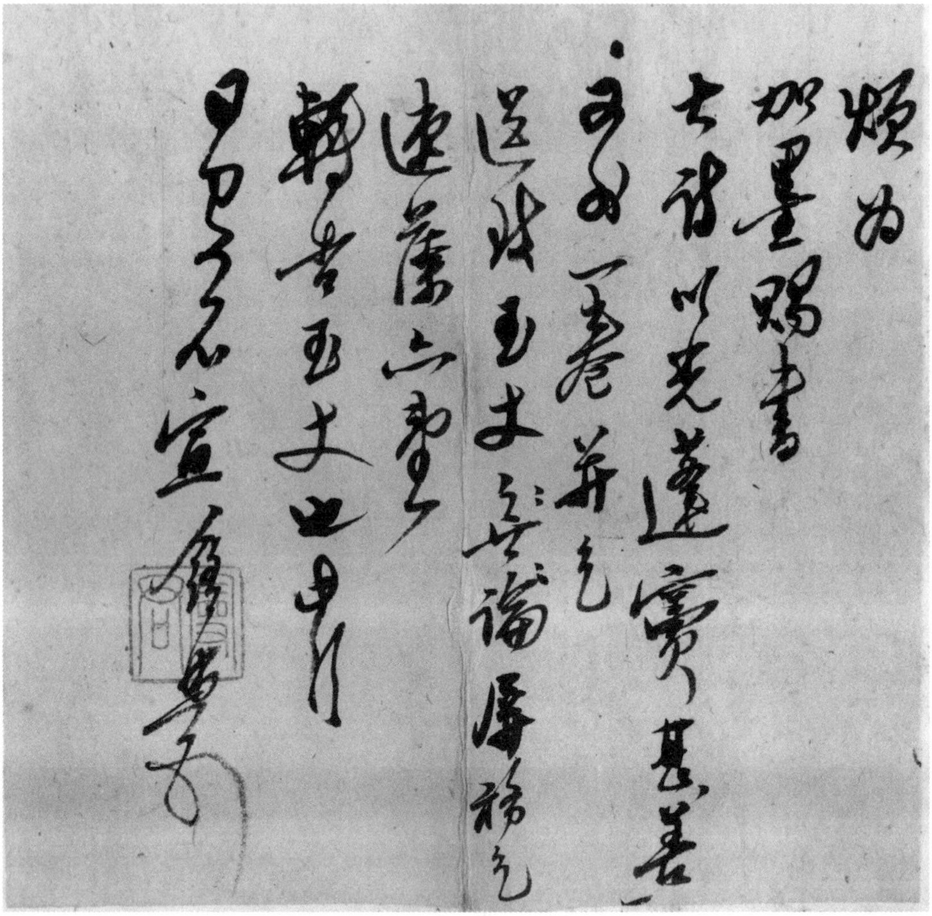

烦为
加墨赐书
大诗，以光蓬窦，甚善。
另外一卷，并乞
送致玉丈，屏务乞
速藻，亦望
转告玉丈也。此请
日安，不宣。铭盘顿首。

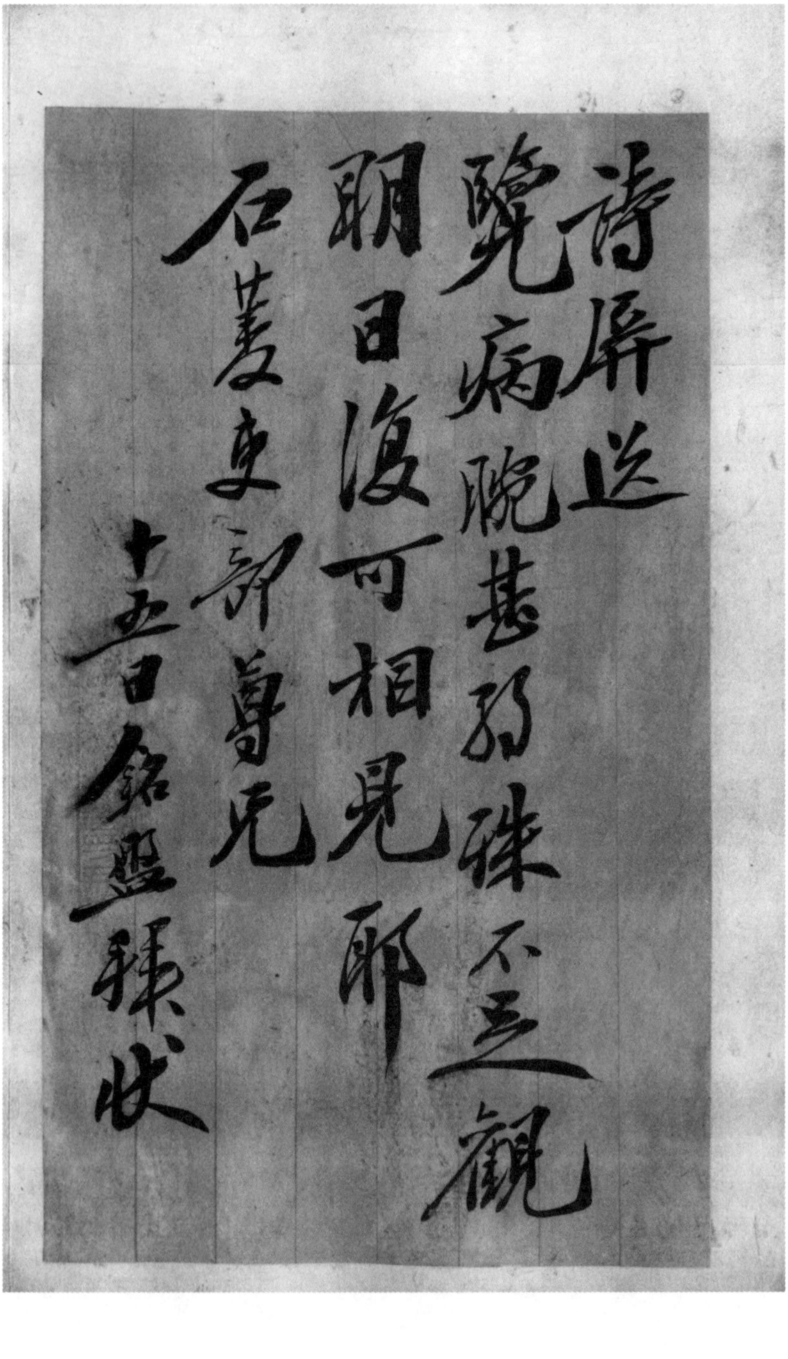

詩屏送
覽，病腕甚弱，殊不足觀。
明日復可相見耶？
石蕘吏部尊兄
十五日 銘盤拜状

诗屏送

览，病腕甚弱，殊不足观。

明日复可相见耶？

石菱吏部尊兄。

十五日铭盘拜状。

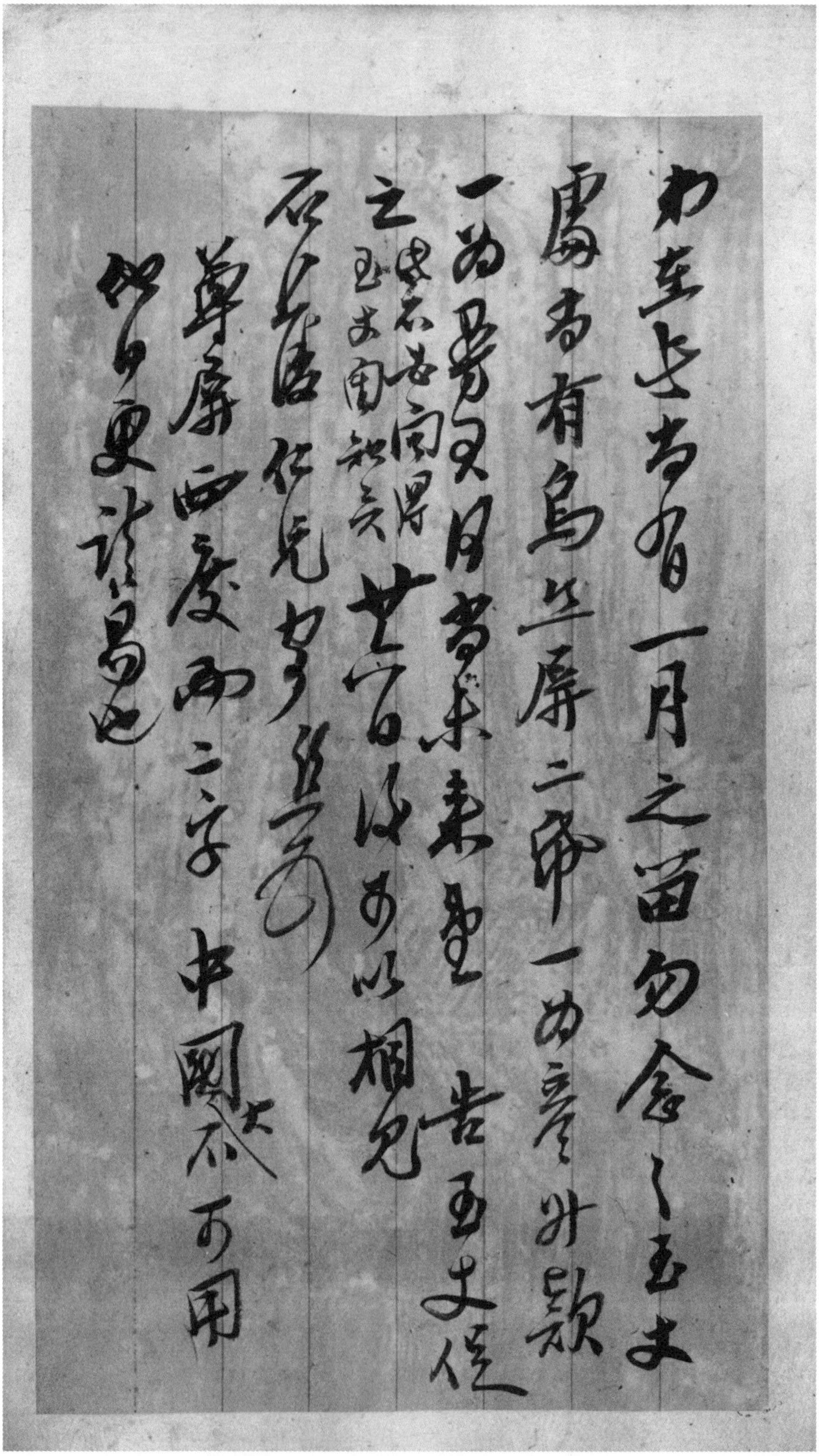

弟在此尚有一月之留，勿念勿念。玉丈处尚有乌丝屏二纸，一为彦升款，一为曼君，何尚未来，望告玉丈促之。（此不必函得玉丈函知矣。）廿六日后可以相见。石菱仁兄安，盘顿首。

尊屏［西度］二字中国大不可用，他日更请易也。

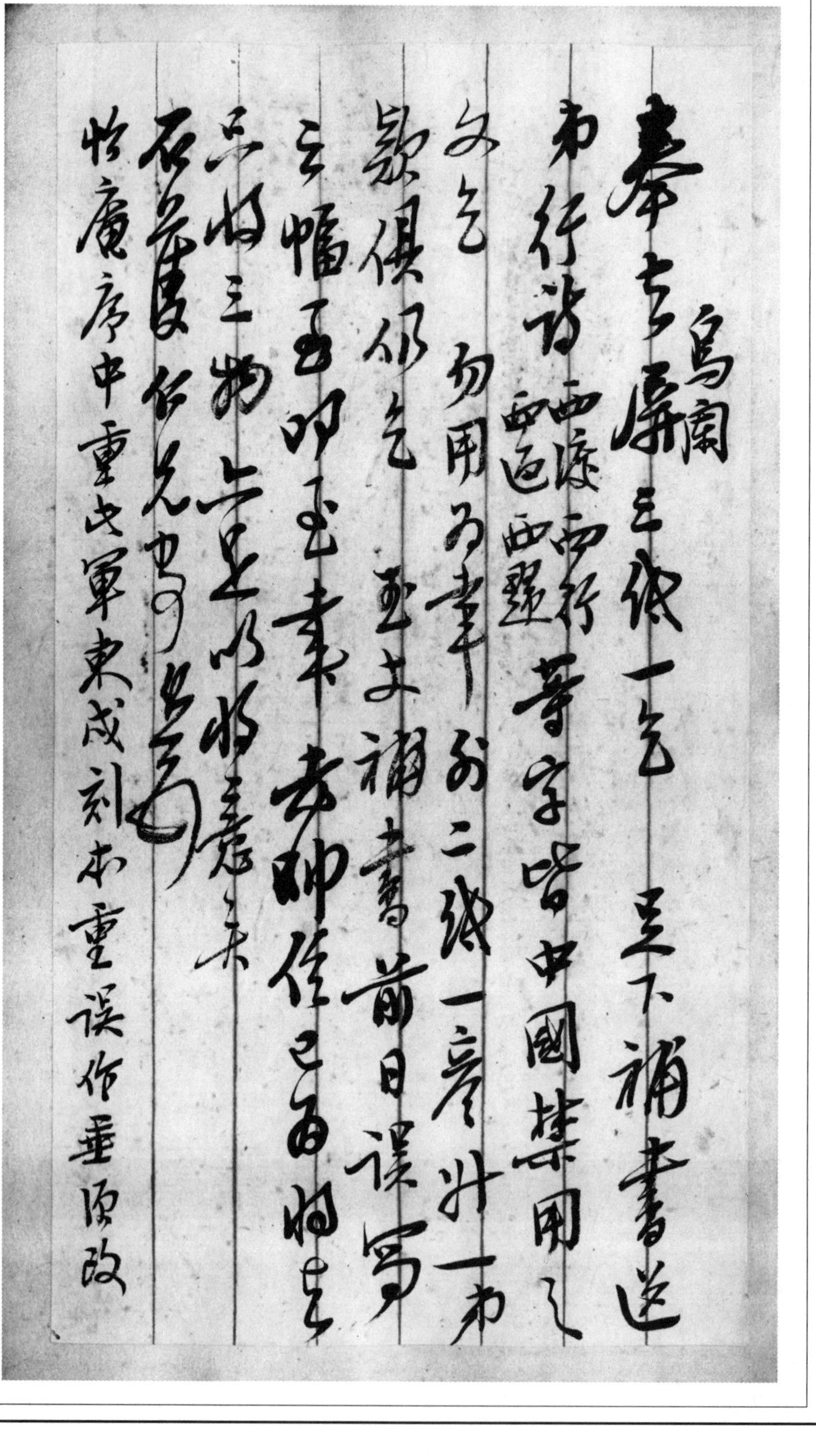

奉上乌阑屏三纸一包，足下补书送
市行诗，西游西行（西迈西疆）等字皆中国禁用之
文包。勿用为幸。另二纸一张，计一册
款俱仍包。至丈补书前日误写
之幅，即写来，即付之为佳
之收三物上呈，收则录之来
不需何先也可也
怡广序中重光军东戍刻本重误作垂须改

奉去乌栏屏三纸，　一乞足下补书送弟行诗（西渡、西行、西返、西归）等字皆中国禁用之文，　乞勿用为幸。外二纸，　一彦升，　一弟款，　俱仍乞玉丈补书。前日误写之幅至叨至幸。老帅信已为将去，只收三物，　亦足以收意矣。

石菱仁兄安，　盘顿首。

怡庵序中［重此军东戍］，刻本［重］误作［垂］，须改。

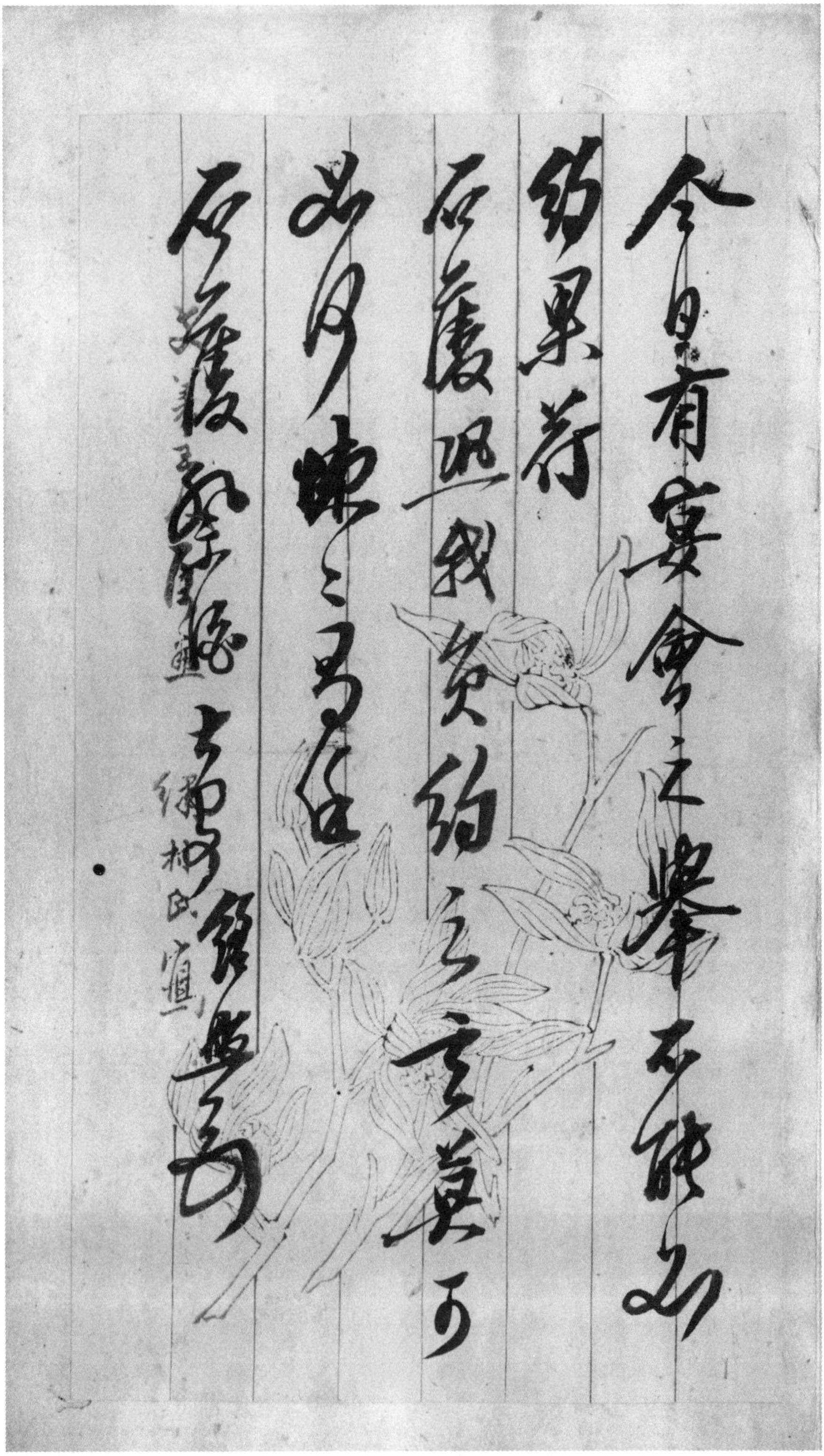
今日有宴会之举不能如

今日有晏会之举，不能如约果符石菱，恐我负约之言，莫可如何，悚悚曷任。

石菱祭酒大安。铭盘顿首。

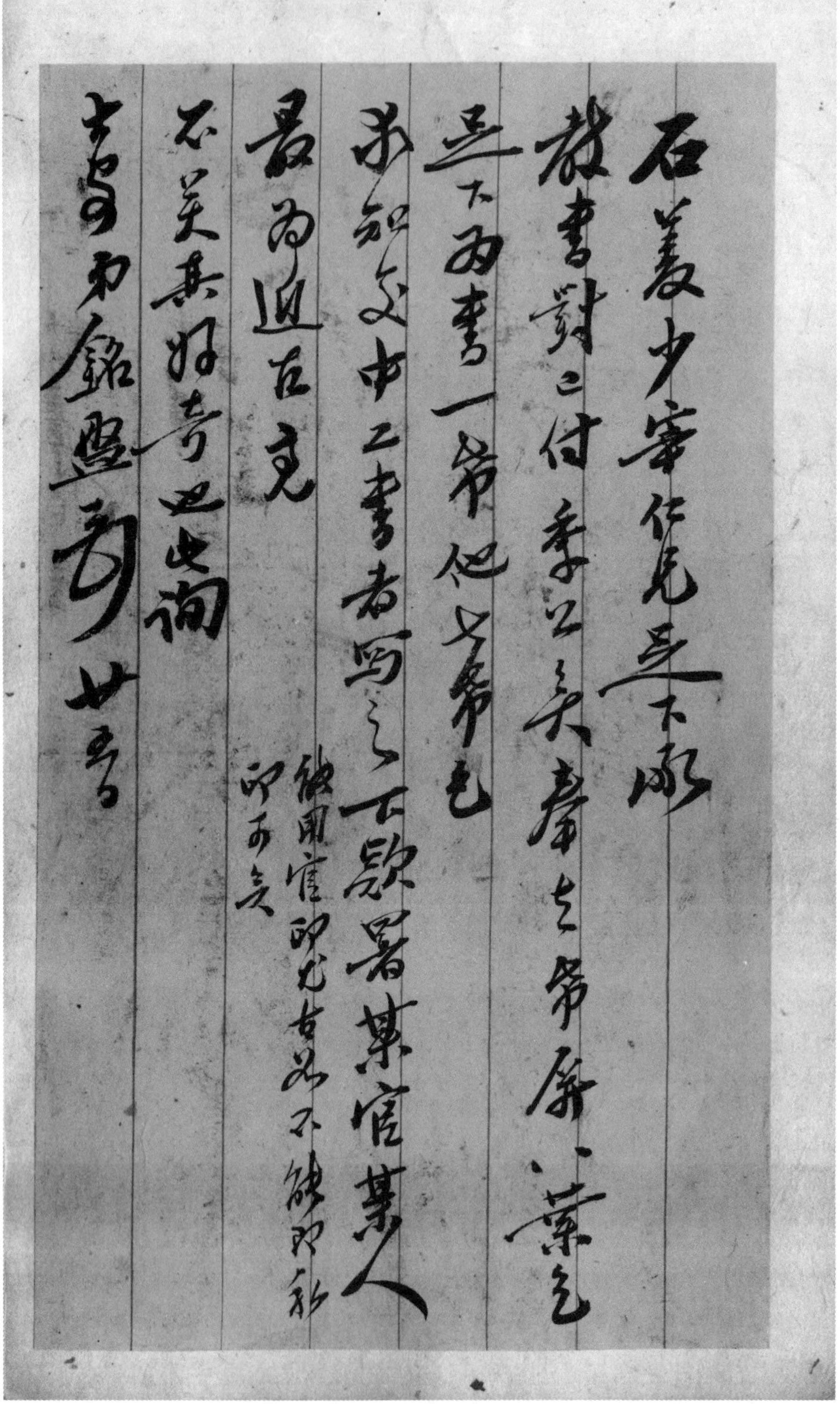

石蓑少宰仁兄足下：頃

教書對已付季公矣。摹先帝屏八幅已

足下兩書一幅，他又幅也。

我知父中之書者寫之，下款署某官某人，

最為道古矣。

紙用官印尤古，不能則私印亦矣。

不笑其好奇也。此詢

著安　弟銘盥頓首　廿五日

石菱少宰仁兄足下：承
教书对已付季公矣。奉去纸屏八叶，乞
足下为书一纸，他七纸乞
求知交中工书者写之，下款署某官某人（能用官印尤古，如不能，即私印可矣。）
最为近古，竟
不关其好奇也。此询
大安。弟铭盘顿首。廿五日。

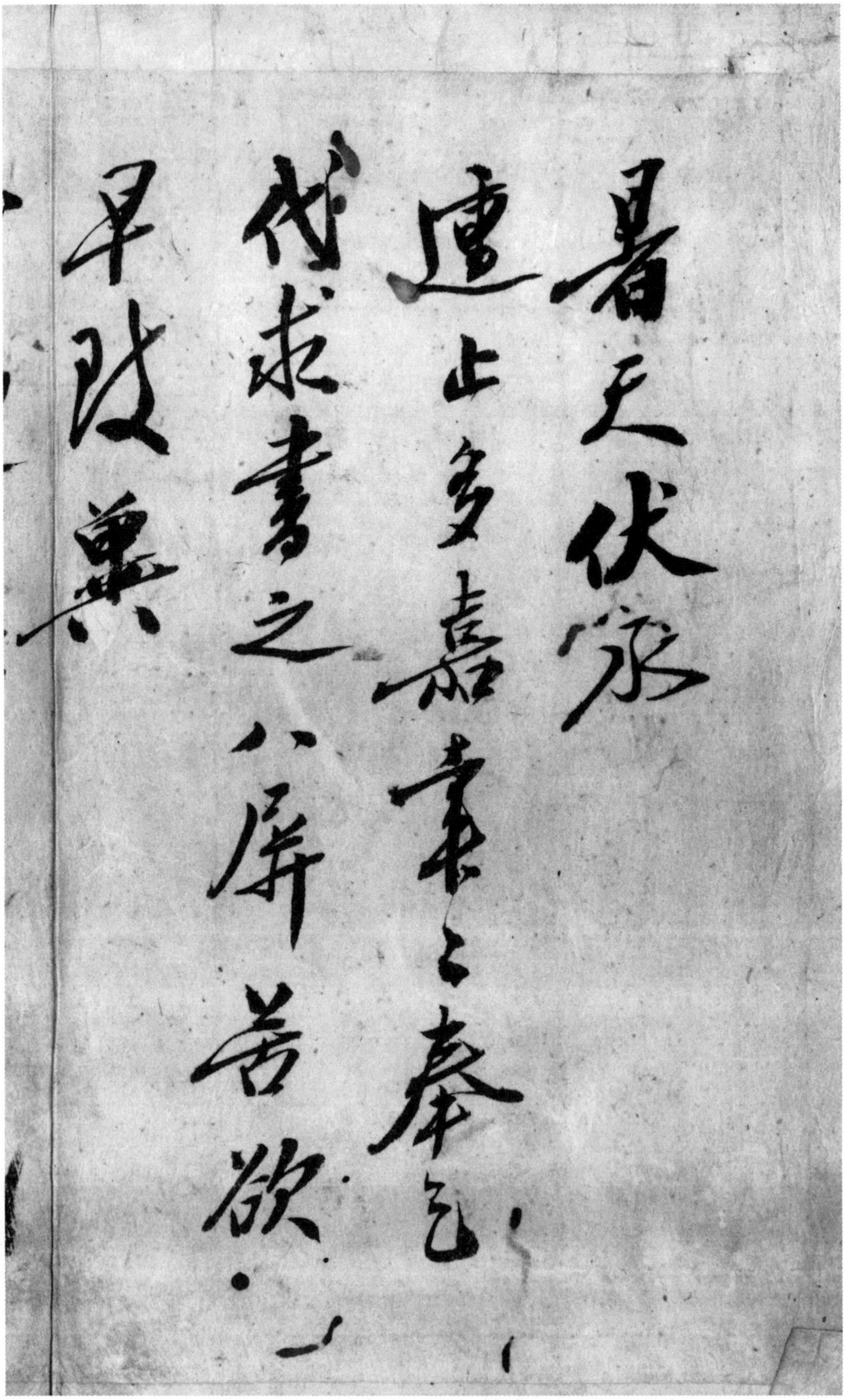
暑天伏冀
遣止多嘉業〻奉乞
代求書之八屏若欲〻
早賜冀

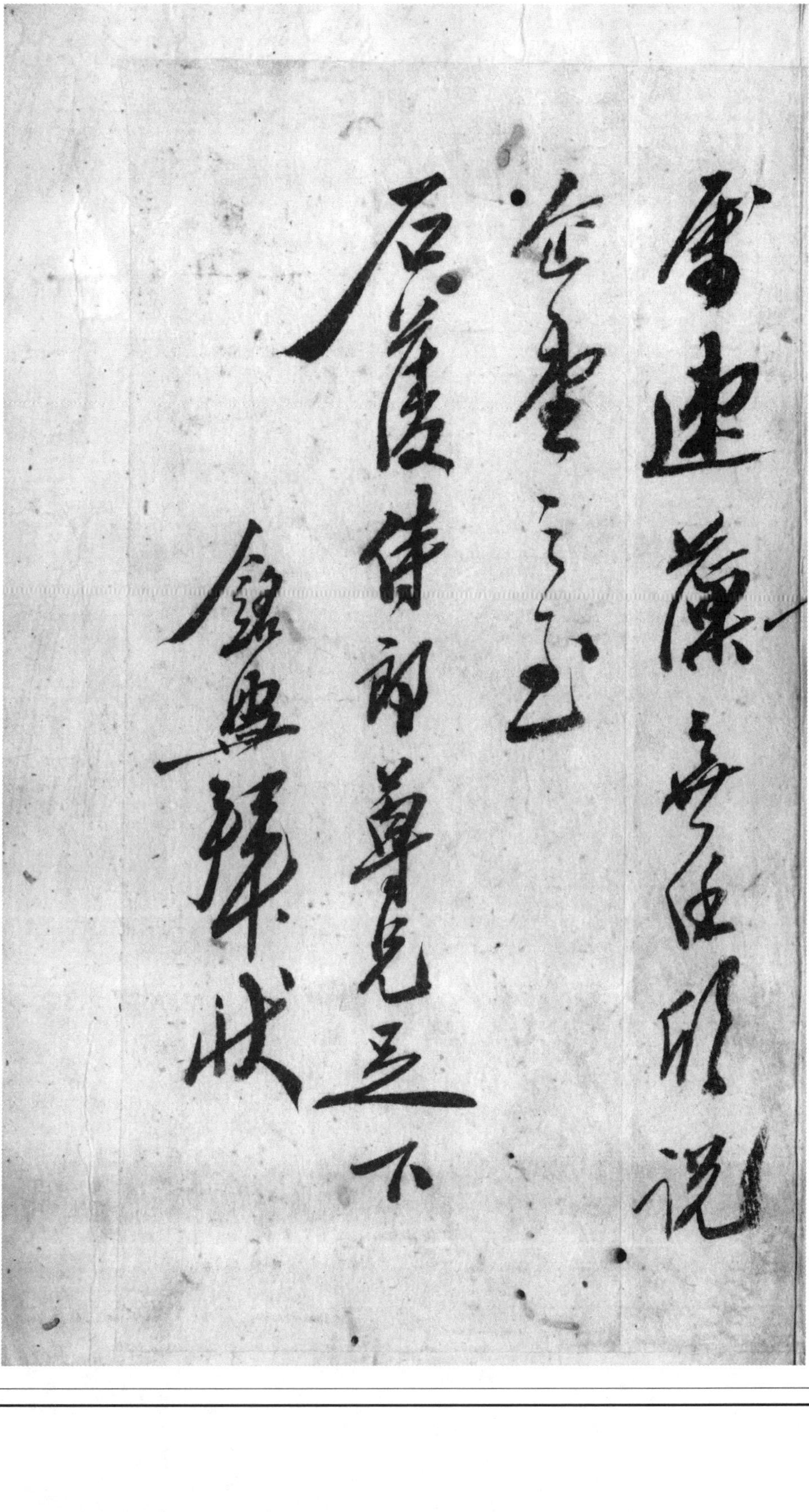
侍郎尊兄足下
拜狀

暑天伏承
动止多嘉，幸幸。奉乞
代求书之八屏，苦欲
早致，冀
属速藻，无任欣祝
企望之至。
石菱侍郎尊兄足下，
铭盘拜状。

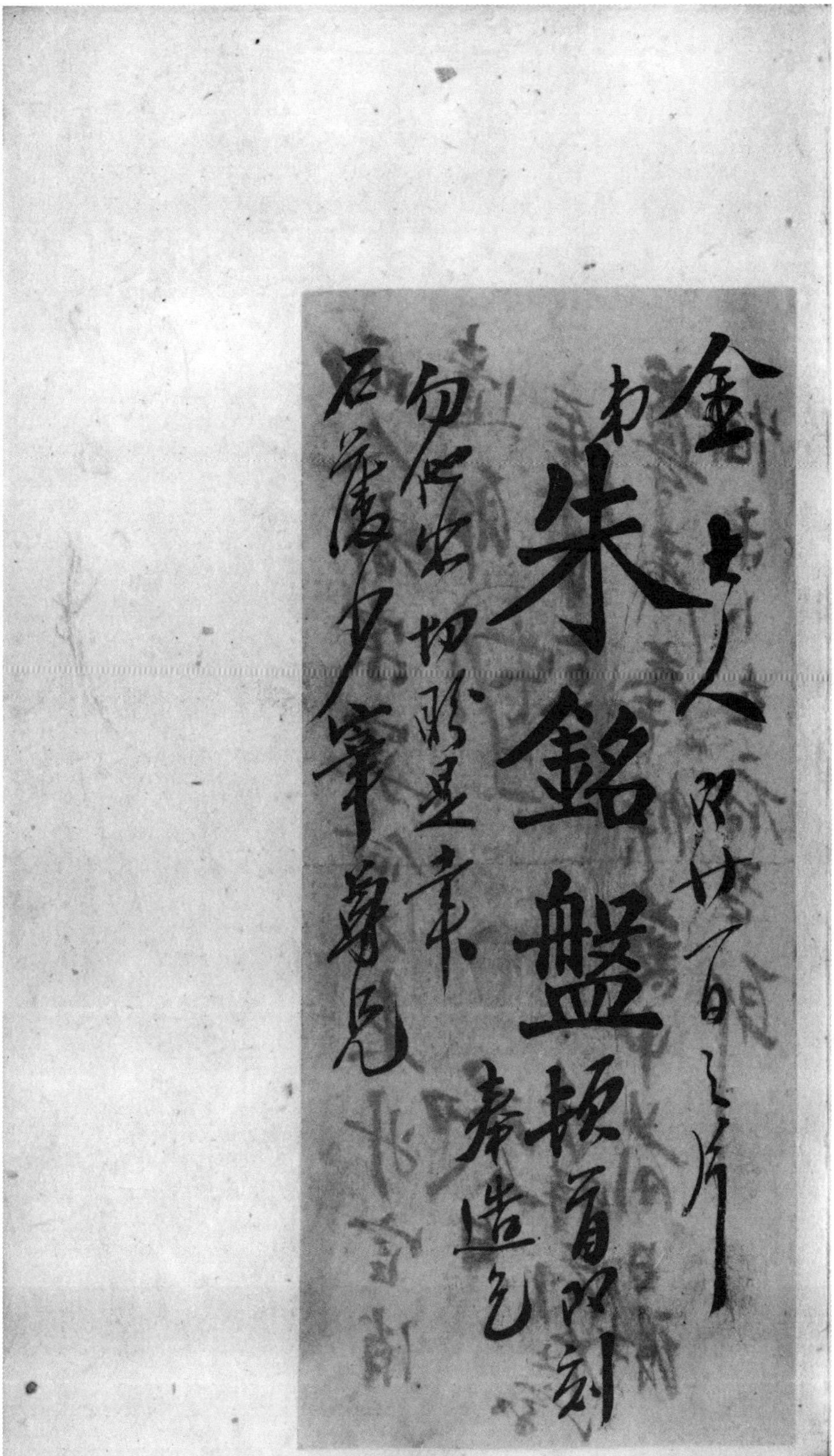

朱銘盤頓首
奉告乞

金大人：即廿一日之片，奉造，乞勿他出，切盼是幸。

弟朱铭盘顿首。即刻

石菱少宰尊兄。

五、李延祐

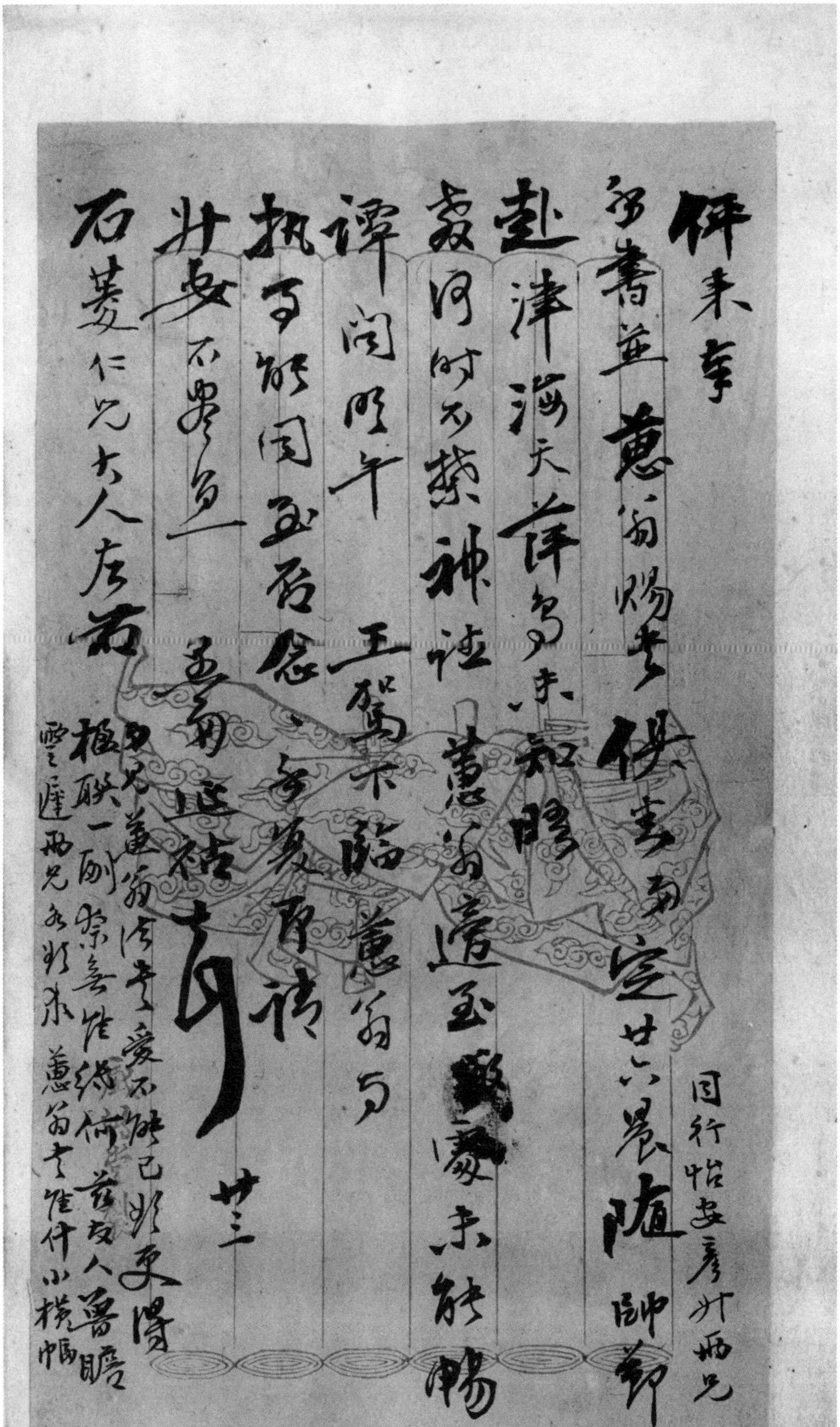

倂來手翰書並蕙翁賜書，俟書到定廿六晨隨帥節（同行怡安彥升兩兄）赴津。海天并多未知，晤敘何時，不禁神往。蕙翁遺玉處未能暢譚，聞明年王駕來臨，蕙翁為執手，暢聞玉音。忽忽，多及再談。升安，不[illegible]。弟延祐頓首。廿三

石菱仁兄大人左右

楹聯一副，前兄蕙翁法書，愛不能已，非更[illegible]……雲逢兩兄各對聯，蕙翁書惟什小橫幅。

伻来奉　　　　同行怡安、彦升两兄
手书并蕙翁赐书俱悉。弟定廿六晨随帅节
赴津，海天萍鸟，未知晤
教何时，不禁神往。蕙翁适至敝处，未能畅
谈。闻明午 王驾下临，蕙翁与
执事能同至否？念念。手复，即请
叔安，不尽宣。愚弟延祜顿首，廿三。
石菱仁兄大人左右。弟见蕙翁法书，爱不能已，欲更得
楹联一副，奈无佳纸何。兹友人曾瞻、
云迟两兄各欲求蕙翁书佳什小横幅。

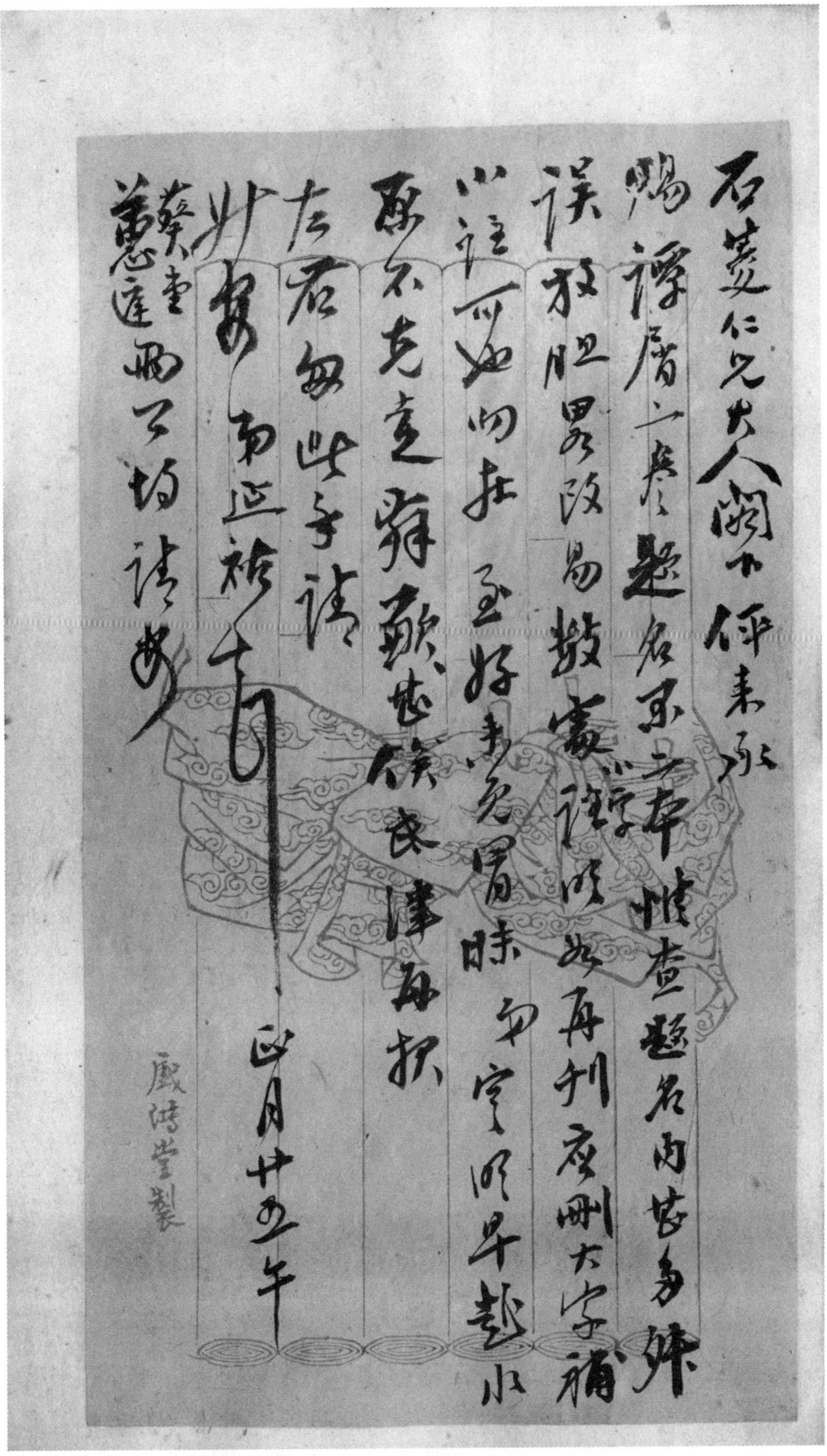

石菱仁兄大人阁下：昨来承
赐谭眉一卷、题名录二本。惟查题名内甚多舛
误，故照界改易数处，小字注明，如再刊应删大字补
小注可也。[illegible]至好，未免眉昧，[illegible]宜照早[illegible]
殊不克趋，[illegible]拜谢，并候[illegible]
左右，知此奉请
升安。弟[illegible]顿首
蔡重、蕙莛两[illegible]均请安。
正月廿五午

戲鸿堂製

石菱仁兄大人阁下：伻来承
赐《谭屑》二卷，《题名录》二本，惟查《题名》内甚多舛
误，放胆略改易数处，小字注明，如再刊应删大字补
小注可也。叨扰至好，未免冒昧。弟定明早赴水
原，不克走辞，歉甚歉甚，俟抵津再报
左右，匆此，手请
叔安。弟延祜顿首。正月廿五午。
葵堂
蕙迟　两公均请安。

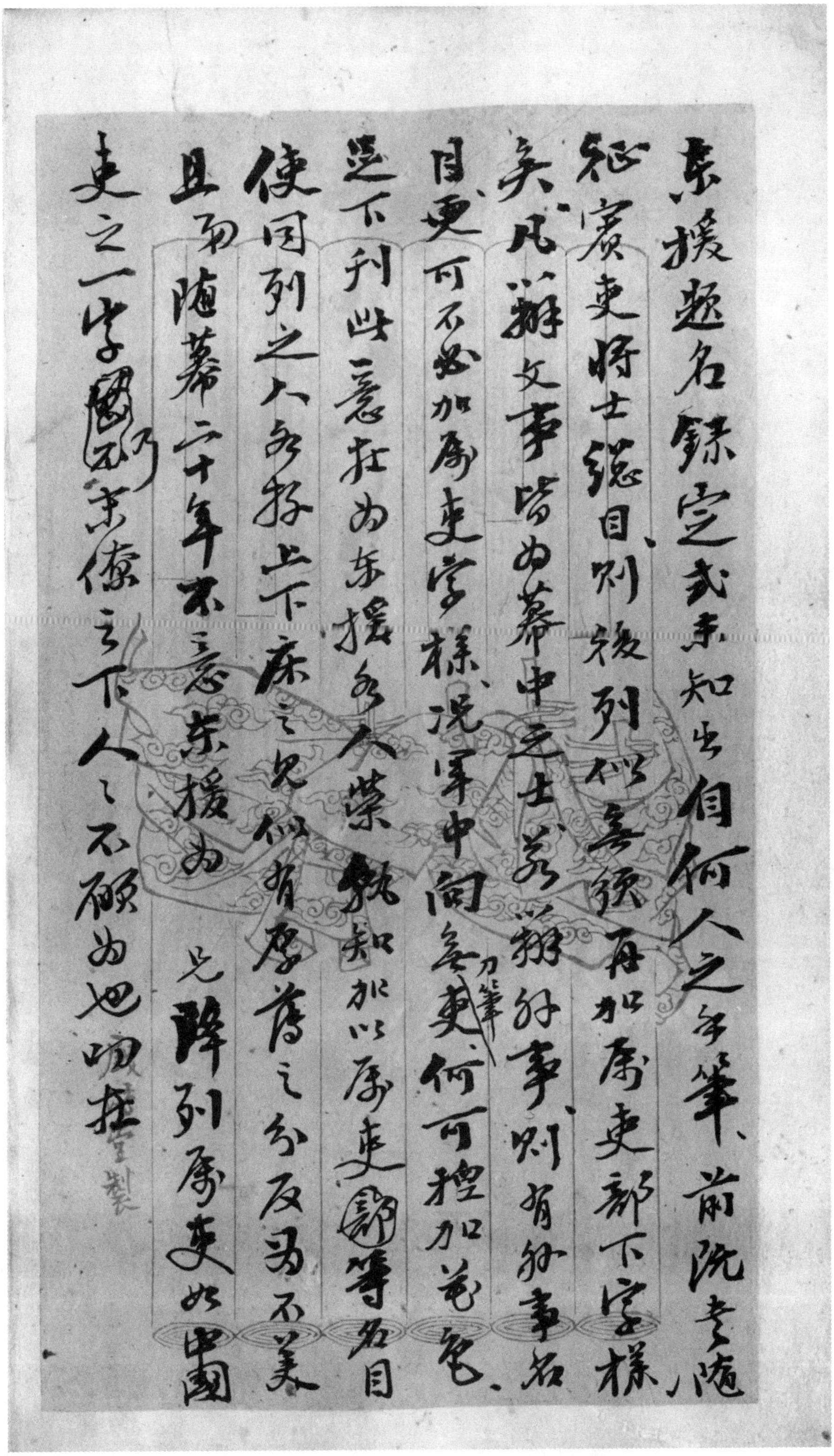
東援題名錄定式未知出自何人之手筆、前此老隨征賓吏將士總目則被列以為領再加麾吏部下字樣矣。凡辦文事皆為幕中之士，若辦兵事則有兵事名目，更可不必加麾吏字樣。況軍中向無刀筆吏、何可擅加名色。遂下列此，意在為東援多人榮，孰知加以麾吏等名目，使同列之人多移上下床之見，似有厚薄之分，反為不美。且前隨幕二十年不忘東援為之降列麾吏，如中國吏之一字，系僚之下人，人不願為也。叩拄

《东援题名录》定式未知出自何人之手笔，前既书随征宾吏将士总目，则后列似无须再加「属吏部下」字样矣。凡办文事，皆为幕中之士，若办外事，则有外事名目，更可不必加「属吏」字样。况军中向无刀笔吏，何可擅加花色？足下刊此，意在为东援各人荣，孰知加以「属吏」等名目，使同列之人各存上下床之见，似有厚薄之分，反为不美。且弟随幕二十年，不意东援为兄降列「属吏」，如中国「吏」之一字，乃末僚之下，人之不愿为也。叨在

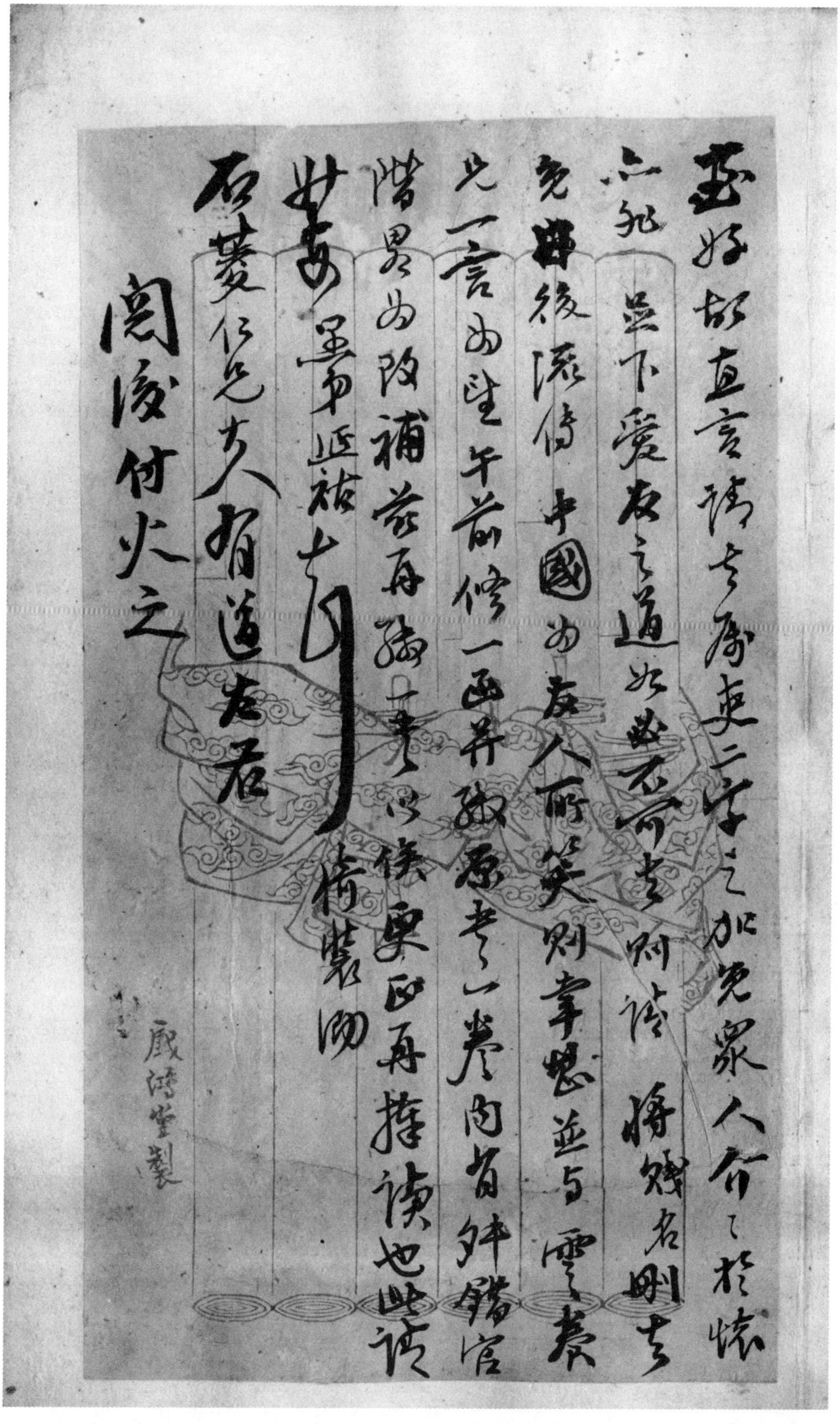

惡好好直言諱言爲吏二字之加兄衆人命之於懷
亦甚　足下愛友之道如此必兄命者附語將賤名刪去
免留後流傳中國爲友人所笑則幸甚並與霽蒼
兄一言爲望午前修一函并致原書一卷內有鉢髓官
階界爲改補益再錄一本以俟更正再抄讀也此請
世安　筆匠近祐七嗣　倩裝潢
石菱仁兄大人指道左右
閱後付火之

至好，故直言请去「属吏」二字之加，免众人介之于怀，亦非足下爱友之道。如必不可去，则请将贱名删去，免后流传中国，为友人所笑，则幸甚。并与云养兄一言为望。午前修一函，并缴原书一卷，内有舛错官阶，略为改补，兹再缴一书，以俟更正再拜读也。此请

叔安，愚弟延祜顿首，倚装泐。

石菱仁兄大人有道左右。

阅后付火之。

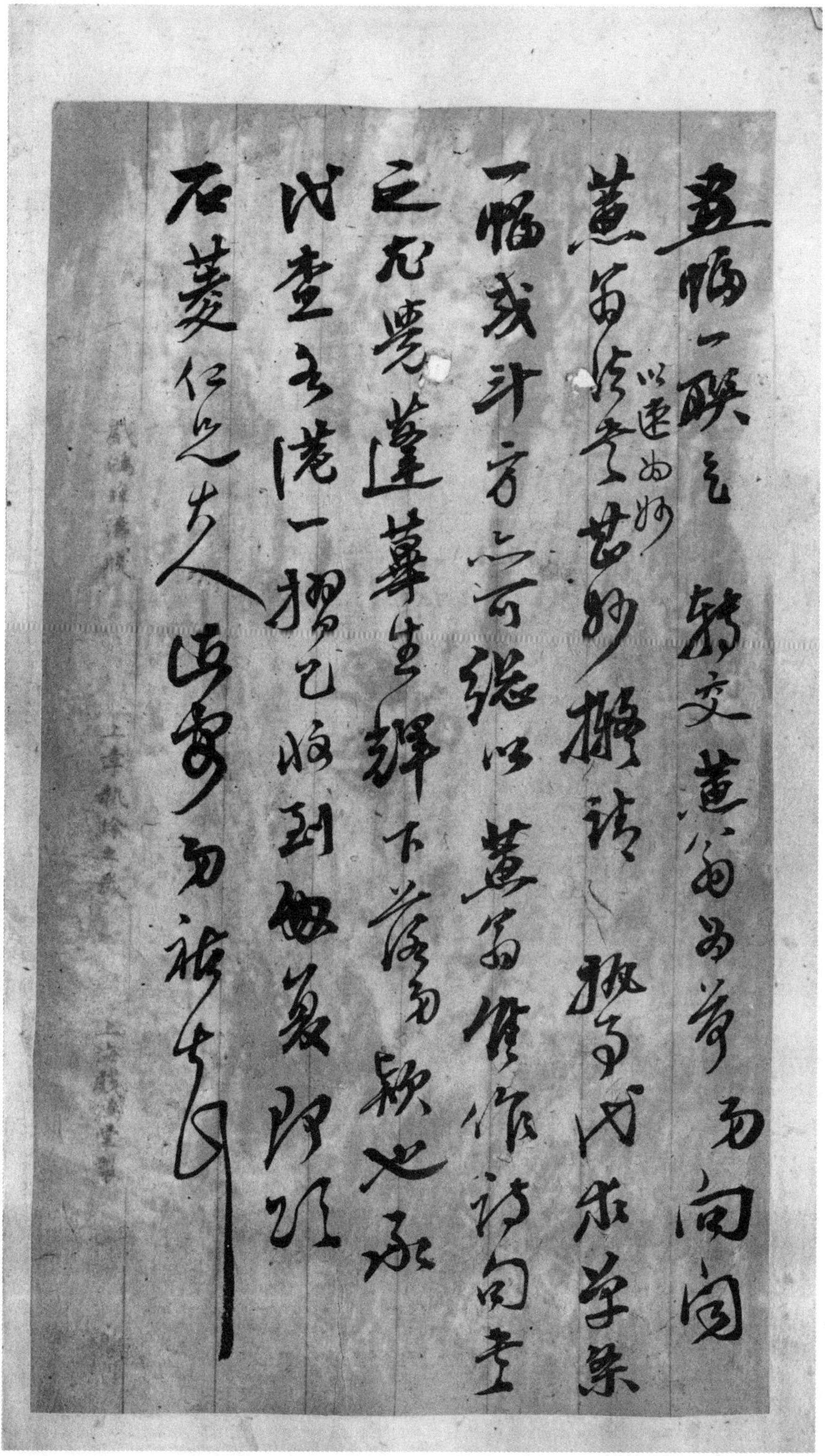

畫幅一聯乞 轉交 蕙人兩弟爲向閣
蕙翁詩以述幽懷甚妙，擬請 擬爲代求學案
一幅或冊頁亦可，總以 蕙翁作詩句書
之，尤覺 蓬蓽生輝，下忱爲叩，歉也承
代書之港一摺已收到，無爲即頌
石菱仁兄之大人 誥安 弟□頓首

画幅一联，乞转交蕙翁为荷。弟向闻

以速为妙

蕙翁法书甚妙，拟请 执事代求单条一幅，或斗方亦可。总以蕙翁佳作诗句书之，尤觉蓬荜生辉。下落弟款也。承代查各港一折已收到。匆复，即颂

石菱仁兄大人近安，弟祜顿首。

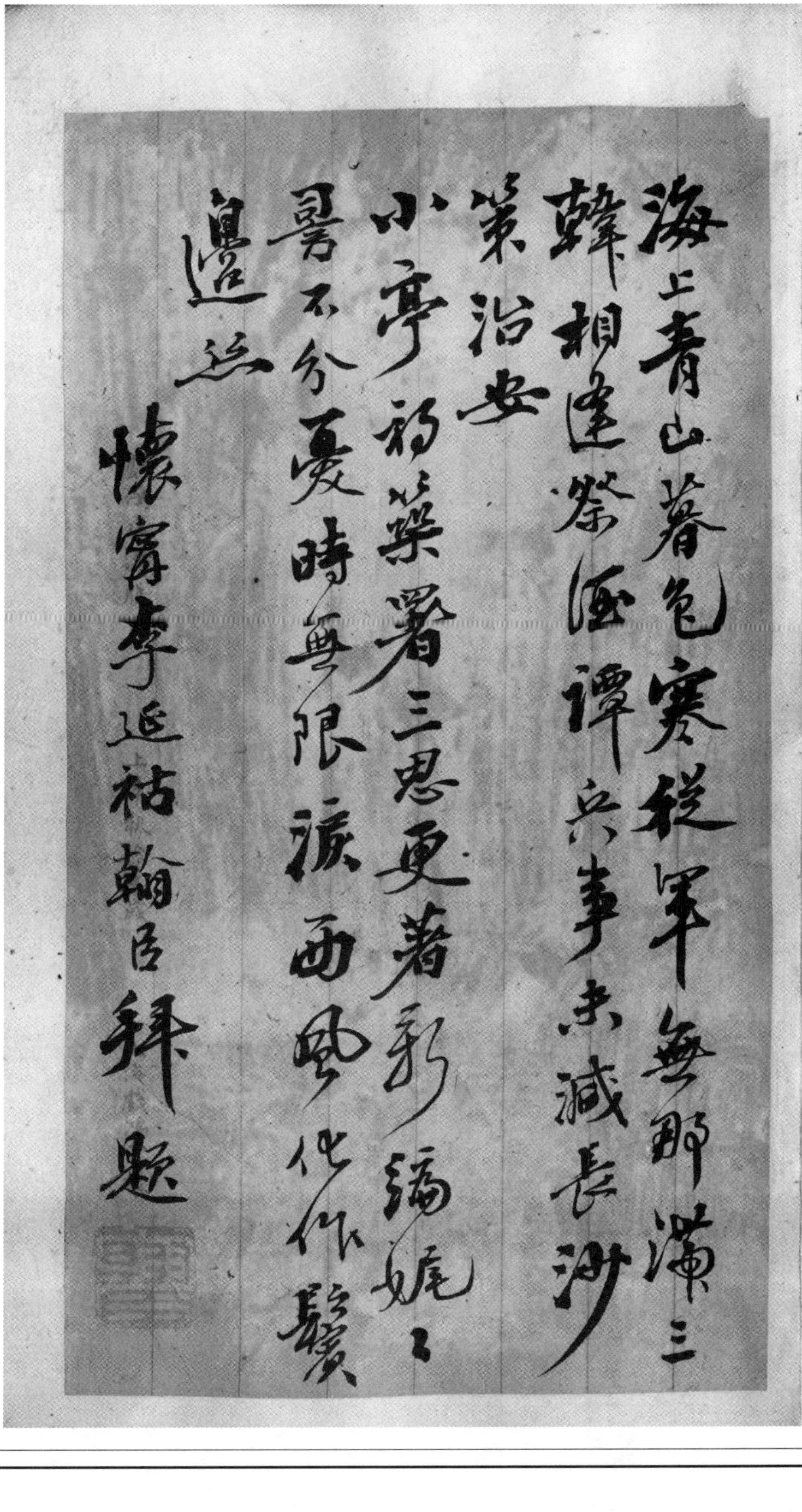
海上青山暮色寒從軍無那潸三
韓相逢滎陽譚兵事未減長沙
策治安
小亭初築署三思更著彩繡娓〻
尋不分憂時無限淚西風化作鬢
邊絲
懷寧李延祜翰臣拜題

海上青山暮色寒，从军无那滞三韩。相逢祭酒谭兵事，未减长沙策治安。
小亭初筑署三思，更著新编娓娓词。不分忧时无限泪，西风化作鬓边丝。
怀宁李延祜翰臣拜题。（钤印：翰臣［朱文］）

石菱仁兄大人左右：昨奉惠诗，感佩无既。今承
赐以多珍，拜领谢谢。日来忙甚，大半为选债所迫，平
示崇奉稿草，通搜行箧，多存我信手拉杂，入惜字
炉亦未可知。然此可必待而录，有返璧时再议，谨呈
足下，将为之，但当抽暇再阅，心则无辈，又何留之为耶？
竹添缔交无几，文字缘或遂之亦可，容介绍一言为
足下道地可也。玉垩、友竹两君者之赠诗，悉不及答，乞
为之致意。手此鸣谢，即请
升安。弟祐顿

石菱仁兄大人左右：昨奉 惠诗，感泐无既。今承
赐以多珍，拜领，谢谢。日来忙甚，大半为画债所迫耳。
示索章程草，遍搜行箧，无存。或信手拉杂入惜字炉，亦未可知。然此事必待弟秋九月返营时再议缮呈，
足下好为之，但当轴者关心，则吾辈又何亟亟为耶？竹添缔交，无非文字缘，或迟迟亦可，容介绍一言为
足下道地可也。玉垂、友竹两君眷眷赠诗，恐不及答，乞多多致意。手此鸣谢，即请 叔安，弟祜顿首。

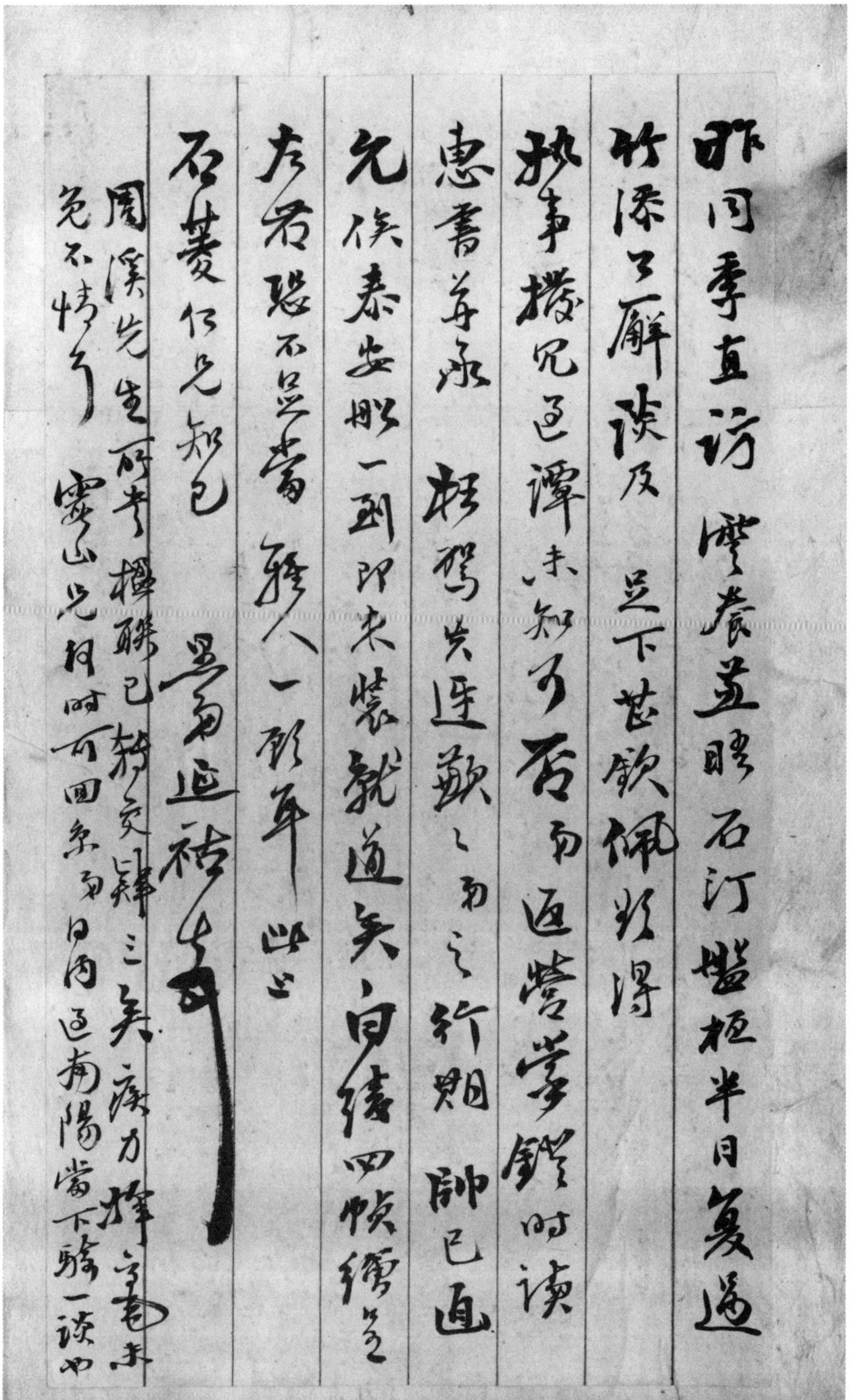
昨同季直访瓒庵道盟石汀监柜半日复过
竹深不厌谈及足下甚钦佩所得
执事拨冗过谭未知可否南通营业锦时读
惠书并承 惓惓先达欢之而之行期帅已返
先候泰安能一到即来装就道矣向续四帧续呈
尊君昭不足当能入一顾耶 此上
石蘩仁兄知己 謇南通拜手
闲溪先生所书楹联已转交肆三矣渠力辞来
尧不情了 雲卿兄何时可回否南日内过南阳当下骑一谈也

昨同季直访云养，兼晤石汀，盘桓半日，复过竹添公廨，谈及足下，甚钦佩，欲得执事拨冗过谭，未知可否。弟返营掌镫时读惠书，并承枉驾失迓，歉歉。弟之行期，帅已函允，俟泰安船一到，即束装就道矣。白绫四帧绘呈左右，恐不足当雅人一顾耳。此上
石菱仁兄知己，愚弟延祜顿首。

周溪先生所书楹联已转交肆三矣，疾力挥毫，未免不情耳。霞山兄何时可回京，弟日内过南阳，当下骑一谈也。

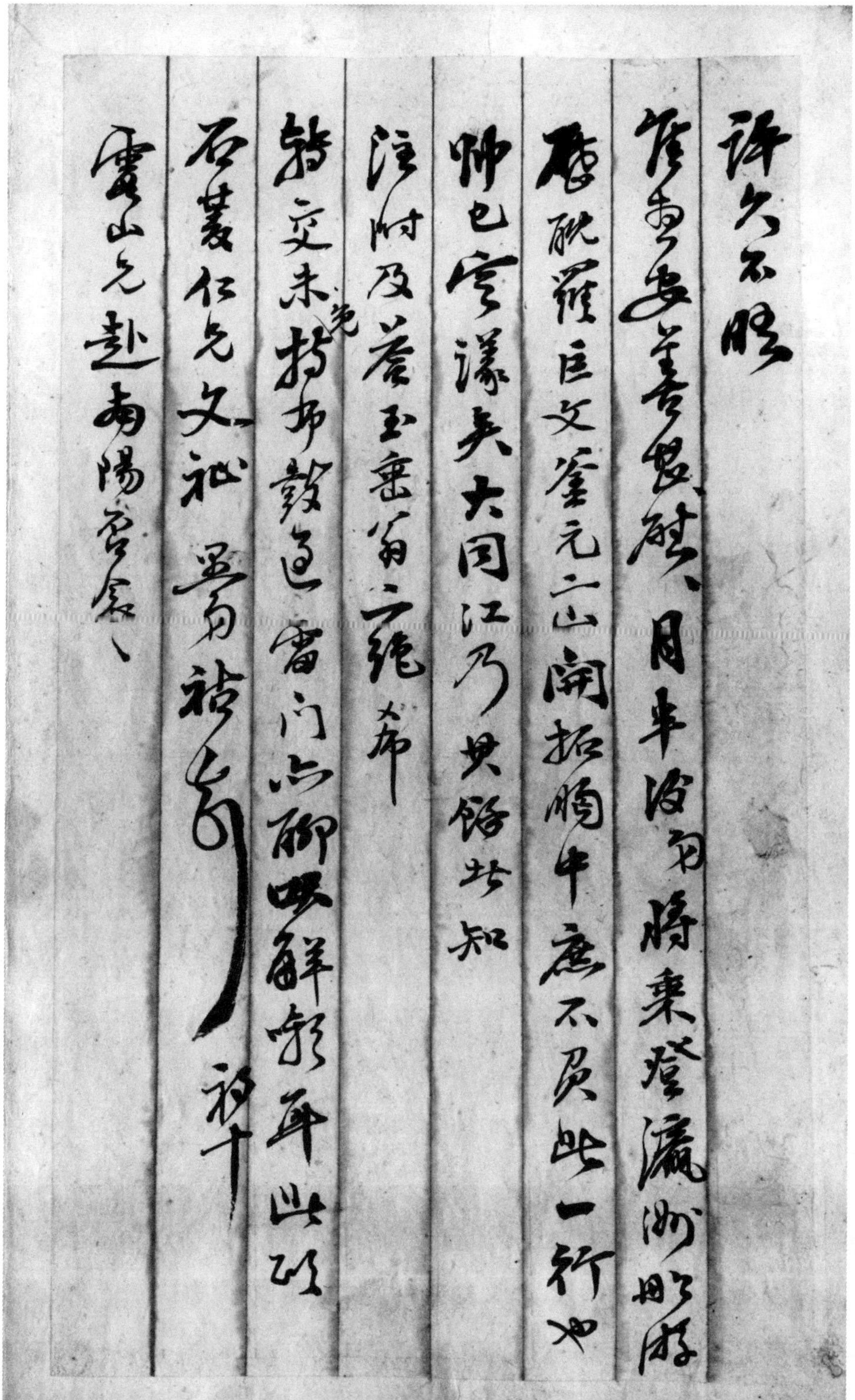
许久不晤
侍奉安善，吉慰慰。月半後即將乘登瀛洲郵船
歷耽羅、巨文、釜、元二山，開拓胸中，庶不負此一行也。
帥已定議矣。大同江乃其餘也。知
注，附及蒼玉盦翁二絕，希
轉交朱先梅郎，鼓邑當門山聊以解嘲耳。此頌
石叢仁兄文祉 愚弟禧頓 初十
雪山兄赴南陽否？念念。

《谭眉》拾馀

许久不晤，

佳想安善，甚慰甚慰。月半后弟将乘登瀛洲船游

历耽罗、巨文、釜元二山，开拓胸中，庶不负此一行也。

帅已定议矣，大同江乃其馀者，知

注时及答玉垂翁二绝希

转交，未免持布鼓过雷门，亦聊以解嘲耳。此颂

石菱仁兄文祉。愚弟祜顿首，初十。

霞山兄赴南阳否，念念。

粟玉棠留見贈並呈蒙泉尹

歎吾首山萍踪回閉門無報送詩來羨君老去
豪情壯字字心花盡怒開
壽世文章濟世才幾人慷慨獨登臺寄聲愛國
新泉尹懷抱何時得暫開

古鄲丹鐵之蘭同書室李延祐拜稿

《酬玉垂翁见赠兼呈石菱京尹》

款暇看山带醉回，闭门忽报送诗来。羡君老去豪情壮，字字心花尽怒开。

寿世文章济世才，几人慷慨独登台。寄声爱国新京尹，怀抱何时得暂开。

古熙州铁兰词客李延祜拜稿。（钤印：铁汉［白文］）

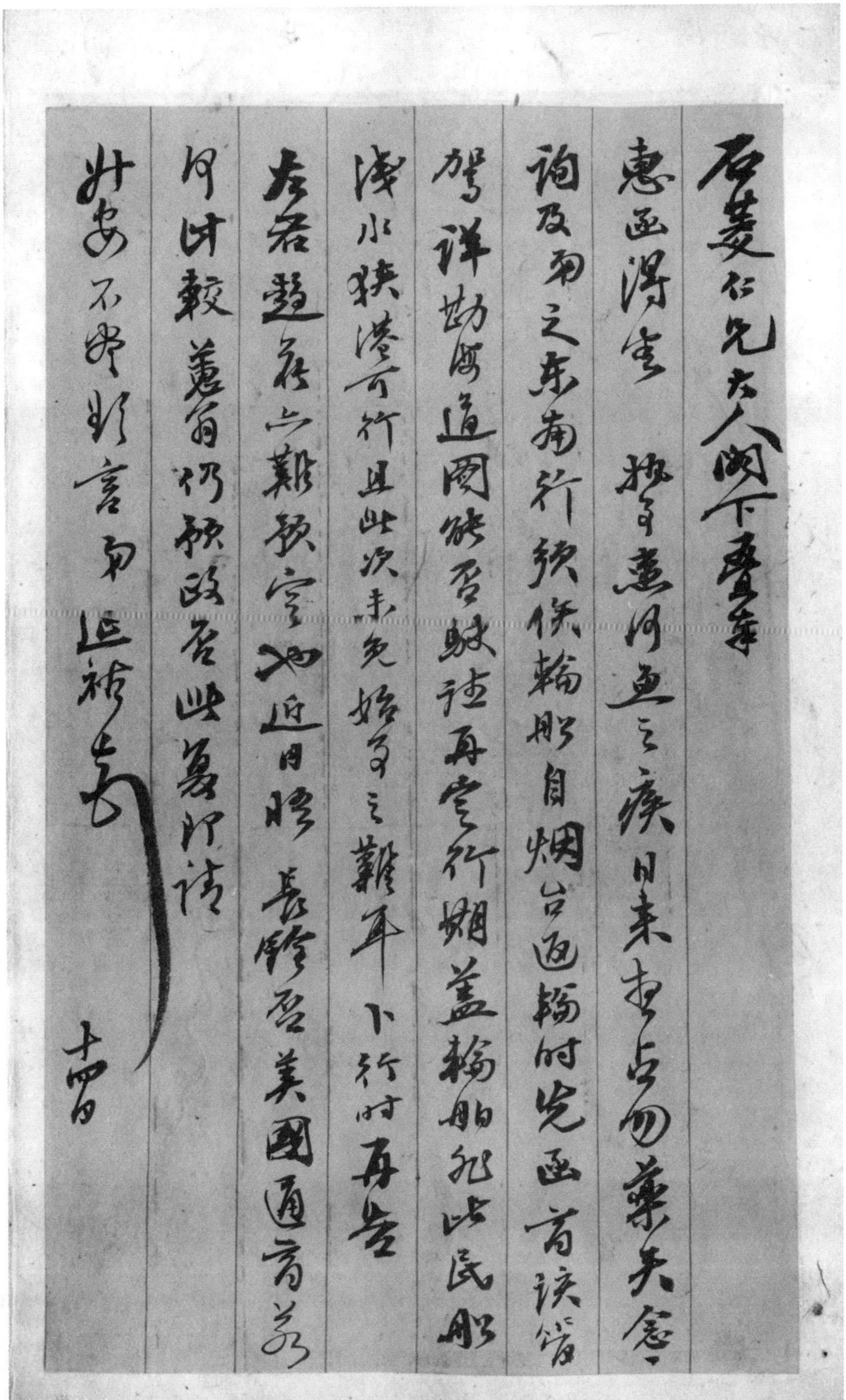

石菱仁兄大人阁下：奉
惠函，渴念。接奉惠川函之廉，日来未占勿药矣，念念。
询及弟之东南行，须俟轮船自烟台回轮时，先函商该管
驾详勘海道，因彼处驶往，再定行期。盖轮船非比民船，
浅水狭港可行，且此次未免蹈曩之难耳。下行时再告。
尊名题签六幅，敬写之。近日听长岭启美国通商处
同时较着，前仍须政府，此属可读
时安，不具。弟言顿首　近祺
十四

石菱仁兄大人阁下：叠奉
惠函，得悉 执事患河鱼之疾。日来想占勿药矣。念念。
询及弟之东南行，须俟轮船自烟台返轮时，先函商该管
驾，详勘海道图，能否驶往，再定行期，盖轮舶非比民船
浅水狭港可行，且此次未免始事之难耳。卜行时再告
左右，趋候亦难预定也。近日晤长铨否？美国通商，若
何计较，惠翁仍预政否？此复即请
叔安，不尽欲言。弟延祜顿首。十四日。

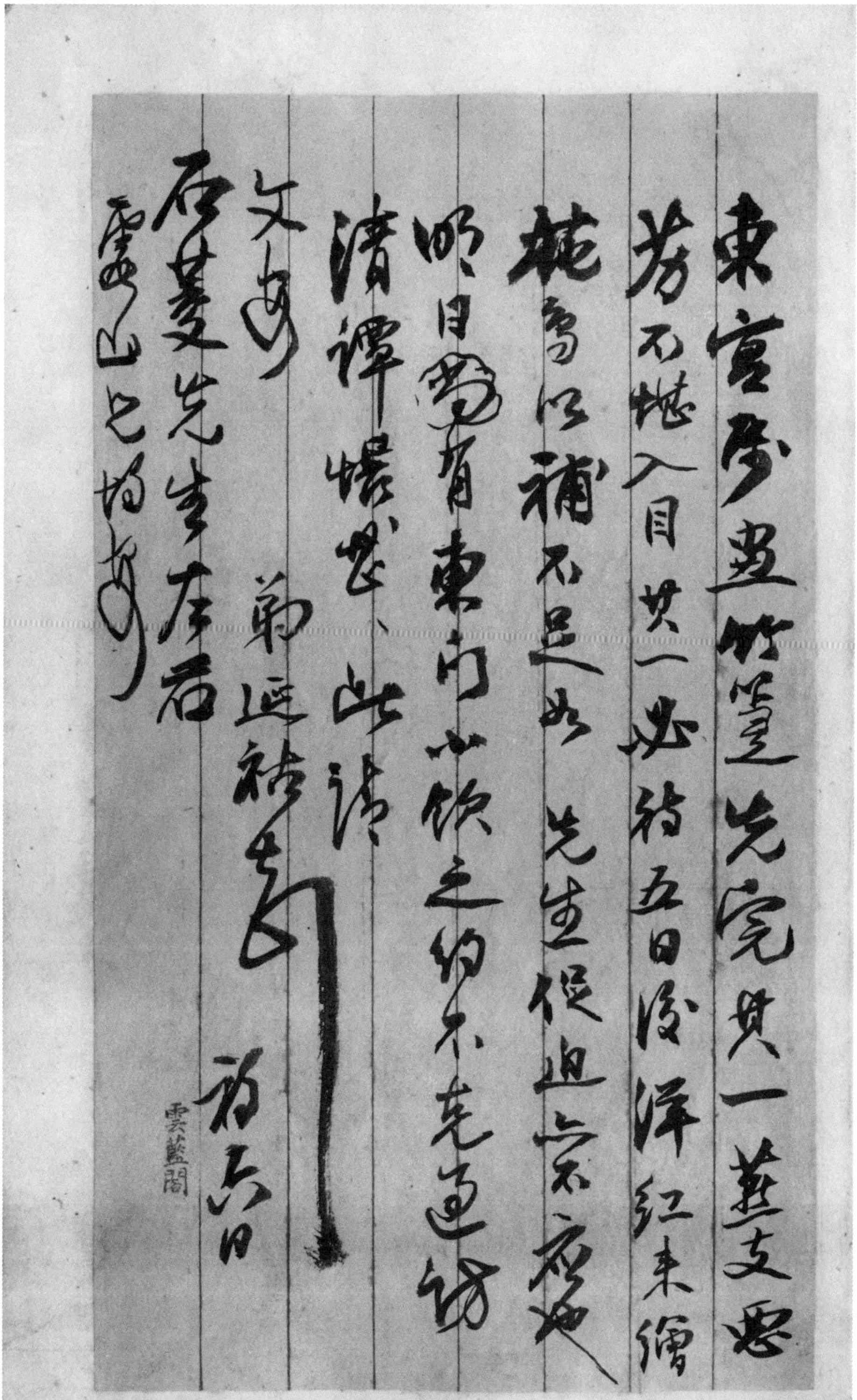

東京夢華館先完貫一燕支惡
芳不堪入目其一必待五日後澤紅來續
耗為以補不足也先生促迫無以應命
明日覺有東門小飲之約不克追陪
清譚慢慢此請
文安　弟延闓頓首
石蔓先生左右
雲山已增安
初六日

雲藍閣

《譚屑》拾餘

东宫属画竹篚，先完其一，燕支恶劣，不堪入目。其一必待五日后洋红来，绘花鸟以补不足。如先生促迫，亦不应也。明日有东门小饮之约，不克过访清谭，怅甚怅甚。此请

文安，弟延祜顿首。初六日。

石菱先生左右。

霞山兄均安。

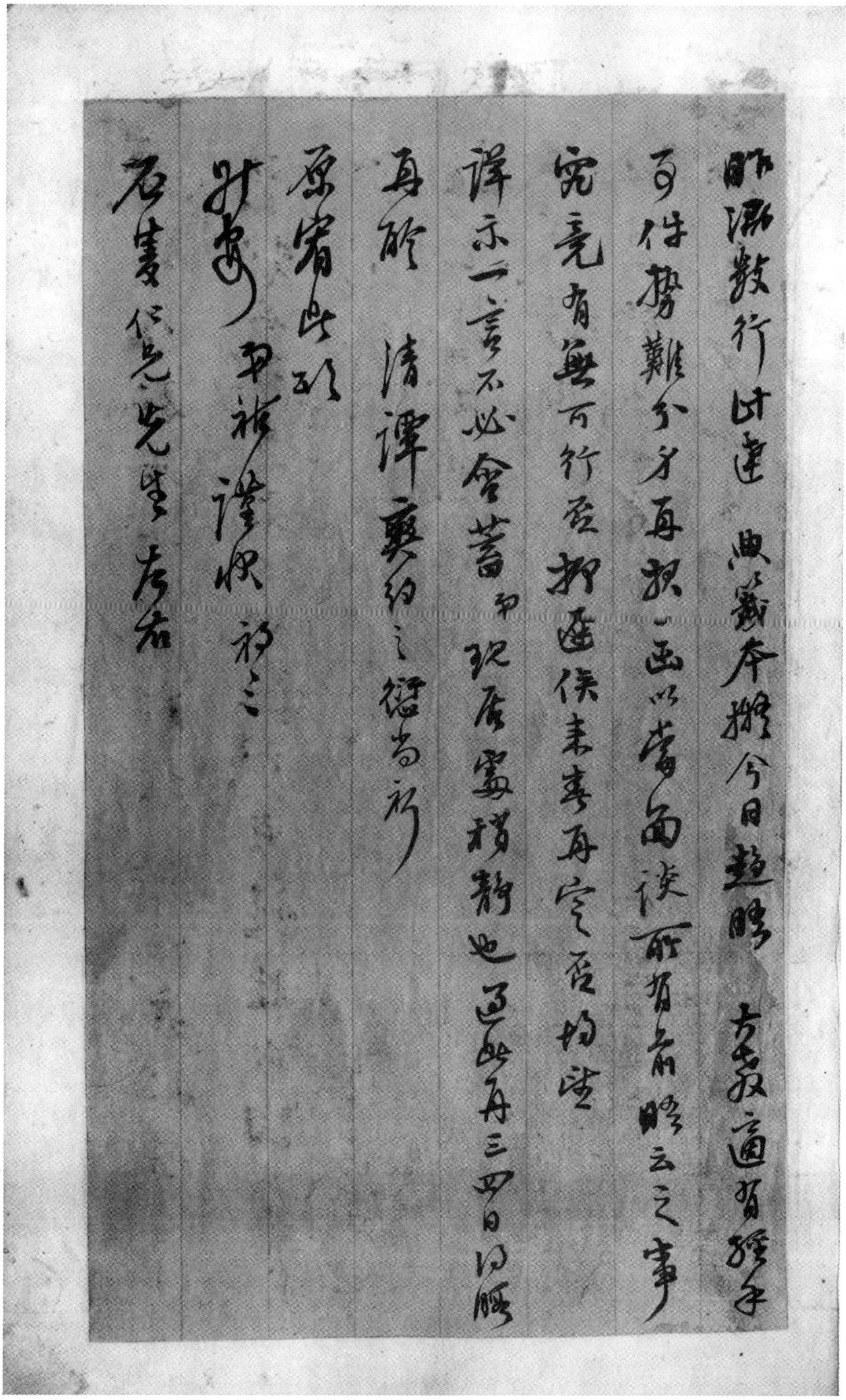

昨談數行 時違 典藏本擬今日趨聆 大教適有孫手
可件擬難分身再擬一函以當面談所有前晤云之事
究竟有無可行否 擬遲俟來春再定否 均望
詳示一二言不必會蓄 弟現居安樂靜也 過此再三四日明晰
再聆 清譚 要約之證為禱
原宥無既
此頌 申祺 謹啟 初二
右尊 仁兄先生 左右

昨泐数行，计达典籤。本拟今日趋晤 大教，适有经手事件，势难分身，再拜一函以当面谈所有。前吾云之事，究竟有无可行否，抑迟俟来春再定否，均望
详示一言，不必含蓄。弟现居处稍静也，过此再三、四日得暇，再聆清谭，爽约之愆，尚祈
原宥，此颂
叔安。弟祜谨状，初三。
石菱仁兄先生 左右。

石蓑仁兄大人前年 惠書，道及孔贈集禊卷
尺一欽悉。日前 李傅相有經畧滇粵之 命，本
部登瀛洲、泰安兩船詣來，文獲孔遲南窆，登之二山之行
師撤暫緩，附日故未及趙，新年手寫午年如
照閱之時代道近狀。李真甫節鉞移未遑
登覽也。馬君行矣，美有密矣，所務能從容否？此頌
近安。弟祜頓首 閱後付丙

石菱仁兄左右：前奉 惠书，适公私蝟集，稽答迟迟，歉甚歉甚。日前李傅相有经略滇粤之命，本部登瀛洲、泰安两船往来文报孔亟，弟定釜、元二山之行，帅拟暂缓时日，故未及趋候者，军书旁午耳。如晤闵公时，代道近状。季直甫卸征衫，未遑登堂也。马君行矣，美商定矣，外务能从容否？此颂近安，弟祜顿首。阅后付丙。

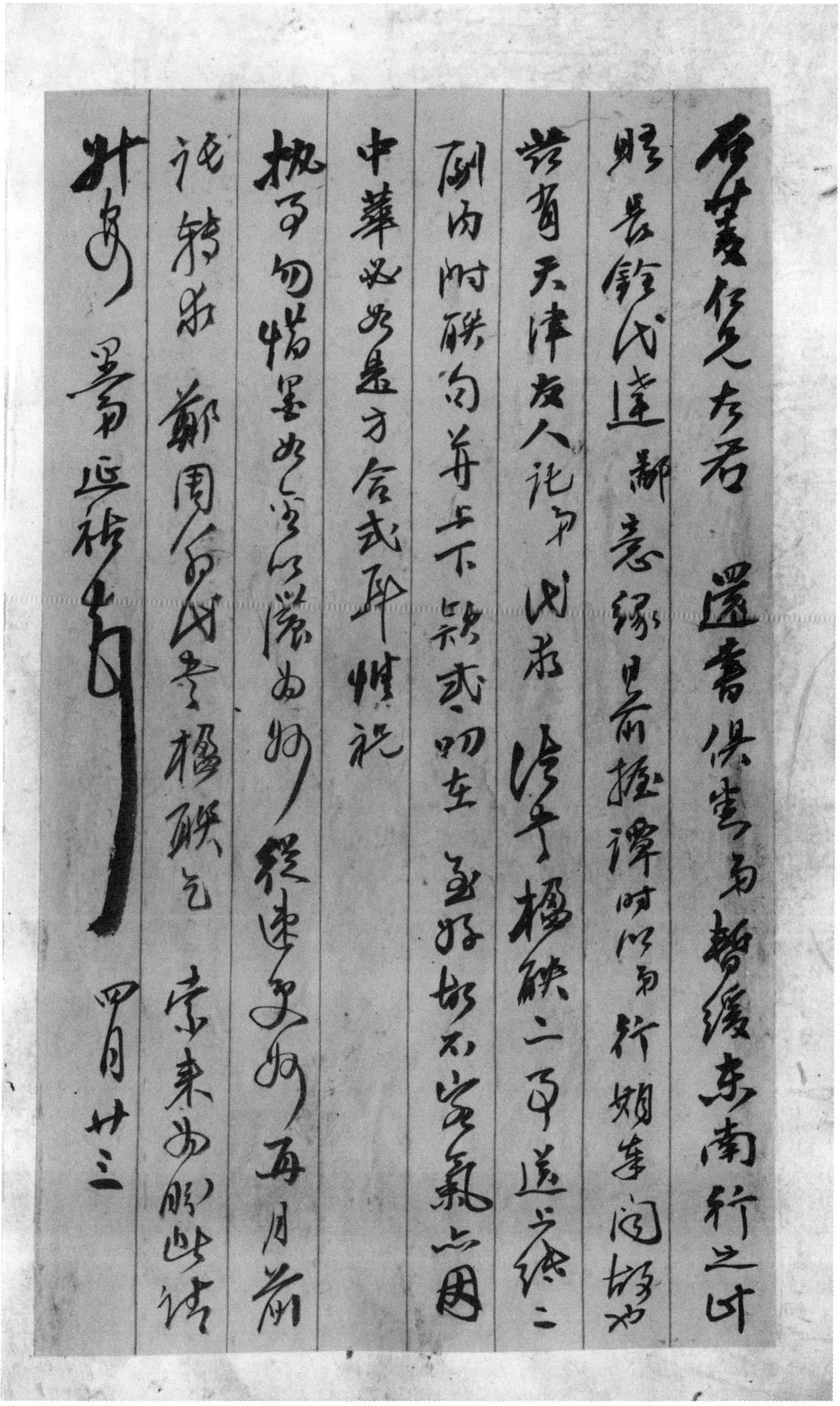
厚菴仁兄大君 還書俱悉弟暫緩東南行之計
晤長鈐代達 鄙意緣是前擬譚時以弟行期等閒故也
昔有天津友人託弟代求 洽手楹聯二事送呈二
副內附聯句并上下款式均在 並好於不定氣亦因
中華必如是方合式耶惟祝
執事勿惜墨如水以滿為好 從速更好 每月前
託轉求 鄭周所書楹聯也 宗來為聯此請
時安 愚弟延闓頓首 四月廿三

《谭屑》拾馀

石菱仁兄左右：还书俱悉，弟暂缓东南行之计，晤长铨代达鄙意，缘日前握谭时，以弟行期奉闻故也。兹有天津友人托弟代求法书楹联二事，送上纸二副，内附联句并上下款式，叨在至好，故不客气。亦因中华必如是方合式耳。惟祝执事勿惜墨如金，以浓为妙，从速更妙。再月前托转求郑周翁代书楹联，乞索来为盼，此请叔安。愚弟延祜顿首。四月廿三。

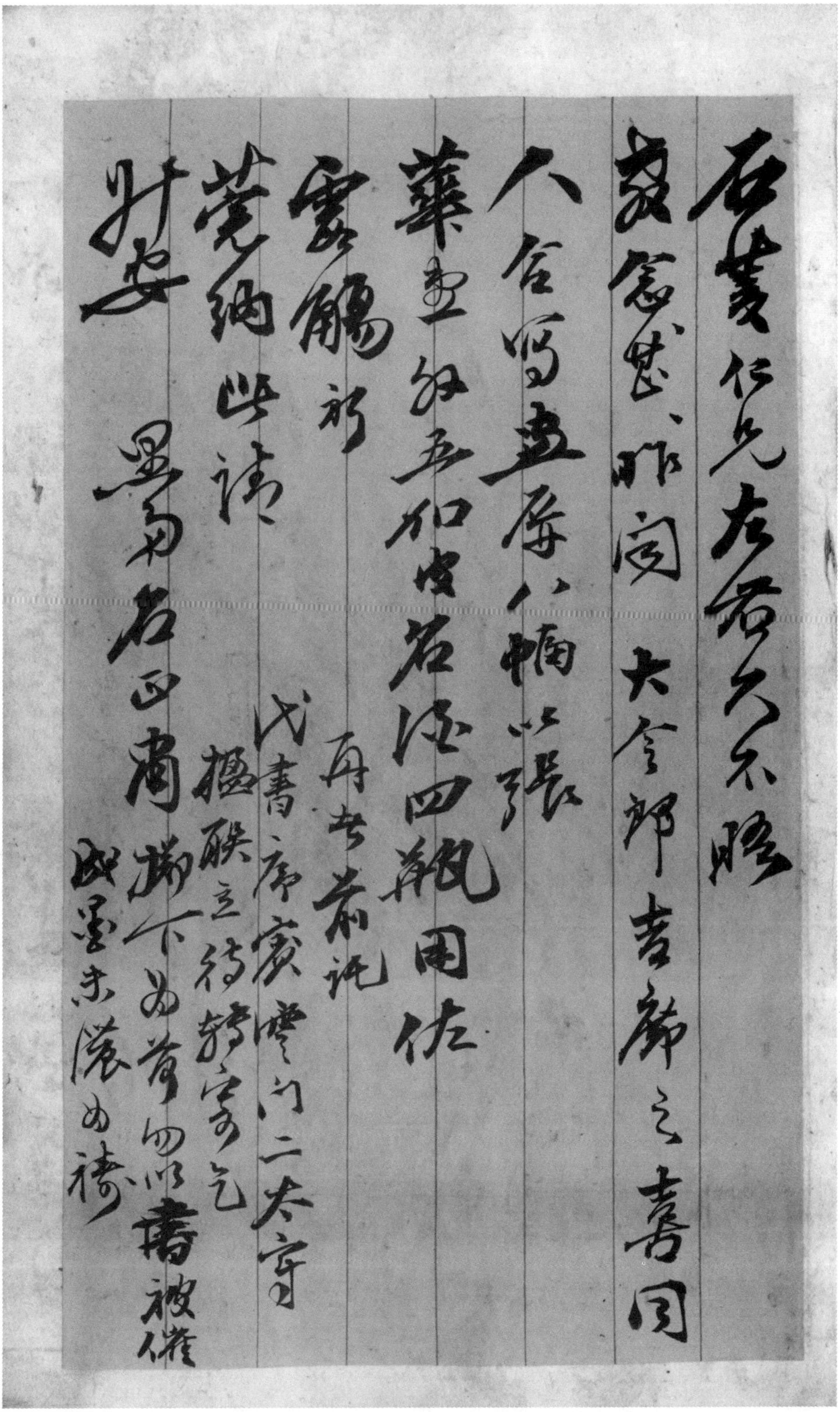

辰叟仁兄大人不晤
数[illegible]，昨闻 大令郎吉期之喜，同
人合写画屏八幅以张
华堂，并乞伯[illegible]君[illegible]四纸[illegible]佐
云鹤，祈
莞纳，此请
财安 愚弟[illegible]

再者前托
代书、序[illegible]二太守
楹联，立待[illegible]乞
[illegible]
[illegible]未[illegible]为祷

石菱仁兄左右：久不晤
教，念甚念甚。昨闻大令郎吉席之喜，同
人合写画屏八幅，以张
华堂，外五加皮名酒四瓶，用佐
霞觞。祈
莞纳，此请
叔安，愚弟名正肃。

再者，前托
代书序宾、云门二太守
楹联，立待转寄，乞
掷下为荷，勿以「书被催
成墨未浓」为祷。

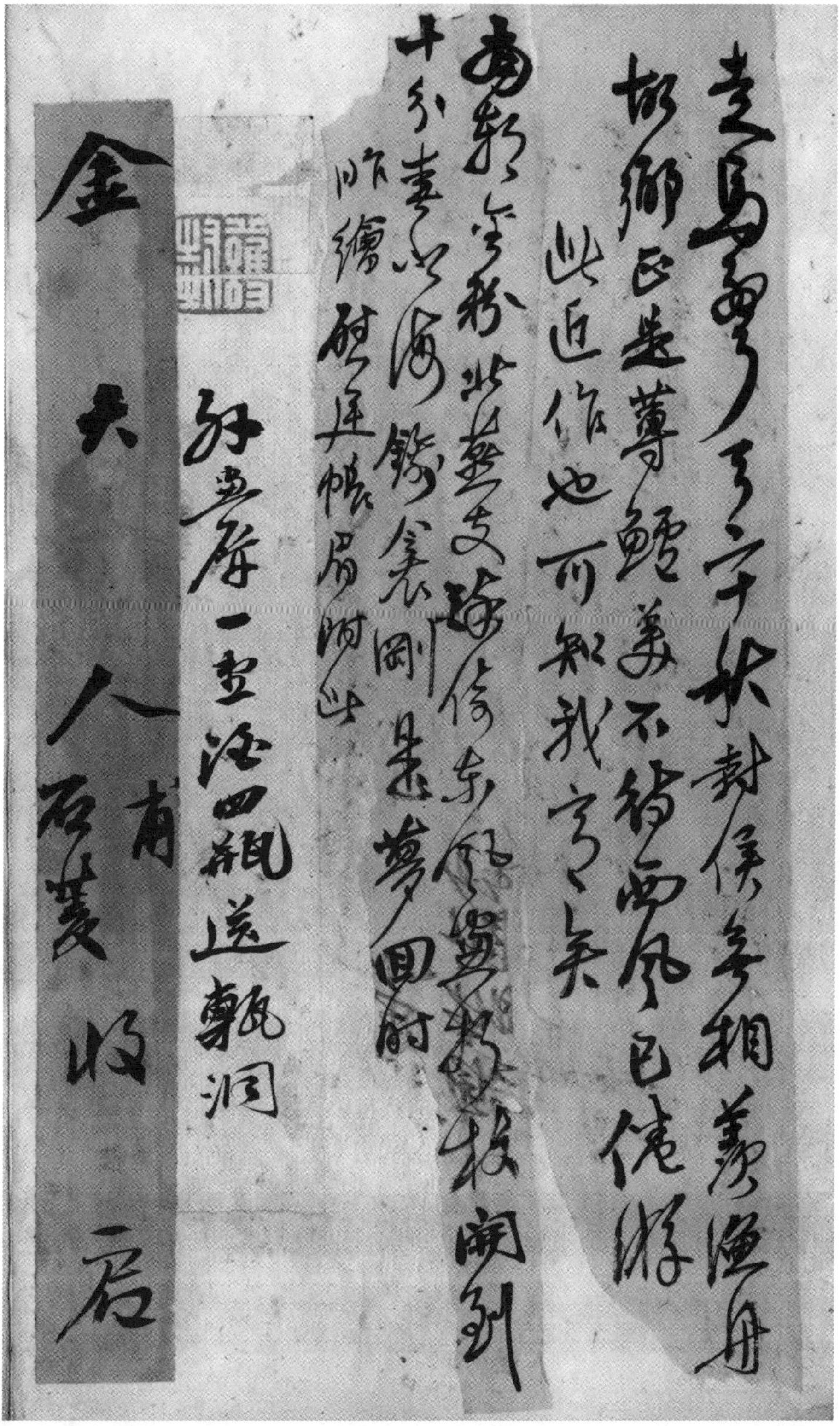

[illegible]封侯無相羨漁舟
故鄉正是蓴鱸美不待西風已倦游
此近作也可知我意矣
[illegible]
十分[illegible]剛是蓴[illegible]回[illegible]
[illegible]

[illegible]一盒[illegible]四瓶送[illegible]

金大人[illegible]

走马弩弓二十秋，封侯无相羡渔舟。
故乡正是莼鲈美，不待西风已倦游。
此近作也，可知我意矣。
南朝金粉北燕支，醉倚东风画折枝。开到
十分春似海，铁衾刚是梦回时。
昨绘尉廷帐眉附此。
外画屏一堂、酒四瓶送砖洞。
金大人甫
收启。
石菱

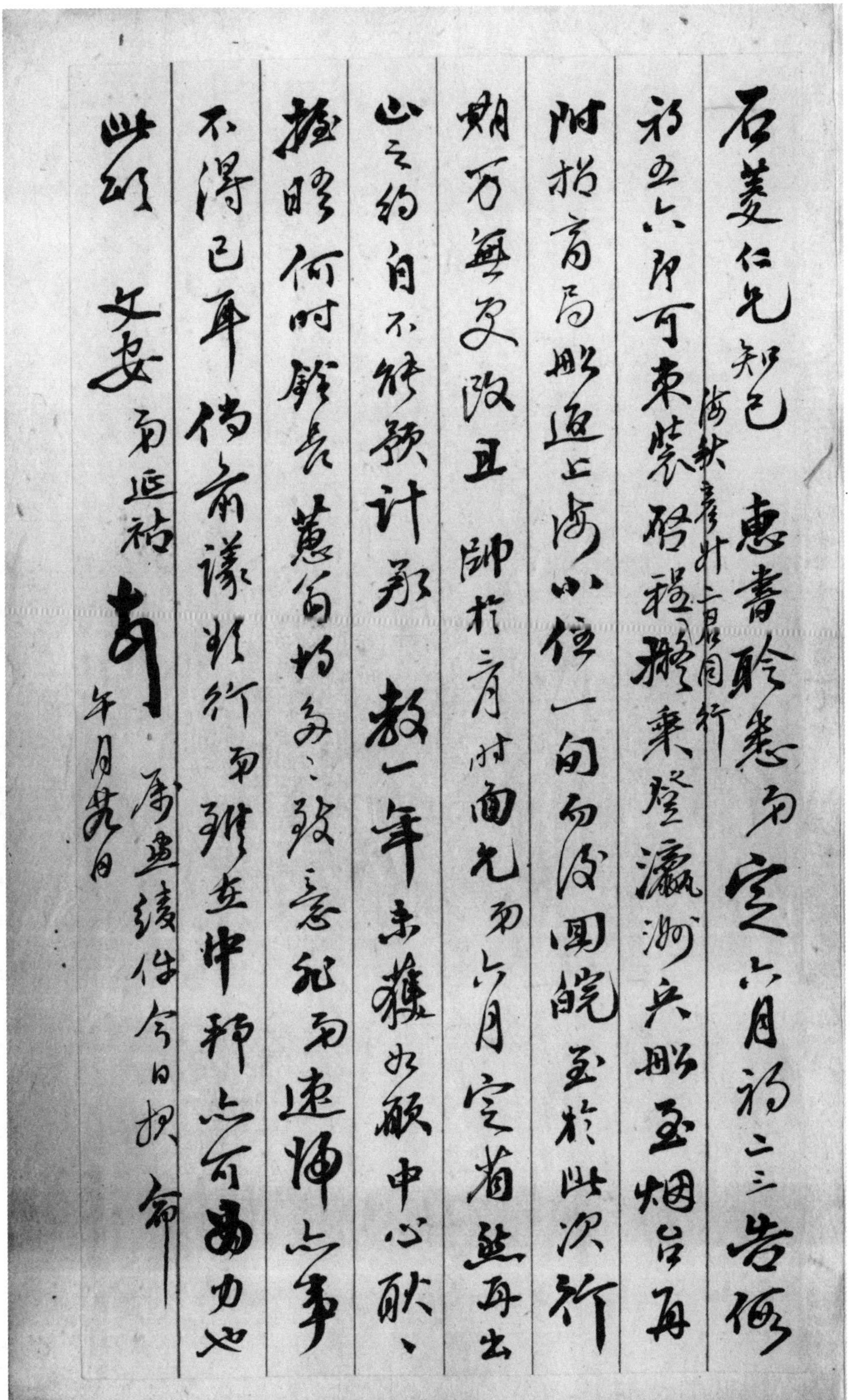

石菱仁兄知己 惠書聆悉 弟定六月初二三告假
初五六即可東裝啟程（海秋彥廿二日同行）擬乘之登瀛洲兵船至烟台再
附招商局船返上海以便一向弟及周皖至於此次行
期可無更改且 帥於二月間面允弟六月定省並再出
山之約自不能預計耶 教一年未獲承顏中心耿耿
擬晤何時能長蕙筠均多多致意祝弟速歸之事
不得已耳備前議能行弟雖在中邦亦可爲力也
此頌
文安 弟延祜 頓
厚道綾件今日投命
午月先日

石菱仁兄知己：惠书聆悉，弟定六月初二、三告假，初五、六即可束装启程，海秋、彦升二君同行。拟乘登瀛洲兵船至烟台，再附招商局船返上海，小住一旬，而后回皖。至于此次行期，万无更改，且帅于三月时面允弟，六月定省，然再出山之约，自不能预计。承教一年，未获如愿。中心耿耿，握晤何时？铨长、蕙翁均多多致意，非弟速归，亦事不得已耳。倘前议欲行，弟虽在中邦，亦可为力也。此颂 文安。弟延祜顿首。属画绫件，今日报命。

午月廿九日。

真者有本撫集輪船週遊東南西三面海濱形
勢，為貴國防海一助，不意有不從心，只好苟待後
來人，前年至此有一方不可忽之，先當輔請
公為襟。蕙翁少君數通財務情末能暢，殊抱
歉。有此行上海之貴國有所委之事，亦可代籌
於友人欽長前途達此意此請
近安 弟又啓

再者，弟本拟乘轮船周游东南西三面海滨形势，为贵国防海一助，不意事不从心，只好留待后来人可耳。然此事万不可忽，乞告当轴诸公为祷。蕙翁少君颇通时务，惜未能拜晤，殊抱歉歉。弟此行上海，如贵国有所委之事，亦可代筹于友人。铨长前望达此意。此请近安。弟又启。

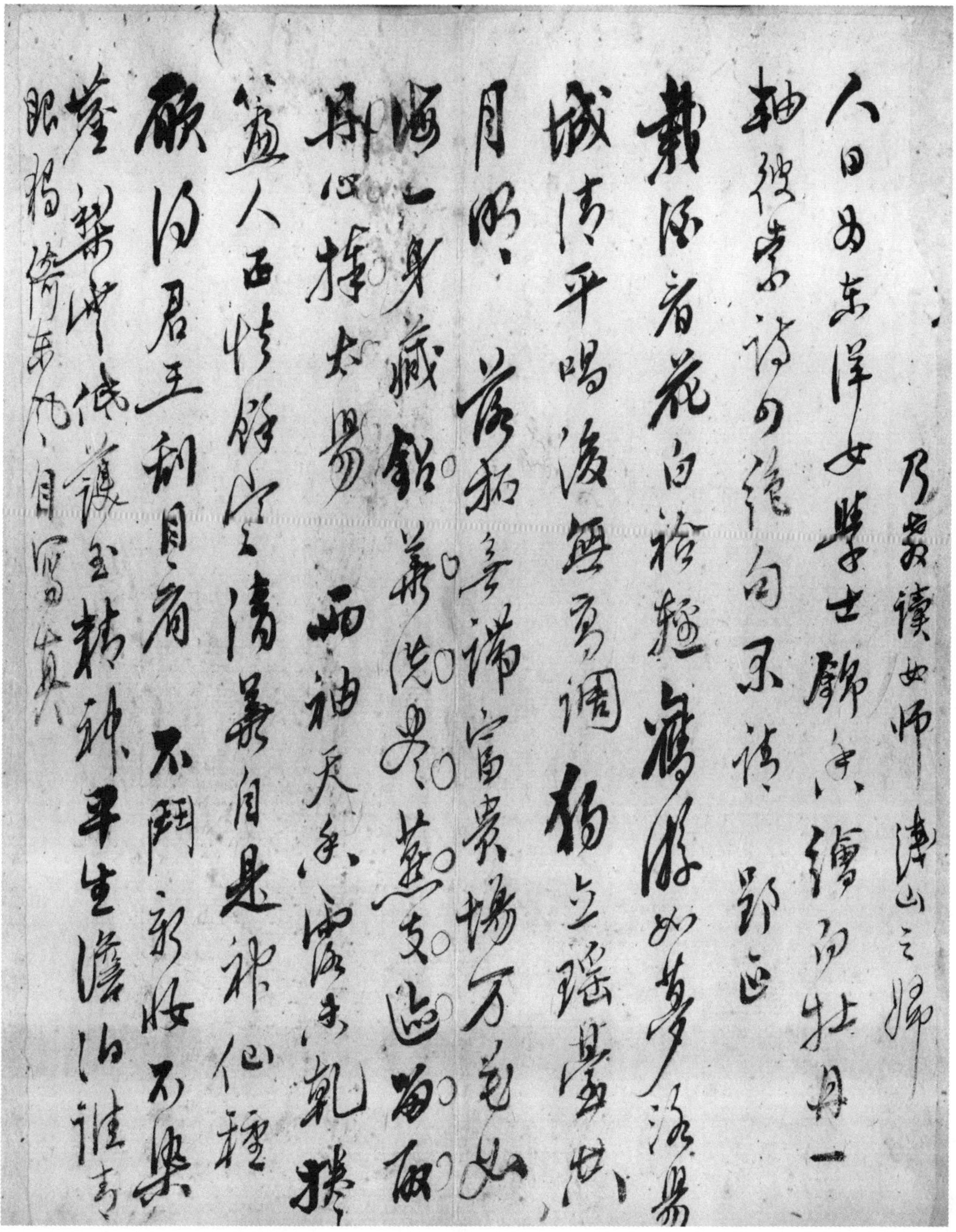
乃安讀女師潭山之歸
人日西東洋女學士歸來，續向杜甫一
袖從集詩句絶句示諸郎正
戴得看花白袷輕，飄飄如夢洛陽
城。清平唱後無高調，獨立瑤臺世
月明。落拓無端富貴場，萬花如
海一身藏。銷魂洗盡英雄氣，滿腹
辛心捧太陽。兩袖天風吹乾淚，攜
籃人西精簡清氣自是神仙種
顧向君王刮目看。不鬭新妝不染
塵，杯觴任護精神。平生冷淡誰青
眼，獨倚東風自寫真。

乃教读女师浅山之妇

人日为东洋女学士锦香绘白牡丹一轴，彼索诗四绝句，求请郢正：

载酒看花白袷轻，旧游如梦洛阳城。清平唱后无高调，独立瑶台共月明。　落拓无端富贵场，万花如海一身藏。铅华洗尽燕支迹，留取丹心捧太阳。　两袖天香露未干，卷帘人正怯馀寒。清华自是神仙种，愿得君王刮目看。　不斗新妆不染尘，梨云低护玉精神。平生澹泊谁青眼，独倚东风自写真。

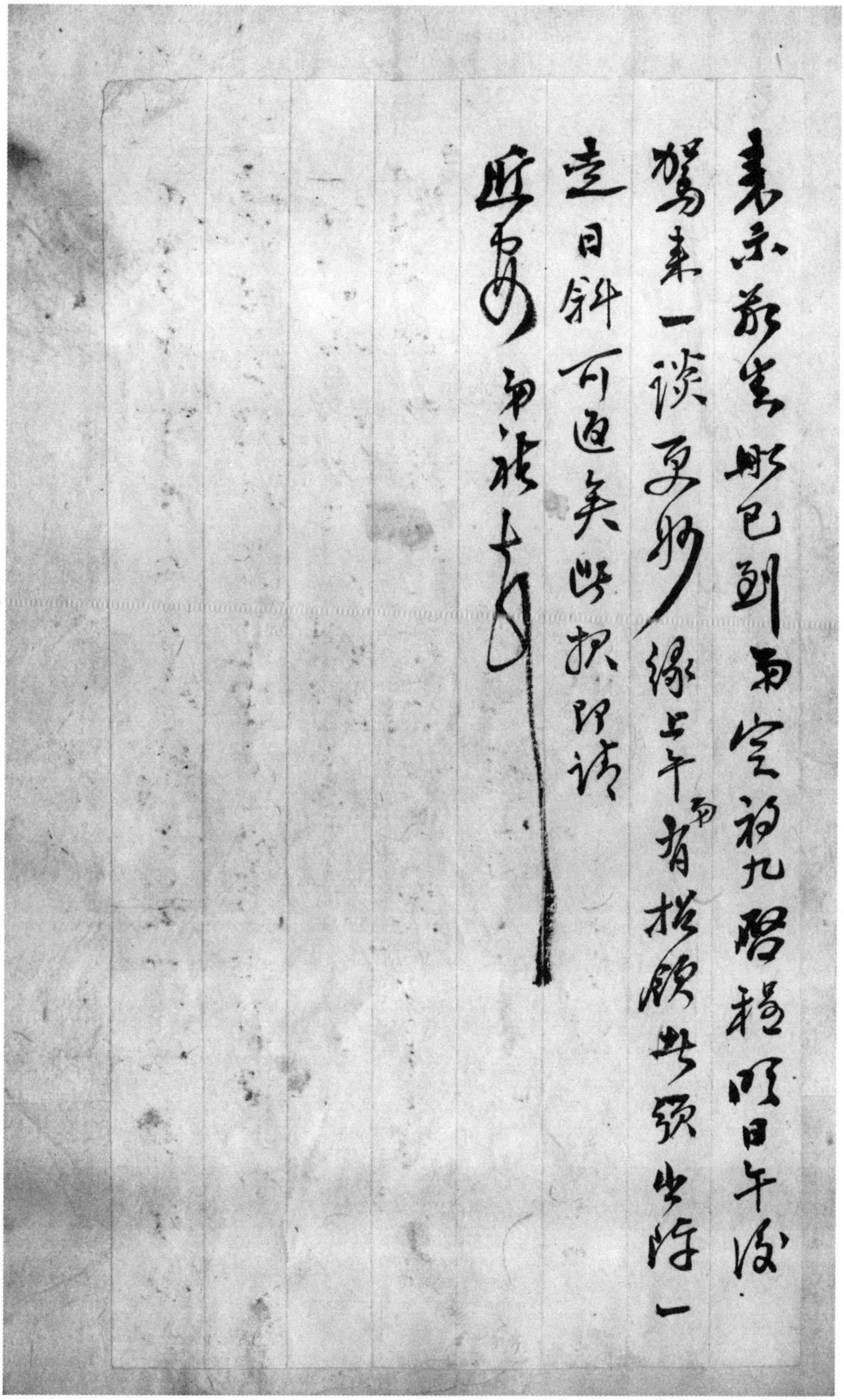

来示敬悉。邮包到。弟定初九[illegible]稍暇，明日午后
驾来一谈至妙，缘上午弟有招饮，此须出游一
遭，日斜可返矣。此拟即请
[illegible]安　弟[?]上[?]

《谭屑》拾馀

来示敬悉。船已到，弟定初九启程，明日午后驾来一谈更妙。缘上午弟有招饮者，须出阵一走，日斜可返矣。此报，即请近安。弟祜顿首。

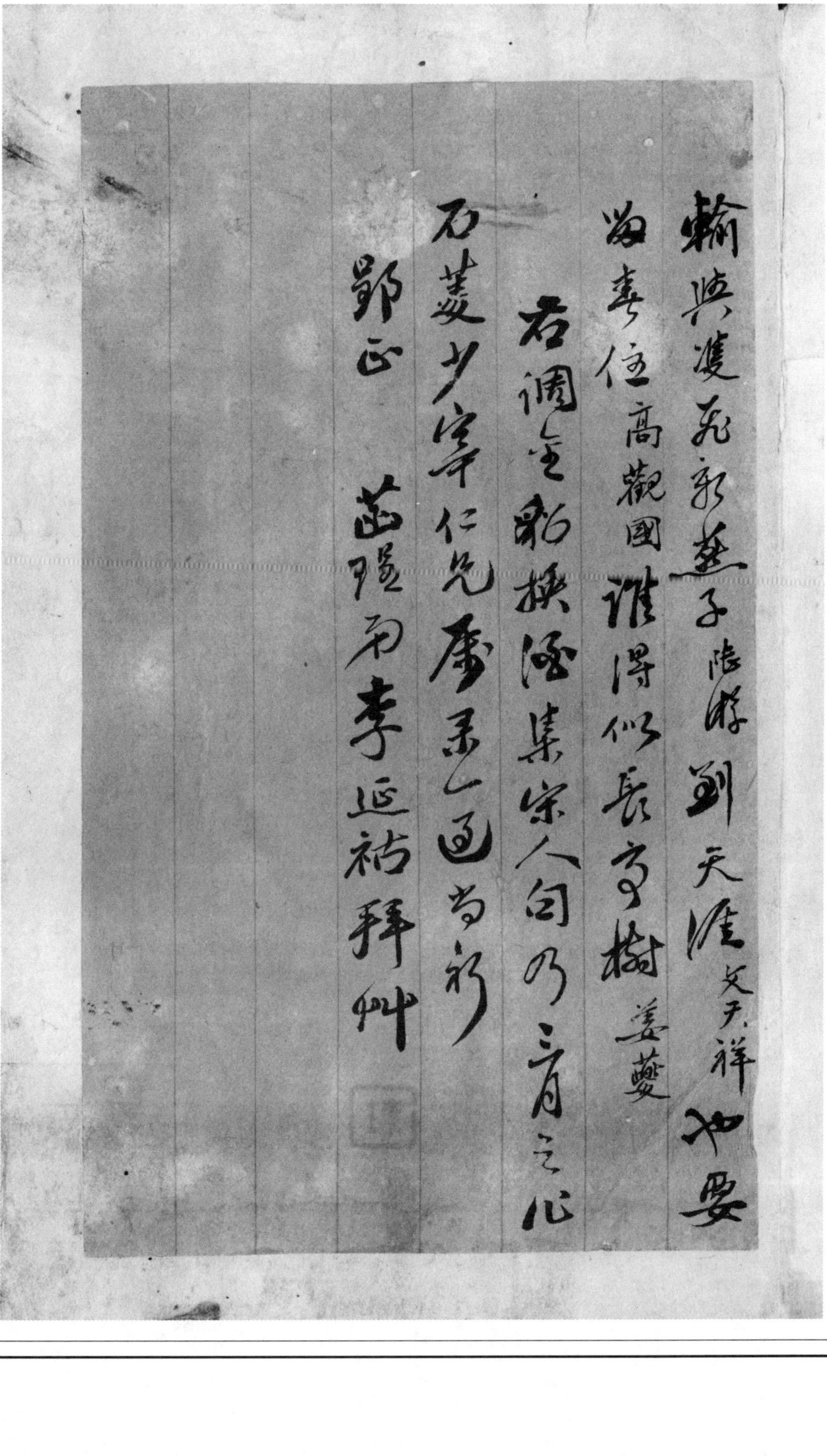

輸與渡江新燕子（陸游）到天涯（文天祥）也要
為春住（高觀國）誰得似長亭樹（姜夔）
右調金縷換頭集宋人句乃三月之作
石菱少宰仁兄屬書乞過當新
郢正
茝瑤弟李延祐拜艸

输与双飞新燕子（陆游），到天涯（文天祥），也要留春住（高观国）。谁得似长亭树（姜夔），右调《金貂换酒》，集宋人句，乃三月之作，石菱少宰仁兄属录一过，尚祈郢正，菡瑆弟李延祜拜草。

全羅道

慶尚道

忠清道

濟州府

珍島府

巨文島

巨濟府

釜山浦

安民島

波知島

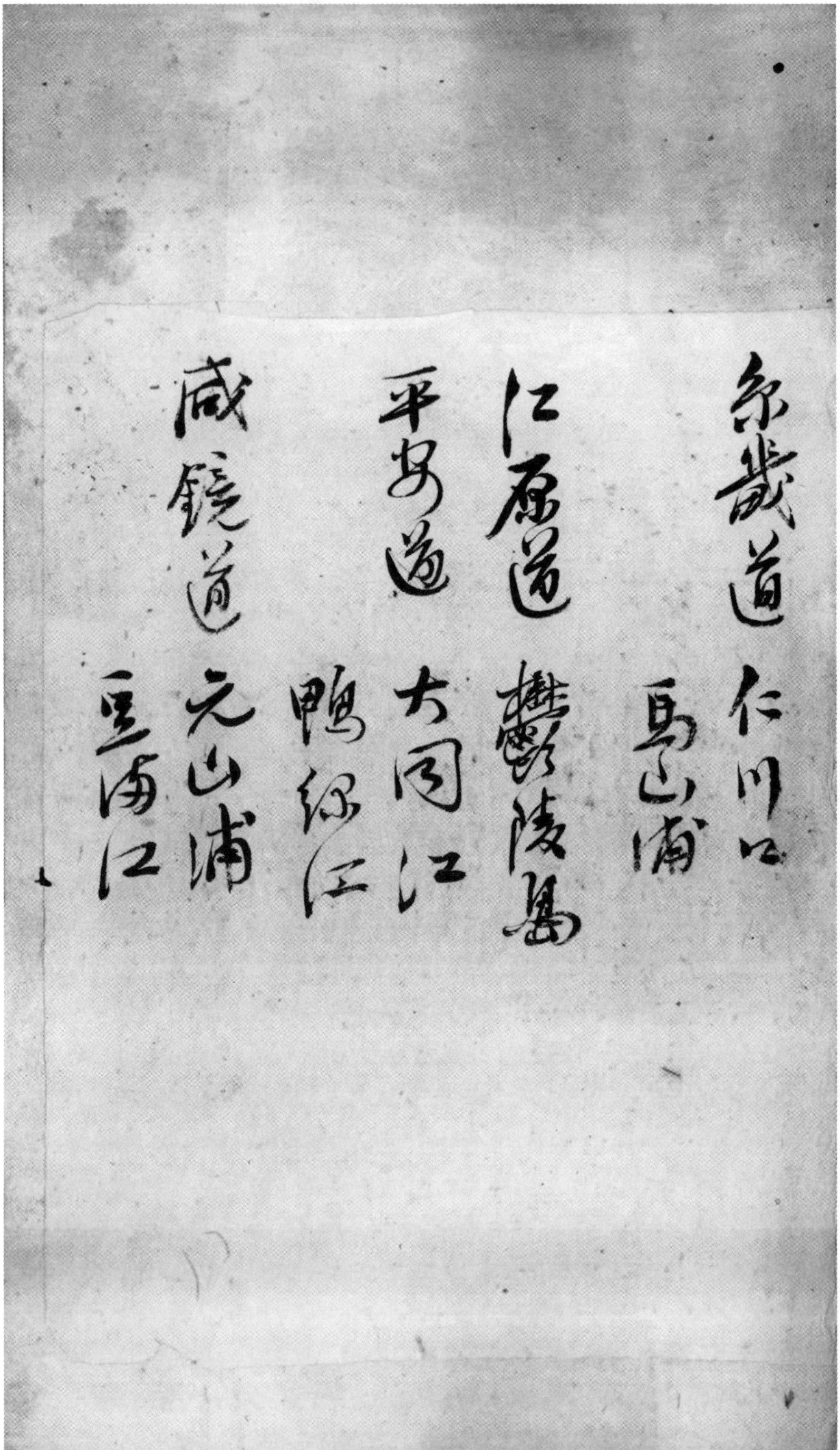
京畿道　仁川口
馬山浦
江原道　欝陵島
平安道　大同江
鴨綠江
咸鏡道　元山浦
豆滿江

全罗道：济州府
珍岛府
巨文岛

庆尚道：巨济府
釜山浦

忠清道：安民岛
彼知岛

京畿道：仁川口
马山浦

江原道：郁陵岛

平安道：大同江
鸭绿江

咸镜道：元山浦
豆满江

並畫其方向、相距縣城幾何里、島之周圍
約幾何里、江口約闊若干、深若干、能行
何等之船、屬何府州轄、爲有無官軍
民居、並有無叢莽、並出產出何物
或即以後幾年，示下以速爲妙
再其次有形勢可資屯駐者，此之補入詳示
務祈鈞裁繪一細圖以覽　右各處不覆此一行

以上坐落方向，相距京城几何里，岛之周围约几何里，江口约阔若干，深若干，能行何等之船，属何府县辖，复有无官军民农，并有无荒芜，并出产，望明夕即再明或后午示下，以速为妙。

再者，如有形势可资屯驻者，亦乞补入详示，缘弟欲绘一细图，以质左右，庶不负此一行。

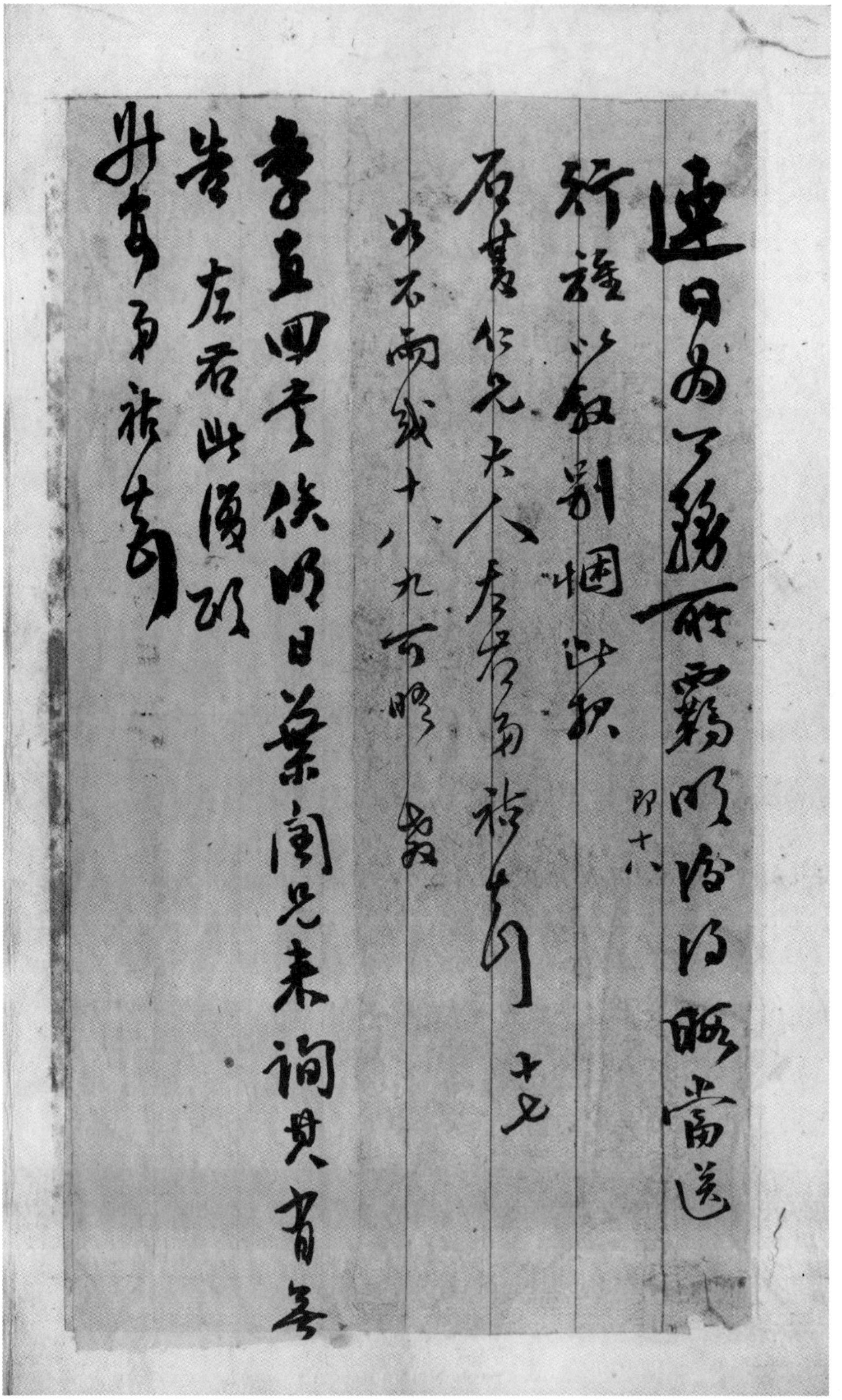

連日為公務所羈，昨始得晤，當送
祈諒，以叙別悃，此頌　即十六
石葉仁兄大人　左右　弟祥林　頓首　十七
此石兩紙十八、九可晤　叙
章直四壹佚，昨日葉蘭兄來詢貴省各
告　左右，此須頌
升安　弟祥林　頓首

连日为公务所羁，明后得暇，当送
行旌，以叙别悃。此报
石菱仁兄大人左右。弟祜顿首。十七。
如不雨，或十八九可晤教。
季直回书，俟明日叶闰兄来，询其有无，
告左右。此复颂
叔安。弟祜顿首。

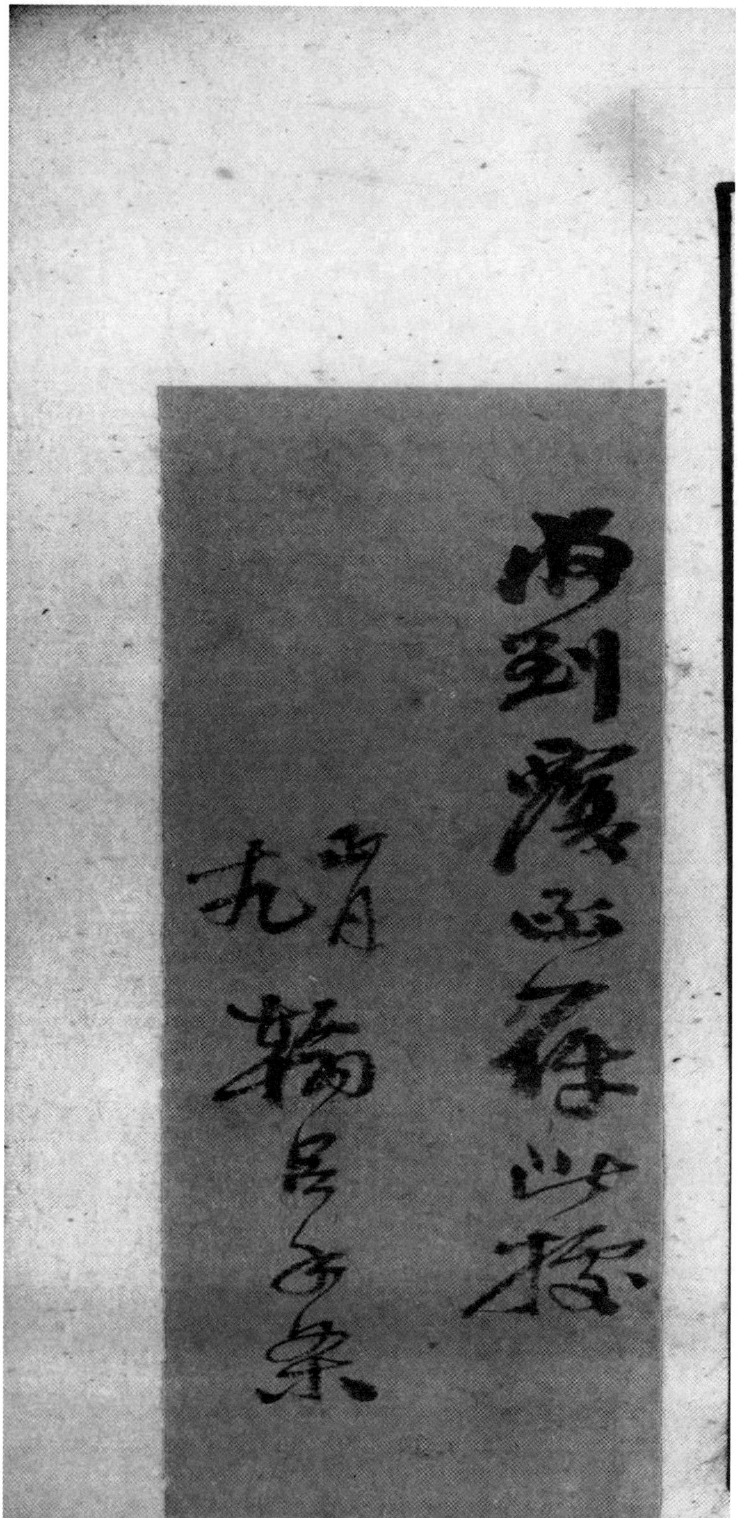

收到覆函一件，此据。

正月

翰臣手条

十九

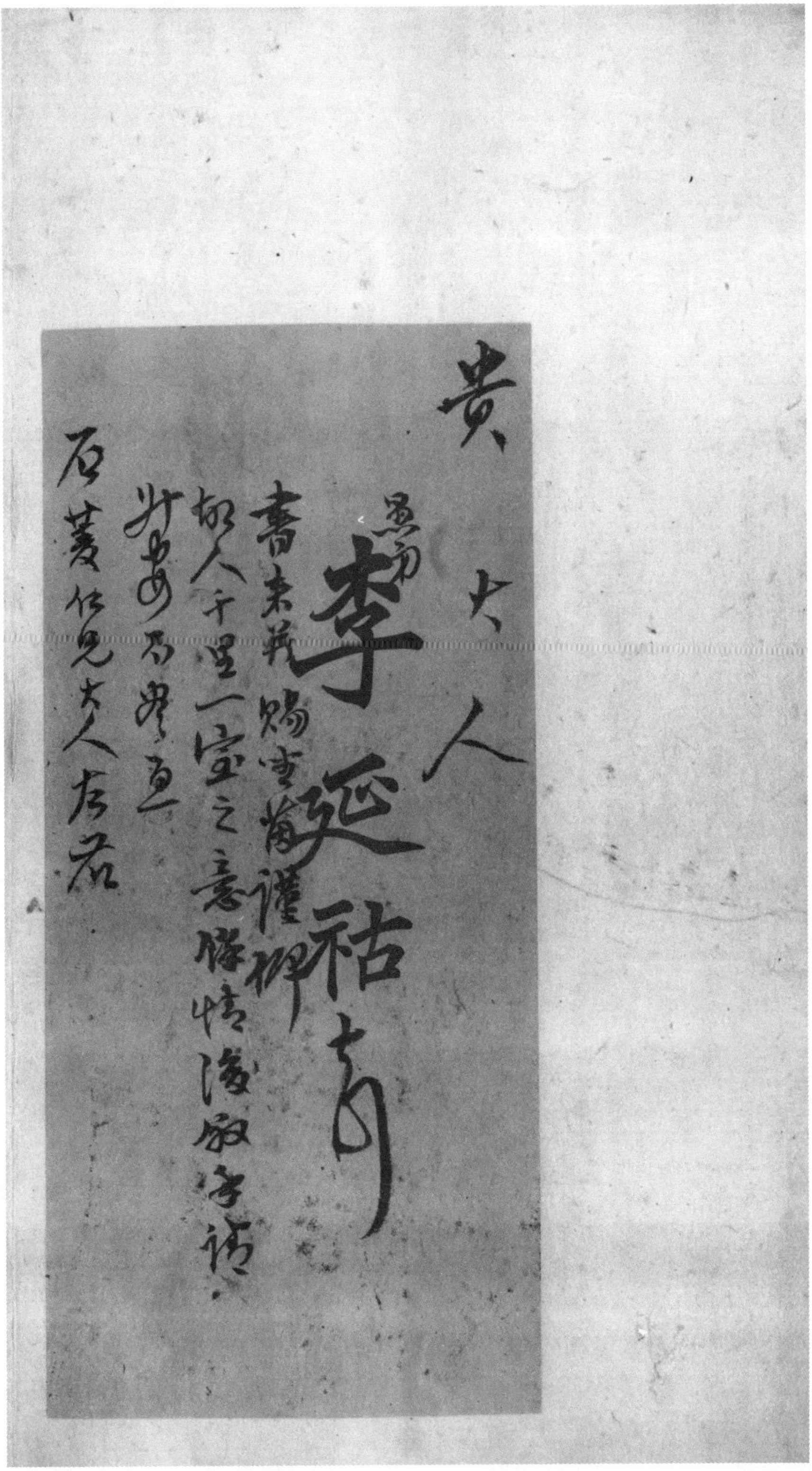
貴大人
李延祜

贵大人：

愚弟李延祜顿首。

书来并赐坐茵，谨仰

故人千里一室之意，馀情后叙，手请

叔安，不尽百一。

石菱仁兄大人左右。

六、潘钟杰

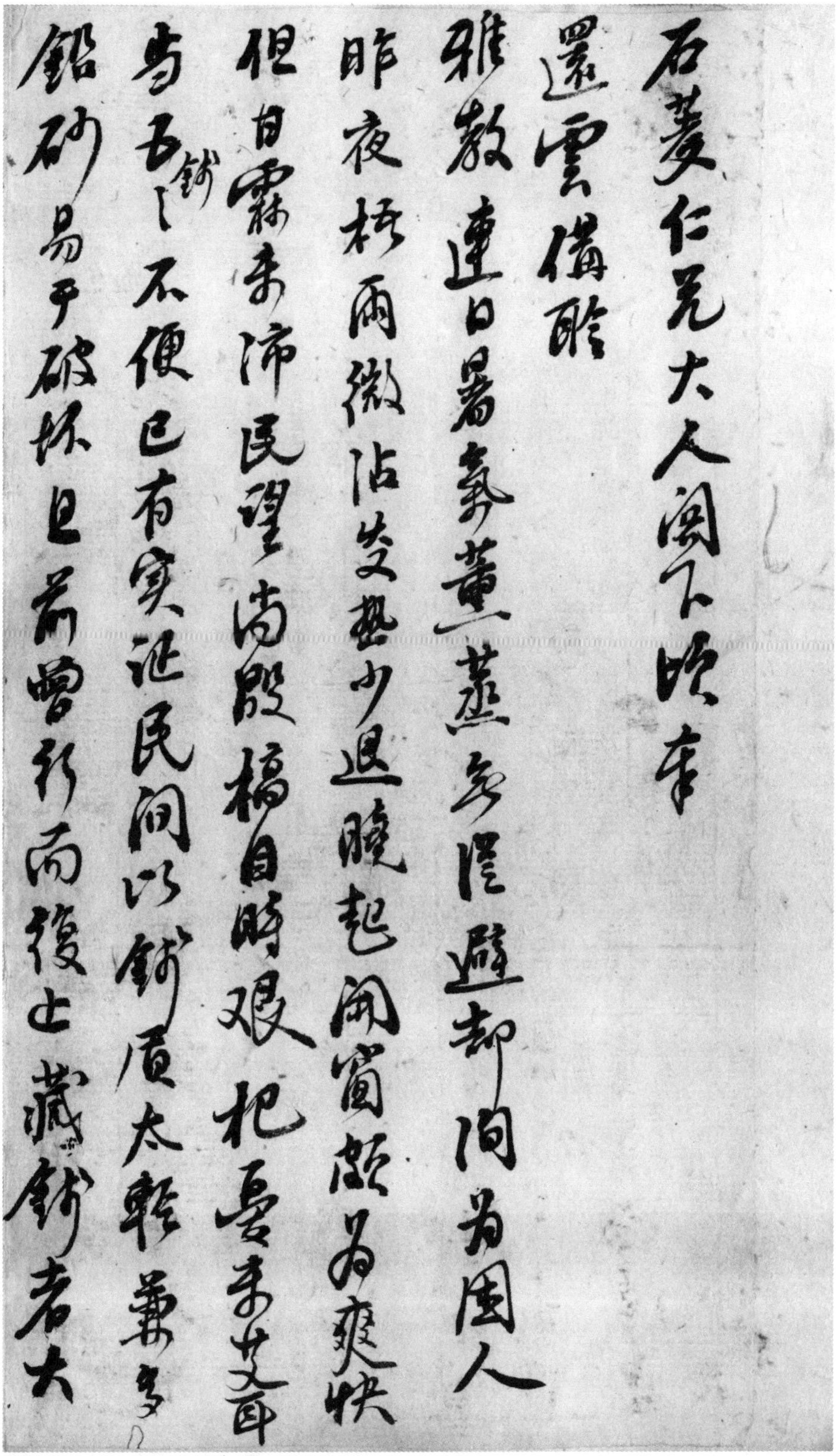

石菱仁兄大人閣下頃奉
還雲備聆
雅教連日暑氣薰蒸多遲避却向爲國人
昨夜橫雨微沾炎熱少退曉起開窗頗爲爽快
但甘霖未沛民望尚殷撫自時艱把憂未艾耶
當五錢不便已有實証民間以錢質太輕兼多
鉛砂易乎破損且前曾行而復止藏錢者大

石菱仁兄大人阁下：顷奉

还云，备聆

雅教。连日暑气薰蒸，无从避却，洵为困人。昨夜梧雨微沾，炎热少退，晓起开窗，颇为爽快。但甘霖未沛，民望尚殷。槁目时艰，杞忧未艾耳。当五钱之不便，已有实证。民间以钱质太轻，兼多铅砂，易于破坏。且前曾行而复止，藏钱者大

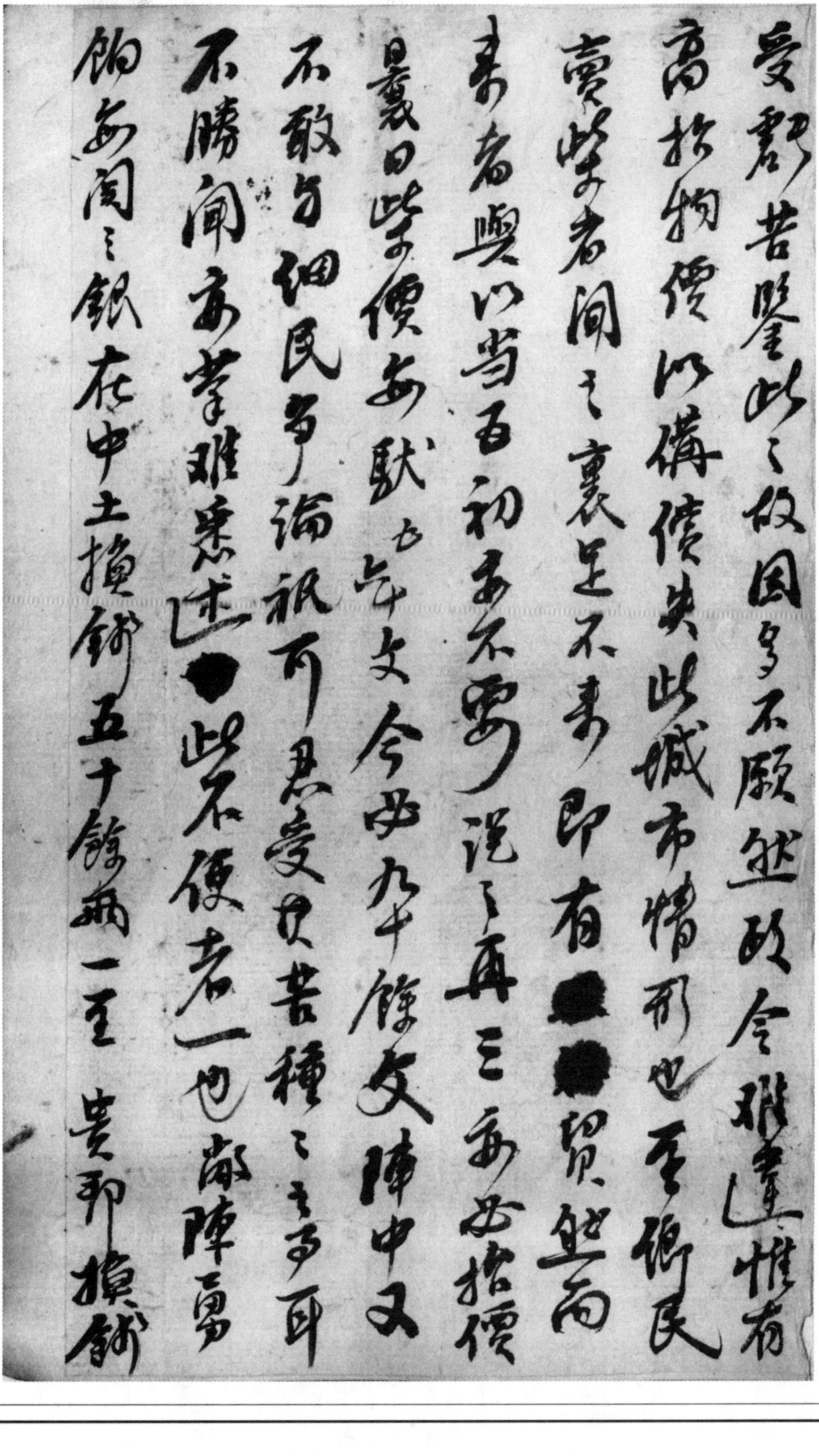

受郡若鑒此之故因多不顧然政令難達惟有
高抬物價以備價失此城市情形也至鄉民
賣此等者間之裹足不來即有[illegible]貿然而
來者與以當面初亦不要說之再三亦必抬價
曩日此等價每默七八千文今必九千餘文陳中又
不敢與細民多論祇可忍受其苦種種之多耳
不勝聞亦等難悉述[illegible]此不便者一也尚陣勇
餉每聞之銀在中土換錢五十餘兩一至貴郡換錢

《谭眉》拾馀

受亏苦。鉴此之故，固多不愿。然政令难违，惟有高抬物价，以备偿失，此城市情形也。至乡民卖柴者，闻之裹足不来，即有贸然而来者，与以当五，初亦不要，说之再三，亦必抬价。曩日柴价，每驮五六十文，今必九十馀文，阵中又不敢与细民争论，只可忍受其苦。种种之事，耳不胜闻，亦笔难悉述，此不便者一也。敝阵勇饷，每关之银，在中土换钱五十馀两。一至贵邦，换钱

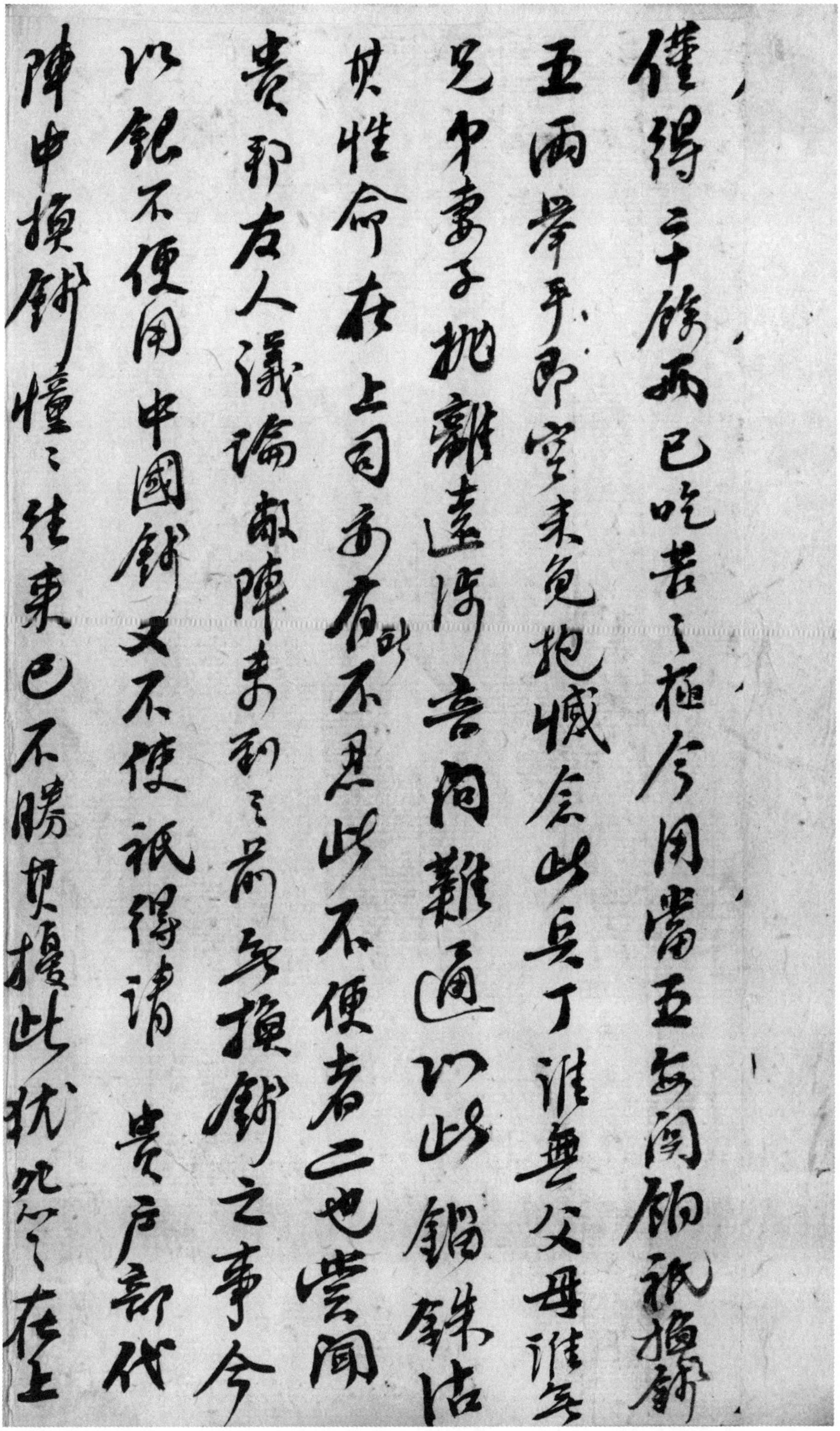

僅得二十餘兩，已吃苦之極。今用當五每兩銅錢換錢五兩，帶平即空來兒抱憾。念此兵丁，誰無父母，誰無兄弟妻子，拋離遠涉，音問難通，以此錙銖沽其性命。在上司亦有所不忍，此不便者二也。嘗聞貴邦友人議論，敝陣來到之前，無換錢之事。今以銀不便用，中國錢文不使，祇得請 貴戶部代陣中換錢，憧憧往來，已不勝其擾。此擾處處在上

仅得二十馀两，已吃苦之极，今用当五，每关饷只换钱五两，举手即空，未免抱憾。念此兵丁谁无父母，谁无兄弟妻子，抛离远涉，音问难通，以此锱铢，沽其性命，在上司亦有所不忍，此不便者二也。尝闻贵邦友人议论，敝阵未到之前，无换钱之事，今以银不便用，中国钱又不使，只得请诸贵户部代阵中换钱，憧憧往来，已不胜其扰，此犹怨之在上者如用當之鋪他日敵陣回去勢必[redacted]政令不行則今日之強民使用是為陣中他日之禁行使民受害安是為陣中歸怨之由不待他日始見今已無有所聞矣此又結怨于下者因利致怨已爲不可因我們而結怨民間將归罪于 政府則尤不可此大不便者三也[redacted]

大帥與諸營哀憐惻為懷視同一律再四思維有難自安者故將入告

者，如用当五之钱，他日敝阵回去，势必改令不行，则今日之强民使用，是为阵中他日之禁行，使民受害，亦是为阵中归怨之由，不待他日始见，今已实有所闻矣。此又结怨于下者。因利致怨，已为不可，因我们而结怨民间，将归罪于政府，则尤不可。此大不便者三也。

大帅与诸营官悱恻为怀，视同一体。再四思维，有难自安者，故将入告

國王勸即備行此錢耳至乎法之新舊苟益
乎民何妨乎行泥古而不可盡新而不可拔
要準今酌古因時制宜耳若王介甫新法之
行伊洛諸公亦未嘗指其非之故至今尚有仿
其法者惟錢法一科考之乎古變化多端史論中指未有
以當五當十為是者非論以國計之錯則論以病民
之非

国王，劝即停行此钱耳。至于法之新旧，苟益于民，何妨于行，泥古亦不可，喜新亦不可，总要准今酌古，因时制宜耳。若王介甫新法之行，伊洛诸公亦未尝尽非之，故至今尚有仿其法者。惟钱法一科，考之于古，变化多端，史论中总未有以当五、当十为是者，非论以国计之错，则论以病民之非。

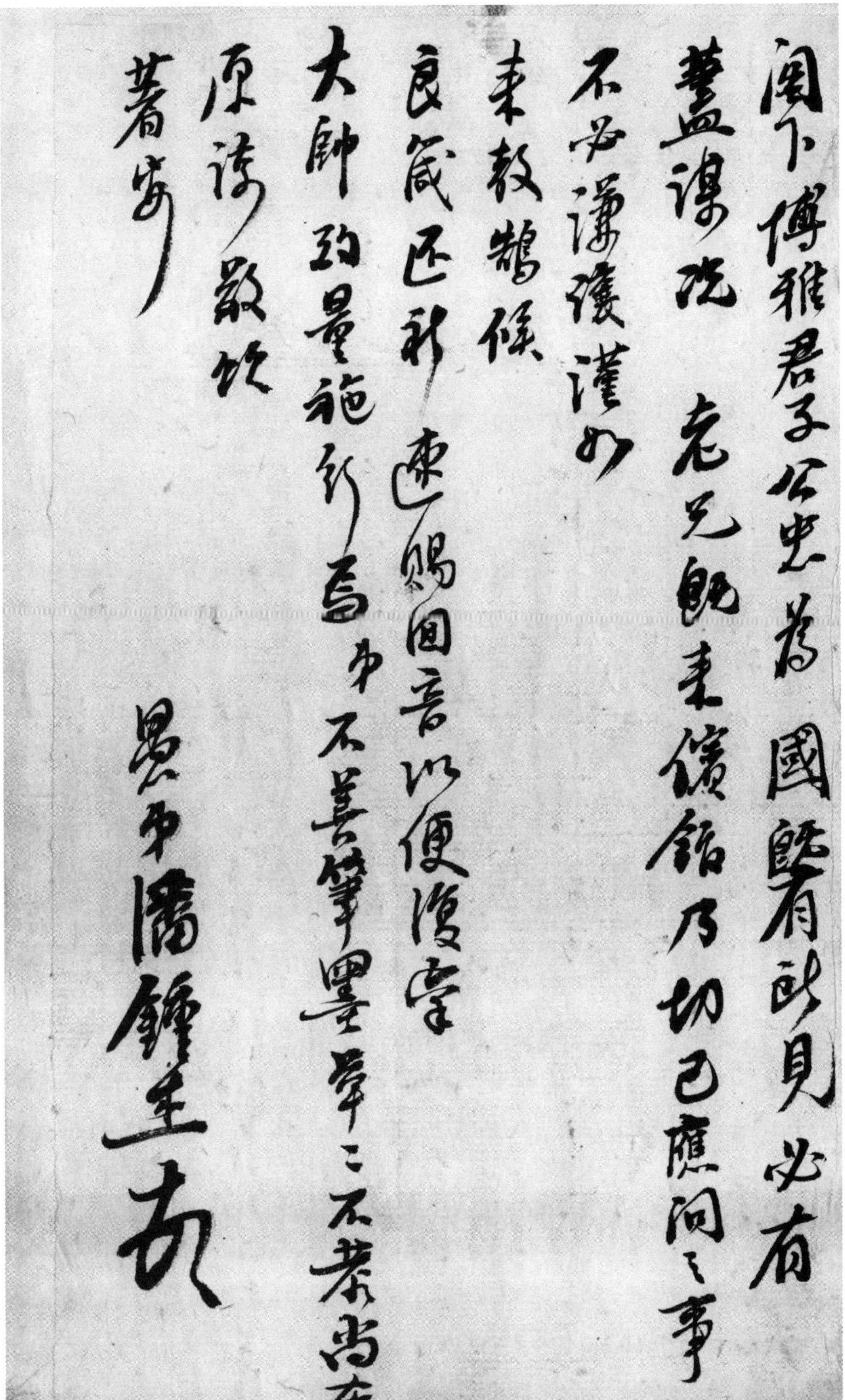

閣下博雅君子公忠為國鑒有所見必有
盡讜論 老兄既來饒館乃切己應問之事
不必謙讓謹如
來教辦條
良箴匡所 速賜回音以便復學
大帥酌量施行為 弟不甚筆墨草之不恭尚希
原諒敬頌
著安
愚弟潘鍾瑞頓

阁下博雅君子，公忠为国，既有所见，必有荩谋。况老兄既来傧馆，乃切己应问之事，不必谦让，谨如

来教，鹄候

良箴，还祈速赐回音，以便复奉

大帅酌量施行焉。弟不善笔墨，草草不恭，尚希原谅。敬颂

著安。

愚弟潘钟杰顿首。

石菱仁兄大人閣下 近日 貴部以當五錢輸陣中應用
民間不便以致物價騰貴 兵勇又不願故
大帥飭敝局仍將當五錢運還戶部並請 政府停用
另籌別法 敝陣到 貴邦各事已重累 諸公今又以錢
法之故累及百姓更為不可況當五之重祇有小錢之二操
利權者來始不得計而傳怨之由要歸于陣中我
大帥數十年愛民如子今至 貴邦視同一家豈肯周

便已已聞不便于民使吾民致怨乎即
貴政府苟知民民不欲亦必不强强使行也惟物價驟貴
此等不來將大不利于兵勇
閣下在此迎接所則上自　大帥下至吏丁無不承蒙
照拂務請曉諭民間照常買賣勿再指價則感仰
仁施殊有涯涘矣敬此佈請
署安　愚弟潘鍾瑞頓首　十五日

石菱仁兄大人阁下：近日 贵部以当五钱输阵中应用，
民间不便，以致物价腾贵，兵勇又不愿，故
大帅饬敝局仍将当五钱送还户部，函请政府停用，
另筹别法。敝阵到 贵邦，各事已重累 诸公，今又以钱
法之故 累及百姓，更为不可。况当五之重，只有小钱之二，操
利权者，未始不得计，而结怨之由，必归于阵中，我
大帅数十年爱民如了，今至 贵邦，视同一家，岂肯因
便己之用，不便于民，使万民致怨乎？即
贵政府苟知民之不欲，亦必不强之使行也。惟物价骤贵，
柴草不来，将大不利于兵勇。
阁下在此迎接所，则上自 大帅，下至夫丁，无不承蒙
照拂。务请晓谕民间，照常买卖，勿再抬价，则感仰
仁施，弥有涯涘矣。敬此，布请
暑安。
愚弟潘钟杰顿首。十四日

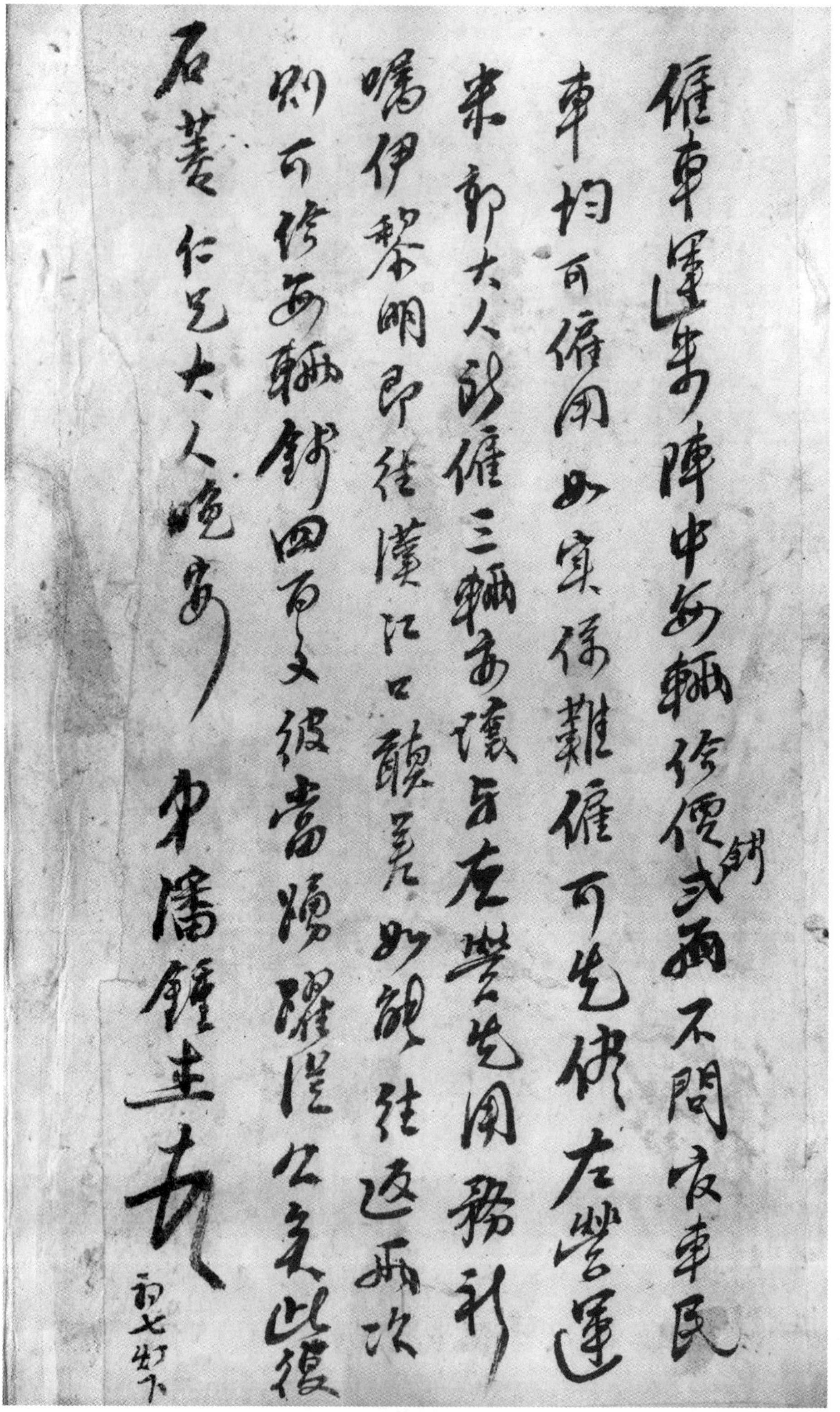
催車運來陣中每輛給價銀式兩不問夜車民
車均可僱用如實係難催可先將左營運
來節大人諸催三輛每讓與左營先用務祈
囑伊黎明即往漢江口聽差如能往返兩次
則可給每輛錢四百文彼當踴躍從公矣此覆
石菱仁兄大人晚安
弟潘鍾圭頓首
初七燈下

雇车运米，阵中每辆给价钱贰两，不问官车民车，均可雇用。如头系难雇，可先尽左营运米。郭大人所雇三辆，亦让与左营先用，务祈嘱伊黎明即往汉江口听差，如能往返两次，则可给每辆钱四百文，彼当踊跃从公矣。此复

石菱仁兄大人晚安。弟潘钟杰顿首。初七灯下。

二弟名銘 字心如 号梅三 又号眉山 庚午舉人

三弟名鍾輝 字觀卿 号 乙亥科舉人

四弟名鍾璞 号梅溪 布政司理問

五弟名鍾瑜 号寶卿 廩生候選訓導

六弟名鍾瓘 号宣卿 廩貢生候選訓導

二弟名铭，字心如，号梅三，又号眉山，庚午举人。
三弟名钟辉，字丽卿，号，乙亥科举人。
四弟名钟瑛，号梅溪，布政司理问。
五弟名钟瑜，号宝卿，廪生，候选训导。
六弟名钟瑾，号宣卿，廪贡生，候选训导。

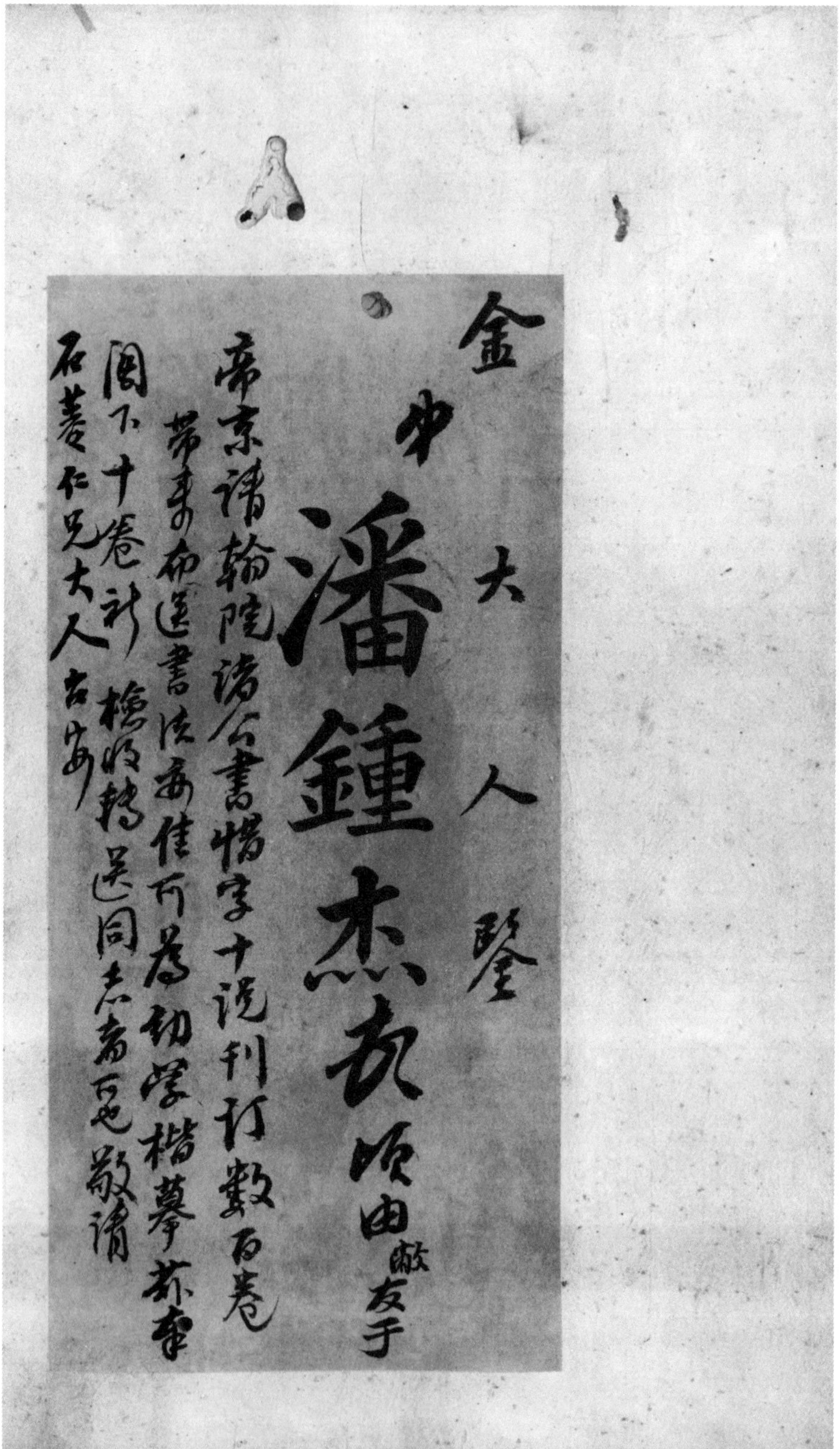
金大人鑒

中

潘鍾杰執 頃由敝友于

帝京請翰院諸公書惜字十說刊訂數百卷

帶來命送書法奇佳可為幼學楷摹茲奉

閣下十卷祈 檢收轉送同志為荷 敬請

石菴仁兄大人台安

金大人鉴：

弟潘钟杰顿首。顷由敝友于

帝京请翰院诸公书《惜字十说》，刊订数百卷带来布送，书法亦佳，可为幼学楷摹。兹奉

阁下十卷，祈检收转送同志者可也。敬请

石菱仁兄大人台安。

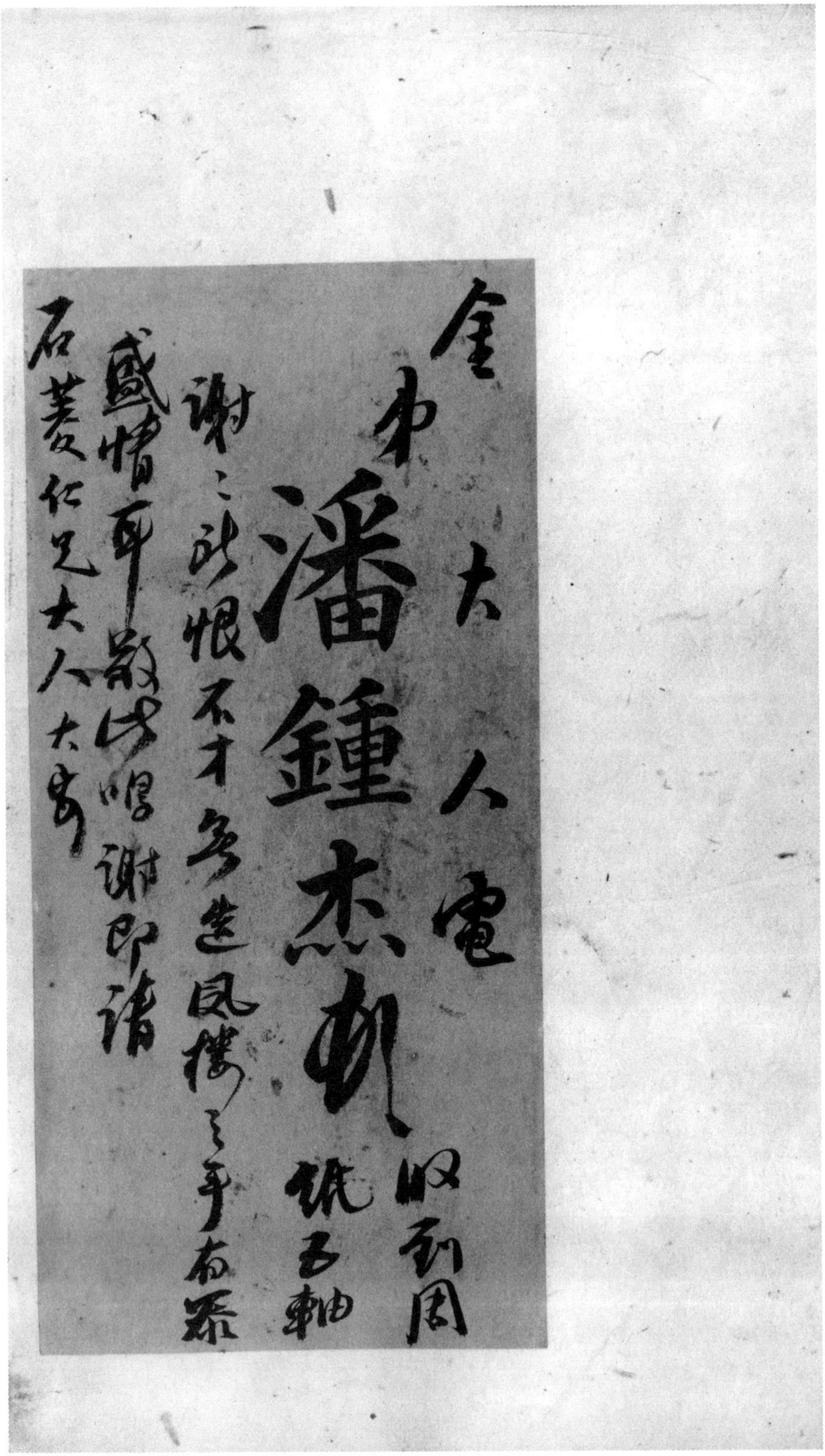

全大人電
中潘鍾杰札收到周紙五軸
謝謝。此恨不才多逢鳳樓之年有添
盛情再敬此懼謝即請
石蓁仁兄大人大安

金大人电

弟潘钟杰 顿首 收到周

纸五轴，

谢谢。所恨不才无造凤楼之手，有忝

盛情耳。敬此鸣谢，即请

石菱仁兄大人大安。

七、吴朝彦

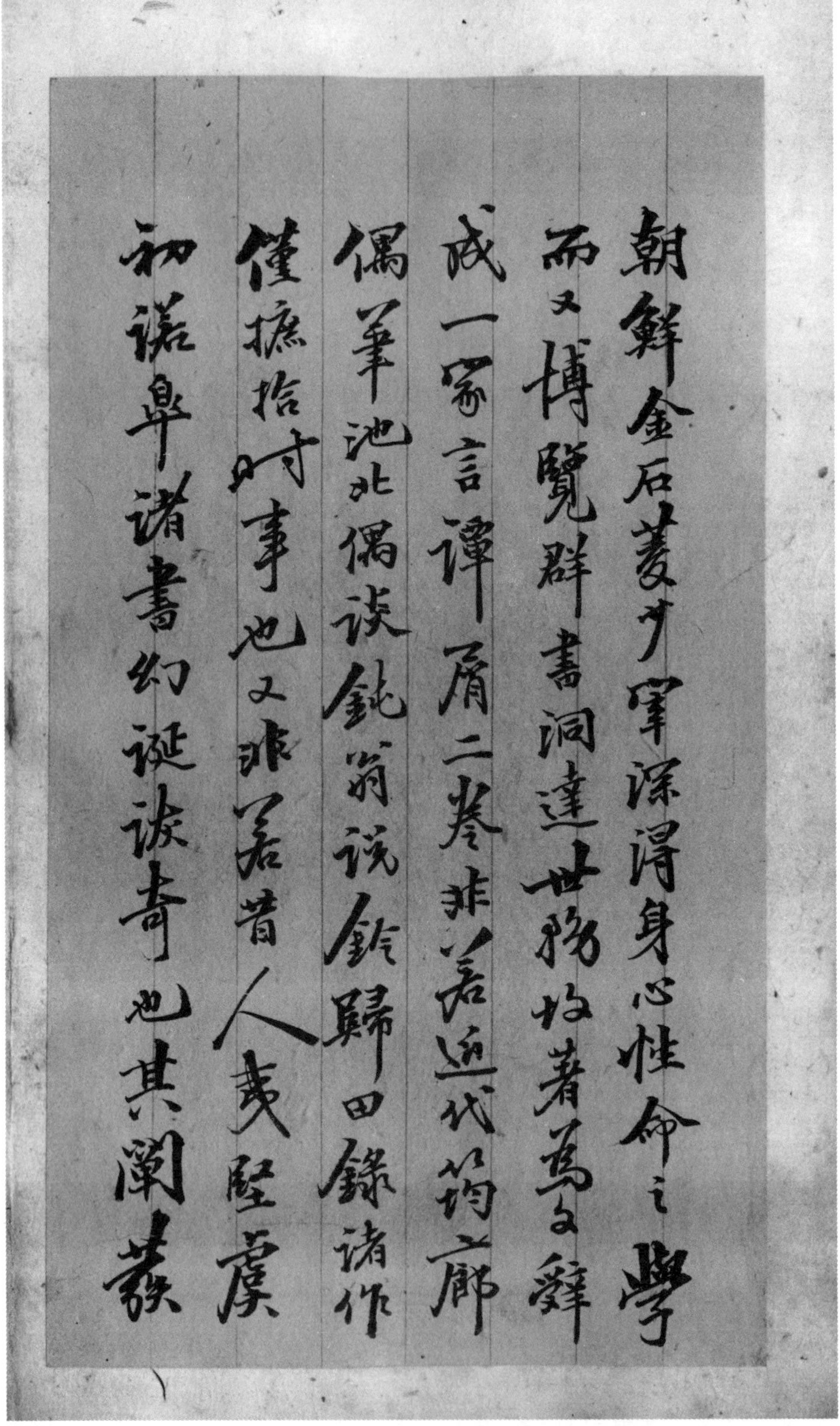

朝鮮金石菱少軍深得身心性命之學而又博覽群書洞達世務故著為文辭成一家言譚盾二卷非若近代筠廊偶筆池北偶談鈍翁説鈴歸田錄諸作僅摭拾時事也又非若昔人夷堅虞初諾皋諸書幻誕詼奇也其闡發

朝鲜金石菱少宰深得身心性命之学，而又博览群书，洞达世务，故著为文辞，成一家言。《谭屑》二卷，非若近代《筠廊偶笔》、《池北偶谈》、《钝翁说铃》、《归田录》诸作，仅摭拾时事也。又非若昔人《夷坚》、《虞初》、《诺皋》诸书，幻诞诙奇也。其阐发

義理識解深透不倚不偏足與呂新
吾先生呻吟語相頡頏而短章片言
瀟灑雋永則如蘇黃小品豈尋常操
觚者能津逮及之哉余方患寒疾神
倦心煩兀坐齋頭無復聊賴適石
菱貽此卷讀之而通體爽然將藏

义理，识解深透，不倚不偏，足与吕新吾先生《呻吟语》相颉颃。而短章片言，潇洒隽永，则如苏黄小品，岂寻常操觚者能津逮及之哉！余方患寒疾，神倦心烦，兀坐斋头，无复聊赖，适石菱贻此卷，读之而通体爽然，将藏

諸篋衍他日返旆南中一編相對
殆彷彿與石菱會面劇談時也
光緒十年二月四日皖南涇川吳朝彥實君識

诸篋衍。他日返旆南中，一编相对，
殆仿佛与石菱会面剧谈时也。
光绪十年二月四日，皖南泾川吴朝彦实君识。
吴朝彦印［白文］、实君［朱文］。

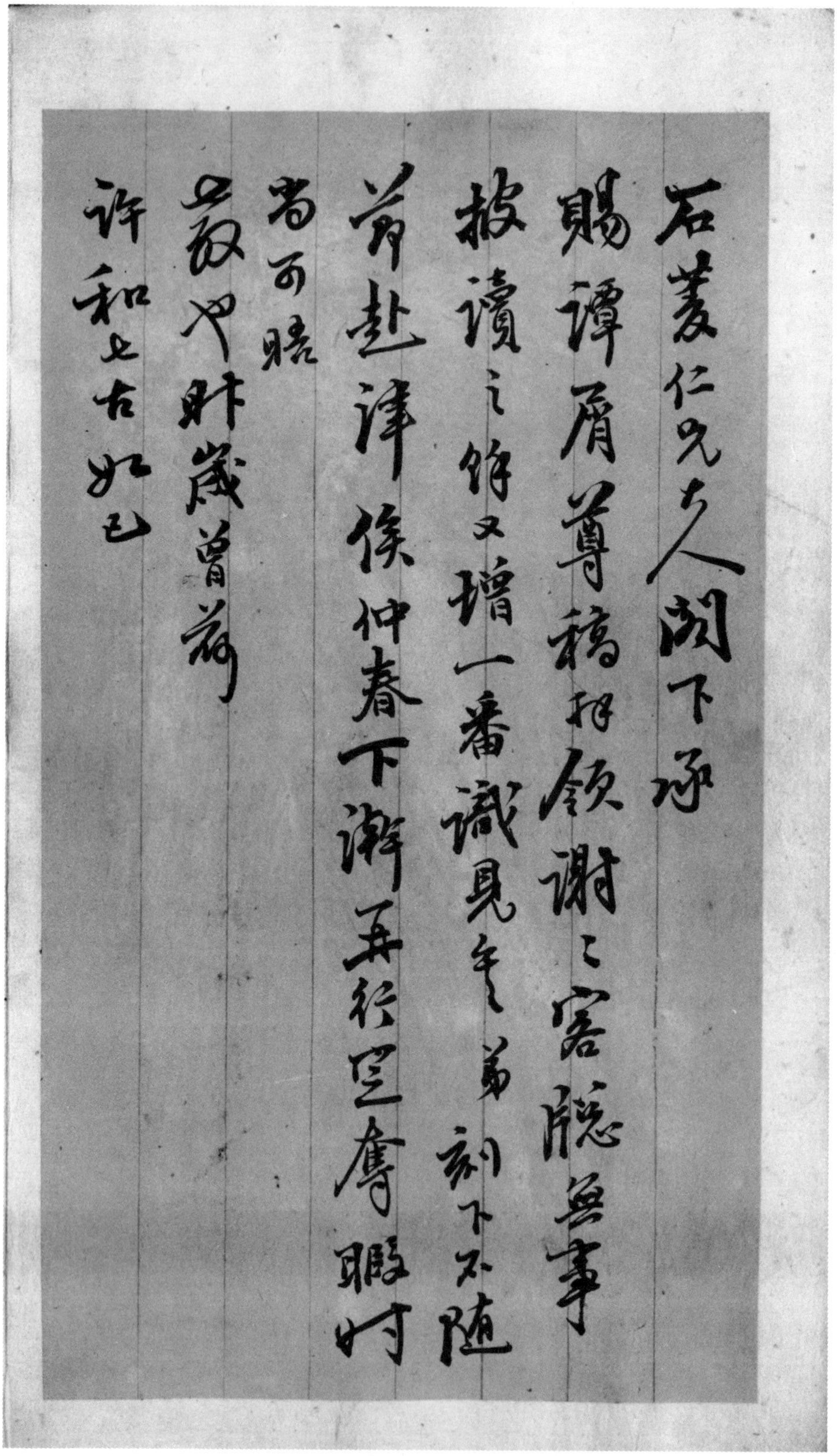
石菱仁兄大人閣下：承
賜譚眉尊稿，拜領，謝謝。容聽無事
披讀之餘，又增一番識見矣。弟刻下不隨
前赴津，候仲春下澣再行置奪，暇時尚可晤
叙也。昨歲曾薦
許和上古如已

石菱仁兄大人阁下：承
赐《谭屑》尊稿，拜领谢谢。客窗无事，
披读之馀，又增一番识见矣。弟刻下不随
节赴津，俟仲春下澣再行定夺，暇时
尚可晤教
也。昨岁曾荷
许和七古，如已

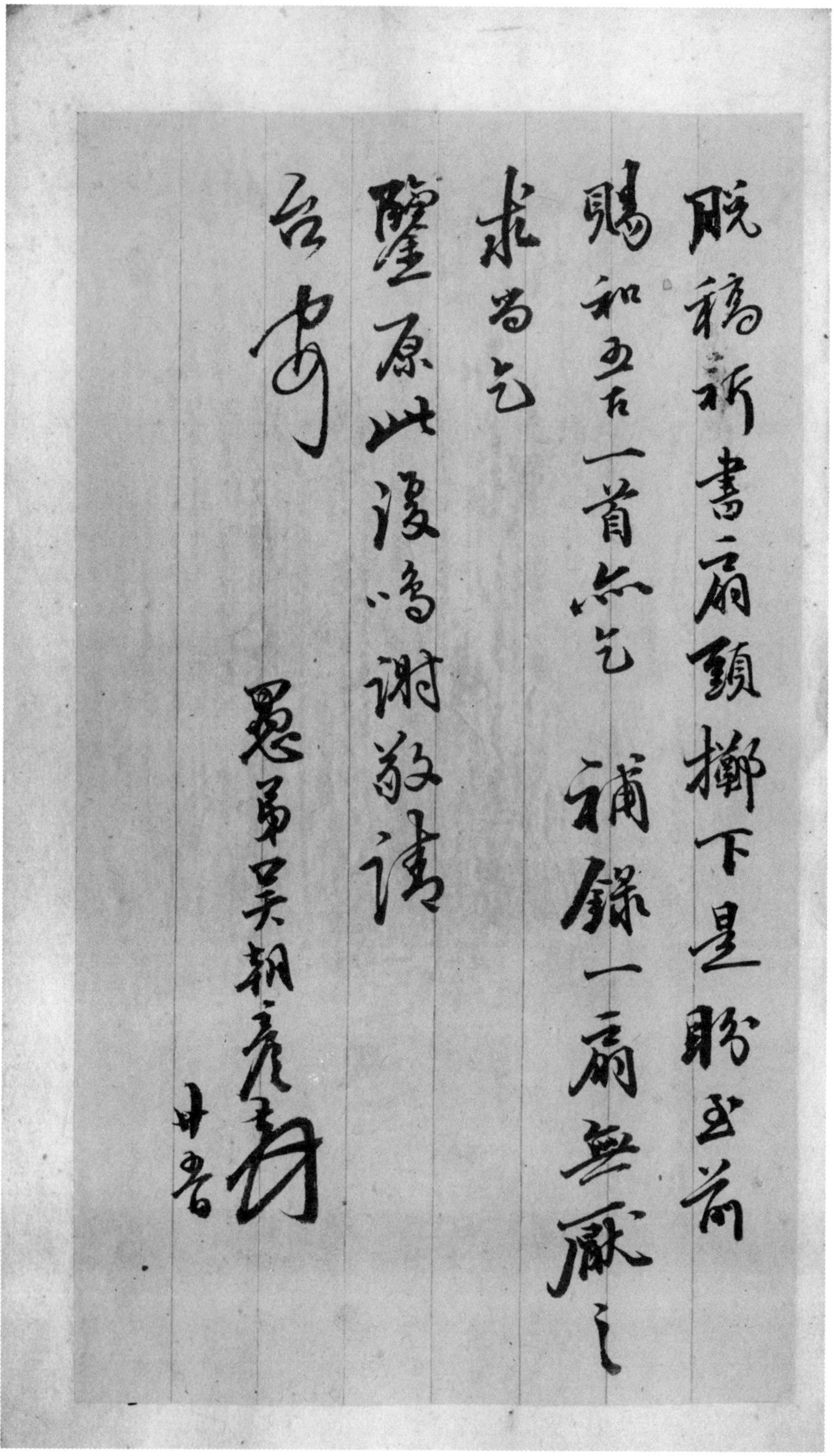
脫稿祈書扇頭，擲下是盼。至前
賜和五古一首，亦乞 補錄一扇，無厭之
求焉，乞
鑒原。此復鳴謝，敬請
台安
愚弟吳朝彥頓首
廿四

脱稿，祈书扇头掷下是盼。至前
赐和五古一首，亦乞补录一扇。无厌之
求，尚乞
鉴原。此复鸣谢，敬请
台安。　　愚弟吴朝彦顿首。
廿五日。

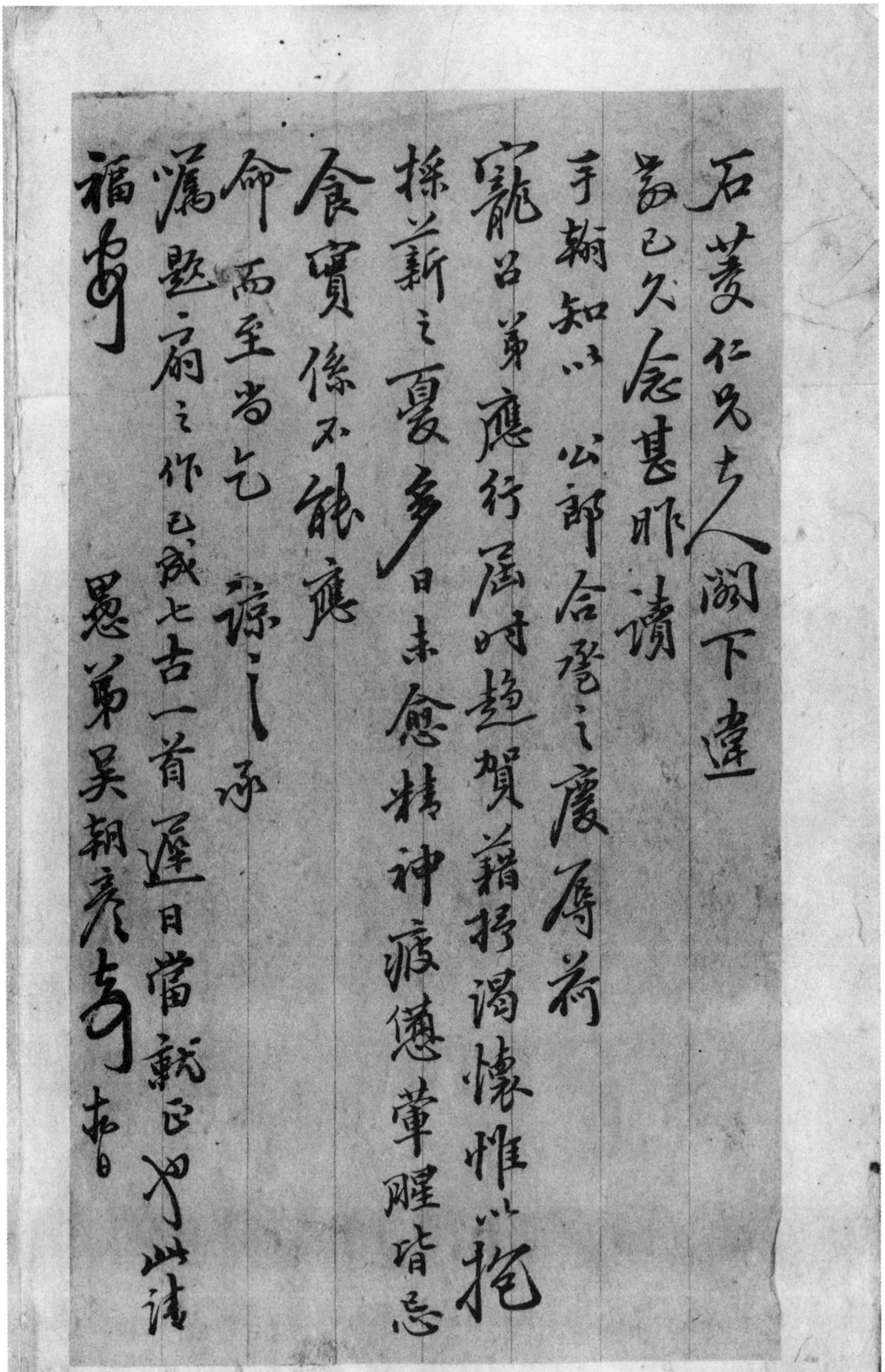

石菱仁兄大人閣下違
教已久念甚昨讀
手翰知以公郎合巹之慶辱荷
寵召弟應行屆時趨賀藉抒渴懷惟以抱
採薪之憂多日未愈精神疲憊葷腥皆忌
食實係不能應
命而至當乞諒之承
囑題扇之作已成七古一首遲日當就正也此請
愚弟吳朝彥頓首
福安

石菱仁兄大人阁下：违
教已久，念甚！昨诶
手翰，知以公郎合卺之庆，辱荷
宠召，弟应行届时趋贺，藉抒渴怀。惟以抱
采薪之忧，多日未愈，精神疲惫，荤腥皆忌
食，实系不能应
命而至，尚乞谅之。承
嘱题扇之作，已成七古一首，迟日当就正也。此请
福安。愚弟吴朝彦顿首。十九日。

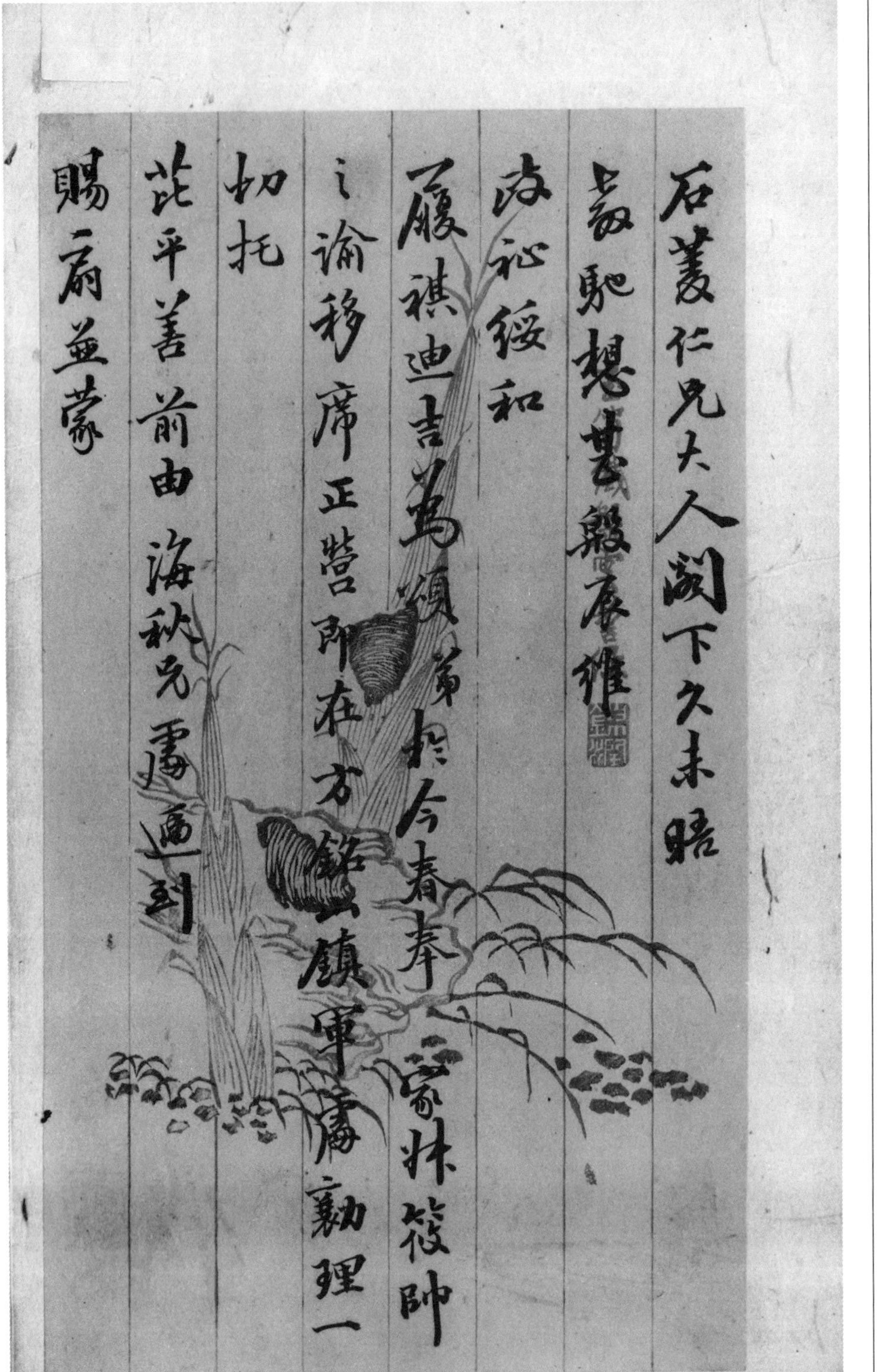
石菱仁兄大人閣下久未晤
叙馳想甚殷辰維
政祉綏和
履祺迪吉爲頌弟於今春奉霞林筱帥
之諭移席正營郎在方銘鎮軍處勷理一
切托
芘平善前由海秋兄處遞到
賜扇並蒙

石菱仁兄大人阁下：久未晤

教，驰想甚殷。辰维

政祉绥和，

履祺迪吉为颂。弟丁今春奉家叔筱帅

之谕，移席正营，即在方铭山镇军处，襄理一

切。托

庇平善。前由海秋兄处递到

赐扇，并蒙

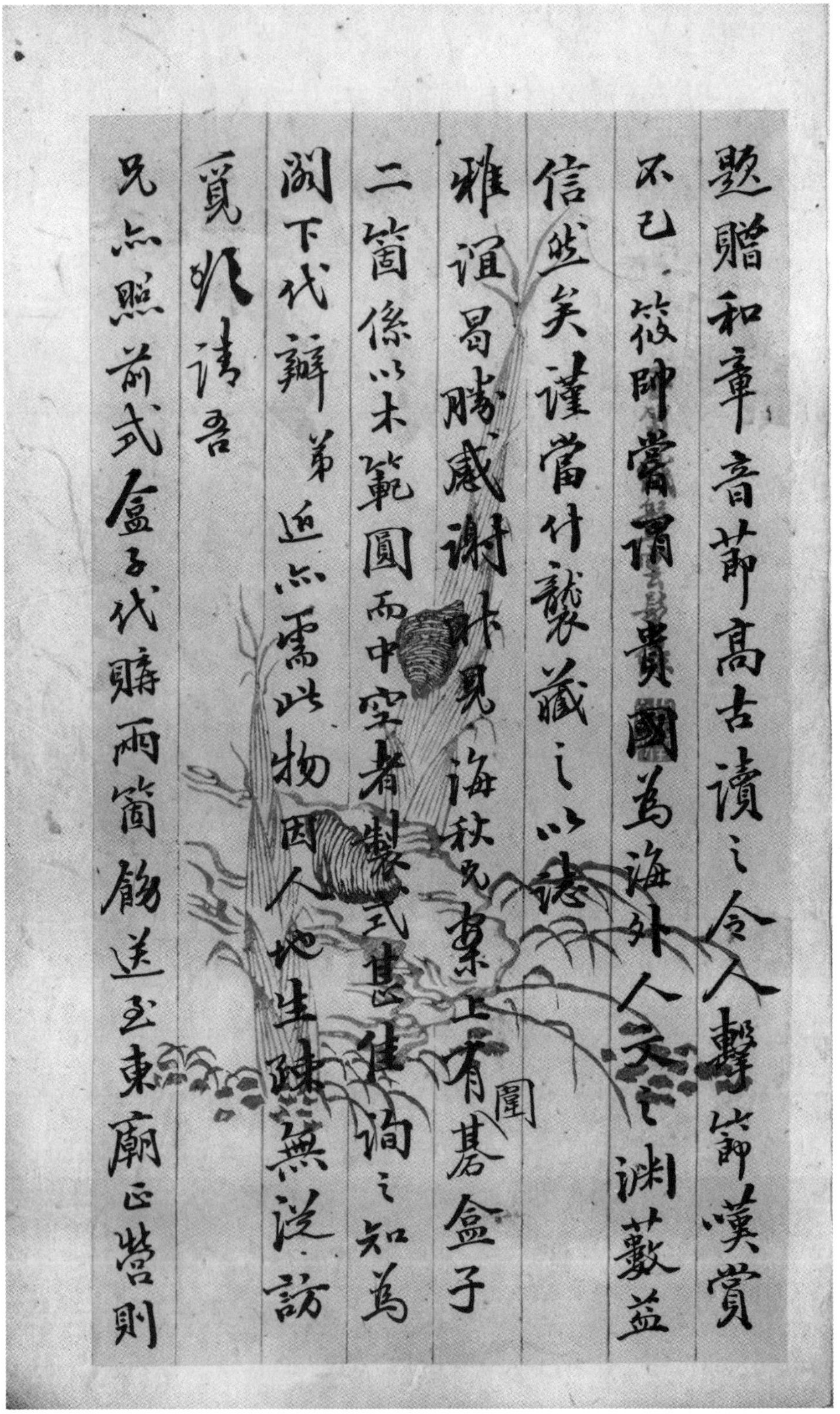

題贈和韋音節高古，讀之令人擊節嘆賞不已。筱帥嘗謂貴國爲海外人文之淵藪，益信然矣。謹當什襲藏之，以誌雅誼，曷勝感謝。昨見海秋兄案上有圍碁盒子二箇，係以木範圓而中空者，製式甚佳。詢之，知爲閣下代辦。弟近亦需此物，因人地生疎，無從訪覓。擬請吾兄亦照前式盒子代購兩箇，飭送至東廟正營，則

题赠和章，音节高古，读之令人击节，叹赏不已。筱帅尝谓贵国为海外人文之渊薮，益信然矣！谨当什袭藏之，以志雅谊，曷胜感谢！昨见海秋兄案上有围棋盒子二个，系以木范圆而中空者，制式甚佳，询之知为阁下代办。弟近亦需此物，因人地生疏，无从访觅，敬请吾兄亦照前式盒子代购两个，饬送至东庙正营，则

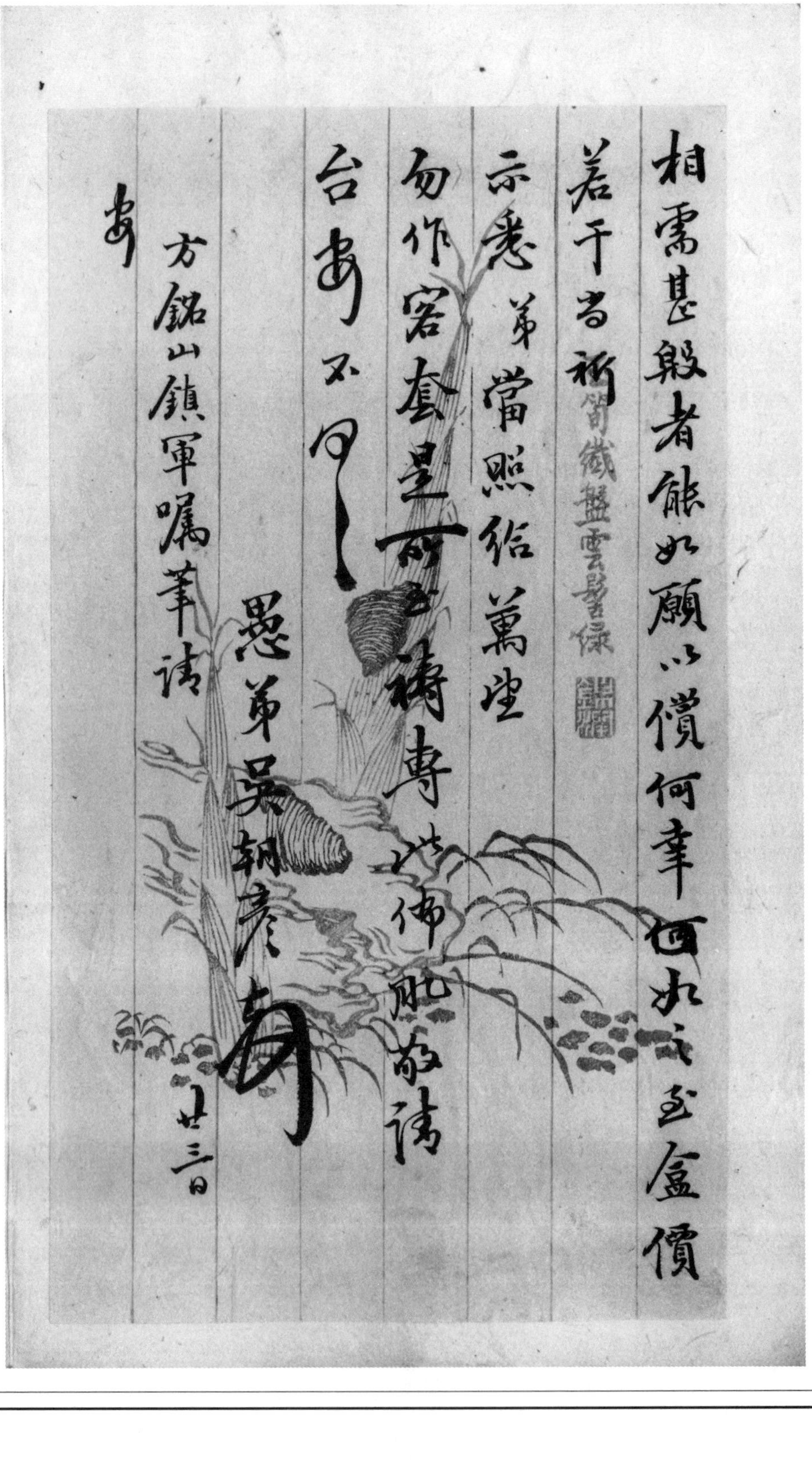

相需甚殷者能如願以償何幸何如之其盒價若干當祈示悉弟當照給萬望勿作客套是所至禱專此佈臆敬請
台安不一

愚弟吳朝彥頓

方銘山鎮軍囑筆請
安

廿三日

相需甚殷者能如愿以偿，何幸如之！至盒价若干，尚祈示悉。弟当照给，万望勿作客套，是所至祷。专此布臆，敬请台安，不具。

愚弟吴朝彦顿首。廿三日。

方铭山镇军嘱笔请安。

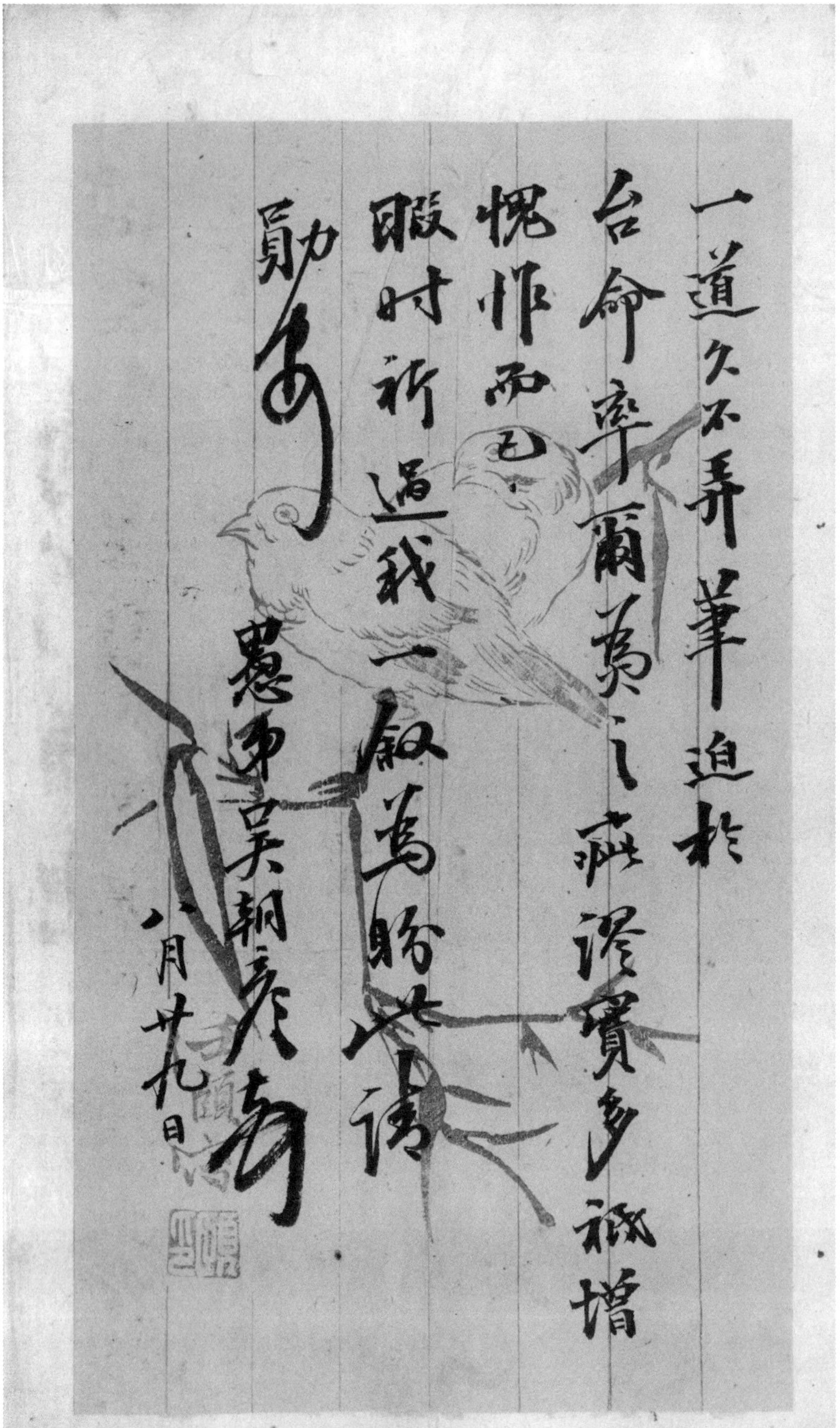
一道久不弄筆迫於
台命率爾爲之疵謬實多祇增
愧怍而已
暇时祈過我一敘爲盼並請
勛安
愚弟吳朝彥頓首
八月廿九日

一道久不弄笔，迫于
台命，率尔为之。疵谬实多，只增
愧怍而已。
暇时祈过我一叙为盼。此请
勋安。愚弟吴朝彦顿首。
八月廿九日。

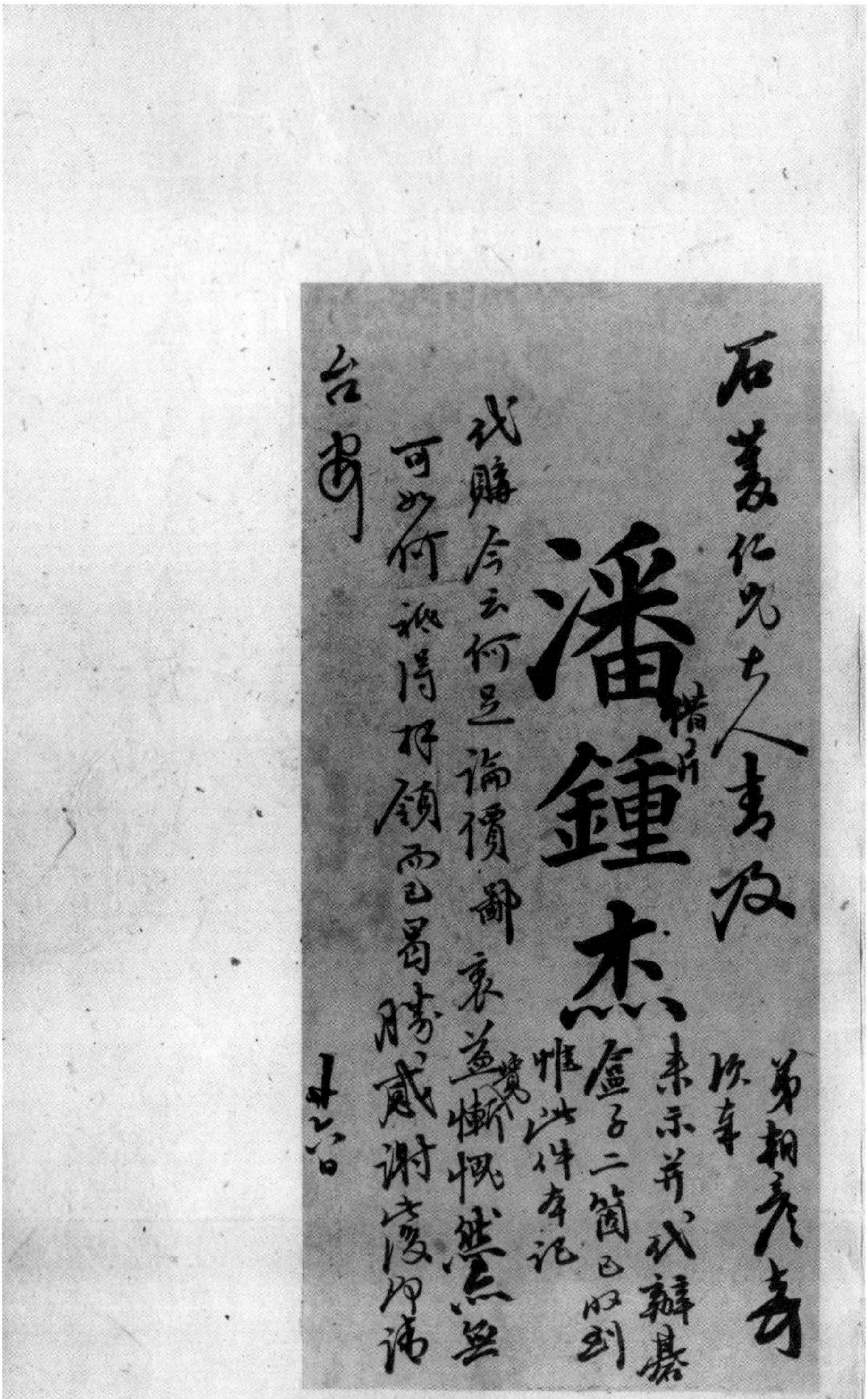
石菱仁兄大人青及
潘鍾杰謹片
弟朝庚手
頃奉
來示并[illegible]
盒子二箇已收到
惟此件本記
哉賜今云何足論價鄙衷益慚慨然無
可如何祇得拜領而已置勝感謝澄叩請
台安
廿六日

石菱仁兄大人青及：弟朝彦顿首。

顷奉

来示，并代办棋

盒子二个已收到，

惟此件本记

代购，今云何足论价。鄙衷益觉惭愧，然亦无

可如何，只得拜领而已，曷胜感谢。此复，即请

台安。

廿六日（借片［潘钟杰］）。

八、王鐲鬯

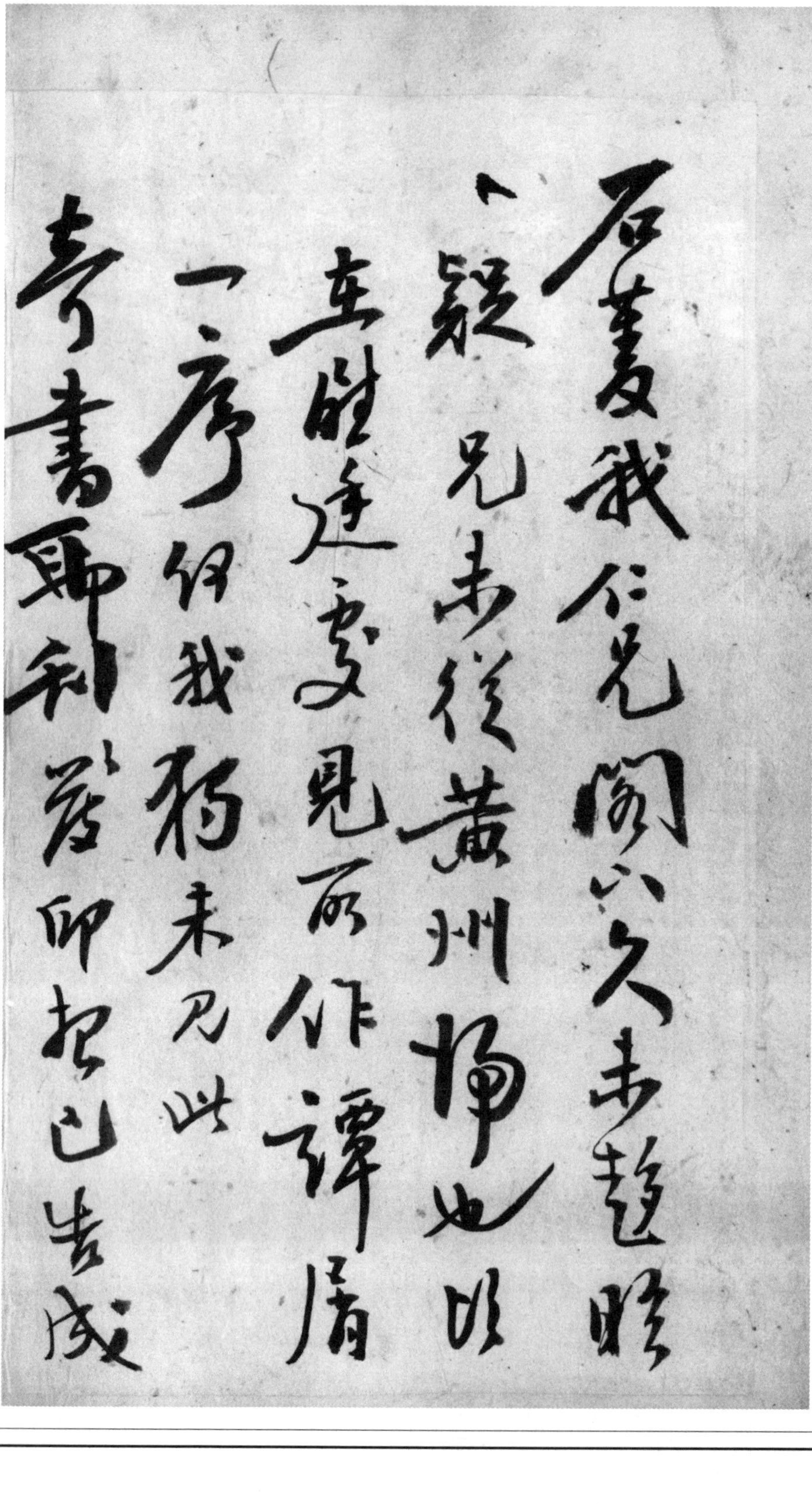

足下索我令兄聞之久矣趙賢
人疑兄未從黄州歸也明
年雖逢要見所作譚眉
一序何我獨未見此
奇書耶聊爲印招已告成

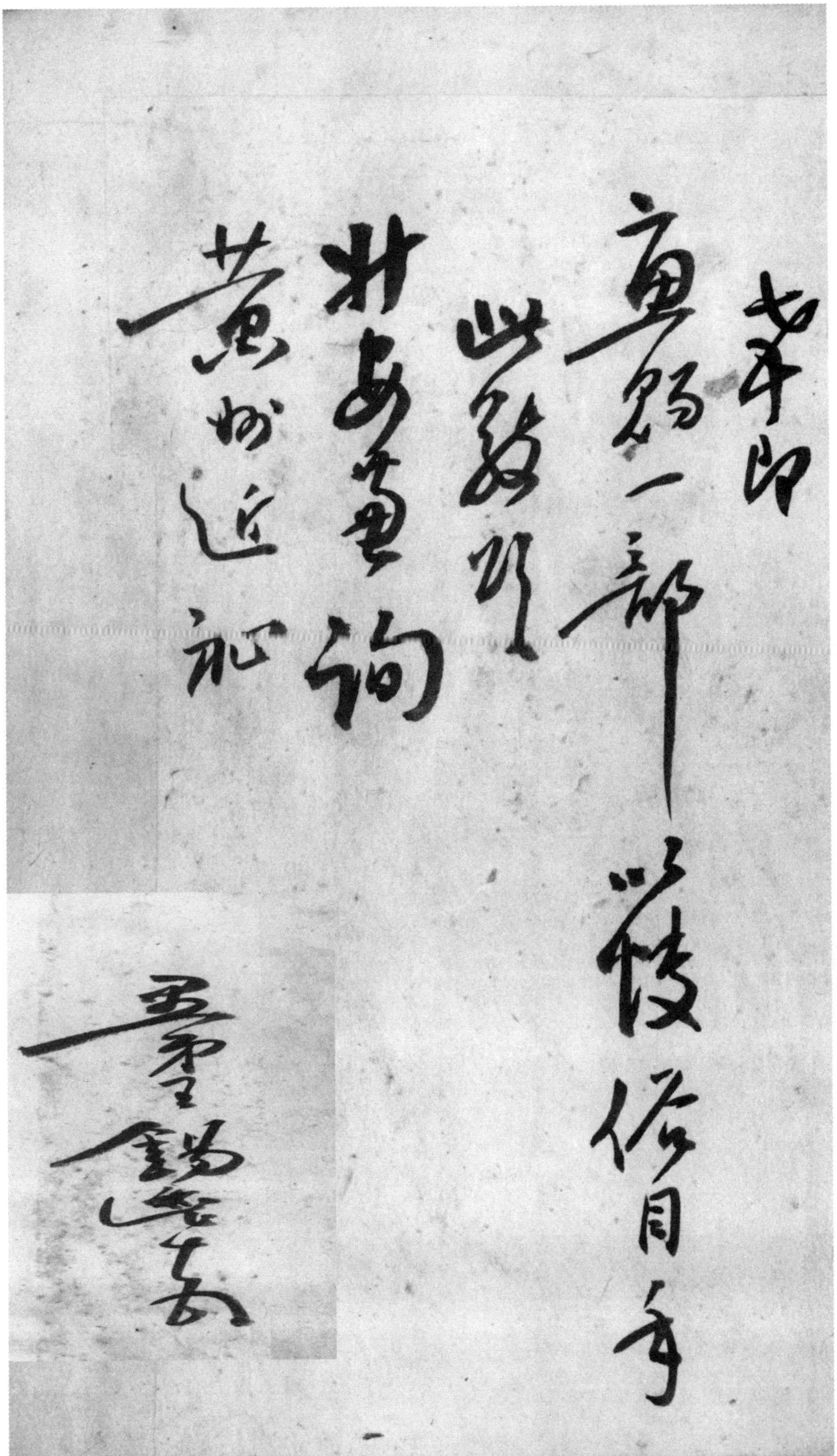

石菱我仁兄阁下：久未趋晤，疑兄未从黄州归也。顷在尉廷处见所作《谭屑》一序，何我独未见此奇书耶？刊印想已告成，希即

赐一部以博俗目。手此，敬颂

叔安，兼询

黄州近祉。 愚弟王锡鬯顿首

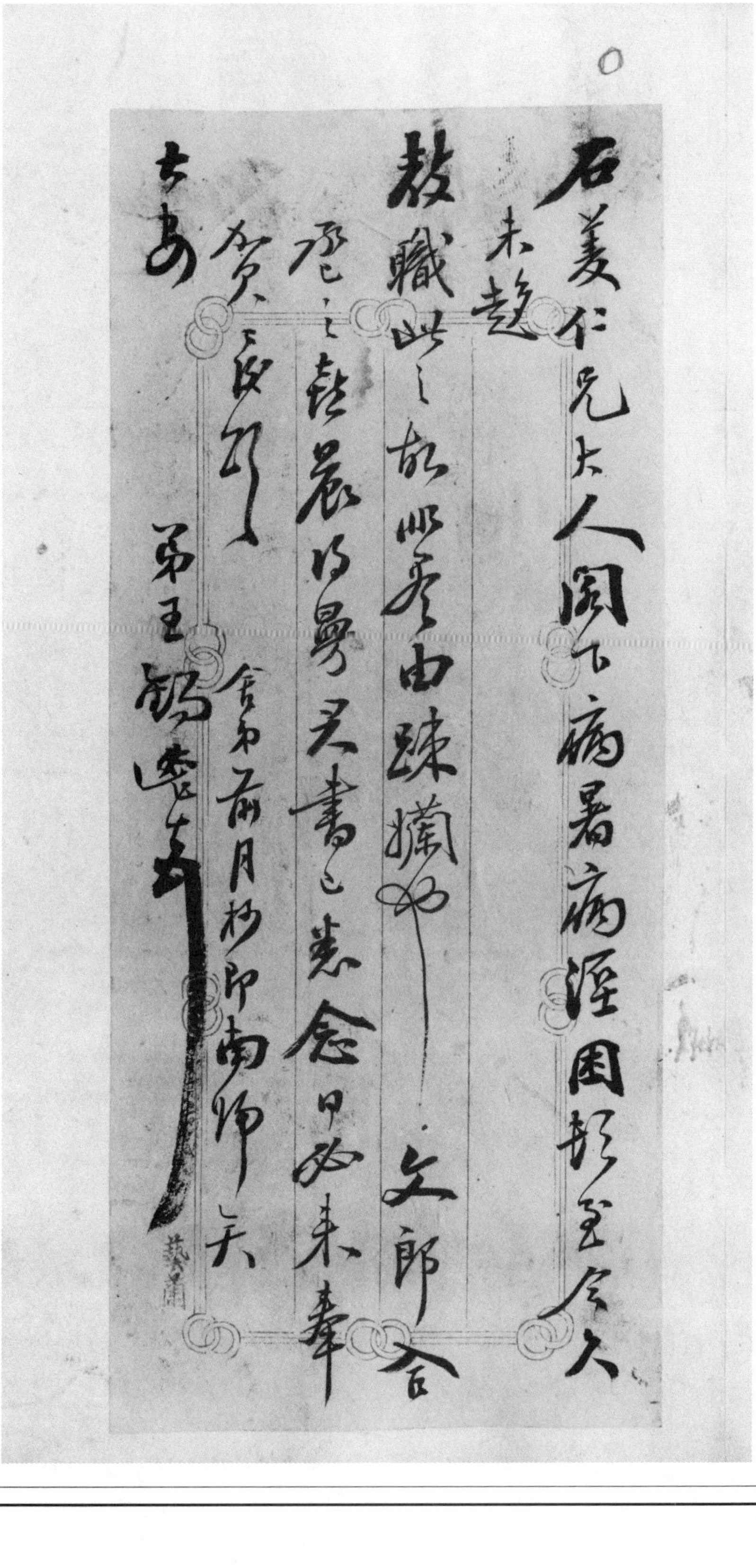

石姜仁兄大人閣下病暑病瘧困頓至今大
未趨
教職此之故此番由踈攔文郎合
卺之喜晨乃罷君書之患念日來未奉
賀之良可歉
舍弟前月杪即南歸矣
弟王鈞遷頓首
大安

石菱仁兄大人阁下：病暑病湿，困顿至今，久
未趋
教，职此之故，非尽由疏懒也。文郎合
卺之喜，晨得曼君书已悉，念日必来奉
贺，虔颂　　舍弟前月杪即南归矣。
大安。　　弟王锡罂顿首。

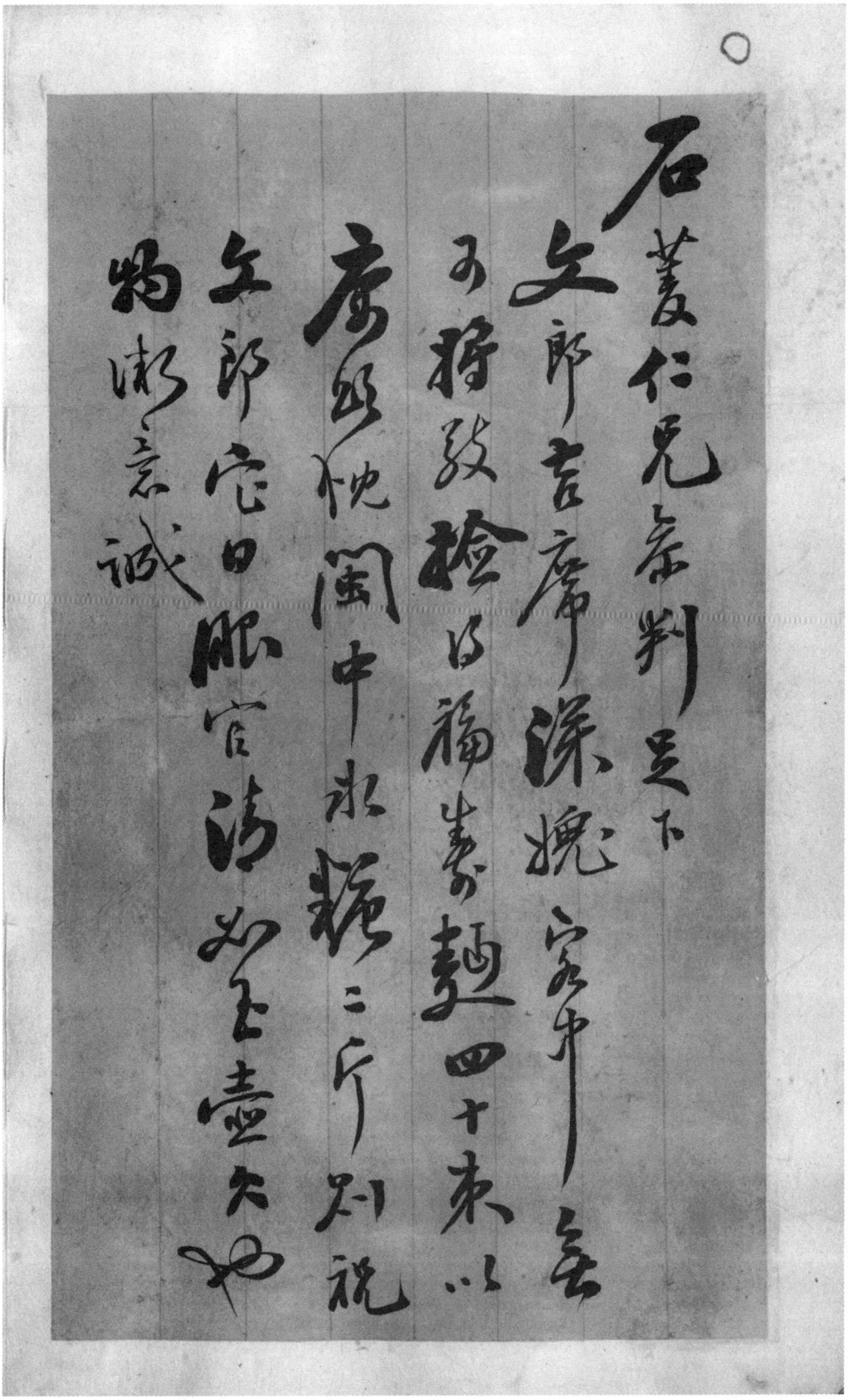
石菱仁兄年判足下
文郎吉席深慨[illegible]
兹特致檢以福壽麵四十束以
[illegible]悅閩中冰糖二斤對祝
文郎它日服官清如玉壺冰也
物[illegible]言
誠

莞收為幸 聖午趨賀
再奉細後此詛
卅烏並賀
大喜
晷餞篆壽
春

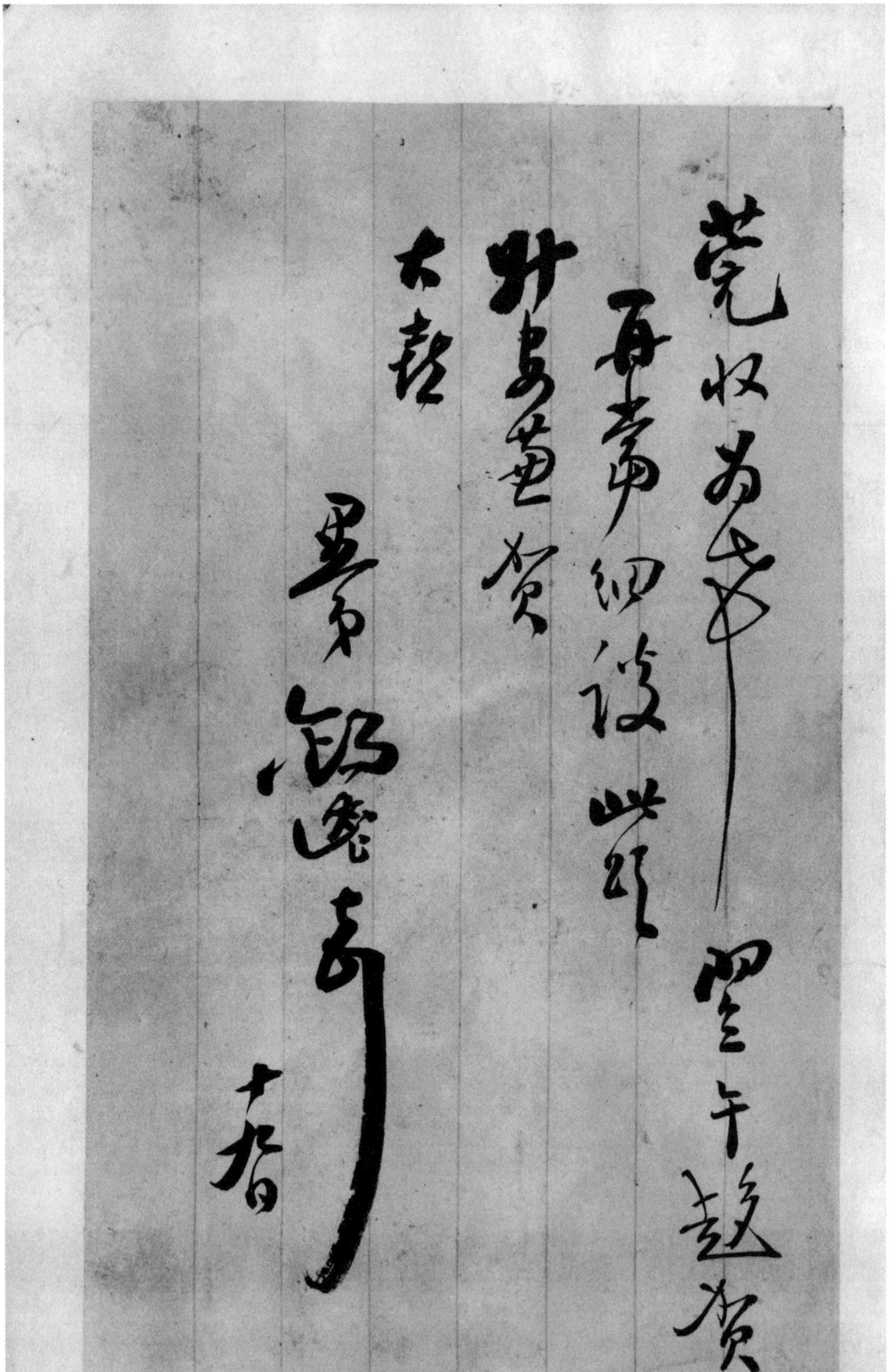

石菱仁兄参判足下：

文郎吉席，深愧客中无可将敬，检得福寿面四十束以庽颂忱。闽中冰糖二斤，则祝文郎它日服官清如玉壶久也。物微意诚，莞收为希，翌午趋贺，再当细谈。此颂叔安，兼贺大喜。

愚弟锡鬯顿首。十九日。

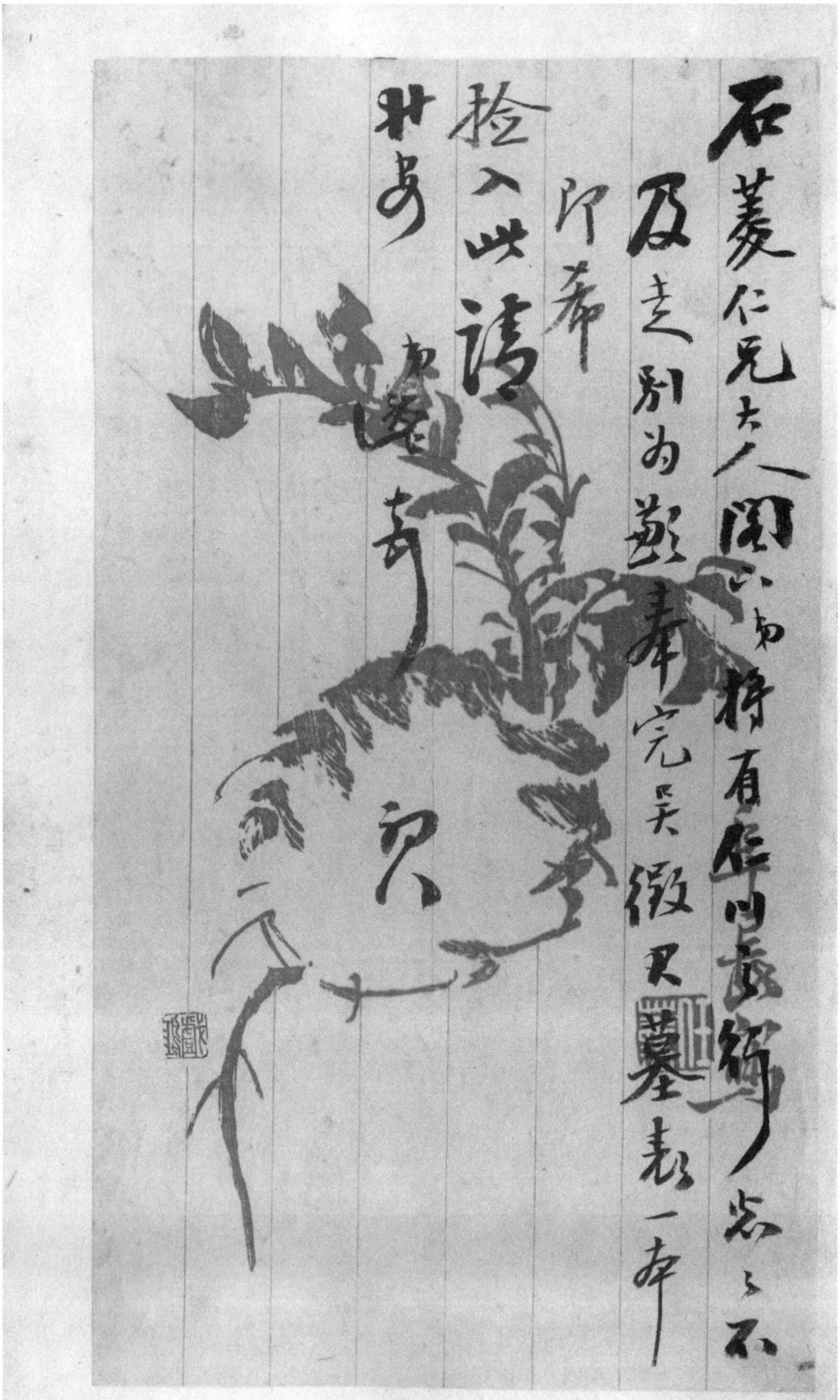
石菱仁兄大人閣下：前將有作，以寄塵鑒，久久不
及走別。爲鄦奉完吳徵君墓表一本，
即希
捡入。此請
升安。
弟宗浚頓首

石菱仁兄大人阁下：弟将有仁川之行，忽忽不
及走别为歉，奉完《吴征君墓表》一本。
即希
捡入。此请
叔安。　　弟罳頓首。　　初八。

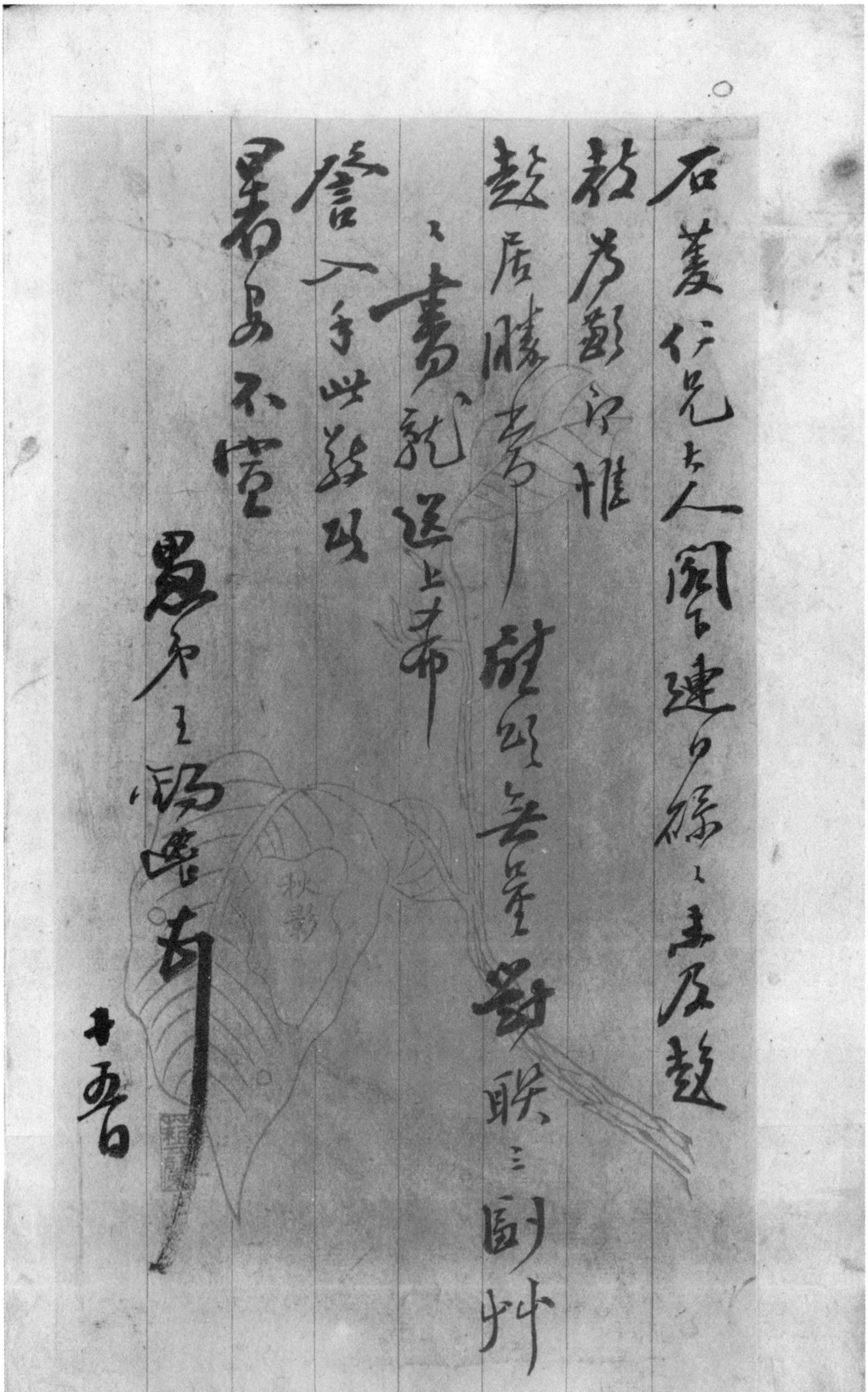

石蓑仁兄大人閣下：連日碌碌，未及趨
教。芳影印推
鼓居勝常，甚所念。對聯三副
書就送上，希
詧入。手此，敬頌
暑安不宣。
弟　王　頓首
十五日

石菱仁兄大人阁下：连日碌碌，未及趋
教为歉。即惟
起居胜常，慰颂无量。对联三副，草
草书就送上，希
督入。手此，敬颂
暑安，不宣。
愚弟王锡罂顿首。十五日。

九、林葵

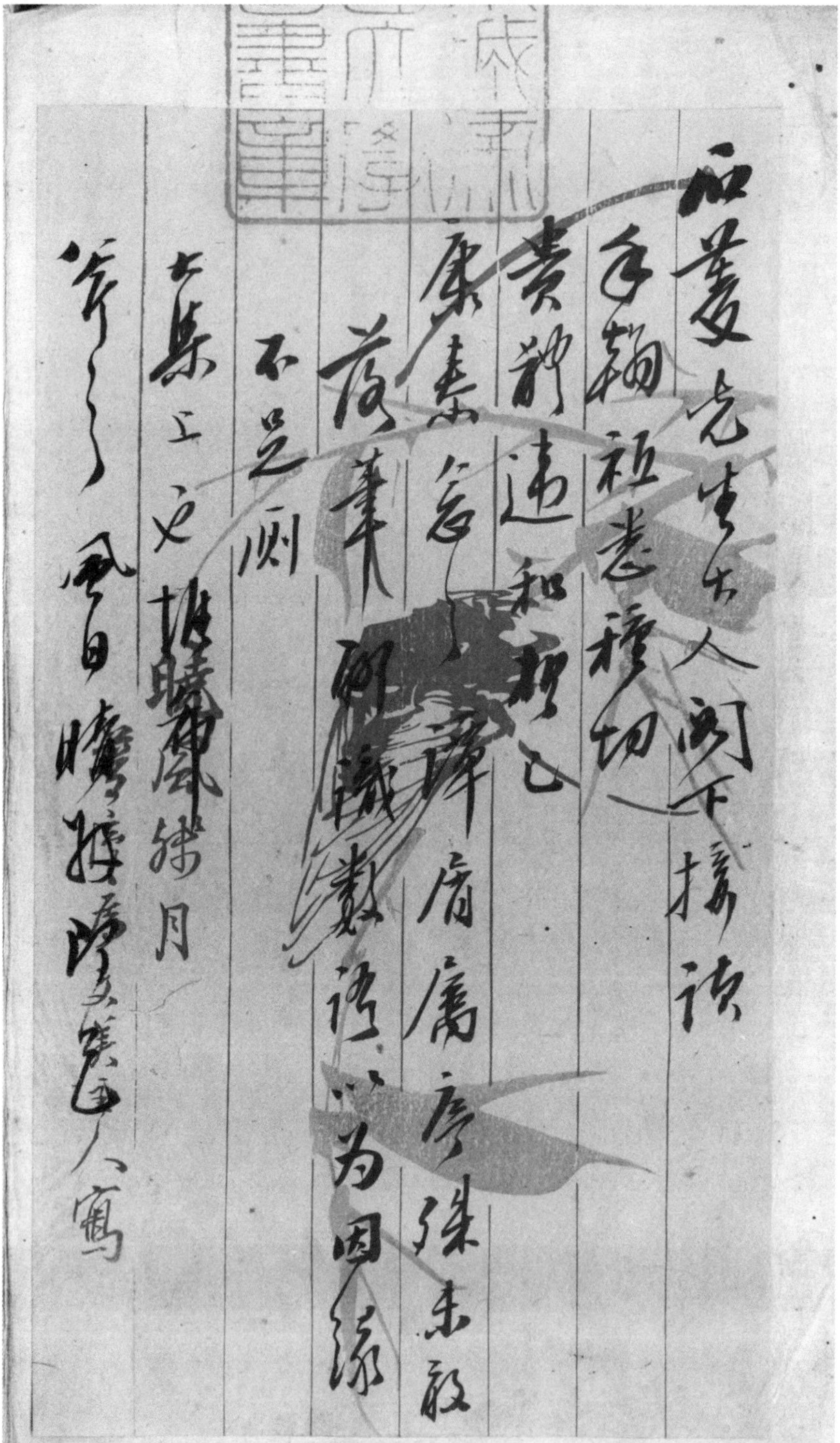
石蔓先生大人阁下：接读
手翰，祗悉种切。
贵体遽和顺，已
康泰为念。
前华谭眉庐序，张来取
所识数语，以为因缘。

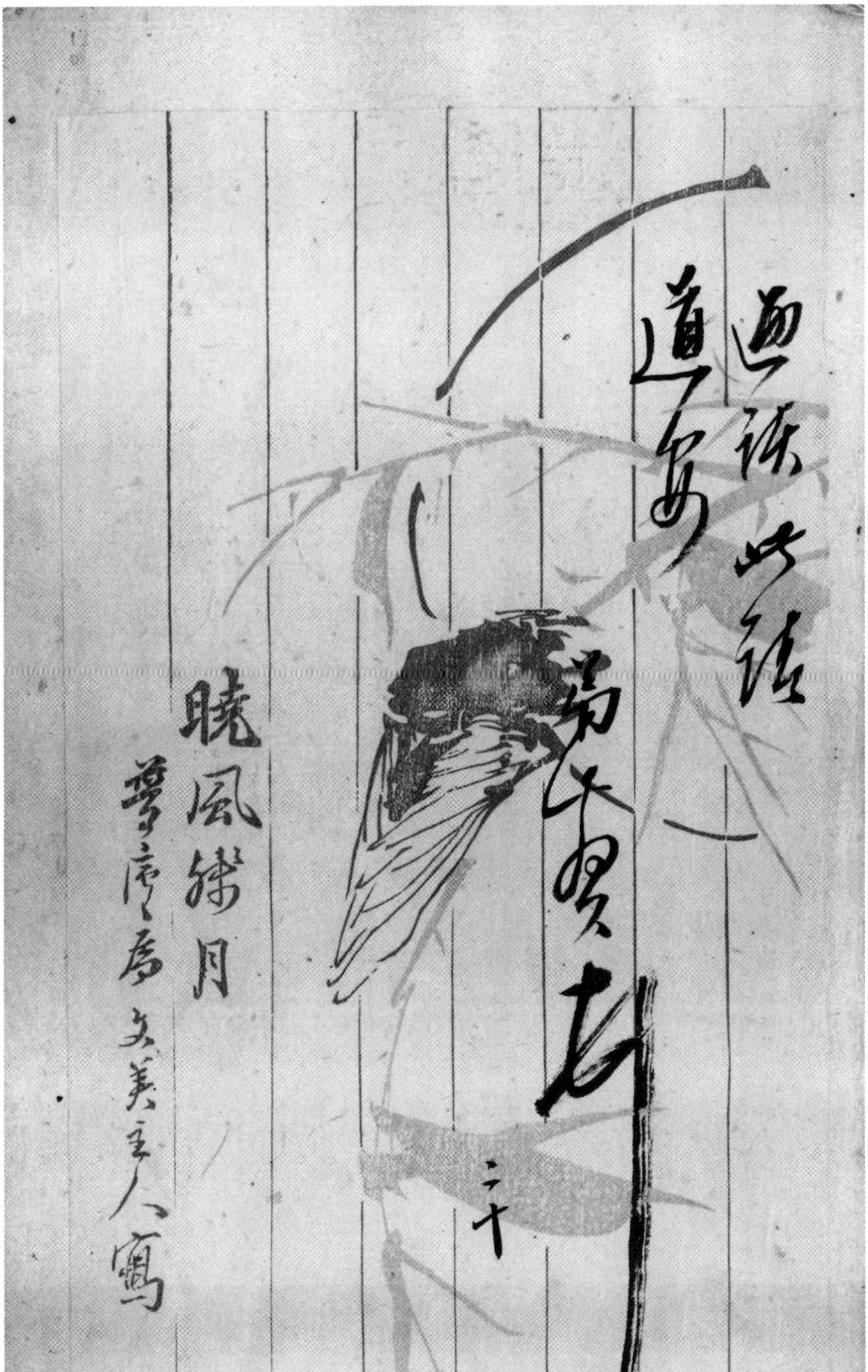
曉風殘月
文美主人寫
二十

石菱先生大人阁下：接读
手翰，祗悉种切。
贵体违和，想已
康泰。念念。《谭屑》属序，殊未敢
落笔，聊识数语，以为因缘，
不足厕
大集上也。惟希
斧之。风日晴好，即乞
遂诸，此请
道安。弟葵顿首。
二十。

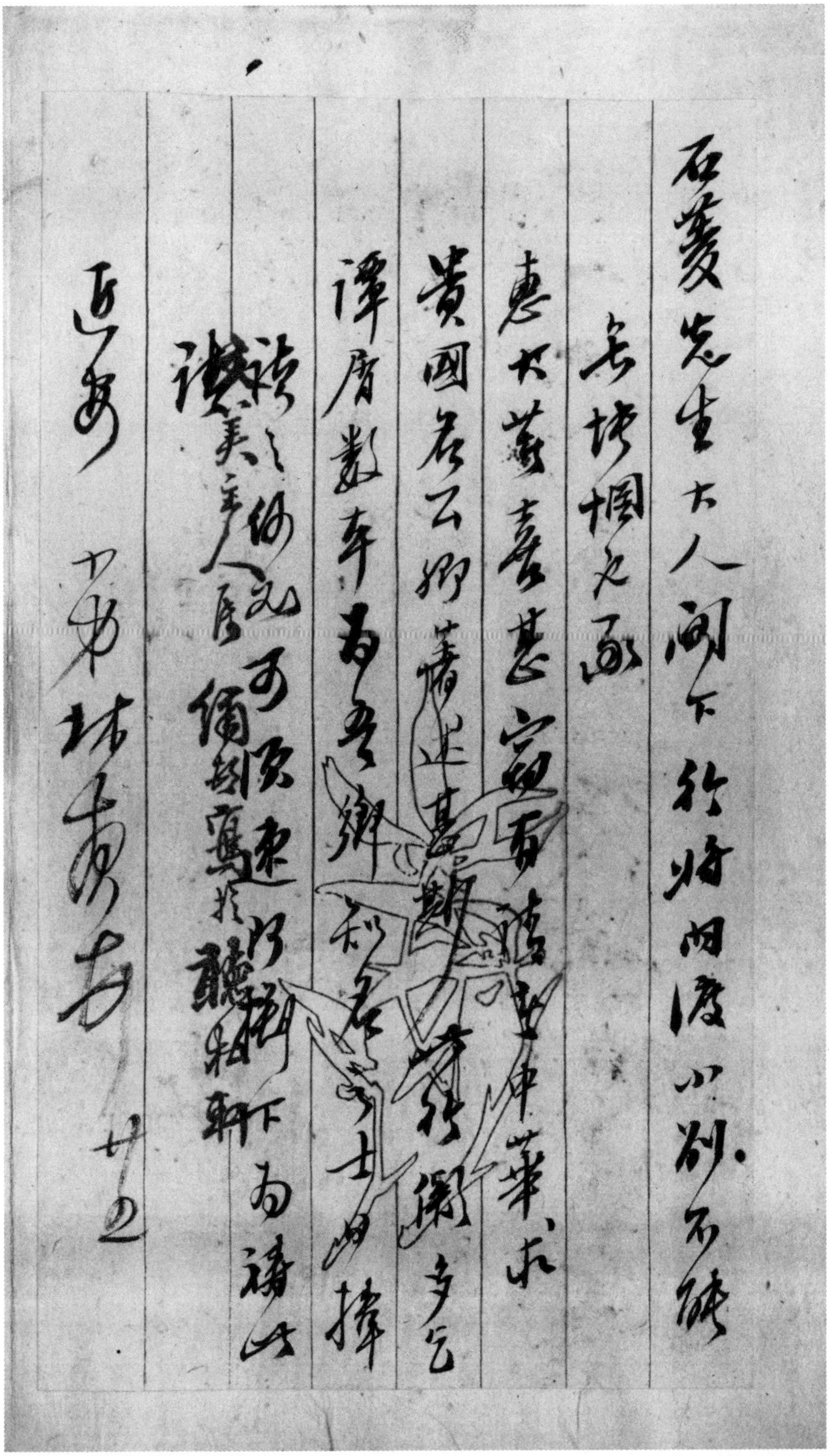

石菱先生大人閣下　行將西渡以別不能

長揖爲之歉

惠於蘭臺甚富有清迕中華求

貴國名公卿屬述甚期著衛多乞

譚屑數本有意鄉秋冬士西掉

請之何況可以頂束遷以樹下爲請

美年人居

讓伽鐙寫於聽秋軒

近安　小弟林貞　廿五

石菱先生大人阁下：行将内渡，小别不能无怅惘也。承
惠大著，喜甚！窃有请者，中华求
贵国名公卿著述甚伙，此行拟多乞
《谭屑》数本，为吾乡知名之士日捧读之，何如？可须速即掷下为祷。此请
近安。小弟林葵顿首。廿五。

朝鮮金石菱少宰有譚眉之刻吾友周
君彥升張君季直朱君曼君則皆為之
并言矣石菱頗以不詩書史為憾自念平
生為遊子十許年讀書之事幾若廢棄
即有所言亦何足裨益石菱之萬一要之
吾居中土石菱居朝鮮相隔萬里矣迺云
日夕過從若印臣之相依亦自來未有之事
垂此軍東戍已逾二年士卒思歸幕府

朝鲜金石菱少宰有《谭屑》之刻，吾友周君彦升、张君季直、朱君曼君则皆为之弁言矣。石菱顾以不得吾文为怅，自念平生为游子十许年，读书之事，几若废弃，即有所言，亦何足裨益石菱之万一？要之，吾居中土，石菱居朝鲜，相隔万里矣。迺至日夕过从，若邛巨之相依，亦自来未有之幸。垂此军东戍已逾二年，士卒思归。幕府

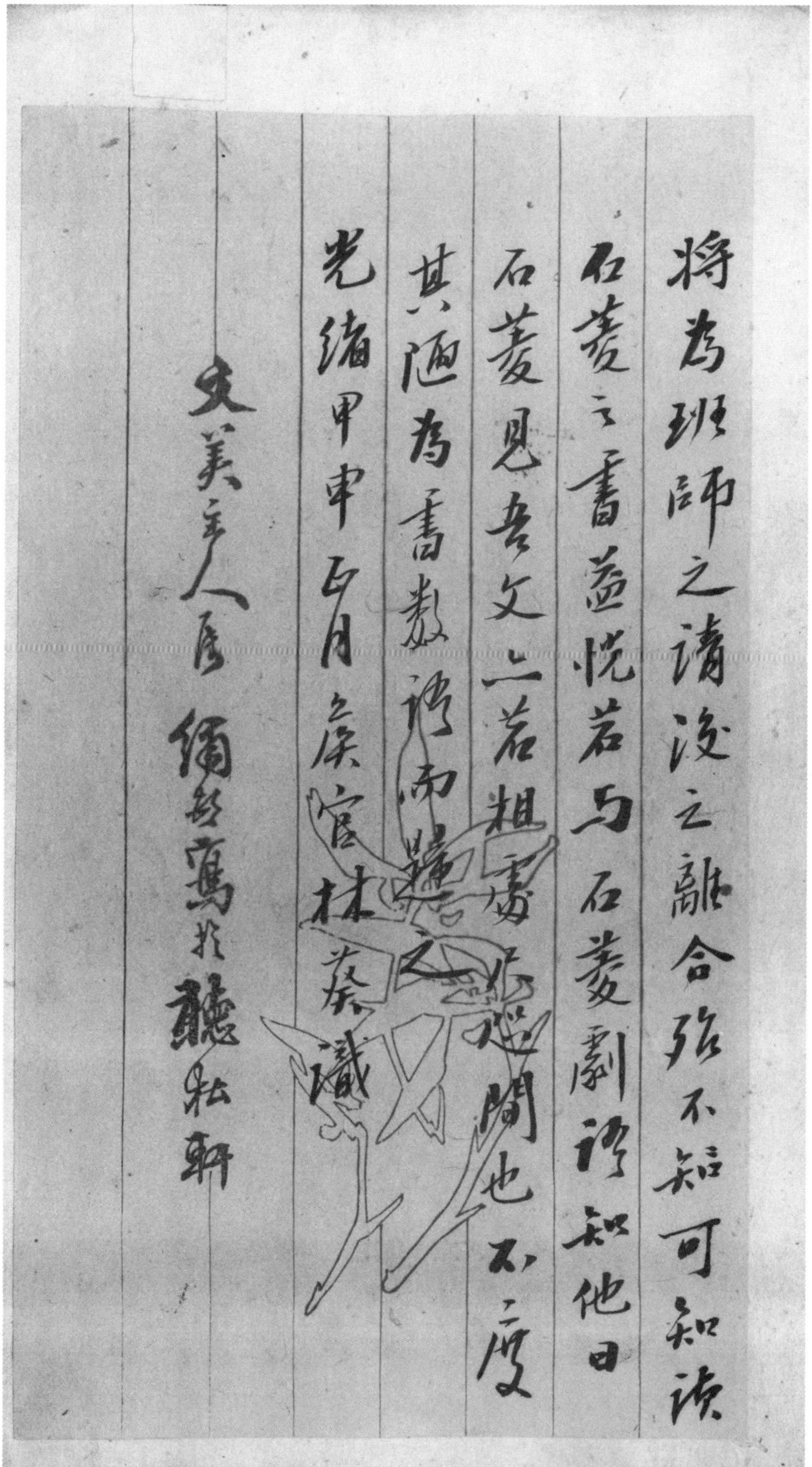

將為班師之請後之離合殊不知可知該

石菱之書並悅若與石菱劇譚知他日

石菱見吾文亦若相喜於邂逅間也不二度

其酒為書數語而贈之

光緒甲申正月久侯官林葵識

文美主人屬

偶然寫於聽松軒

将为班师之请，后之离合殆不可知。读石菱之书，益恍若与石菱剧语，知他日石菱见吾文，亦若相处尺咫间也。不度其陋，为书数语而题之。

光绪甲申正月，侯官林葵识。

十、张光前

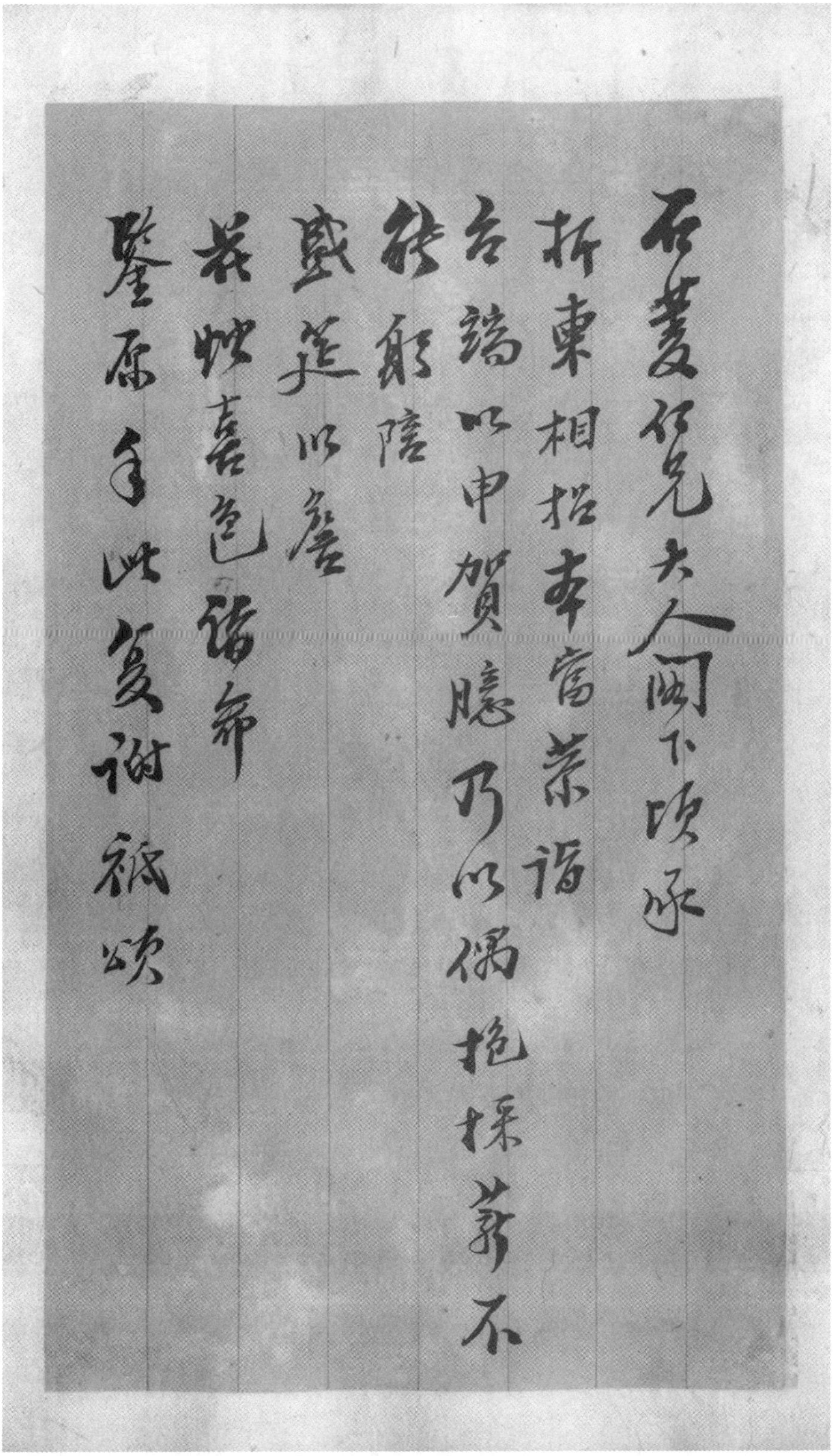

石菱仁兄大人閣下頃承
折柬相招本當榮詣
台端以申賀悃乃以偶抱採薪不
能躬陪
盛筵以答
長者嘉惠諸希
鑒原手此复謝祇頌

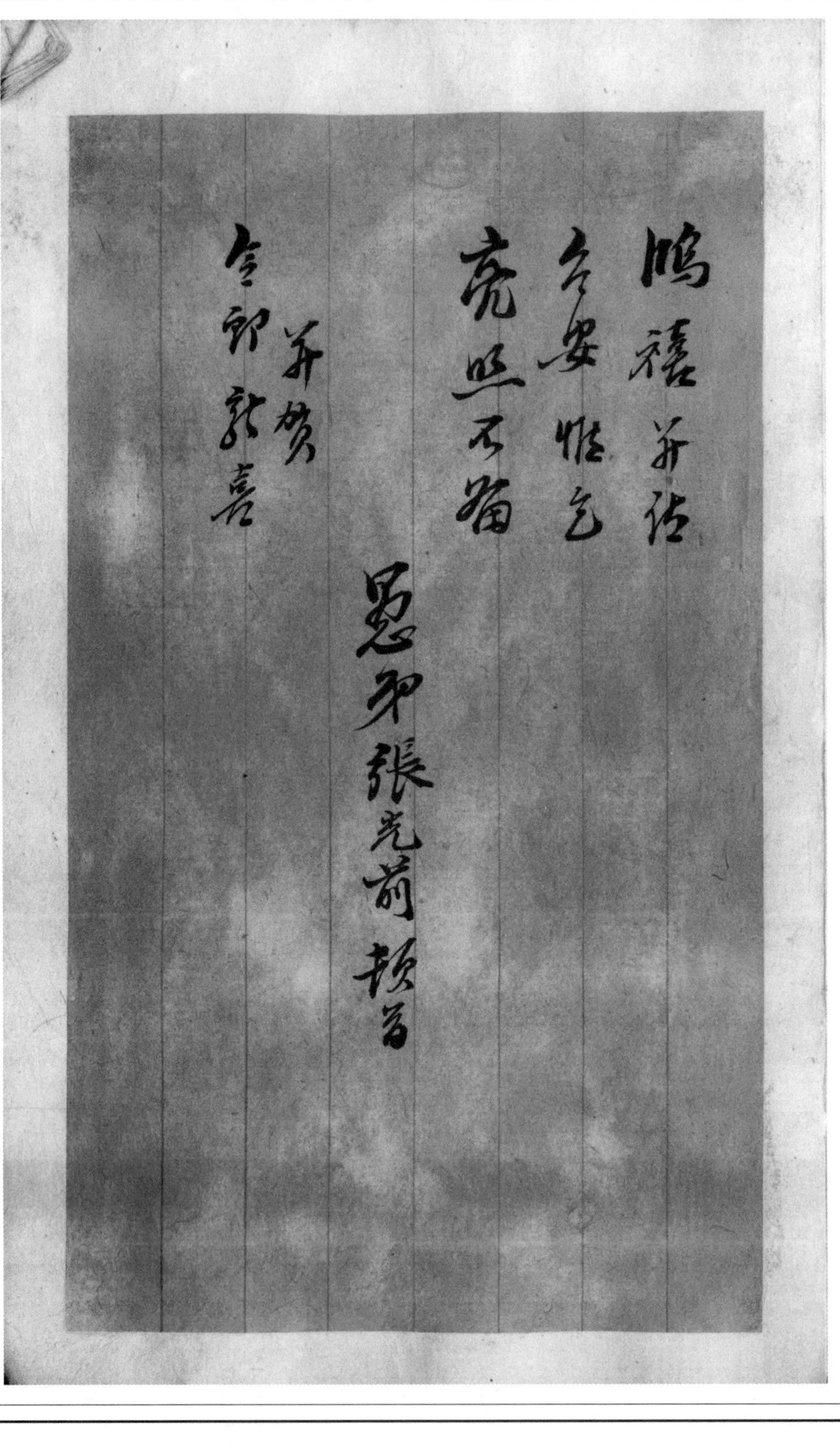
鴻禧並請
文安惟乞
亮照不備
愚弟張光前頓首
並賀
令郎新喜

石菱仁兄大人阁下：顷承
折柬相招，本当恭诣
台端，以申贺臆。乃以偶抱采薪，不
能躬陪
盛筵，以詹
花烛喜色。诣希
鉴原，手此复谢，祗颂
鸣禧，并请
台安。惟乞
亮照不备。
愚弟张光前顿首。
并贺
令郎新喜。

石菱仁兄大人閣下頃奉
惠書捧悉壹是即審
升祉榮嘉欣頌無任頃承
惠贈雅扇緣弟處已有廣多心中領之感謝不盡用
以奉璧可以轉贈他人耳容日趨賀
台端再申私忱可也手此復謝并請
陞安惟希
鑒照不宣　愚弟張光前頓首

石菱仁兄大人阁下：顷奉
惠书，捧悉壹是。即审
升祉荣嘉，欣颂无任。顷承
惠赠雅扇，缘弟处已有广多，心中领之，感谢不尽，用
以奉璧，可以转赠他人耳。容日趋贺
台端，再申私心可也。手此复谢，并请
升安。惟希
爱照不备。愚弟张光前顿首。

十一、方正祥

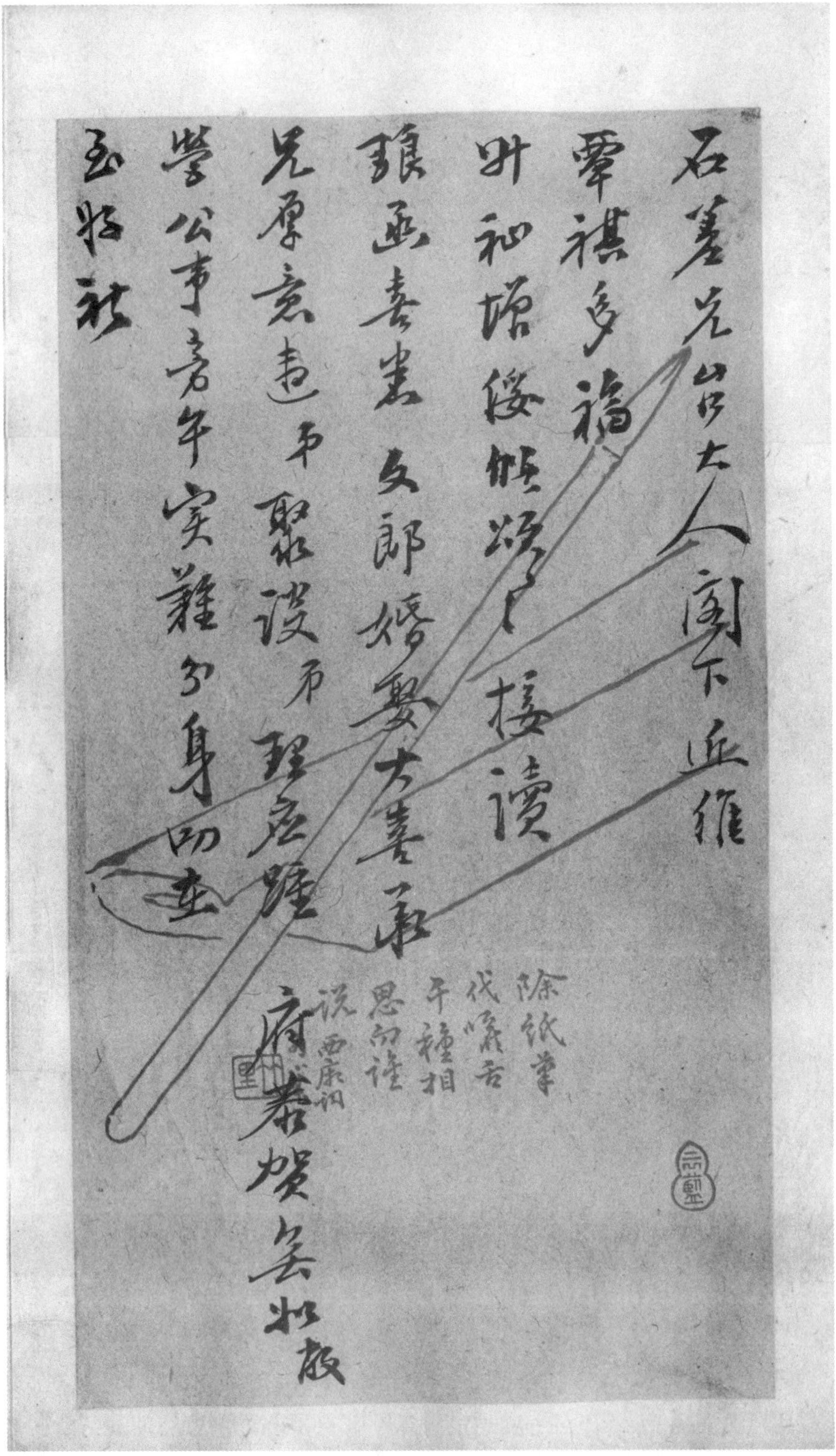

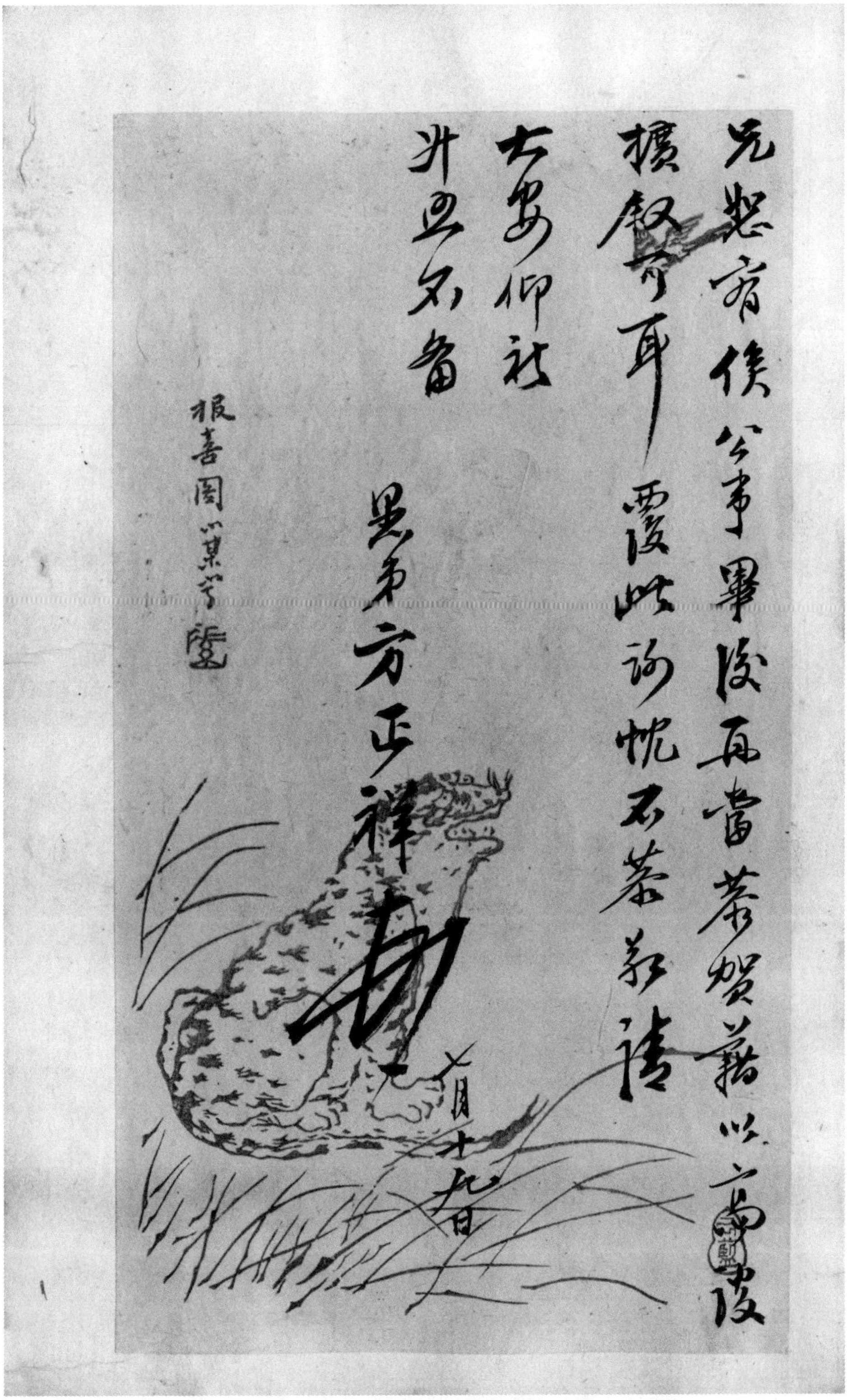

先恕宥候　公事畢後再當茶賀藉以一談
擯叙可耳　覆此詢忱不恭敬請
大安仰祈
并照不备
愚弟方正祥頓
七月十九日

根喜圃以某寫　鑒

石菱兄台大人阁下：近维

覃祺多福，

叔祉增绥，欣颂欣颂。接读

琅函，喜悉文郎婚娶大喜，承

兄厚意，邀弟聚谈，弟理应踵府恭贺，无如敝

营公事旁午，实难分身，叨在

至好，祈

兄恕宥。俟公事毕后，再当恭贺，藉以高谈

扩叙可耳，覆此谢忱不恭，敬请

大安，

叔照不备。

愚弟方正祥顿首。七月十九日。

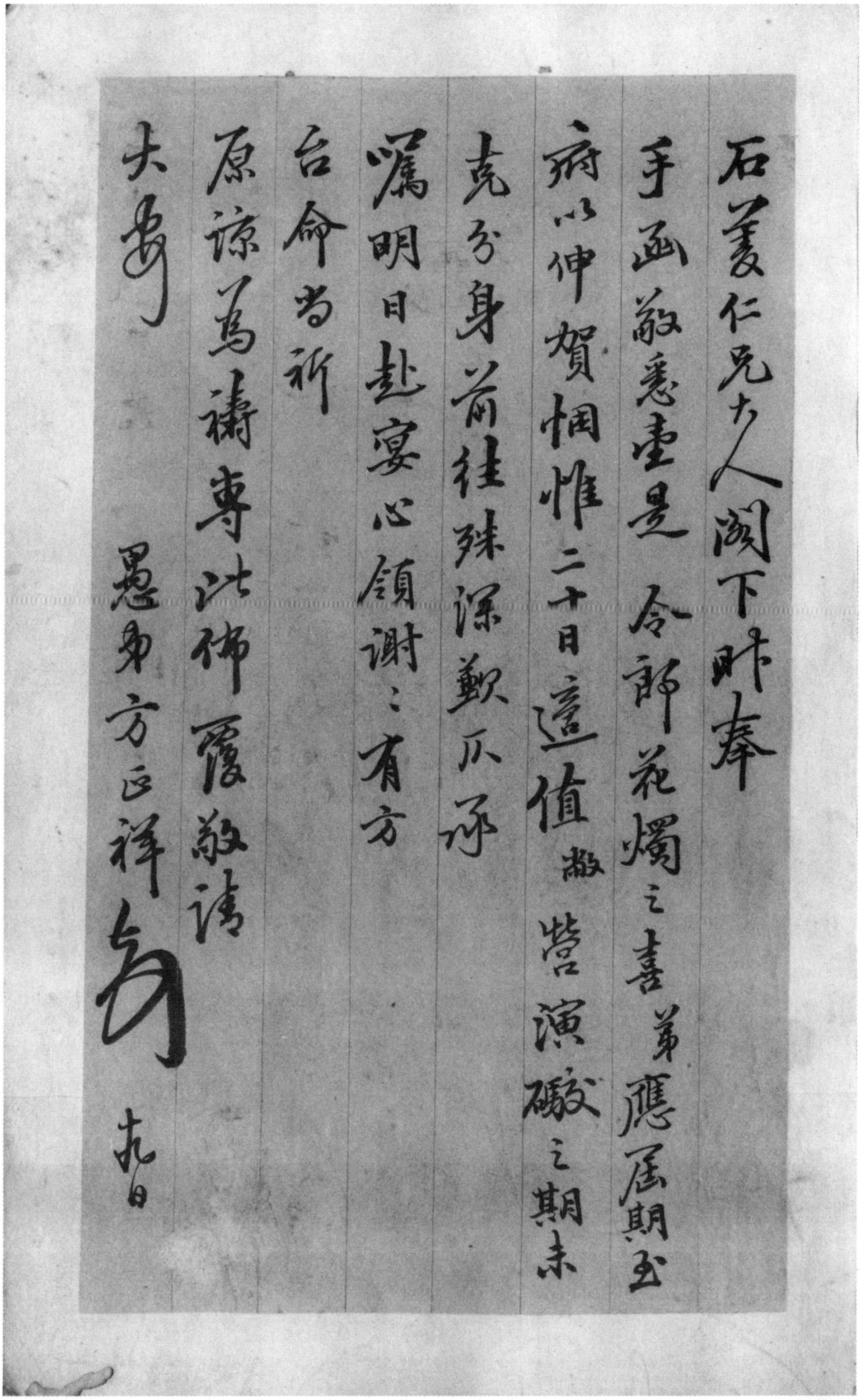
石蓑仁兄大人閣下昨奉
手函敬悉壹是 令郎花燭之喜 弟應屆期至
府以伸賀悃惟二十日適值敝營演礮之期未
克分身前往殊深歉仄承
囑明日赴宴心領謝謝有方
台命為祈
原諒爲禱專此佈復敬請
大安
愚弟方正祥頓
十九日

石菱仁兄大人阁下：昨奉
手函，敬悉壹是。令郎花烛之喜，弟应届期至
府，以伸贺悃，惟二十日适值敝营演炮之期，未
克分身前往，殊深歉仄。承
嘱明日赴宴，心领谢谢。有方
台命，尚祈
原谅为祷。专此布覆，敬请
大安。愚弟方正祥顿首。十九日。

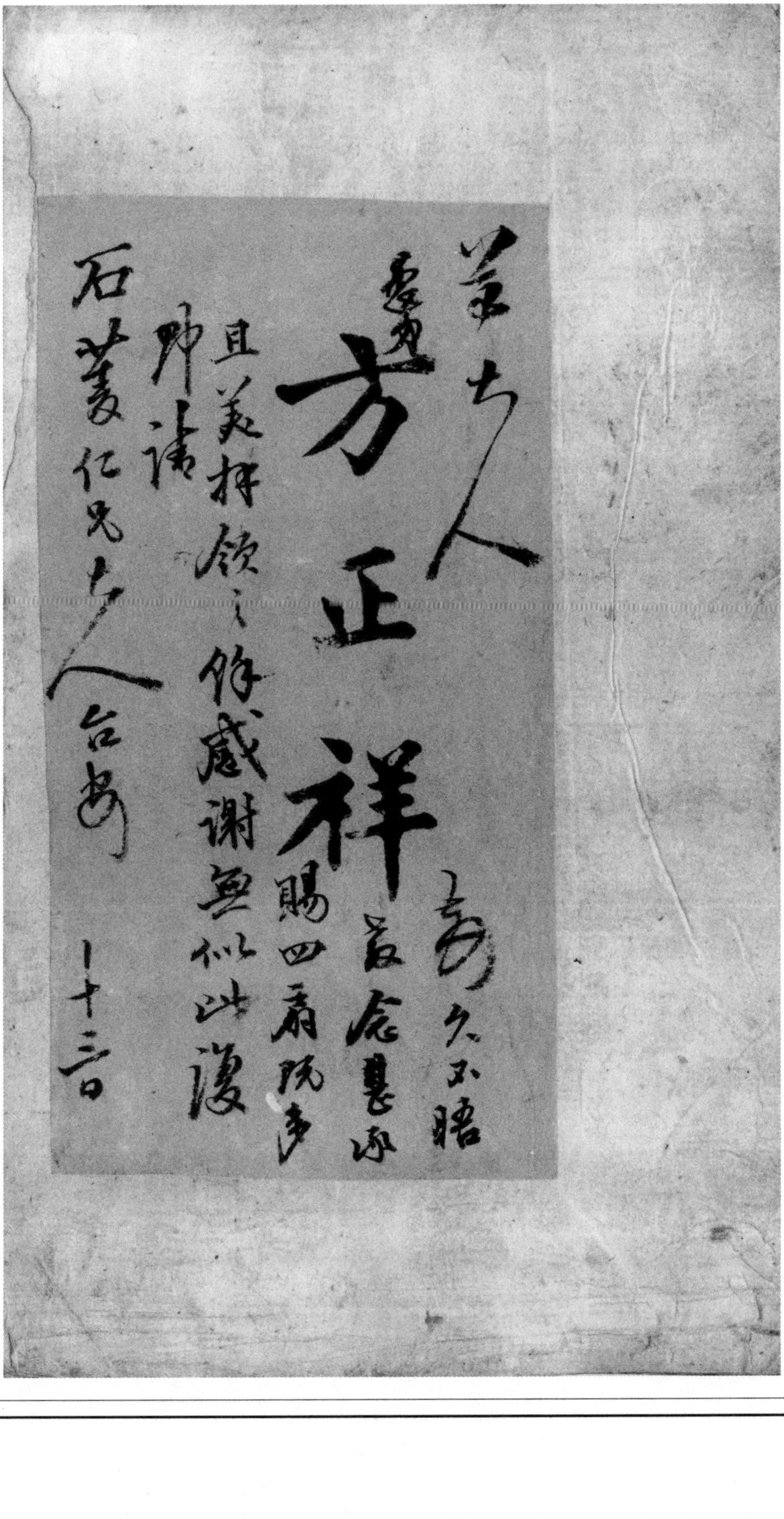

[illegible]大人

遂翁　方正祥

啟　久不晤念甚承

賜四扇既多

且美拜領之餘感謝無似此復

即請

石蓑仁兄大人台安

十三日

尊大人：

愚弟方正祥顿首。久不晤

教，念甚，承

赐四扇，既多

且美，拜领之馀，感谢无似。此复，

即请

石菱仁兄大人台安。十三日。

十二、刘绍棠

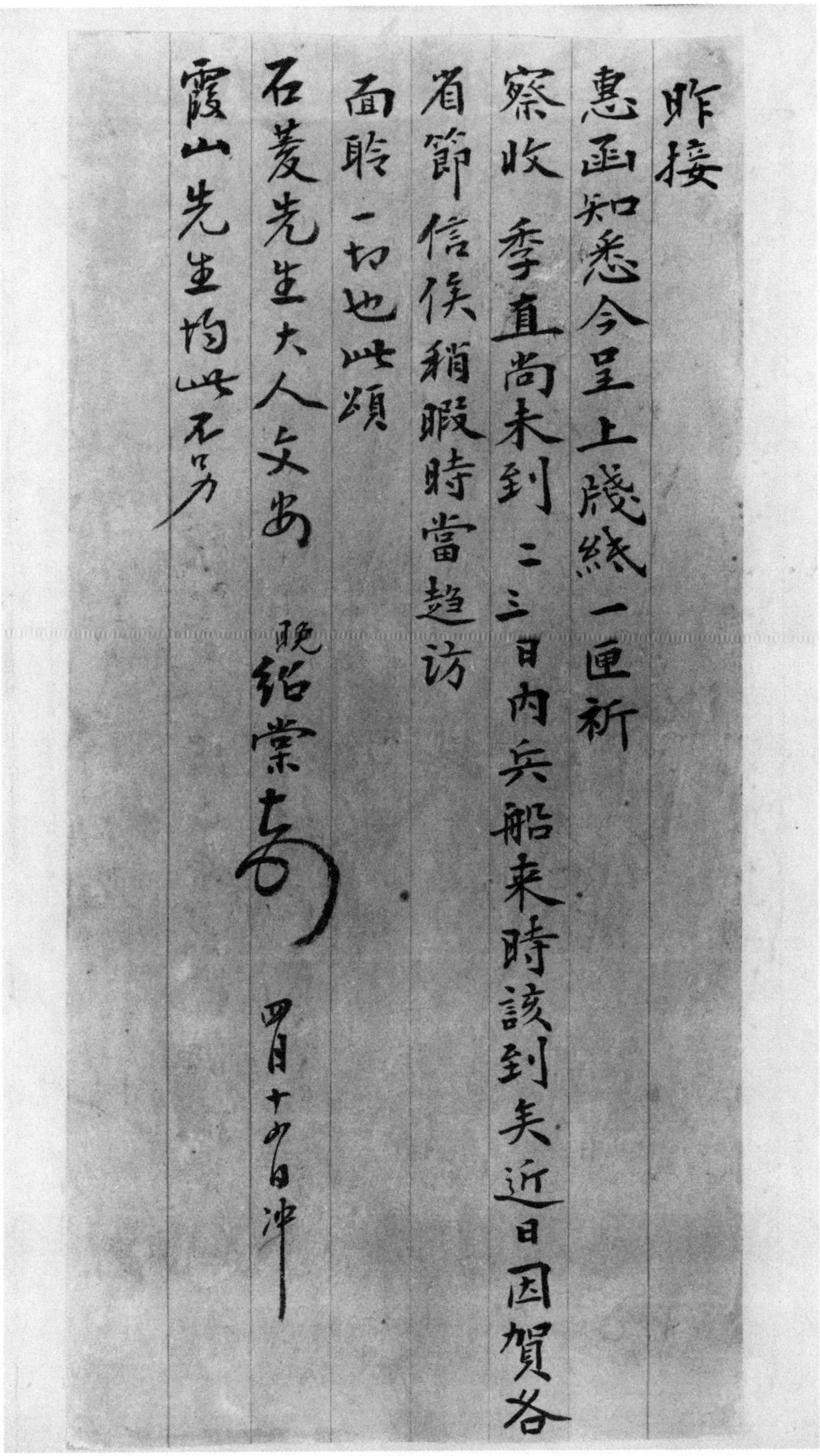
昨接
惠函知悉今呈上牋紙一匣祈
察收 季直尚未到 二三日内兵船来時該到矣近日因賀各
省節信俟稍暇時當趋訪
面聆一切也此頌
石菱先生大人文安
晚紹棠頓
四月十四日沖
霞山先生均此不另

昨接
惠函知悉，今呈上笺纸一匣，祈
察收。季直尚未到，二三日内兵船来时该到矣。近日因贺各
省节信，俟稍暇时，当趋访
面聆一切也。此颂
石菱先生大人文安。晚绍棠顿首。四月十九日。冲
霞山先生均此不另。

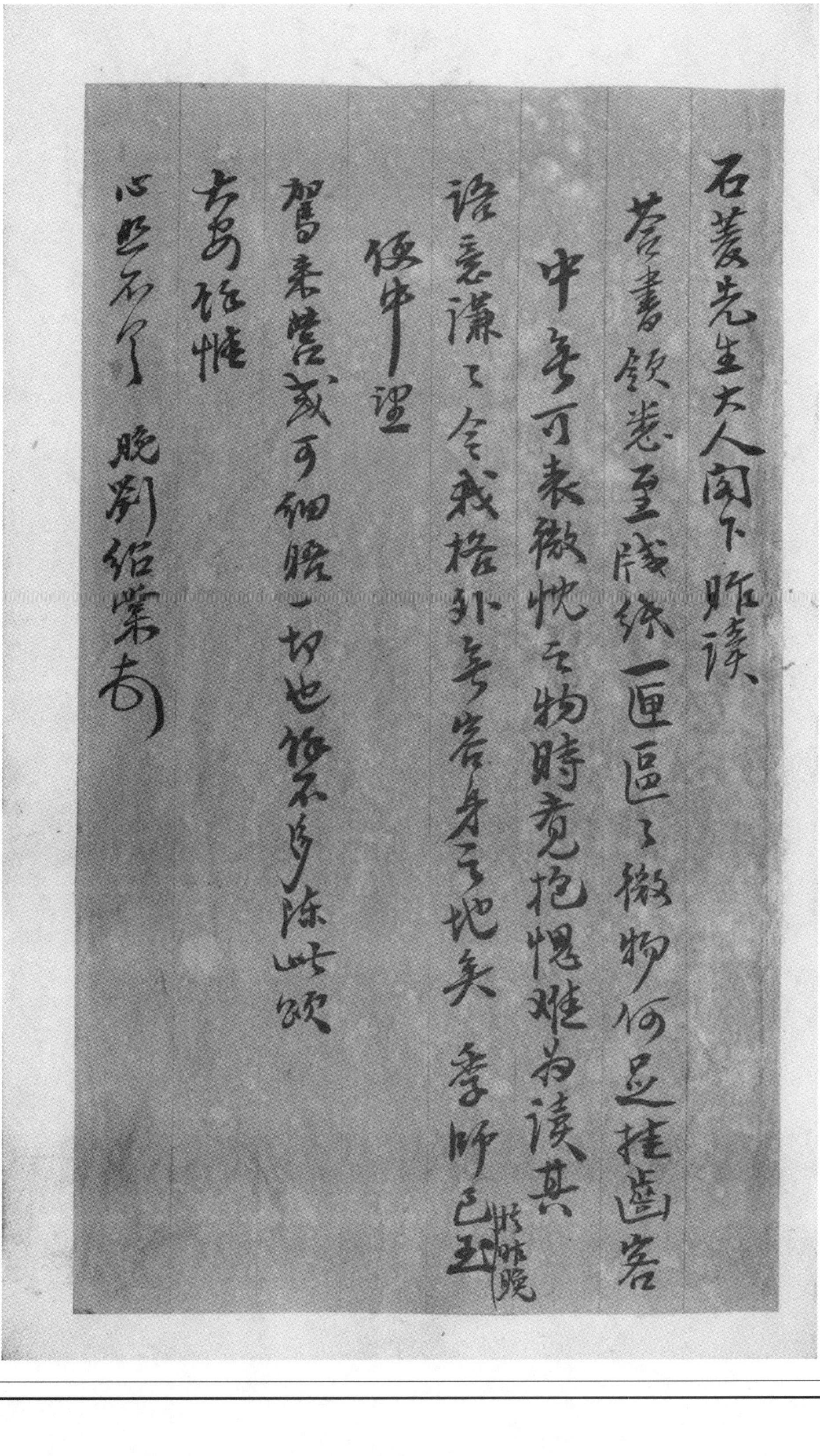

石菱先生大人閣下：昨讀

荅書，領悉。至賤紙一匣，區區微物，何足挂齒。容

中無可表微忱之物，時覺抱愧。難爲讀其

語意謙謙，令我格外無容身之地矣。季師已於昨晚至

便中望

賀來營，或可細談一切也。餘不多陳，此頌

大安。諸惟

心照不宣。晚劉紹棠上

石菱先生大人阁下：昨读
答书，领悉。至笺纸一匣，区区微物，何足挂齿。客
中无可表微忱之物，时觉抱愧难为，读其
语意谦谦，令我格外无容身之地矣。季师于昨晚已至，
便中望
驾来营，或可细晤一切也。馀不多陈，此颂
大安，馀惟
心照不宣。晚刘绍棠顿首。

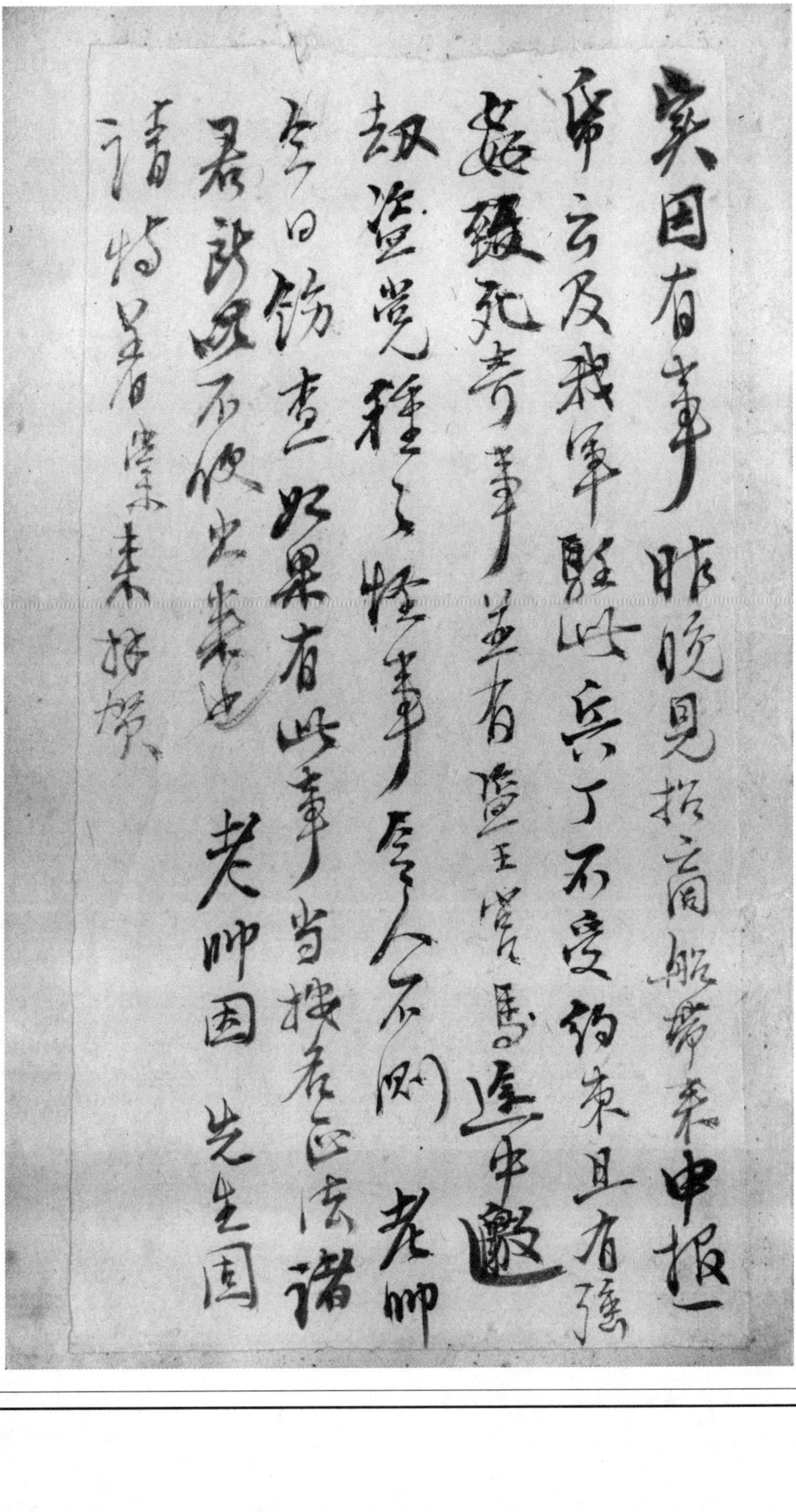

實因有事昨晚見招商船帶來申報一
段云及我軍駐此兵丁不受約束且有強
姦殘死者事並有營王營長遂申邀
敘述種種怪事各人不聞老帥
今日飭查如果有此事當按名正法諸
君既不及出來也老帥因先生因
請將某君傳來接洽

实因有事，昨晚见招商船带来《申报》一纸，云及我军驻此兵丁不受约束，且有强奸致死奇事，并有盗王宫马，途中邀劫盗党种种怪事，令人不测。老帅今日饬查，如果有此事，当按名正法，诸君所以不便出来也。老帅因 先生固请，特着 棠来拜贺。

十三、谭赓尧

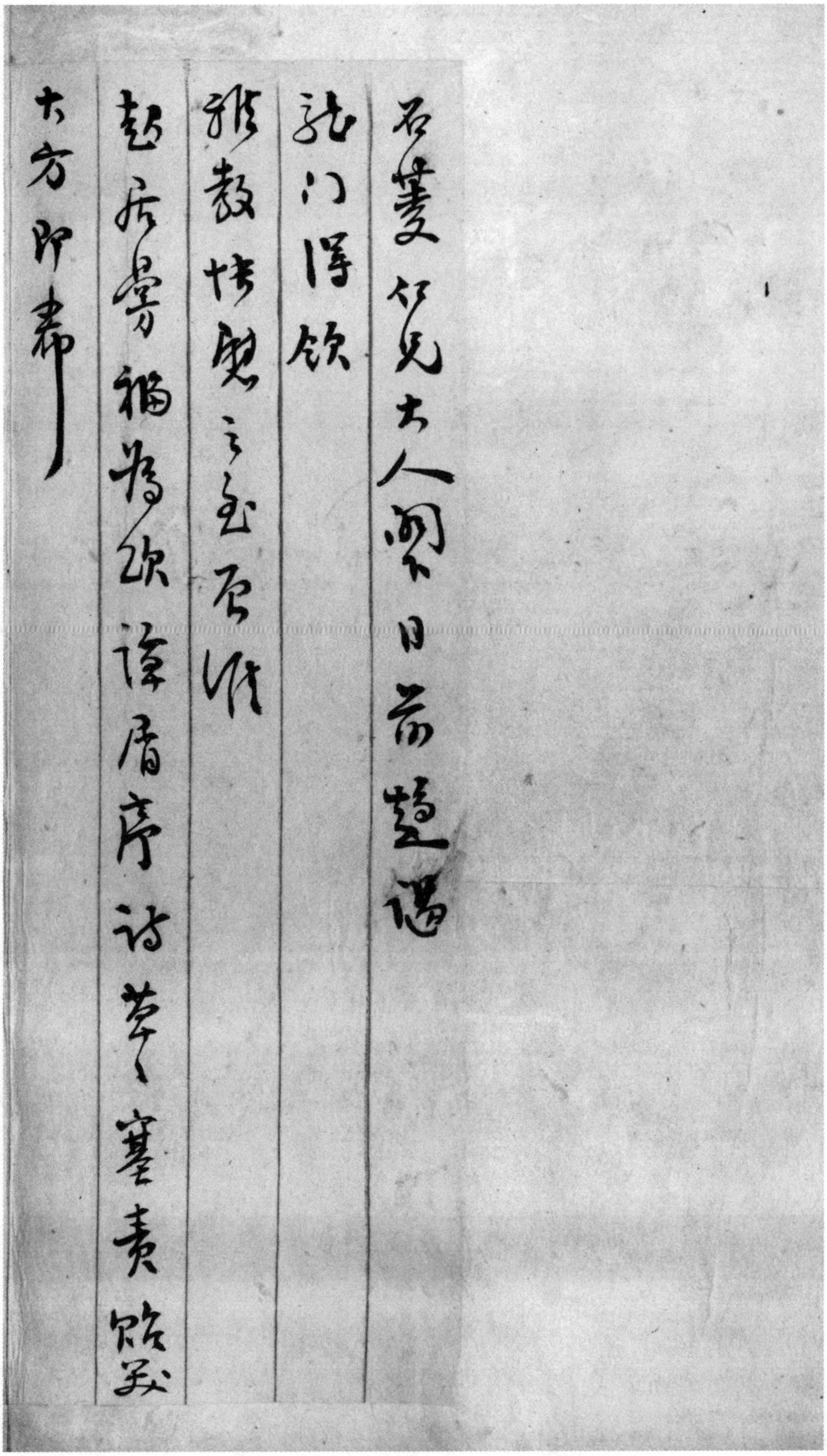
石蔓仁兄大人阁下：日前趋谒
龙门，得饫
雅教，快慰之至。[illegible]
[illegible]稿，将改谭眉庐诗草塞责，贻笑
大方，即希[illegible]

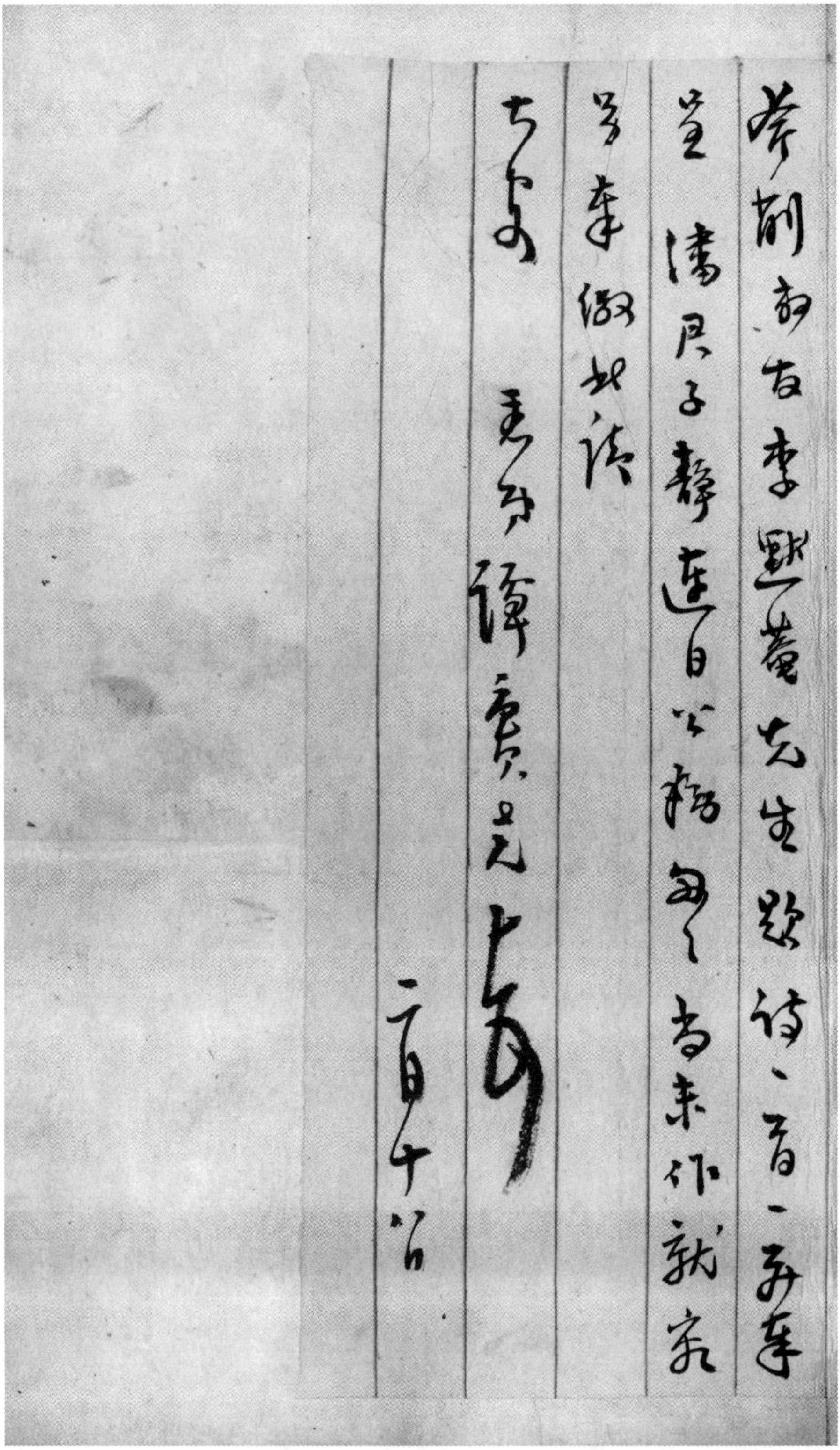

前胡颂古李默庵先生挽诗一首一并奉
览 涛民子静连日公务甚忙未作就容
后奉
缴 此请
大安 弟谭贞元上
二月十八日

石菱仁兄大人阁下：日前趋谒
龙门，得领
雅教，快慰之至。辰维
起居曼福为颂。《谭屑》序诗，草草塞责，贻笑
大方，即希
斧削。潎友李默菴先生题诗一首，一并奉
呈。潘君子静连日公务匆匆，尚未作就，容
另奉缴。此请
大安。愚弟谭赓尧顿首。

二月十八日。

題

金石菱少宰譚屑有序

甲申之歲予從事三韓每與士大夫遊輒聞

金石菱之名或言石菱善為詩文或言石菱

深於性理心竊慕之恒以未見其人為悵會

有邀予飲者座上一大夫夫鄉先霞先（望）神之丸

神仙中人乎熟視良久恍然而笑顧主人曰此
必殆向吾所聞之金石叟歟曰然是也昨過
於閩詩南禽判照中伴常華談歡若平
生乎遂登門過訪石叟出所手著譚屑
二卷見示歸號唐偏撫集擇其詳說者足
以啟蒙發矇紹言者足以御衆跚揚鑿鑿乎大

题金石菱少宰《谭屑》有序

甲申之岁，予从事三韩，每与士大夫游，辄闻金石菱之名，或言石菱善为诗文，或言石菱深于性理，心窃慕之，恒以未见其人为怅。会有邀予饮者，座上一大丈夫洒然霭然，望之如神仙中人。予熟视良久，恍然而笑，顾主人曰：「此公殆向吾所闻之金石菱欤？」曰：「然，是也。」昨遇于闵诗南参判斋中，伸纸笔谈。欢若平生，予遂登门过访。石菱出所手著《谭屑》二卷见示，归馆展诵，抚案深思。详说者，足以砭庸发矇，约言者，足以御众酬物，凿凿乎大

有補于名教識斯民之準繩型範也自發言已
人然身然世至於學識之高超見解之遙邈猶
其次焉吾讀其書於其人為不虛所見且
得聞所未聞或以詩文名不蔓者柳淺之手
視石蔓矣哥故渠而為之序且贊俚句以誌
良緣

《谭屑》拾馀

數載天涯作宦遊黃塵積滿紫貂裘征途不
歎離家遠壯志愁為獨善謀顧我文章新
刷細讀君譚眉錄麻羞南山日暮途相送
一片閒雲天盡頭
乙酉春二月在湖潑嶺南譚眉兄順三識

有补于名教，诚斯民之准绳硎范也。自警警人，淑身淑世。至丁学识之高超、见解之透彻，犹其次焉。吾读其书知其人，为不虚所见，且得闻所未闻，或以诗文名石菱者，抑浅之乎视石菱矣。予故乐而为之序，且赘俚句以志良缘。

数载天涯作宦游，黄尘飞满紫貂裘。征途不叹离家远，壮志惭为独善谋。顾我文章鸡肋细，读君《谭屑》虎痴羞。南山日暮遥相望，一片闲云天尽头。

乙酉春二月花朝后，岭南谭赓尧颂三识。

十四、郭春华

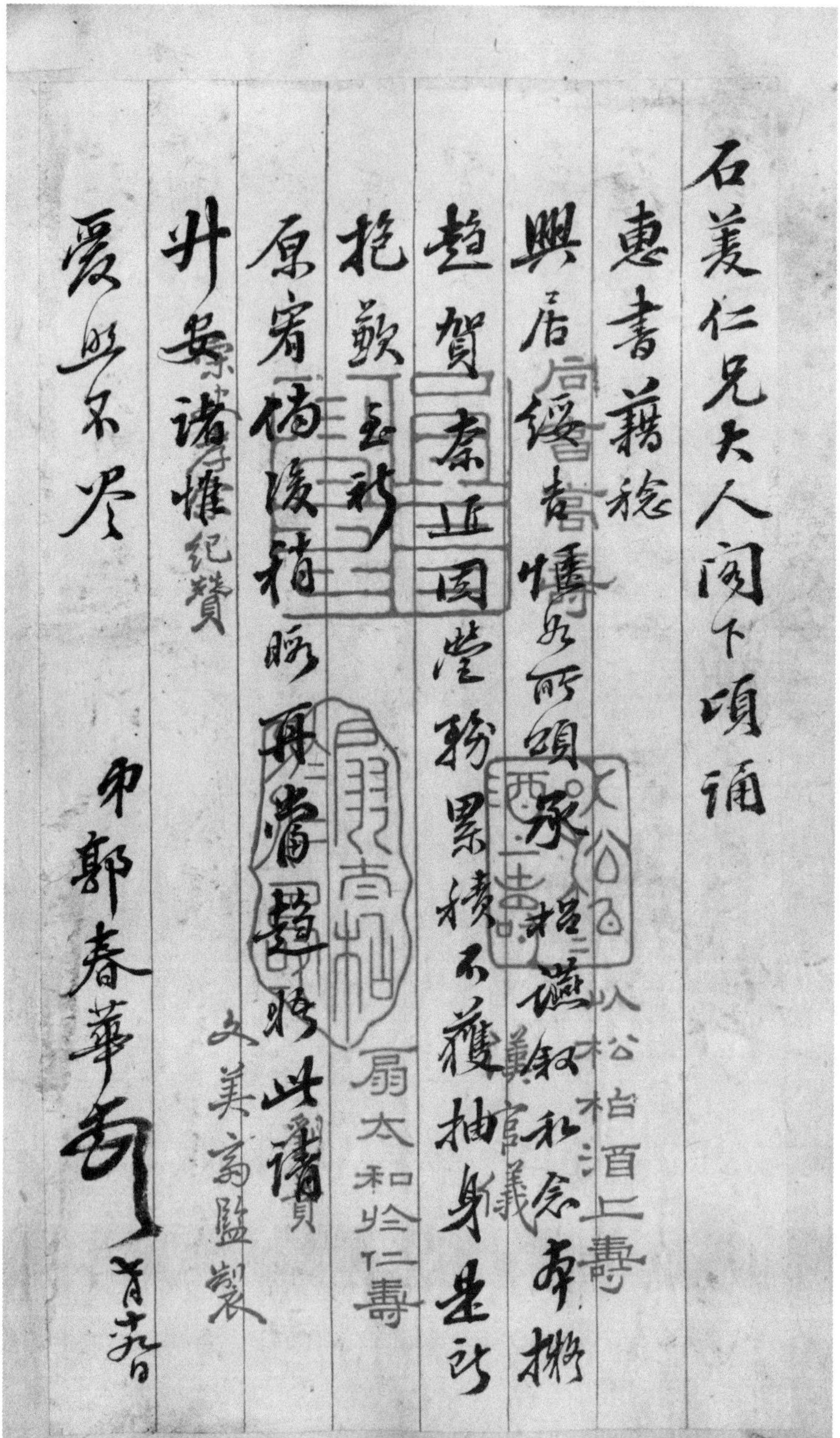
石羹仁兄大人阁下 顷诵
惠書 藉稔
興居綏吉 慰如所頌 承 招飲叙和 念本擬
趋賀 奈近因瑩務累積 不獲抽身 是以
抱歉 至祈
原宥 備後補賠 再當趋賀 此請
升安 諸惟 紀贊
愛照不宣
弟 郭春華 頓首
十五日

石菱仁兄大人阁下：顷诵
惠书，藉稔
兴居绥吉，惬如所颂，承招谦叙，私念本拟
趋贺，奈近因营务累积，不获抽身，是所
抱歉，至祈
原宥。倘后稍暇，再当趋晤。此请
叔安，诸惟
爱照不尽。弟郭春华顿首。七月十九日。

十五、吴兆有

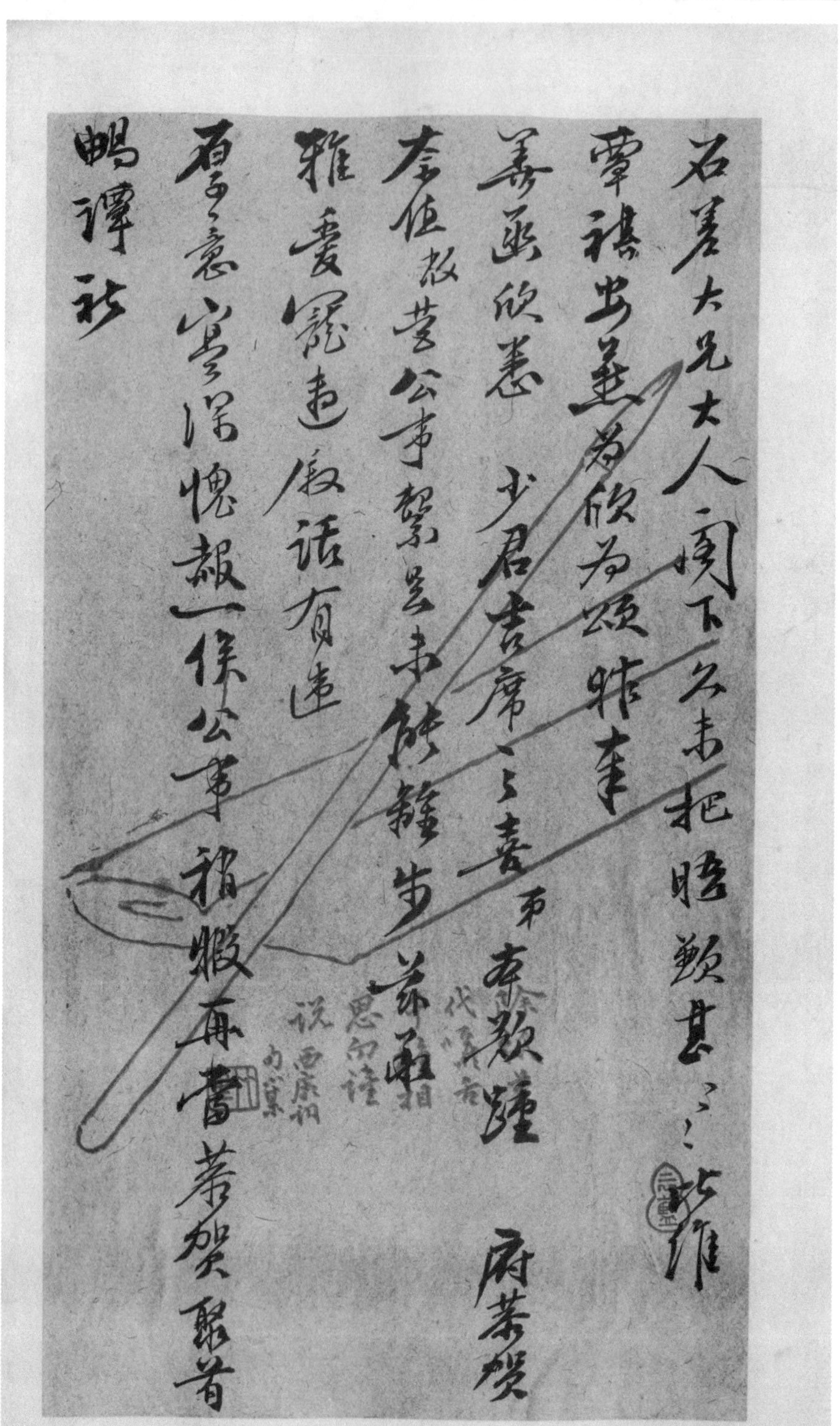

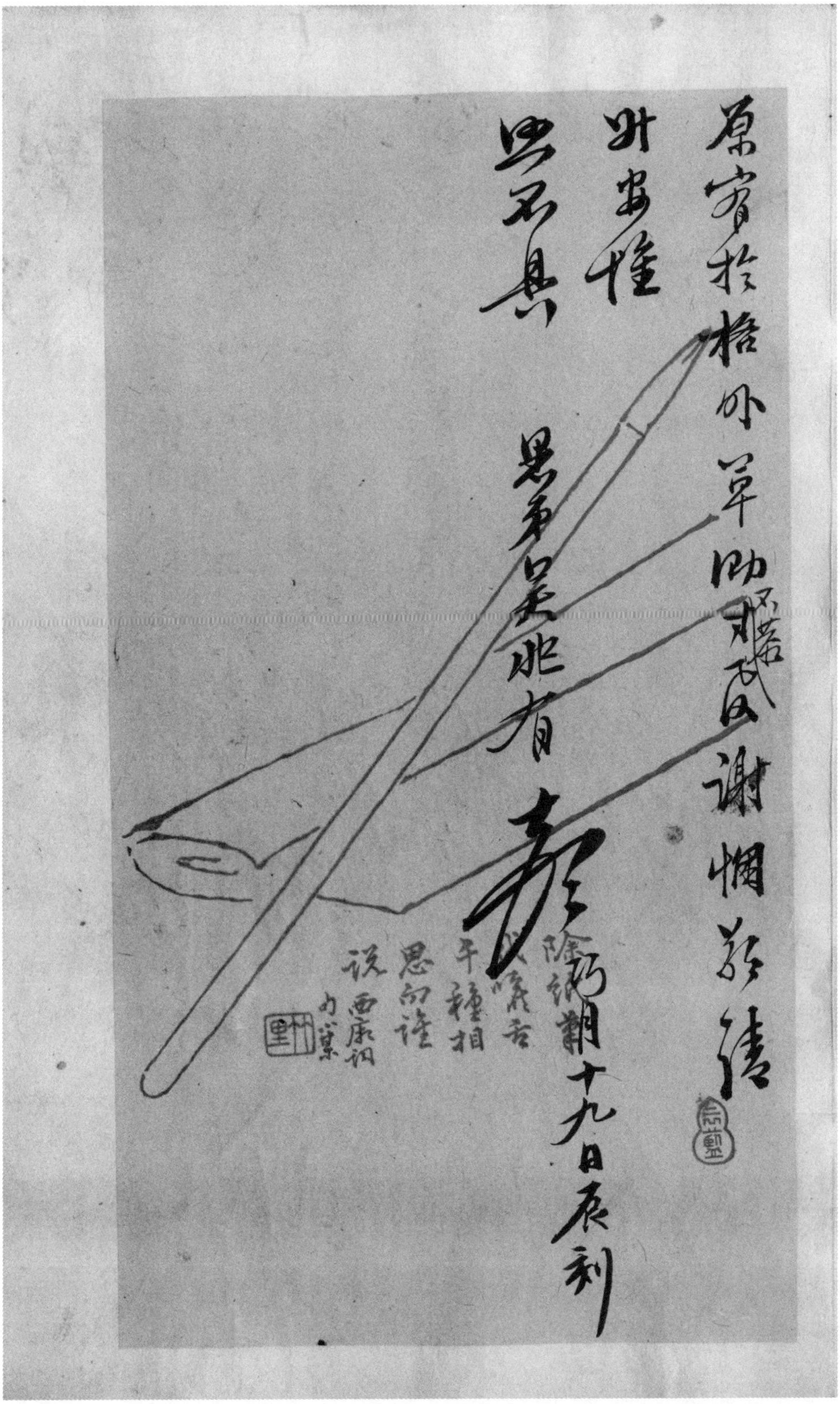

石菱大兄大人阁下：久未把晤，歉甚歉甚。比维
覃祺安燕，为欣为颂。昨奉
善函，欣悉少君吉席之喜，弟本欲踵府恭贺，
奈值敝营公事系足，未能离步。兹承
雅爱，宠邀叙话，有违
厚意，实深愧赧。一俟公事稍暇，再当恭贺，聚首
畅谈谭祈
原宥于格外。草泐不恭，寸管谢悃，敬请
叔安，惟
照不具。愚弟吴兆有顿首。巧月十九日辰刻。

十六、纪堪沛

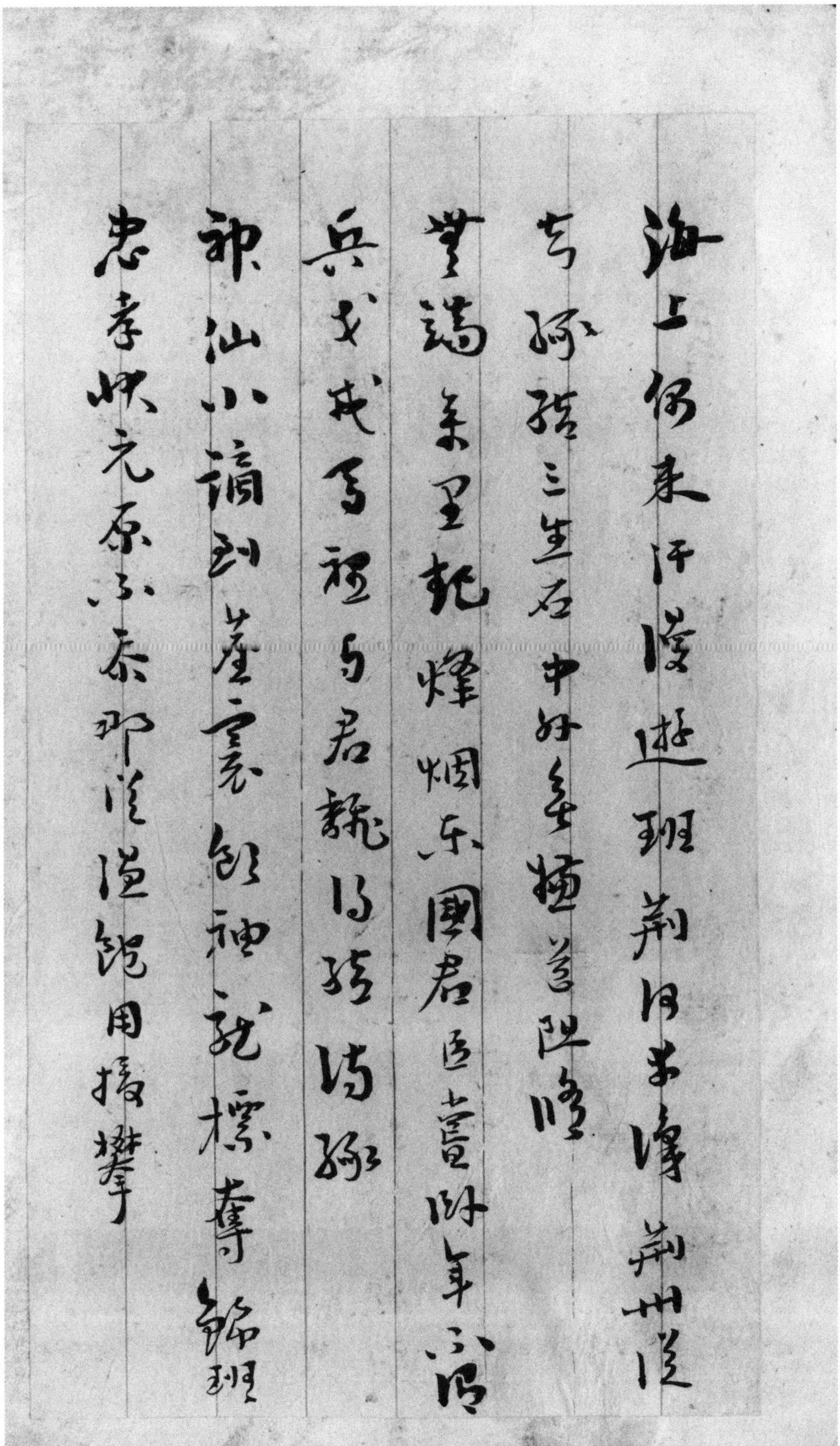
海上何来汗漫游班荆[illegible][illegible]荆州从
古游踪三生石中好[illegible]楼道阻修
[illegible]谒[illegible]星轺烽烟东国君[illegible][illegible]经年不[illegible]
兵戈戎马[illegible]与君[illegible][illegible][illegible]诗[illegible]
神仙小谪到蓬莱[illegible]神[illegible]标奇锦班
忠孝从元原不忝[illegible][illegible]道[illegible]用[illegible][illegible]

海上偶来汗漫游，班荆何幸识荆州。从去缘结三生石，中外无嫌道阻修。

无端万里起烽烟，东国君臣尝卧年。不谓兵戈戎马里，与君翻得结诗缘。

神仙小谪到尘寰，领袖龙标夺锦班。忠孝状元原不忝，那从温饱用援攀。

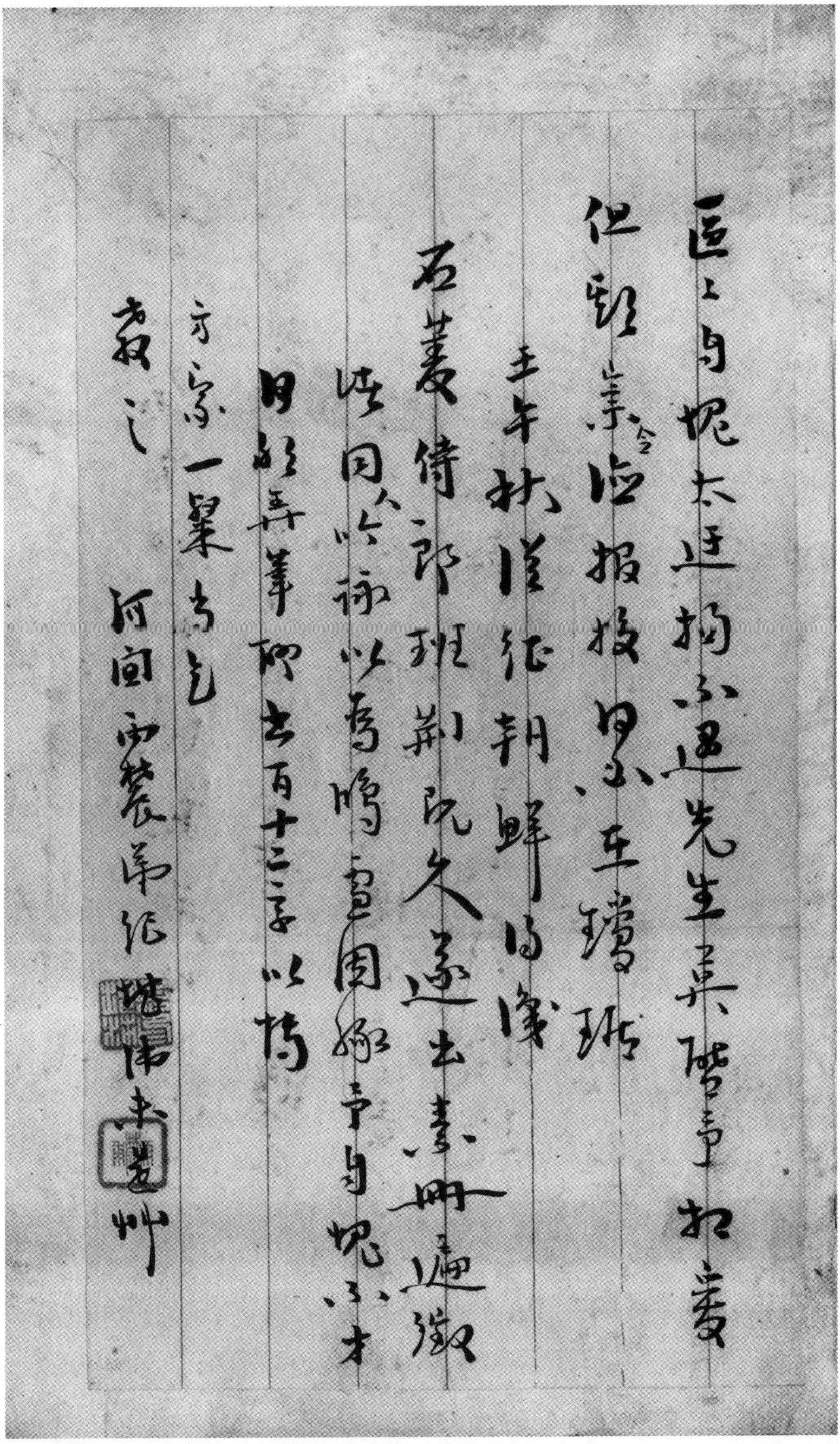
匡山自愧太迂拘不遇先生[illegible]相愛
但[illegible]
壬午秋從征朝鮮得像
石菱侍郎班荆既久遂出素冊遍徵
[illegible]同人吟詠以爲鳴盛同鄉亭自愧不才
用敢弄筆聊書百十二字以博
方家一粲焉耳
教之
河間雨農弟紀[illegible]

区区自愧太迂拘，不遇先生莫启予。相爱但期崇令德，报校何必在琼琚。

壬午秋从征朝鲜，得识石菱侍郎。班荆既久，遂出素册，遍征诸同人吟咏，以为鸿雪因缘。予自愧不才，何敢弄笔，聊书百十二字以博方家一粲，当乞教之。河间雨农弟纪堪沛未是草。

十七、李毓林

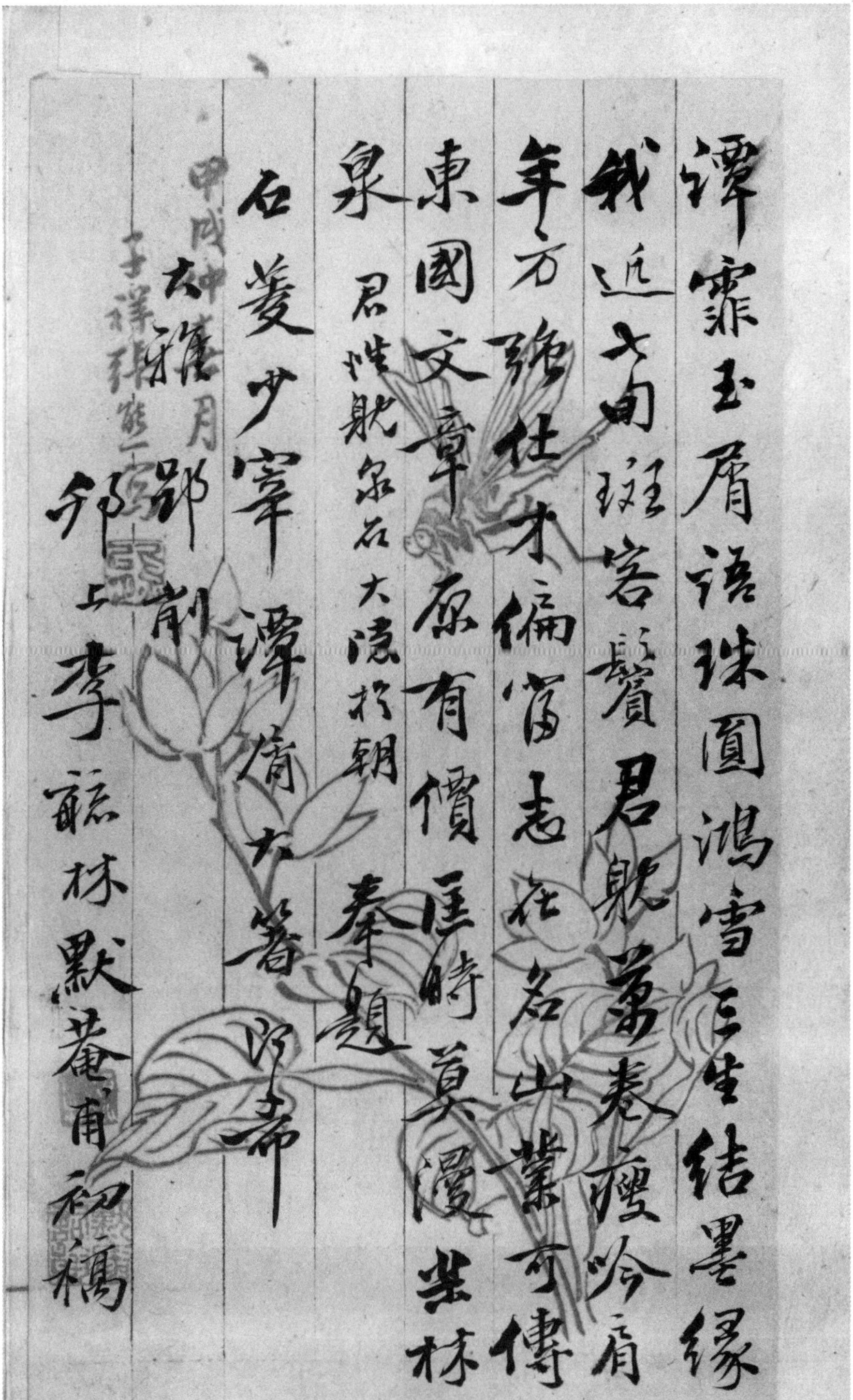

譚霏玉眉語珠圓鴻雪三生結墨緣
我近七旬斑客鬢君耽萬卷瘦吟肩
年方弱仕才偏富志在名山業可傳
東國文章原有價匡時莫漫嘆林泉
君性耽泉石大隱於朝
奉題
石菱步韻譚眉大箸汀芇
甲戌中秋月
大雅郢削
邨上李毓林默菴甫初稿

谭霏玉屑语珠圆，鸿雪三生结墨缘。
我近七旬斑客鬓，君躭万卷瘦吟肩。
年方强仕才偏富，志在名山业可传。
东国文章原有价，匡时莫漫共林泉。君性躭泉石，大隐于朝，奉题
石菱少宰《谭屑》大著，即希
大雅郢削，
邗上李毓林默庵甫初稿。

十八、刘长英

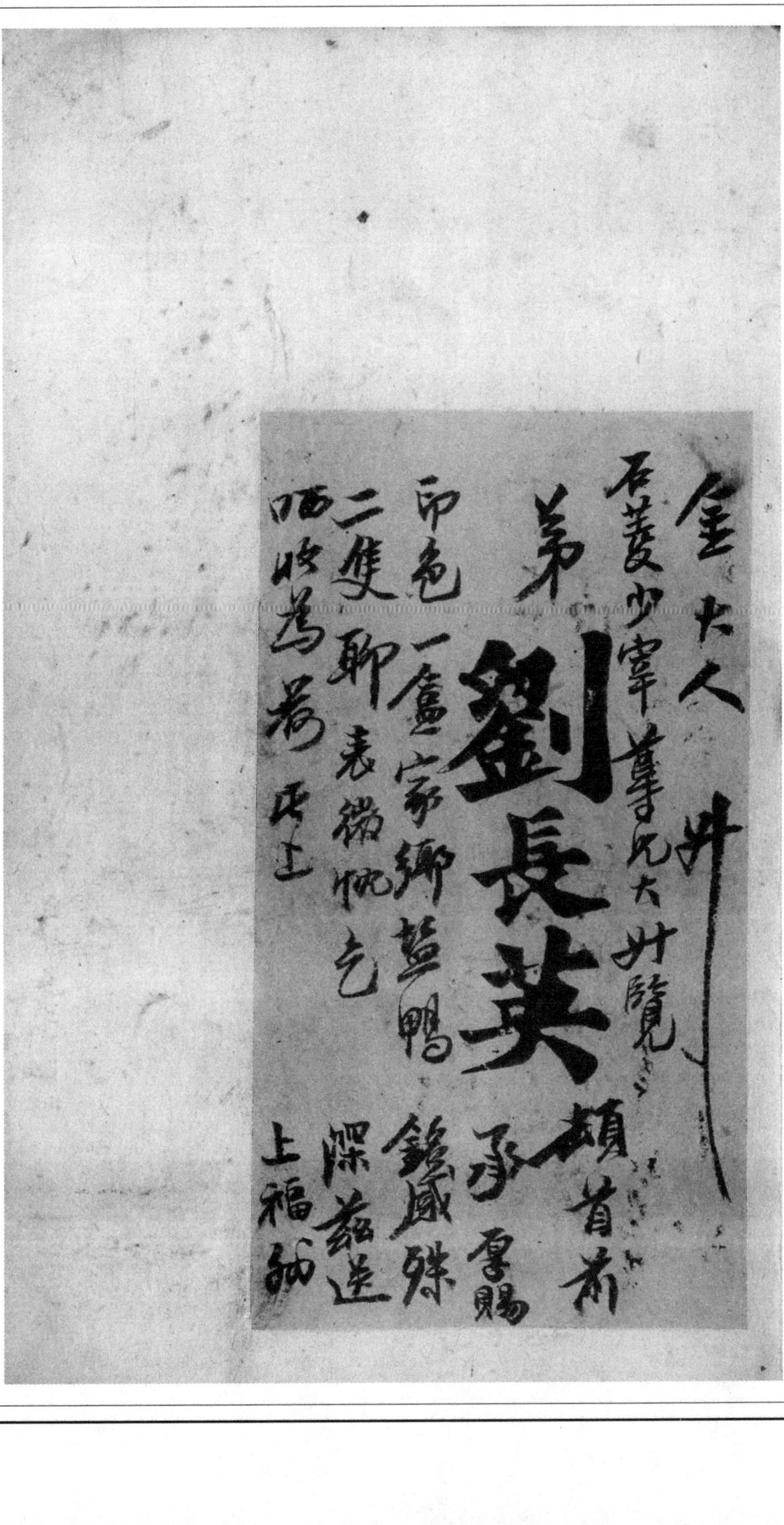
金大人 升
石菱少宰尊兄大人賜覽
弟劉長英頓首 承厚賜
印色一盒家鄉薑鴨 銘感殊
二隻聊表微忱乞 深茲送
哂收為荷 正上 上福祉

金大人升：

石菱少宰尊兄大升览。

弟刘长英　　顿首。前

承厚赐，

印色一盒，家乡盐鸭　铭感殊

二只，聊表微忱，乞　深，兹送

哂收为荷。此上　　上福州

十九、吴鸣銮

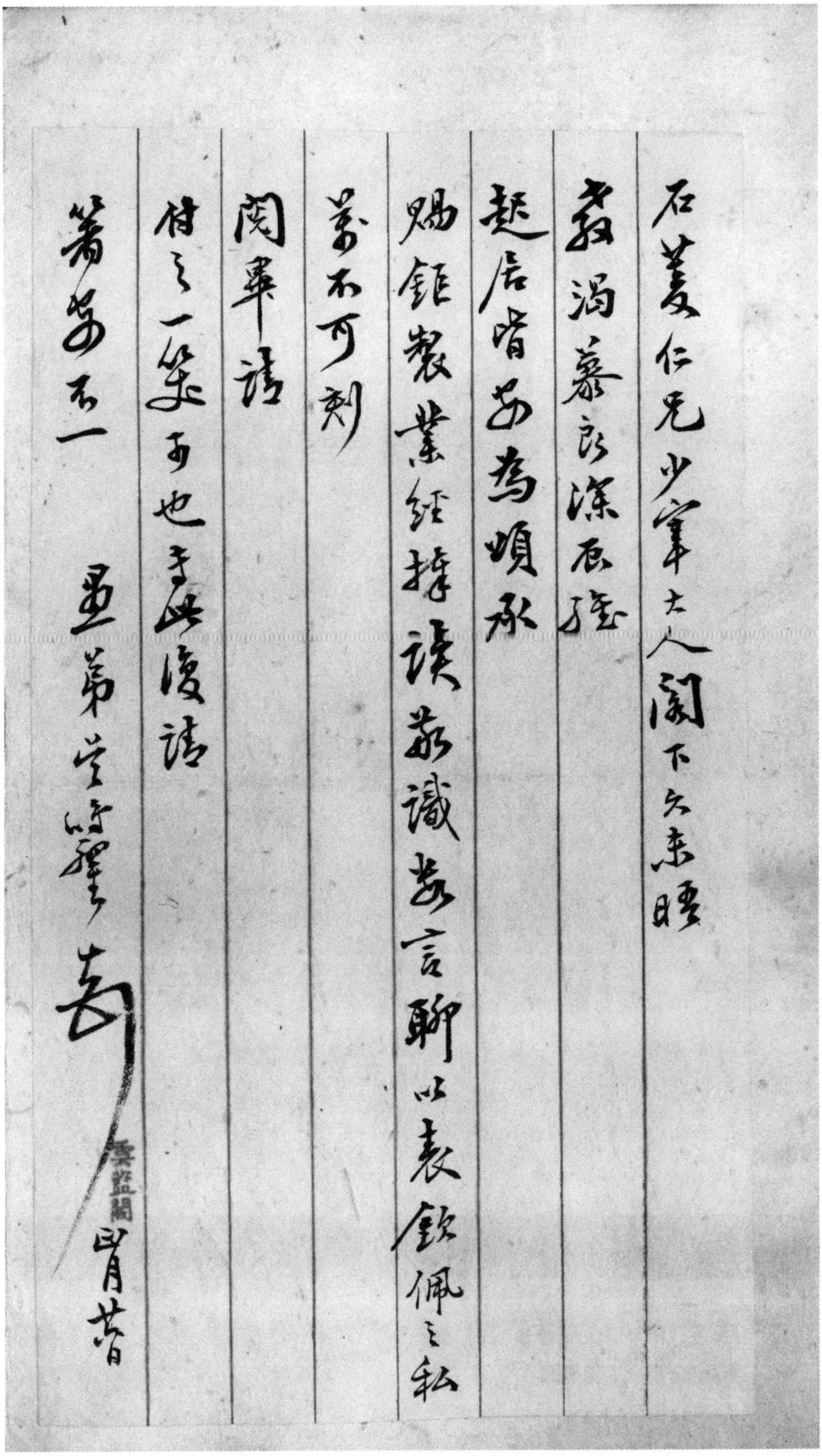

石荄仁兄少峯大人閣下久未晤
教洵慕良深辰維
起居吉安爲頌承
賜鉅製業經拜讀敬識數言聊以表欽佩之私
萬不可刻
閱畢請
付之一炬可也手此復請
箸安不一　愚弟吴鳴鑾頓首
雲藍閣
四月廿日

石菱仁兄少宰大人阁下：久未晤

教，渴慕良深。辰维

起居皆安为颂。承

赐巨制，业经拜读，敬识数言，聊以表钦佩之私，万不可刻。

阅毕请

付之一笑可也。专此，复请

著安，不一。愚弟吴鸣銮顿首。正月廿六日。

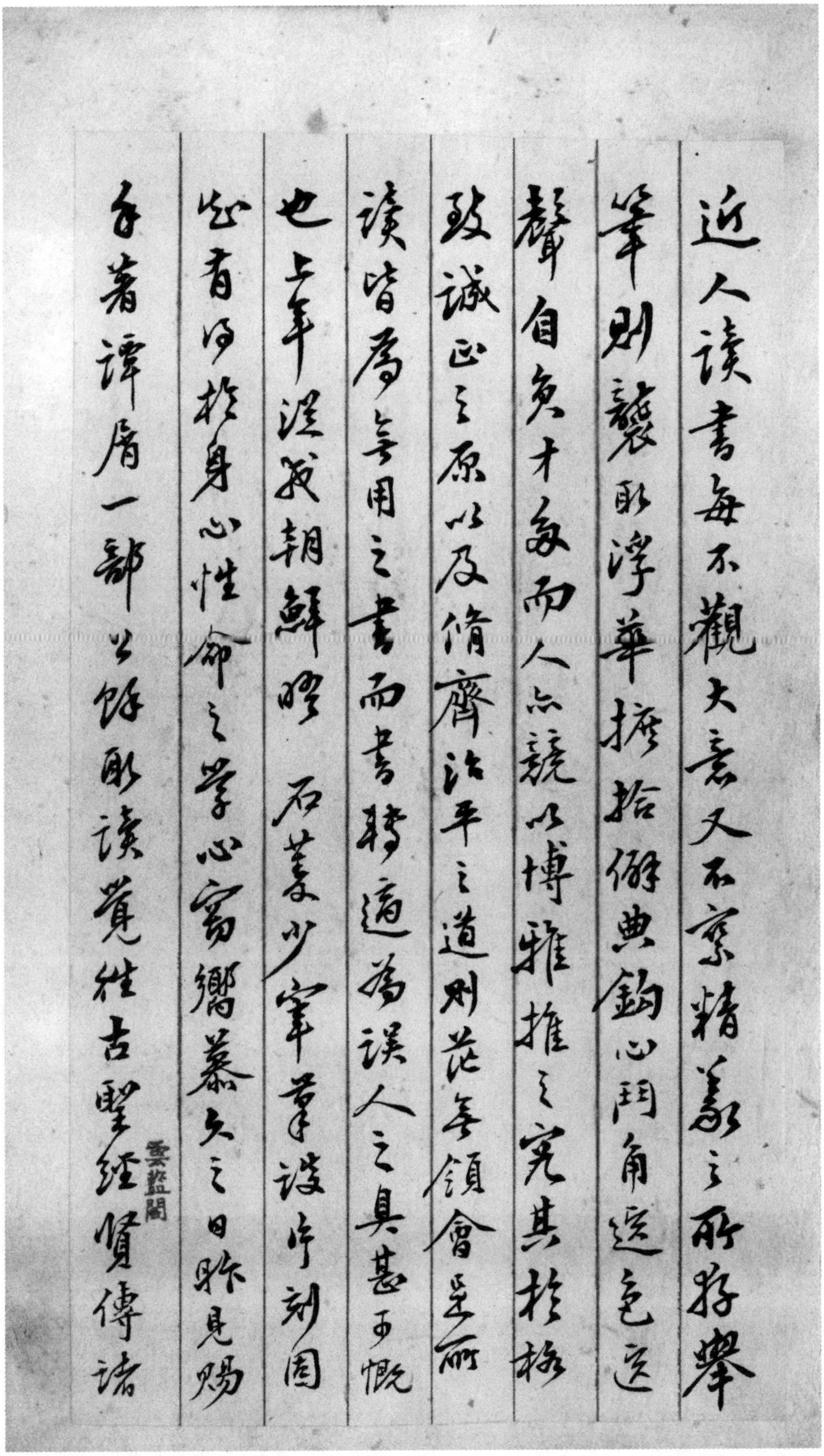

近人讀書每不觀大意又不求精義之所聚舉
筆則襲彼浮華摭拾僻典鉤心鬥角逞色逞
聲自負才多而人亦競以博雅推之究其於格
致誠正之原以及脩齊治平之道則茫無領會是所
讀皆屬無用之書而書轉適為誤人之具甚可慨
也少年從我朝鮮時 石蓁少宰建設修訂國
必有得於身心性命之學心窃嚮慕久之日昨見賜
手著譚屑一部以餘暇讀覺往古聖經賢傳諸

雲鑑閣

《譚屑》拾餘

近人读书每不观大意，又不察精义之所存，举笔则袭取浮华，摭拾僻典，钩心斗角，选色选声，自负才多，而人亦竞以博雅推之。究其于「格致诚正」之原，以及「修齐治平」之道，则茫无领会。是所读皆为无用之书，而书转适为误人之具，甚可慨也。上年从戎朝鲜，晤石菱少宰，笔谈片刻，固知有得于身心性命之学，心窃向慕久之，日昨见赐手著《谭屑》一部，公馀取读，觉往古圣经贤传、诸

子百家之精蘊莫不融會於其中而依於雅言
淺而深之近而遠之可以問世可以覺世可以傳世視
彼雕蟲小技其相去為何如耶雖然非面壁十年
何能有此卓識非閱歷半生又何能有此透識善
言人之所難能矣
光緒甲申春孟皖南黄峰瞿薰南謹識

雲藍閣

子百家之精义，莫不融会于其中。句俗而雅，意浅而深，而近而远，可以问世，可以觉世，可以传世。视彼雕虫小技，其相去为何如耶？虽然，非面壁十年，何能有此卓识？非阅历半生，又何能有此透识，盖亦人之所难能矣。

光绪甲申春孟，皖南吴鸣銮薰南读识。

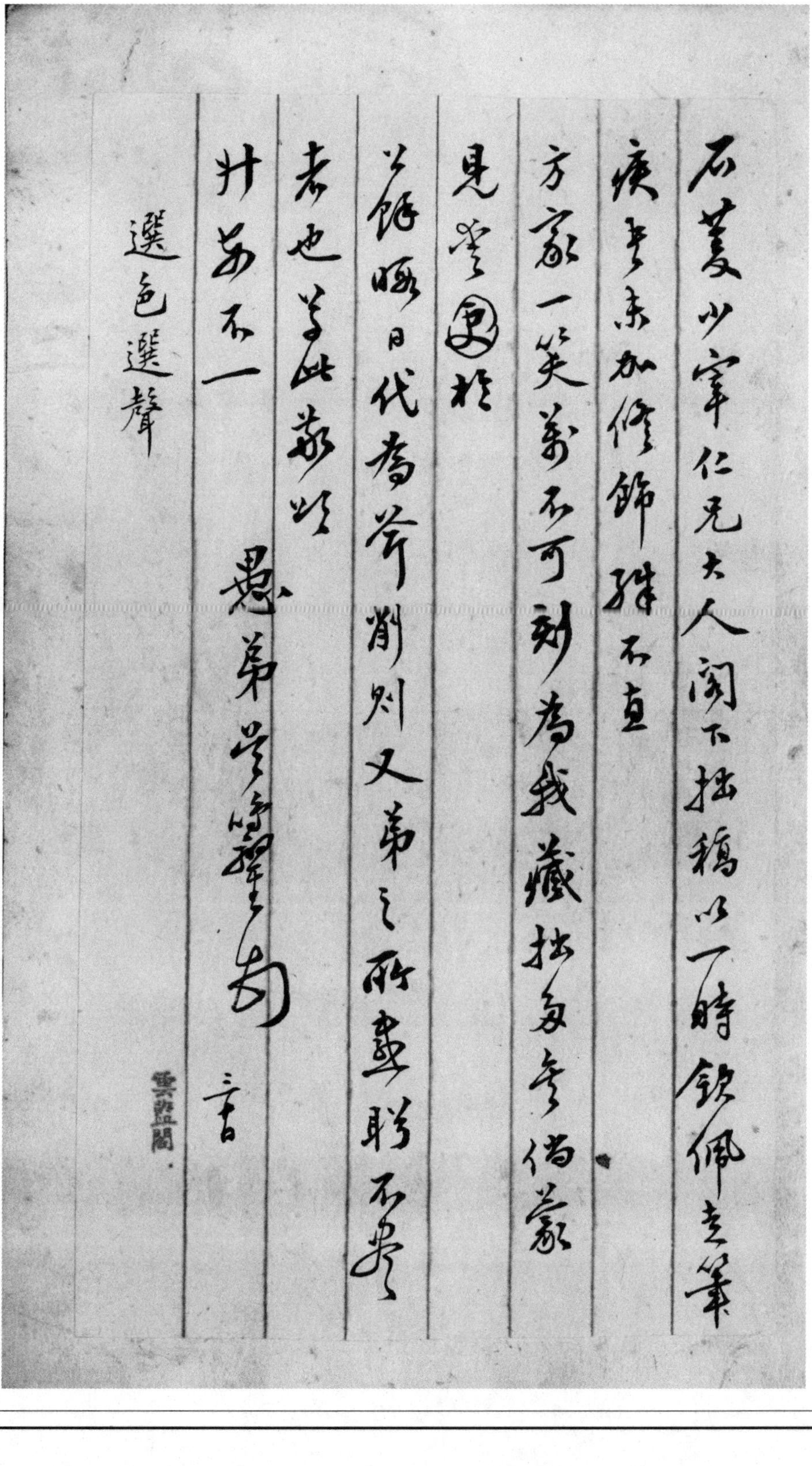

石芝少宰仁兄大人閣下：拙稿以一時欽佩之筆痕，未加修飾，殊不直方家一笑。茲示可刻，為我藏拙，多多借蒙見愛恩於公餘暇日代為斧削，則又弟之所晝盼不置者也。草此敬頌升安，不一。

愚弟[illegible]頓首

三吉

選色選聲

石菱少宰仁兄大人阁下：拙稿以一时钦佩，走笔疾书，未加修饰，殊不直方家一笑，万不可刻，为我藏拙多矣。倘蒙见爱，于公馀暇日，代为斧削，则又弟之所感盼不尽者也。草此敬颂叔安，不一。愚弟吴鸣銮顿首。三十日。

选色选声

二十、沈朝宗

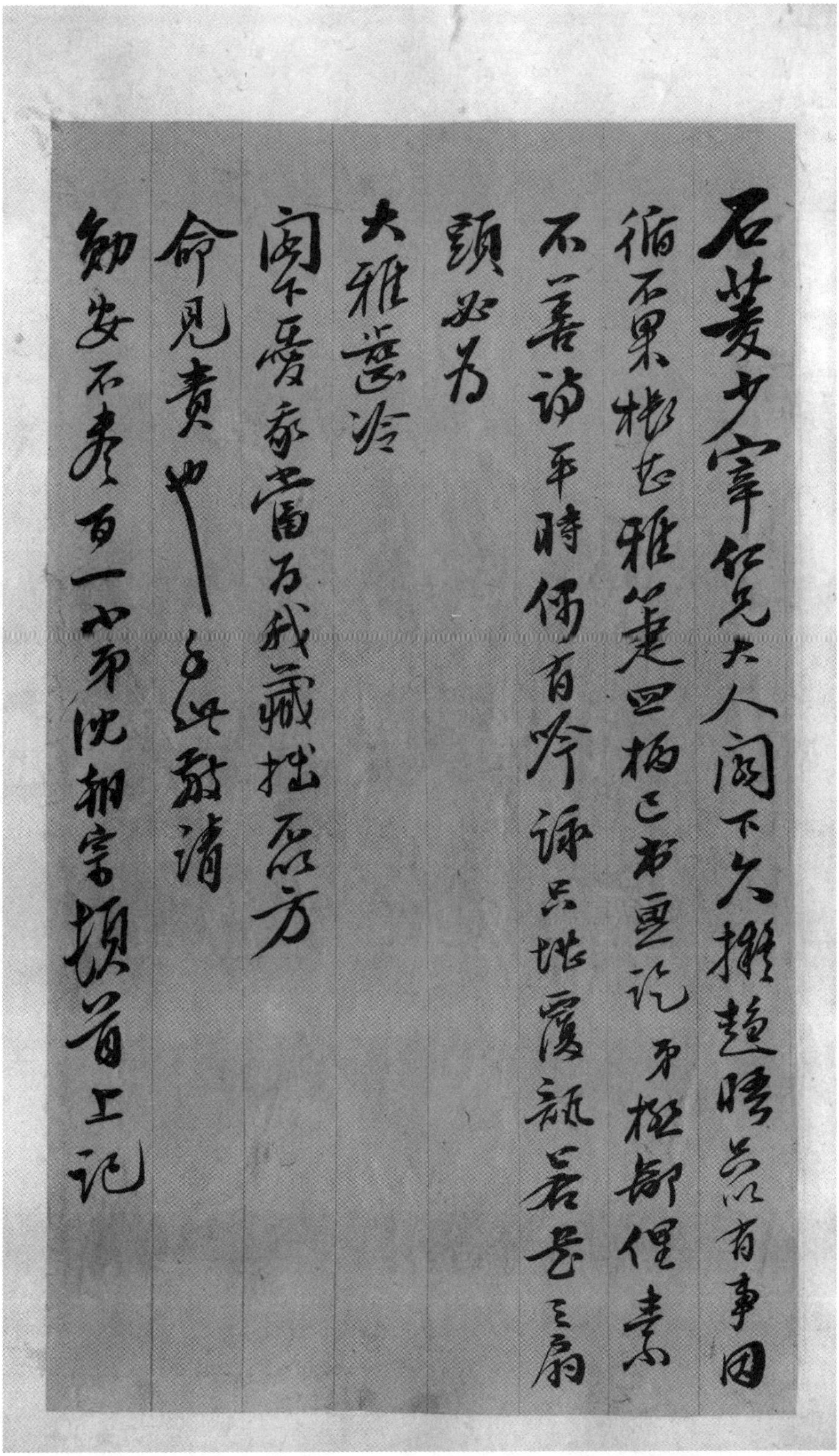

石菱少宰仁兄大人阁下：久拟趋晤，只以有事因循不果。拙书雅箑四柄已书画讫。弟极鄙俚，素不善诗，平时偶有吟咏，只堪覆瓿，若书之扇头，必为大雅齿冷。阁下爱我，当为我藏拙，庶方命见责也。手此敬请勋安，不尽百一。小弟沈朝宗顿首上记

石菱少宰仁兄大人阁下：久拟趋晤，只以有事，因循不果，怅甚。雅箑四柄已书画讫。弟极鄙俚，素不善诗，平时偶有吟咏，只堪覆瓿。若书之扇，显必为

大雅齿冷。

阁下爱我，当为我藏拙，不以方

命见责也。手此，敬请

勋安，不尽百一。小弟沈朝宗顿首上记。

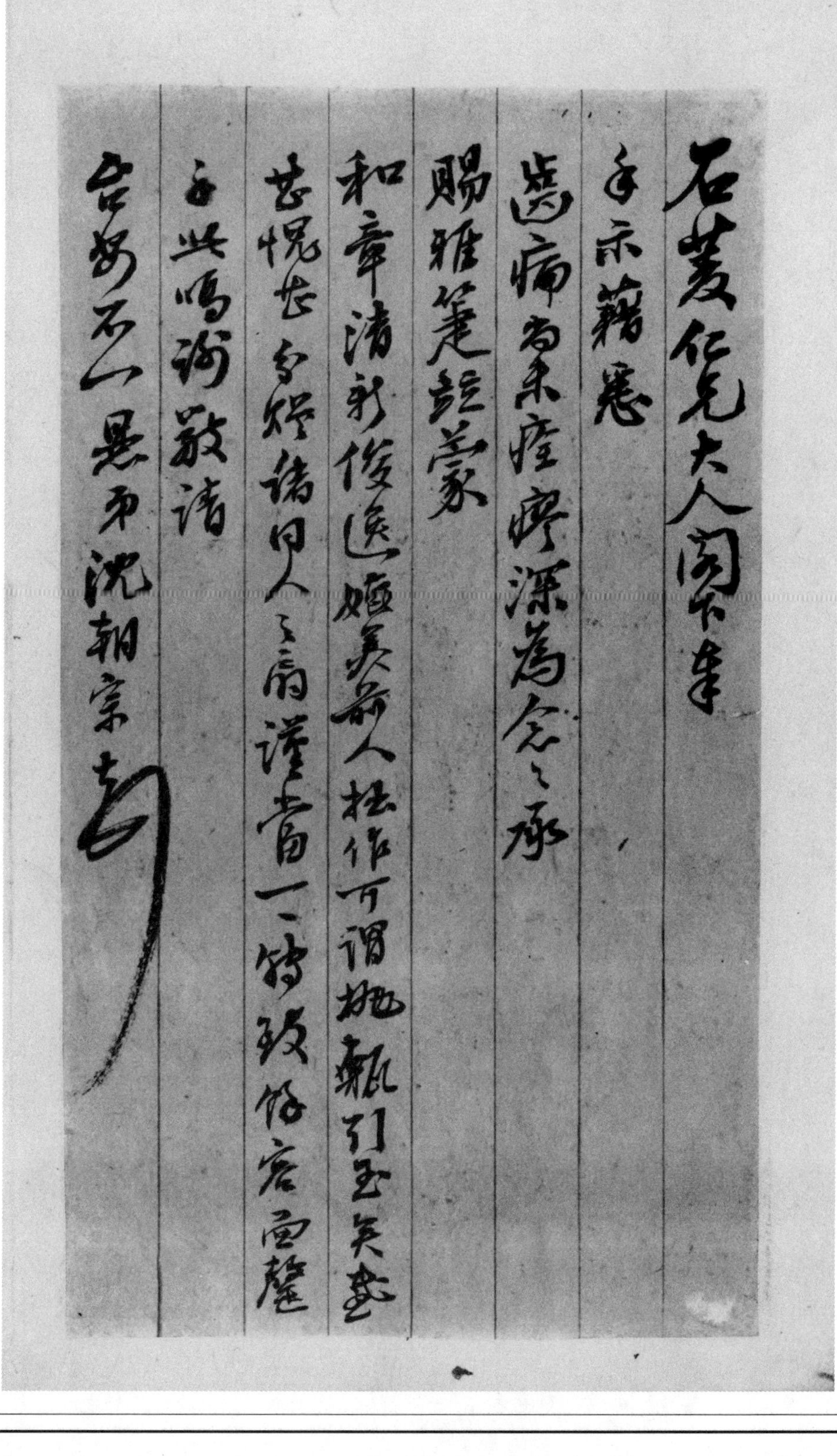

石菱仁兄大人閣下：奉
手示藉悉
遘病為累，痊瘳深為念念。承
賜雅箋，謬蒙
和章，清新俊逸，媲美前人，拙作可謂拋甎引玉矣。
甚愧甚愧。多煩請印人之扇，謹當一一轉致，俟容面罄。
手此鳴謝，敬請
台安。不一。愚弟沈朝宗頓

石菱仁兄大人阁下：奉
手示藉悉，
齿痛尚未痊瘳，深为念念。承
赐雅笺并蒙
和章，清新俊逸，媲美前人。拙作可谓抛砖引玉矣。感
甚愧甚，分赠诸同人之扇，谨当一一转致，馀容面罄，
手此鸣谢，敬请
台安，不一。愚弟沈朝宗顿首。

二十一、邱心坦

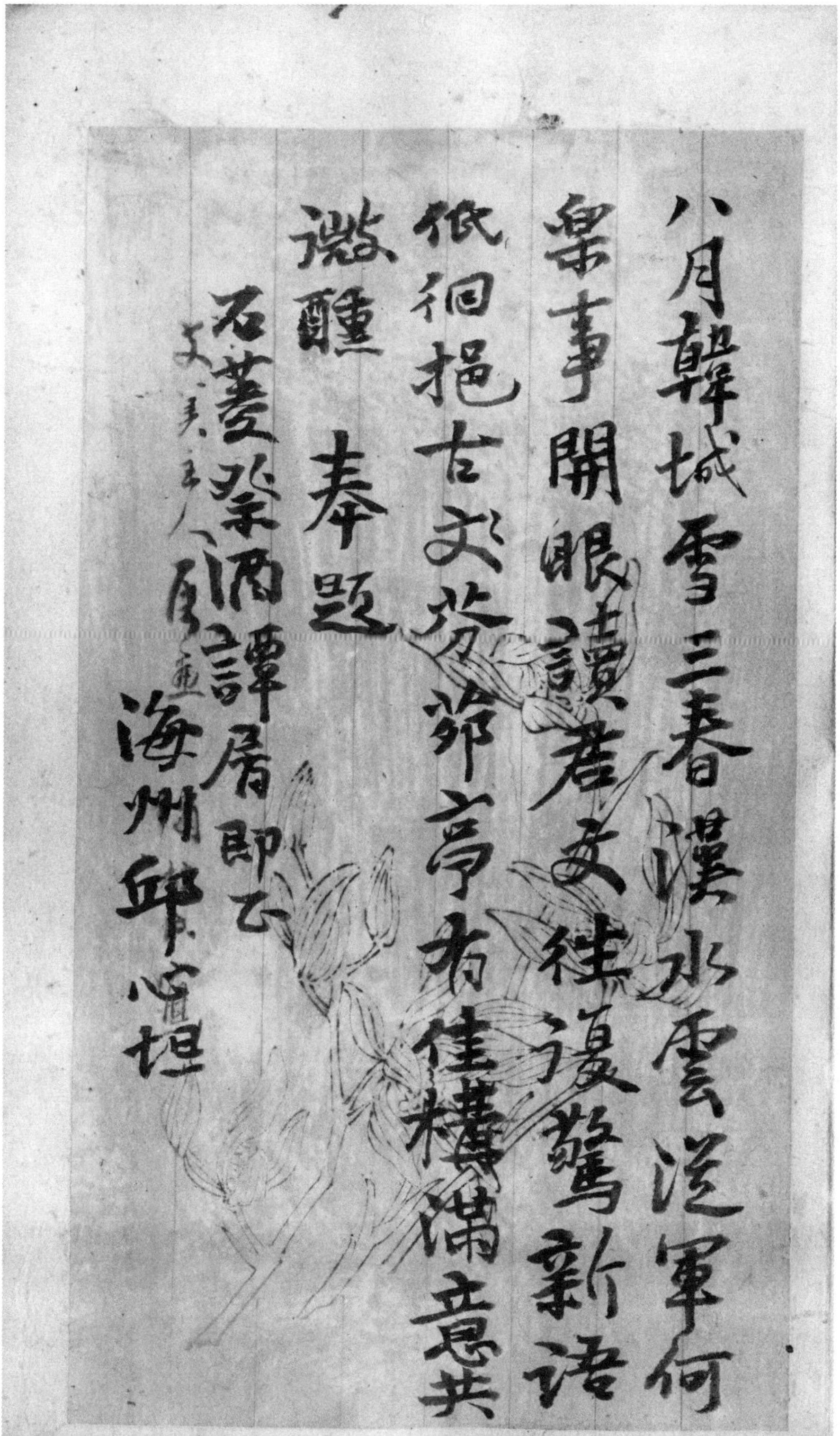

八月韓城雪三春漢水雲從軍何
樂事開眼讀君文往復驚新語
低徊挹古芬勞筆亭有佳構滿意共
歡醺 奉題
石蓋癸酉譚眉即正
海州邱心坦

八月韩城雪，三春汉水云。从军何乐事，开眼读君文。往复惊新语，低徊挹古芬。茆亭有佳构，满意共微醺。奉题

石菱祭酒《谭屑》即正，

海州邱心坦。

二十二、张詧

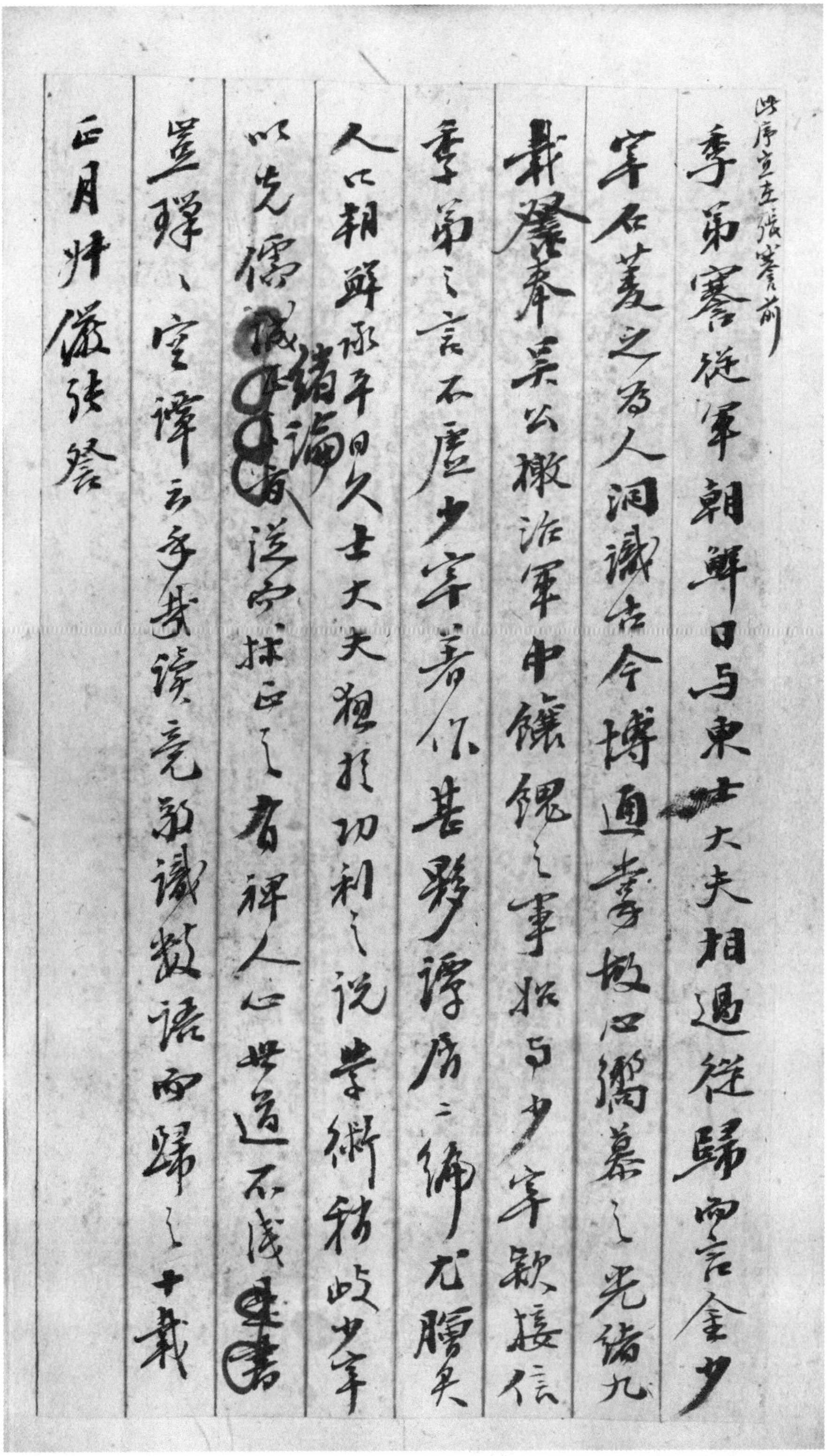
此序宜在張謇前

季弟謇從軍朝鮮日與東士大夫相過從歸而言金少宰石菱之為人洞識古今博通掌故心竊慕之光緒九載詧奉吳公檄治軍中饟餽之事獲與少宰款接信季弟之言不虛少宰著書甚夥譚屑之編尤膾炙人口朝鮮承平日久士大夫狃於功利之說學術歧趨少年以先儒緒論為迂從而抹殺之者有矣是書裨人心世道不淺豈第以空譚云乎哉讀竟竊識數語而歸之十載正月廿八日張詧

此序应在张謇前

季弟謇从军朝鲜，日与东士大夫相过从，归而言金少宰石菱之为人，洞识古今，博通掌故，心向慕之。光绪九载，詧奉吴公檄，治军中馕馈之事，始与少宰款接，信季弟之言不虚。少宰著作甚夥，《谭屑》二编尤脍炙人口。朝鲜承平日久，士大夫狃于功利之说，学术稍歧，少宰以先儒绪论从而救正之，有裨人心世道不浅。岂璅璅空谭云乎哉？读竟，敬识数语而归之。十载正月，叔俨张詧。

二十三、王湛恩

愚弟王湛恩顿首领谢。

二十四、叶觐仪

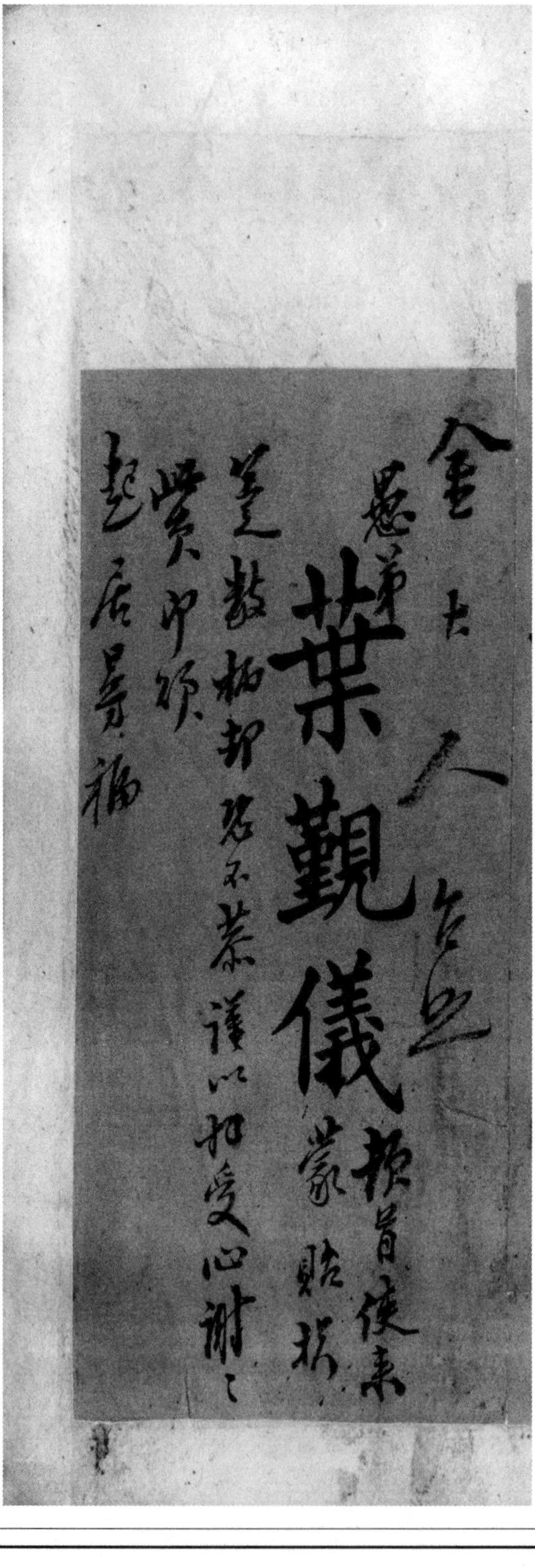

金大人台启：

愚弟叶觐仪顿首。使来

蒙贻折

箑数柄，却恐不恭，谨以拜受，心谢谢，

此□，即颂

起居曼福。

二十五、□鶴

石蓀仁兄大人東歸手教謹悉維而歿到竟高提筆幸壹耳池君未可眈案未眠始不再許果居病愿者亦全如傑家感皆諸治之四池君見卒一簡使方了詔惜家若割股之於矣謝之頑但上安知郭云
煩呈
寶夫人

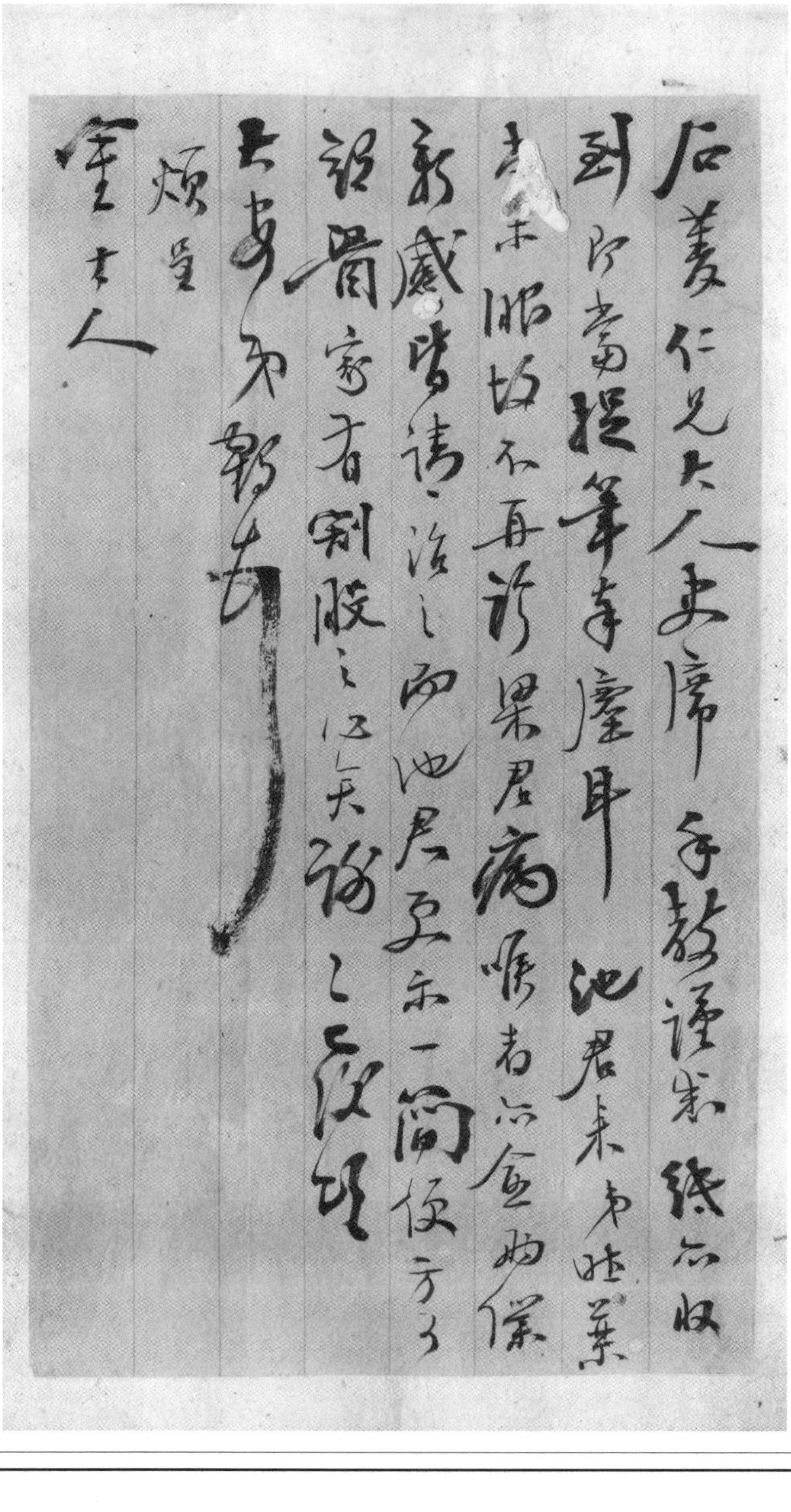

石菱仁兄大人史席：手教谨悉，纸亦收到，即当捉笔奉尘耳。池君来，弟昨药尚未服，故不再诊。梁君病喉者亦愈，两仆新感，皆请治之，而池君更示一简便方，可谓医家有割股之心矣。谢谢，虔颂大安。弟鹤顿首。

金大人。

烦呈

二十六、无款

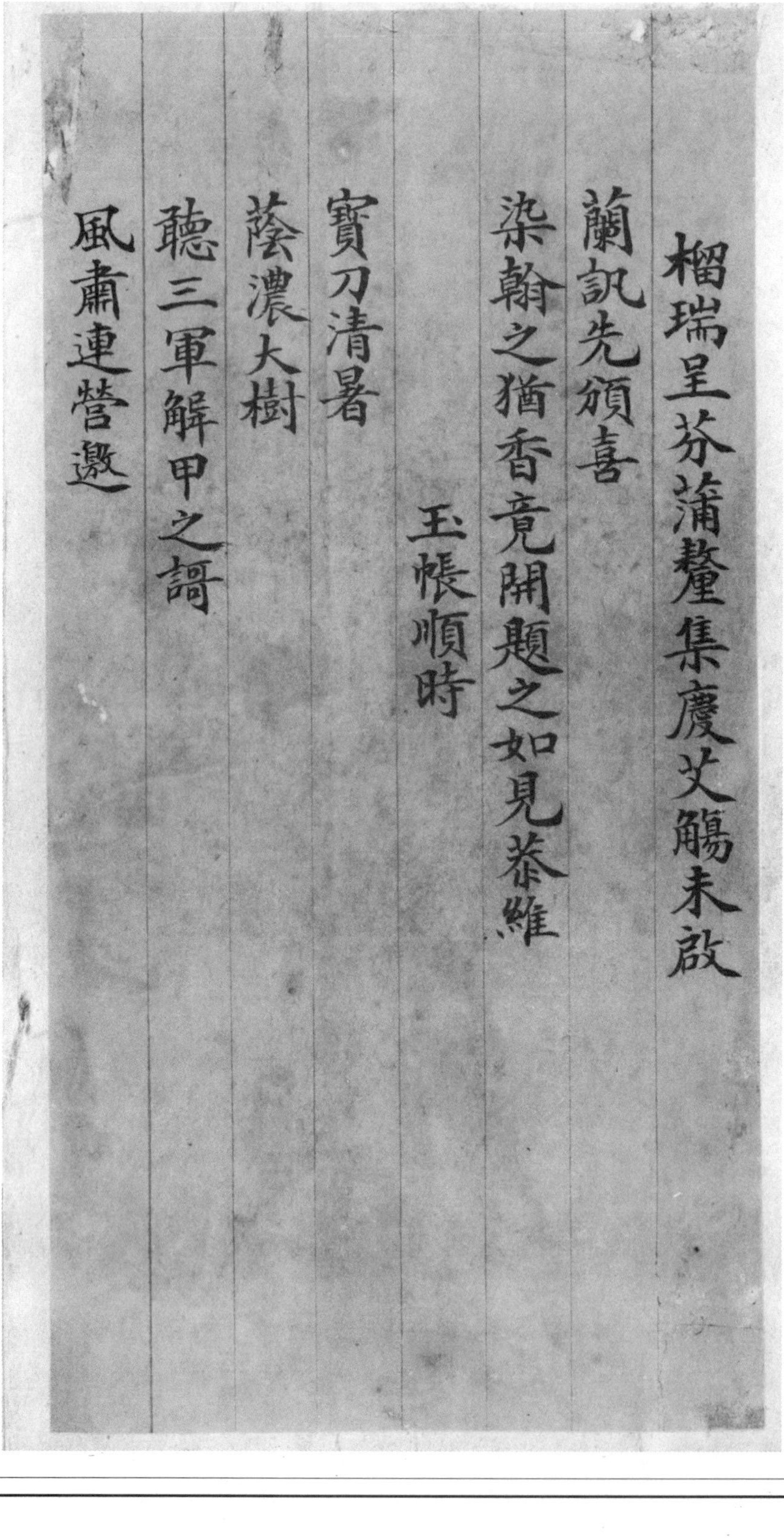

榴瑞呈芬蒲釐集慶艾觴未啟

蘭訊先頒喜

染翰之猶香竟開題之如見㳟維

玉帳順時

寶刀清暑

蔭濃大樹

聽三軍解甲之謌

風肅連營邀

榴瑞呈芬，蒲厘集庆；艾觞未启，
兰讯先颁。喜
染翰之犹香，竟开题之如见。恭维
玉帐顺时，
宝刀清暑，
荫浓大树，
听三军解甲之歌；
风肃连营，邀

九陛
降綸之兆
恩光近迓
英采遥膽　虎節行邊馬韓久戍頭顱老我愧胡天倚
劍之喻肝膽照人拜勝日
同袍之使復賀
午禧

九陛
降纶之兆。
恩光近迓，
英采遥詹。虎节行边，马韩久戍。头颅老我，愧胡天倚
剑之吟；肝胆照人，拜胜日
同袍之使。复贺
午禧。

二十七、无款

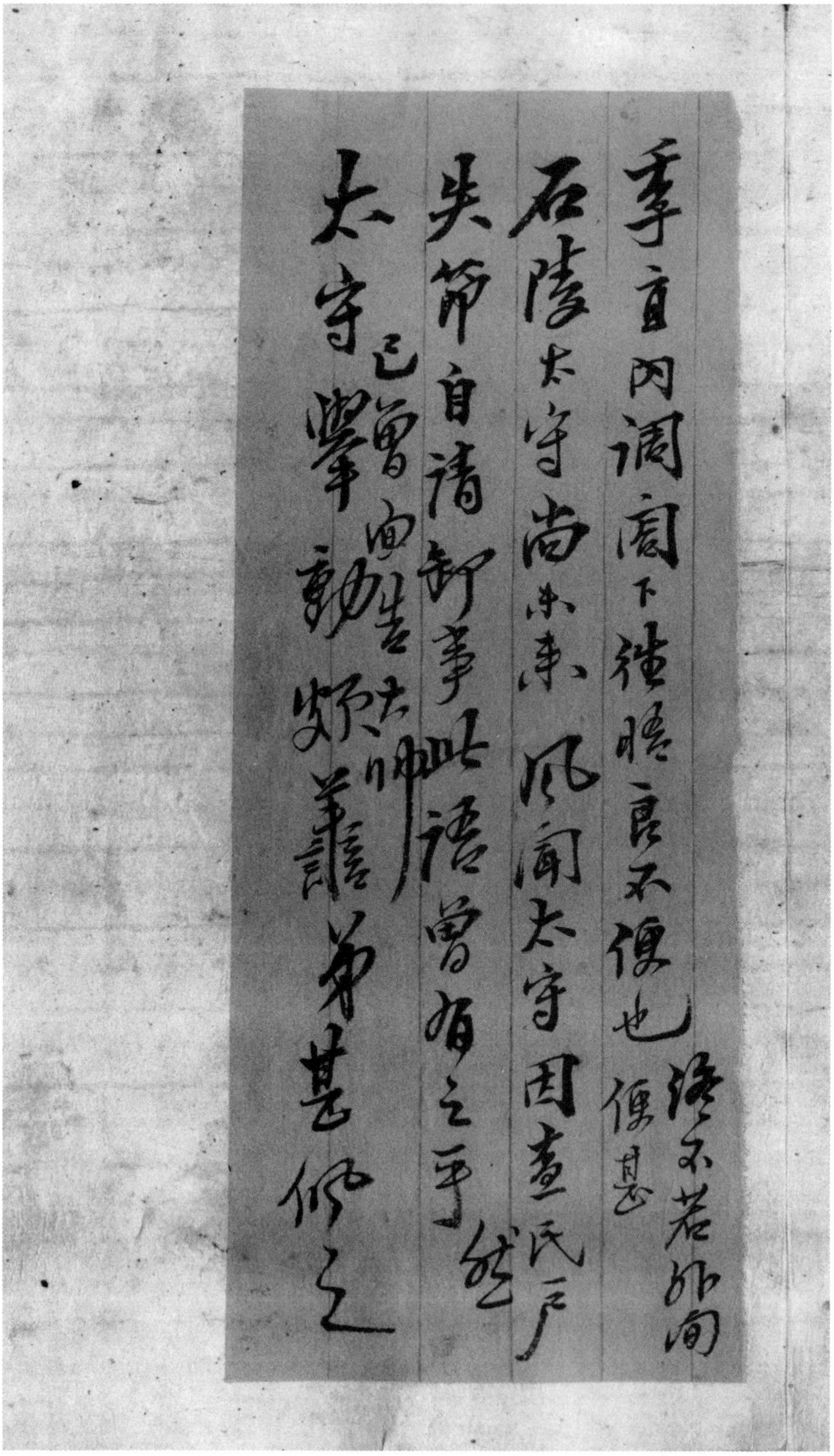

季直内阁阁下：强聒良不便也。便甚。

石陵太守尚未来，风闻太守因查氏户

失节自请卸事，此语曾有之乎？然

太守已曾面告……

太守……弟甚佩之

季直内调，阁下往晤良不便也。终不若外间便甚。

石陵太守尚未来，风闻太守因查民户失节，自请卸事。此语曾有之乎？然已曾面告大帅太守举动颇善。弟甚佩之。

二十八、无款

出者二三人皆欲對大鐘之人加俸寺廢官扮乙等款
是大且遠彼与秘負皆洛隆華仍祝四壽至郡
好者經掌
以涤之頒不以出問退不閒見為蛇衫具毛之尖 七月
礦務即日与壽怡洋考挺力波停乙延为烏常参
刚浚盡末番堂乎天下事人与此岩為知
吉大死易乃至問三不為大信要于而閒
          佐陈君取古有痛恨之
瑊鼓而望平木而拯室身用史識四扇官
刚以乃可   笑又正起陛之辞而此圖知颗

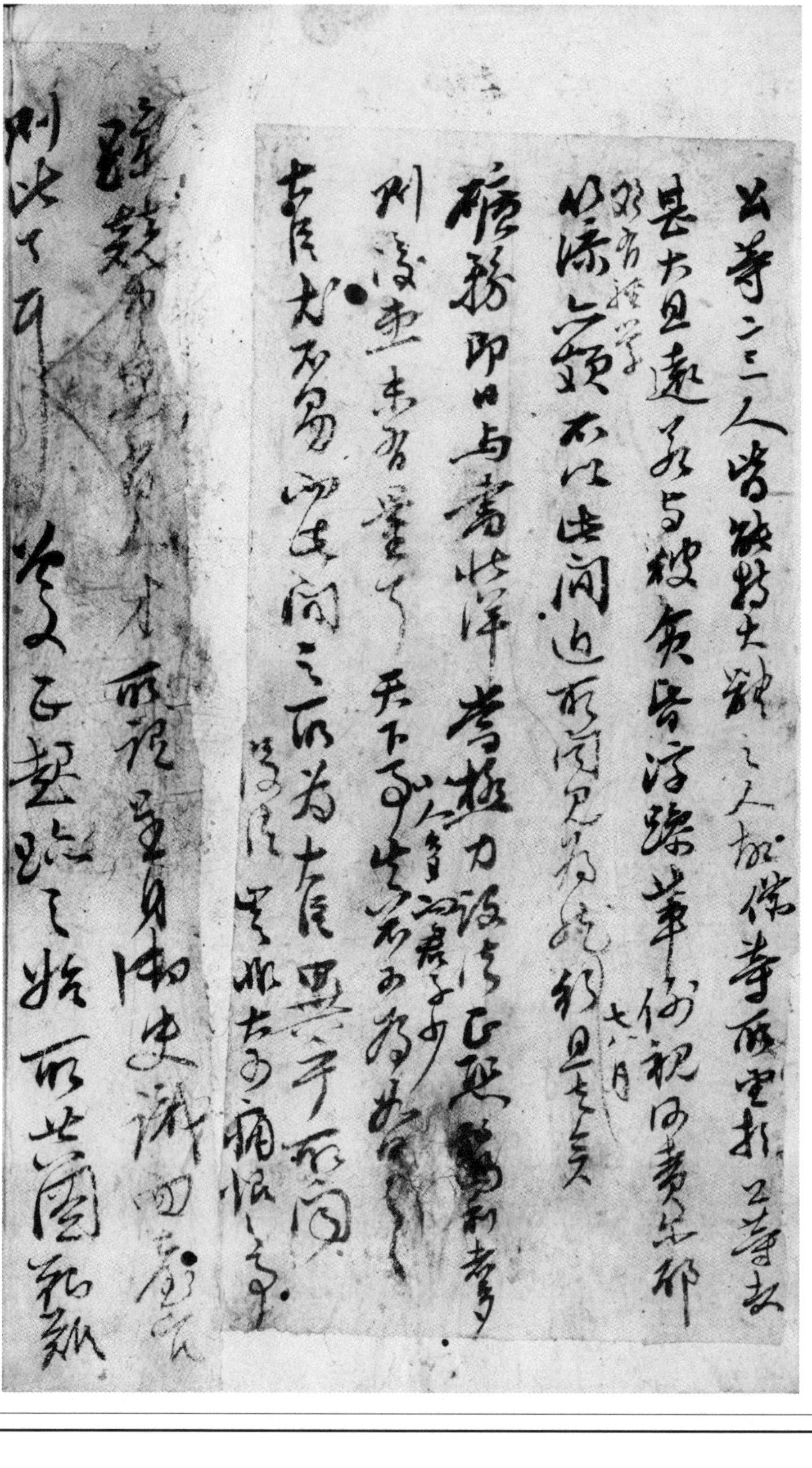

公等二三人，皆能持大体之人，故仆等所望于公等者甚大且远。若与彼贪昏浮躁辈例视，何责尔耶？

颇有经学

竹添亦颇不以此间近所闻见为然，七、八月行且去矣。矿务即日与书北洋，当极力设法，正恐骛利者多，

小人多，而君子少

则后堂未有量耳。大下事真不可为，如何如何。大臣尤不易，而此间之所为大臣异乎所闻。

浮法岂非大可痛恨之事

躁竞中另有人才，所谓呈身御史、识面台官，则此者耳。曾文正起迹之始，所共图艰难

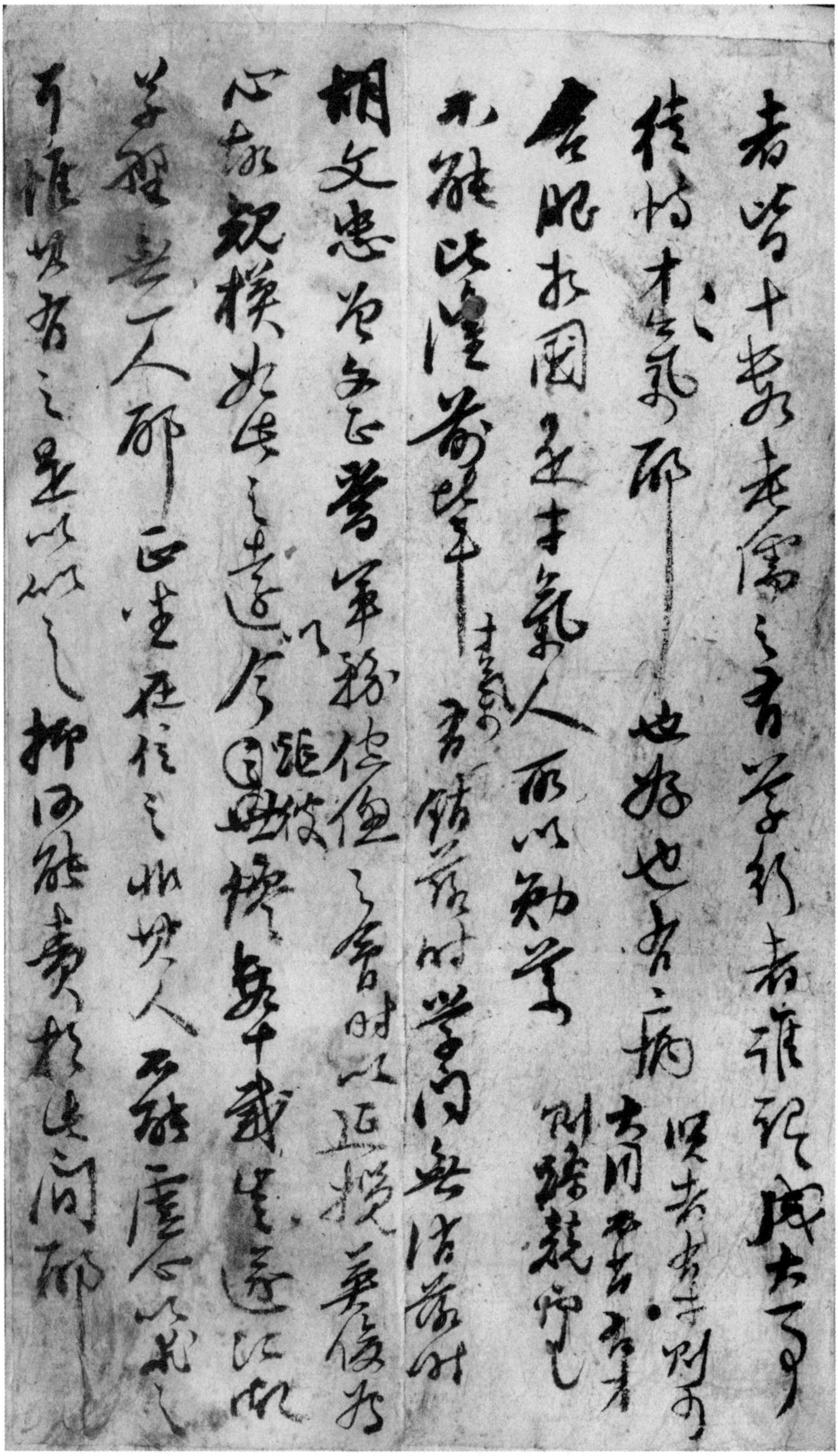

者，皆十数老儒之有学行者，谁谓成大事徒恃才气耶？也好也有病，合肥相国是才气人，所以勋业不能比隆前辈。才气有销落时，学问无消落时。胡文忠、曾文正当军务倥偬之会，时以延揽英俊为心，故规模如此之远，以今距彼，才数十载，岂遂江湖草野无一人耶？正坐在位之非其人，不能虚心以求之耳。惟其有之，是以似之。抑何能责于此间耶？

贤者有才，则可大用。不肖有才，则躁竞而已。

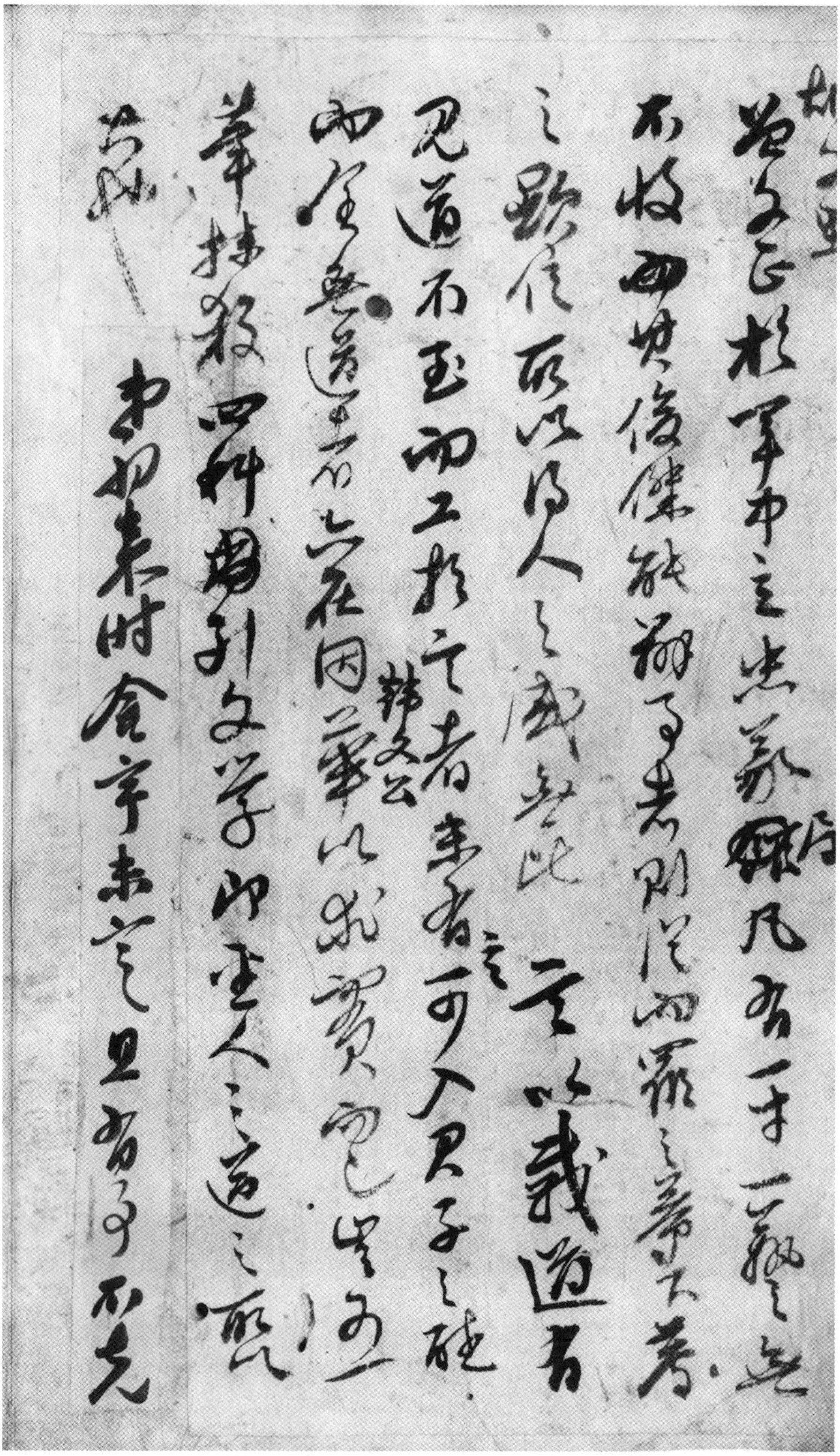

辛諧中敬令士与　起於士大夫起義遇陸抑
迎陪外人浮議了　府中如州解職　令弟
以下有為俊秀時迎南陽見令弟方世冕武
問之主人曰二府使金接迎乃為之崇尚徒誠
間苓氏固家雲軍舍四二被運程的志反
人舊職等已挍欲徵戶之外子託代友人母給
紙册子正頁每人一冊不如乳達但來三？

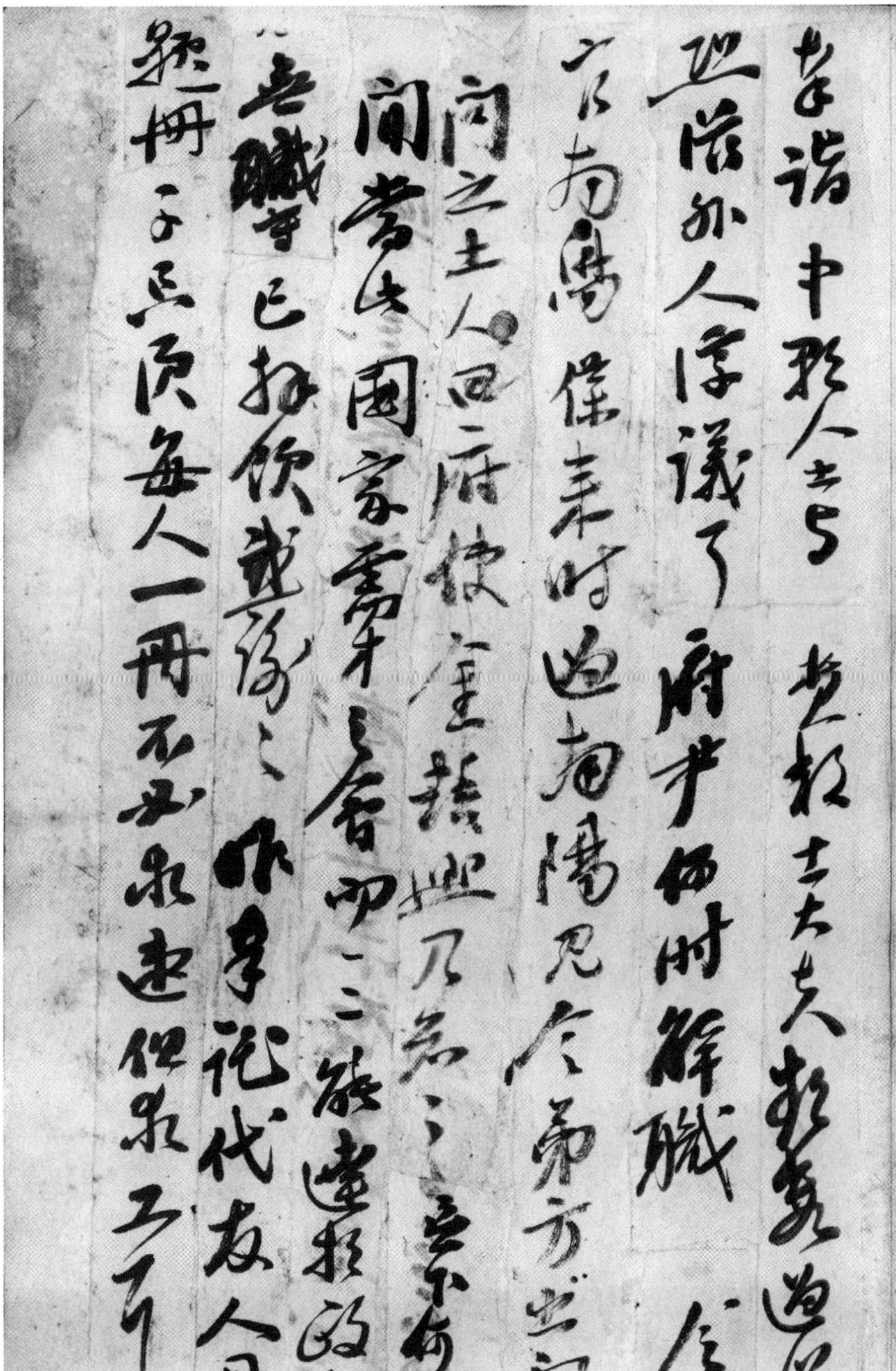

胡文忠、
曾文正于军中立忠义局，凡有一才一艺无
不收。其俊杰能办事者，则从而罗之幕下，著
之显位，所以得人之盛无比。言以载道，有
见道不至而工于言者，未有言可入君子之听
而全无道者，亦在因韩文公「华以求实」而已，岂可一
笔抹杀？四科列文学，即圣人之道之所以
大也。弟初来时，舍宇未定，且有事不克
奉诣。中朝人士与贵邦士大夫频数过从，抑
恐滋外人浮议耳。府尹何时辞职，令弟
官南阳，仆来时过南阳，见令弟方书阅武，
问之土人，曰府使金喆熙，乃知之。足下何以赋
闲，当此国家需才之会，而一二能达于政者反
无职守。已拜领，感谢感谢。昨奉托代友人母征
题册子，只须每人一册，不必求速，但求工耳。

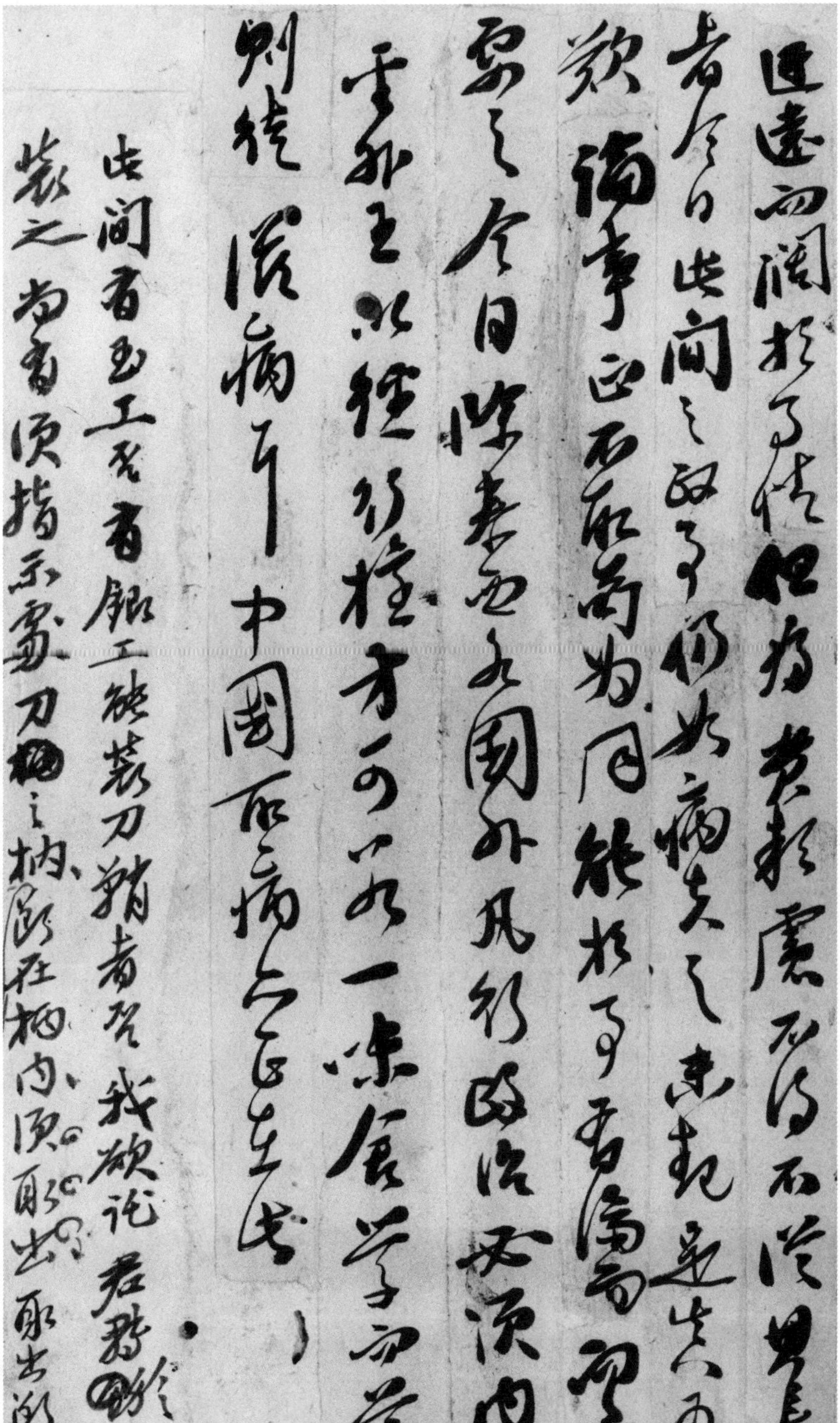

迂远而阔，于事情但为贵邦虑，不得不从其长者。今日此间之政事，仍如病夫之未起，是真可叹！论事正不取苟为同，能于事有济而已，要之今日，除泰西各国外，凡行政治必须「内圣外王」，以径行权方可，若一味舍学，而学则徒滋病耳，中国所病亦正在此。

此间有玉工否？有银工能装刀鞘者否？我欲托君转于装之，尚有须指示处刀之柄，有少许铁断在柄内，须取出。取出断

二十九、无款

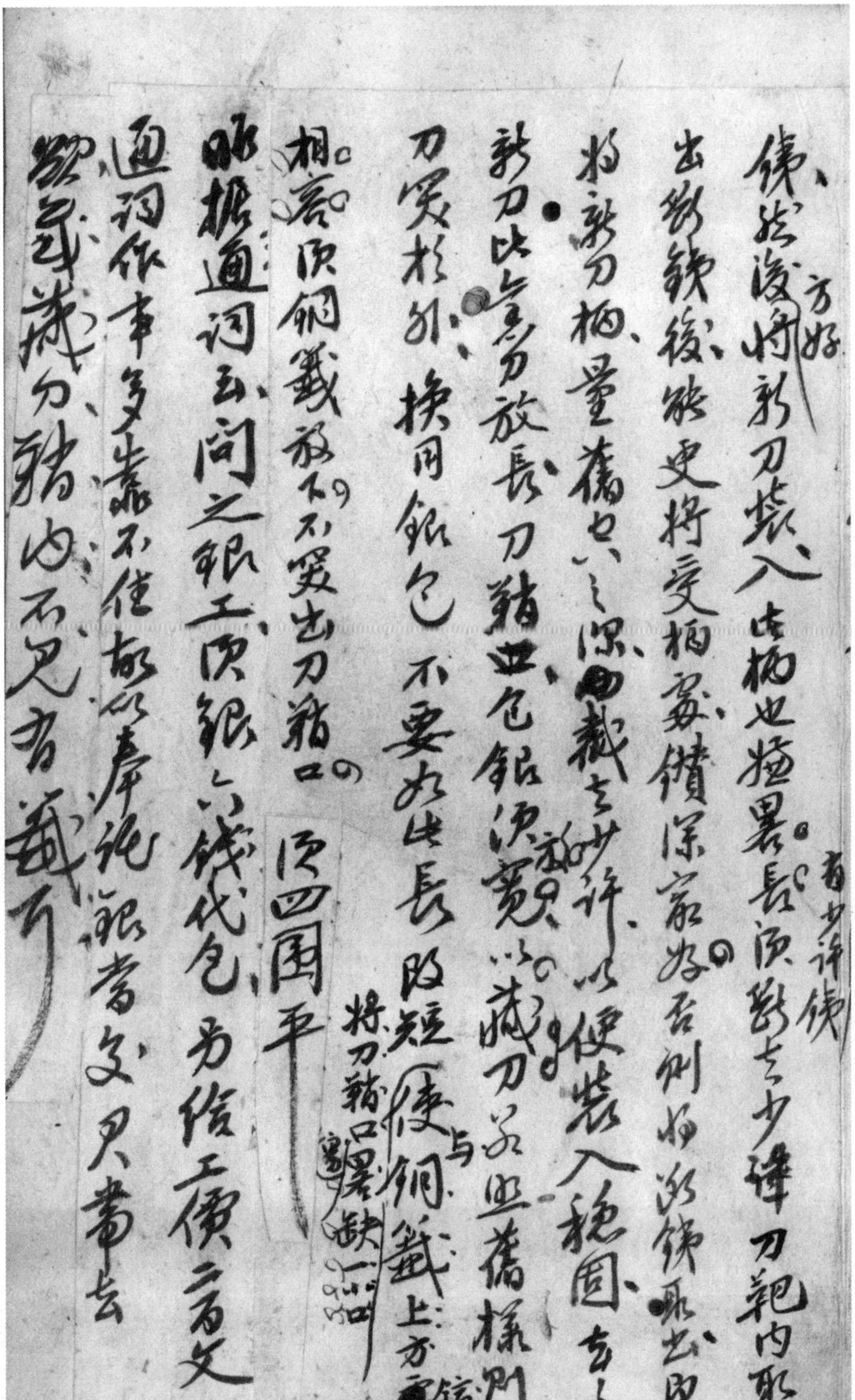

俟於後方好將新刀裝入此柄也。猶略長，須銼去少許。刀靶内取
出銅鉄後，總更將変柄要鑽深，寧深毋淺，否則將銅鉄取出即
將新刀柄量舊也，以深些，截去少許，以便裝入鞘圈去
新刀比舊刀放長，刀鞘亦包銀須寬，以藏刀與照舊樣則鎬
刀要於外，換用銀包，不要如此長，所短，使與銅鐵上方
將刀鞘口略缺一些
相宜。須銅鐵放下，不要出刀鞘口。
須四圍平
昨據通詞云，問之銀工，須銀六錢，代包另给工價二百文
通詞作事多出差不佳，故以奉純銀當文，只帶去
鐵衣藏刀鞘內不見者，截可

铁，然后方好将新刀装入。此柄也嫌略长，须断去少许，刀靶内取
出断铁后，能更将受柄处钻深最好，否则将断铁取出，即
将新刀柄量旧空之深，截去少许，以便装入稳固。本之
新刀，比旧刀放长，刀鞘口包银须放宽以藏刀，若照旧样则
刀突于外，换用银包，不要如此。长改短，将刀鞘口边略缺一小口，使
与铜籤上方
相容，须铜籤放下不突出，刀鞘口须四围平。
昨据通词云，问之银工，须银六钱代包，另给工价二百文，
通词作事多靠不住，故以奉托。银当交君带去，
欲籤藏刀鞘内，不见有籤耳。

三十、无款

阁下铜锣十字等件即当装束
镜匣再用泽钱重七钱三分装成另绘篆
贵同样增字款左思右思无下手处
数千百年之习俗何能旦夕之
以此近局论似乎不恶之稳告
士大夫无不嗤议甚不可提
之昨见纸坊间皆有纸油

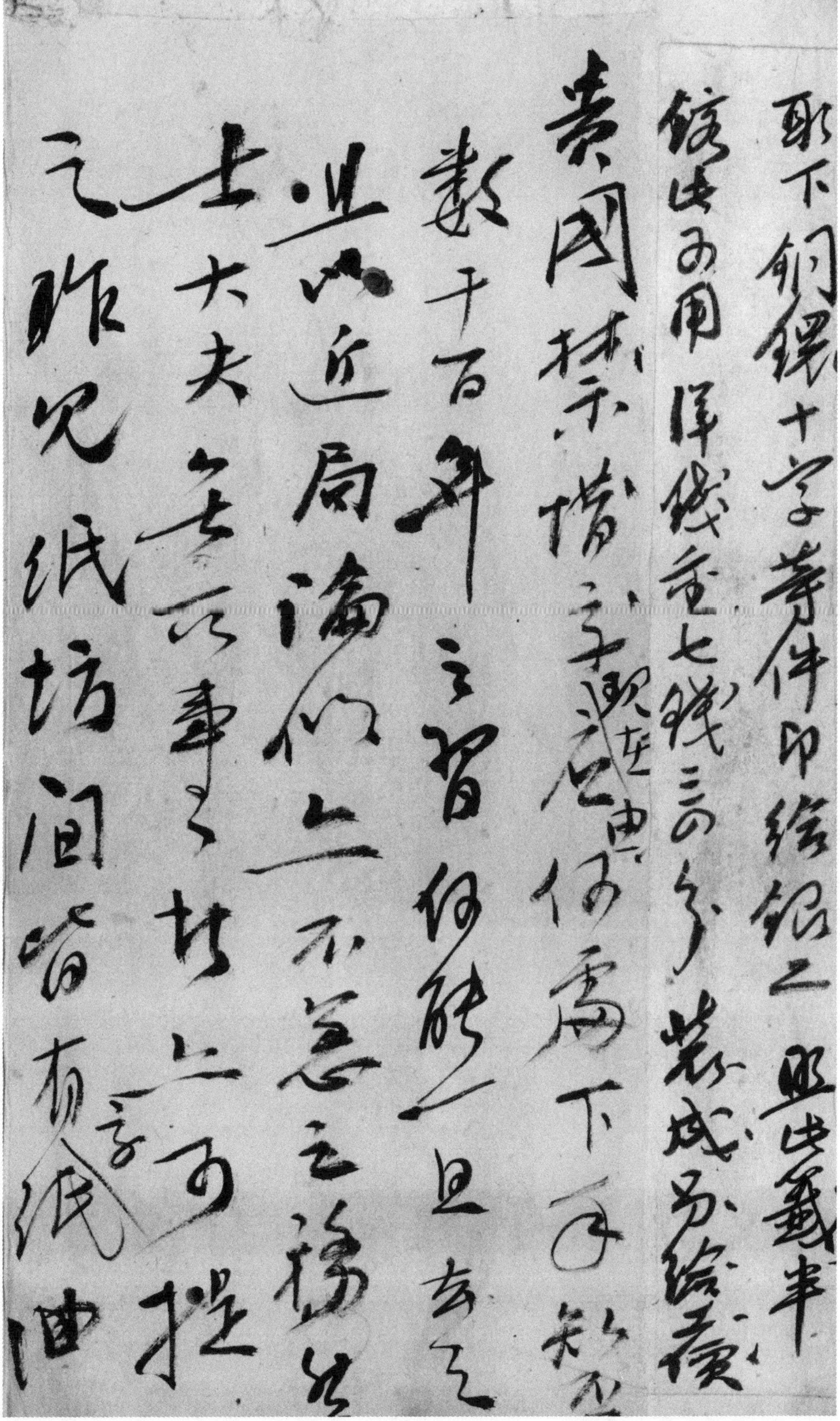

取下铜环、十字等件，即给银工，照此篾半镕此，可用洋钱，重七钱三四分，装成另给工价。

贵国禁惜字，现在应由何处下手？知否数千百年之习，何能一旦去之？且以近局论，似亦不急之务，然士大夫无所事事者亦可提之。昨见纸坊间皆有字纸，

而實于民間不由此始倡勸
乞
所謂由士大夫提出乃倡居之人
異日即以鄉以此教子弟則風俗
自此移，覺以字紙積地所者之球
幾何
前謂新王宮見地上所積皆此字

《譚眉》拾餘

而贫于民间，不由此始何劝之？所谓由士大夫始即此耳，场屋之人，异日即公卿，以此教子弟则风俗自此移，究以字纸裱地，所省之钱几何？前谒新王官，见地上所裱皆此字

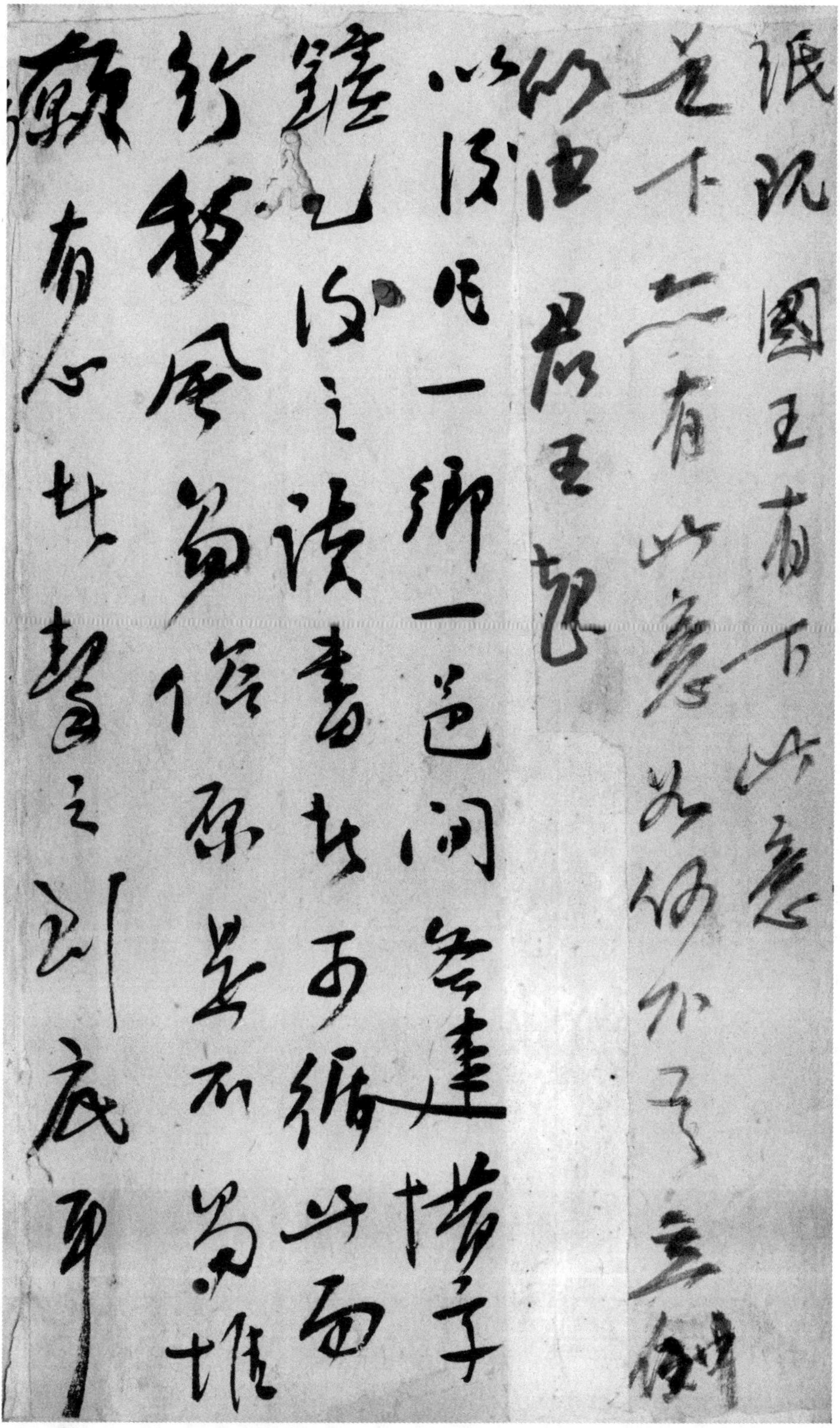

纸。现国王有下此意，足下亦有此意，如何不有立例，所由君王起，

以后凡一乡一邑间，冬建惜字炉，乙后之读书者，可循此而行，移风易俗，原是不易，惟愿有心者挈之到底耳。

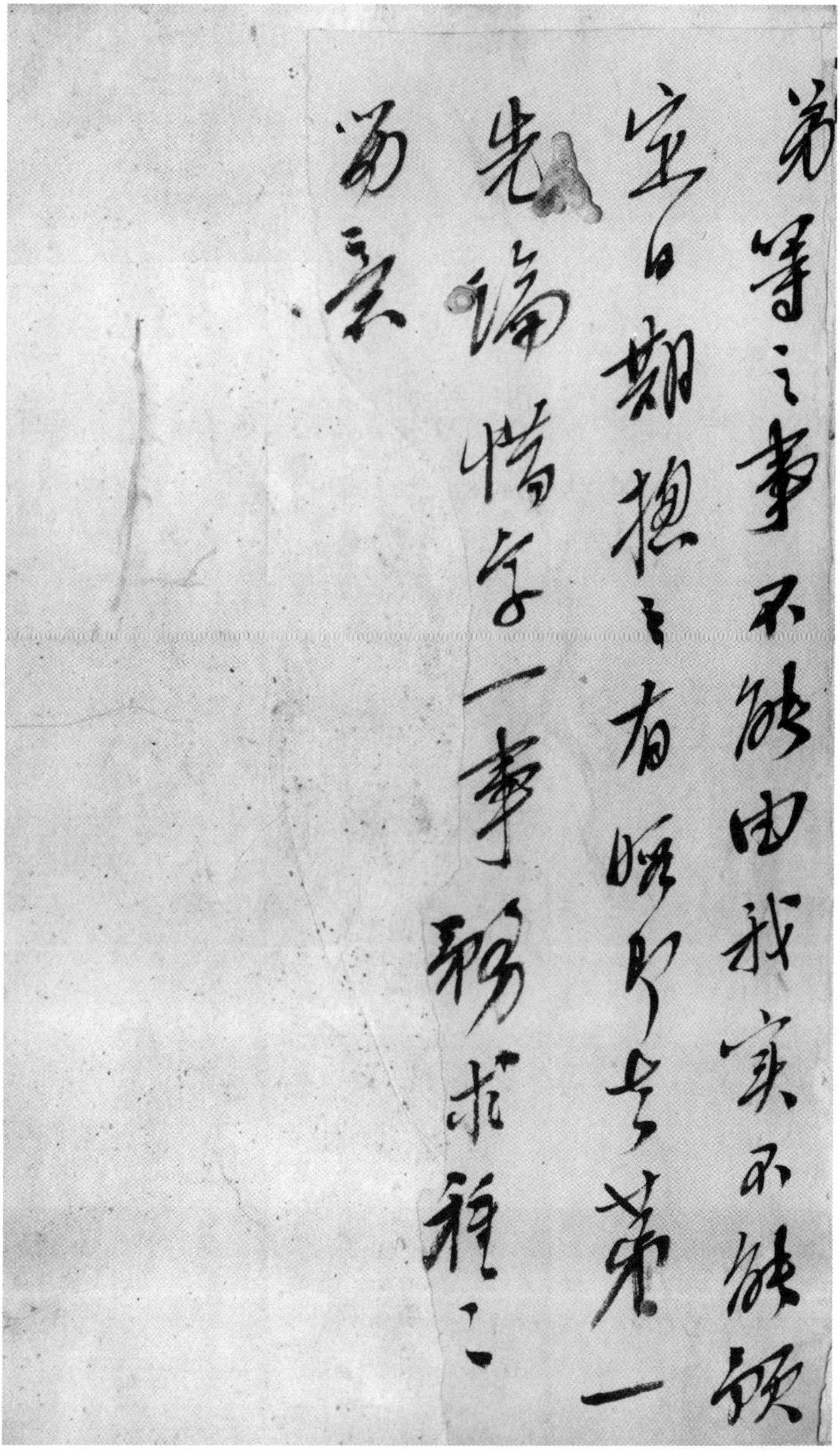

弟等之事不能由我實不能預
定日期摠之有暇即去兼一
先論情字一事務求權之
為荷

弟等之事，不能由我，实不能预定日期，总之有暇即去。第一，先论惜字一事，务求种种留意。

附录

一 《东庙迎接录》 金昌熙 撰
二 《容庵弟子记》卷一、卷二 沈祖宪、吴闿生 编纂
三 《〈张季子九录〉涉韩文献辑录》 张謇 撰
四 《〈寿恺堂集〉涉韩文献辑录》 周家禄 撰
五 《朝鲜壬午甲申事件之文件》 陈裕菁 辑

一　东庙迎接录

金昌熙撰

壬午七月二十三日

议政府草记，大阵迎接官差下。二十四日见吴大帅（原注：名长庆，号筱轩，广东水师提督），吴曰：「顷在津上，已仰大名，更从云养（原注：云养，领选使金允植号）询闻详悉，恨相见之晚耳！」

我曰：「大阵向驻屯子山，距畿伯营治甚近，畿伯为迎接官矣。昨日我大王以大阵移驻有日，畿伯职务相妨，另差下官，专意迎接之事。」

吴曰：「贵国王约今日未刻赴殿廷，可俟刻到。」

即赴，仍馈饭，饭毕告退。有袁世凯（原注：号慰廷，办理各军营务）共饭，携至所住之房。我曰：「下官徒籍门地，早窃科第，滚到宰列，未尝有一半事裨补国计民事。自上国视之，直一极不肖之陪臣耳。以下官辈不肖之故，以致上贻皇上轸念，诸公远涉，下官惭愧，不知生世之为乐，猥承迎接之命，尤为无面可显。」

袁曰：「夙知阁下忠肝义胆，本拟趋访，奈有诸多不便耳，亦未尝不慷慨神往。既得光临幸，何如之贵邦之事，窃料非一二忠贞所可挽回，此亦天也命也。惟祝及时早为振作，以期久安耳。近闻新政有不尚门地之谕，然否？」

我曰：「亦有大惩贪墨之教矣。」

袁曰：「此数谕恐观美一时而止耳。新拜上将军任商准、御营大将金箕锡，皆何等人？」

我曰：「敝邦久不见兵革，虽不习韬略，苟知抚恤，人皆可为升平之颇牧。此上二将臣，皆是曾经该营，姑可诿以宿研。」

二十五日

我出示文迹曰：「此大僚呈览之文迹也。」

吴熟览良久，使袁书之曰：「此何事耶？」

我曰：「当乱卒之作变也，我坤殿急避阙外僻静处，当日举哀，出于处变也，文迹今始颁布，惊喜庆幸。」

二十六日

见张季直（原注：贡生，名謇），共谈。张曰：「海参威去此一千二百里否？珲春似少远，然否？」

我指案上东舆曰：「何不取考？」

张曰：「不全。贵国关北财赋，未尝输京，其非重赋可知，边民何苦日越俄境？」

我曰：「财赋之本不输京，即我祖宗朝募民奠边之盛德远规也。挽近武倅，不知抚民保境，王化又难远覃，诚极寒心。」

张曰：「贵国事千言万语，要引用人才，方能有为。家世之弊，最当先破。今日国小民贫，介于俄、日，非有人才，何以自强？深为进虑。拘泥古书，自不通时措；专事洋务，亦触戾人情。此中斟酌，实难其人。前日贵国王破格求才，阁下藻鉴亦多有可荐者否？」

我曰：「寡君求治甚切，寤寐英贤，而其奈人才眇然，莫今时若急切，何处多得来乎？有君无臣，古今共叹。且卑微之人，各安世业，初无分外志事，骤闻破格，仓卒炫能，岂遽信用哉？是必力破几年，而后始可搜得也。见今无异临渴掘井，恨不于数十年前已有此论。」

我曰：「《万国公法》未尝有不战而便给兵费者。吴大帅、马观察何不一争于花房乎？且其数何其伙多也！」

张曰：「阁下所见极明熟。看公法者，只知有例中照据，未晓无例可勿论。花房此次张大声势，即恐喝之伎俩耳。马眉叔未免有错，大帅追谓其不然，已函告中朝，说此邦不堪重累，眉叔亦少变其说，劝花房减之。愚见当初只十万为可。」

我曰：「不给则已，给则十万似少。」

张曰：「今已诺五十万，乃觉十万为少。如大、副官不怕恐喝，持重而发，又急先捕其杀使之雠，则何至如是伙多？所给瘗资，亦不过各人三四百金，恤赏足矣。事已有绪无益，遂悔然。眉叔劝花房可减十万，亦足少纾民困否？」

我曰：「黄遵宪《朝鲜策略》曾读过否？其人何如？」

张曰：「曾览悉大意，固好。亦闻其人，有志时务者，其素行不知耳。结日本云云，以其身在该国，议论虽不能不如此，亦有未可尽信者。贵国交邻之道如事鬼神，可敬而不可亲也，但不激变生事可矣。」

二十八日

我曰：「闻大帅以敝邦军民尚未集安，揭榜无效，日夜贻恼，寝食不暇云。弟心甚不安，且未尽谙敝邦俗习，徒为无益之忧耳。敝邦民俗，凡事在上者，劝之则不从，禁之则愈犯。若自大阵任其惊动，示不介意，则还可不日息。定若屡屡榜谕，劝其集安，则其疑愈滋，无异揭汤止沸。请代白大帅，宽心勿过虑。徐观几日，更思道理恐好。」

袁曰：「已稔知有日，然大帅生平在心之事，终身莫解，阁下厚意，当为代白，或可冰释。我前晤云养，劝其急于练兵，以制全局，以慑外侮，而竟归淡漠，如何可也？何不趁我军在此，择送精卒，由我军训练几月，再授以自统，原非大难事。何不先试练一营五百人，以观后效，能有劲旅三千人，政可行，侮可捍。然将才不易也，如值中邦一朝有事，或恐不暇顾及，何不图自立以为长久之计？」

我曰：「下官短见，惟望天兵常留。」

袁曰：「我士卒恐不能久留，且恐大帅亦不愿久留。中土之人，谁无身家？久居无事，且恐不易支持，如换他人，恐不好与共事耳。大帅实心为民，不涉傲诈，此外诸帅如大帅者，计不可得。若来此邦，纵兵肆行，恐民无噍类。以大帅节制无二，尚有小事滋扰，况他帅乎？」

我曰：「敝邦要致富强，其实不难，其奈有君无臣，古今共叹。历数朝著，实难急切简选。至于将才，尤所难得。」

袁曰：「贵邦产五金、人参、牛皮、丝麻、材木，得人以理，指日可富。且地多荒芜，宜急种桑，开辟疆土，使民勤苦耐劳，练之一年，不难大理，每年能筹数十万银饷，可养精兵三四千，多不过一万，足可使日人永不敢启鲸吞之心，何也？山林险固易守，洋人利于火器而最不利于伏兵也。山林之中，多设伏兵，不难一举而歼之。泰西各邦视贵邦甚贫，图之不力，如鸡肋然，食之无味。日人如失利于贵国，泰西必不肯为至小至贫之贵邦而动干戈也。泰西助人攻人者，必求利于败者耳。如贵邦，何利之有？日人之兵甚弱于陆战，我今日所部各军，可尽日人所来之多少而杀之，特有所未必耳。各洋可畏者惟俄，他不足虑也。贵邦陆通中邦，只守一面，水路易事也。中邦四面受夷，故患更甚于贵邦耳。大帅对吾辈深诩阁下为忠厚长者，今治饭请阁下。」

我见吴，曰：「我东宫今九龄矣，有出天之孝。六月变后，多有受损，坤殿奉迎还宫，时日为急。而日昨荷遣兵队护迎，中外大小感颂无已。」

吴曰：「闻东宫天生聪明，六月变后，孺慕情伤，亦大人不失赤子之心。王妃中朝之所休，命贵国大小臣工迎之，固至敬而有礼。过军营前，早饬豫备插旗放炮，勇丁在营站队伺候。」我曰：「庆幸之际，承教郑重，尤切感颂。」

八月初八日

袁曰：「金云养在何处？须以大帅意请来商事。大帅拟今十二日扶病赴津乞归。」

我曰：「有何紧故扶病赴津耶？」

袁曰：「贵国之事如治疮然，交涉之人挟日本以自重，交涉之人一日不死，则疮不可为也。大帅因此欲见李中堂，乞归。」

我曰：「闻甚惊叹，请概示破郁。」

袁曰：「交涉之人挟日本朝鲜以自重，弟非骂贵邦人，乃骂中朝人耳，中朝无人！」

初十日

我曰：「大阵军情虽严秘，诸兄见弟，必以雅戏妙谑为遣日。接客之资，无一语涉军情者，然弟已默默揣得于不言不问之中者久矣。此次办理事宜，未必尽如大帅本来意向，再明径归，恐或未必还也。天下事瞒不得有心人，弟既有心，大兄勿秘。」

张曰：「大帅此行，盖亦有难言之处。弟以大帅相遇之厚，不得不同来往，大约月恠可还，然事亦未定。吾料此间若不内修自强，亟图善后之方，后将复有事。故既与日人通商，顾其势吾不怪引来泰西各邦，必制日人要挟。然主和之事，亦须斟酌古今。较量彼我，此后必马眉叔来，此人有时才而心地不光明，乃急迫功名之士，为办理此间必违古而迎时，失众而败事，却不可不慎。且贵邦人必与相投，为其所愚，只籍交涉和好邻邦而已，不顾本原，终昧政体，其于内拂人心，何事可做？诚为可虑耳！李傅相专喜谈洋务，大帅虽其世好姻亲，而意见不相融洽。眉叔为人能投李相之好者，弟于李相之来，眉叔之去，一一数其迎合之事与我军牵掣之状。昨丁公来，乃无不吻合。故弟申劝乞退之意，于大帅此行还否不可定耳。如贵国有事，李相坐视，必无出师之理，但使眉叔辈误其事机而已。此次之师，赖李相不在，张公得以出力，贵邦人何能知之？此次之师，徒为日人捕仇赔款而止。前日大帅论功之时，我坚辞不受，大帅耻愤几成疾，此行来否不可定。弟以此为贵邦代筹善后六策，本欲临别相赠，而阵中扰冗，尚未脱稿，若不来，则寻便奉寄阁下。」

十二日

夜，袁曰：「我为大王心已竭，力已竭，今不能为力，惟以一醉为报尽大王而归耳。」

我曰：「大兄以中邦人，尚欲以一醉为报我大王，况如弟此邦世禄者乎？」

袁曰：「我亦中邦世家耳。今日心力岂但为大王计，实为我大皇帝计也。我军卷旗以去，将贵邦事委之交涉人。交涉人只知挟夷，安知朝鲜为中朝第一大门？大门既失，房门不已危乎？贵邦脱有不测，东北震动，彼亦非不知，惟为功名，欲好于北洋，不暇为长久计耳。我军如久居此，而北洋仍委交涉人，将数月必有启衅者。我军又无从措手，徒惹天下后世骂詈，岂不可虑？故大帅急于要西渡耳。大帅本提督广东水师、山东陆军并办海防，其或赴广东，或在山东，或愤而归田，均未可知。不但大帅，即弟亦将赋归去之曲。」

我曰：「大兄家何处？」

袁曰：「秣陵耳。前日皇上命添军驻此，已筹十余军，为贵邦永保疆土。捍日慑俄，已屡见上谕，而北洋持议，不必防守，皇上待贵邦诚不为不厚，而无如北洋壅其间耳。张振帅亦深为贵邦计，独交涉各人淡漠于贵邦，求好于外夷，我军如去，眉叔必来，太半为日人。将来贵邦之罪人，即此人也。贵邦之去乱党，如去暴病，至调养以复元气，尚未措手也。北洋专以通商议和为务，如引虎入室然。吴大帅犹欲雄镇贵邦，力求富强，可为中邦屏藩，而意见至近日益不甚合，恐久在此不能为贵邦立见实效，徒滋外夷，反为天下笑，故力乞退归耳。如不与交涉人共事，而皇上假以重任，大王专心，相信将一年可强，三年可富。此非但为贵邦计，实仍为中邦计耳。设我军卷旗尽渡，徒来一二交涉人，则祸可立待。如分数军暂留于此，而又无信心得力分将，故大帅欲赴津商于北洋，或由北洋另派数军，或仍由大帅分派数军，将听于朝命，如郁郁于此，专为好夷引和，万不能一朝留也。今自中邦论之，此间须派六七千兵，方能捍日慑俄，为贵邦力除积弊。以中邦之力，养六七千兵以固东北数省屏藩，原为易事，而北洋惟知目下之安，不知抱火，措之积薪下，其祸在朝夕也。如眉叔辈，惟挟日本以见重于贵邦，又挟日本、贵邦以见重于北洋，而贵邦迎时躁竞之士从而趋附，内拂民情，外受夷侮，我辈去后，必共视此局为一名利之大薮矣。抑知来日之祸岂有已耶？贵邦乱民非不精捍，而惟不曾见兵革耳。如与我兵相处既久，俱悉强弱虚实，且眉叔之来，带人必不多，恐我兵反受其祸也。我时劝云养，急请练兵，我去之后，仍望阁下时不忘武备也。趁我军在此，不急修武，我军去后，乱将接踵矣。我至九月初必行，前云养来求练兵教师数人，我计为日太少，将士俱有五日京兆之心，安肯代人创始也？我见阁下忠贞发愤一说，若与不知天下形势者言之，恐只益贵邦人心之惊动疑虑耳。」

我曰：「此谈纸当归寓细读，明早还呈矣。」

袁曰：「闻领相忠贤，曾有袖折时弊诸条，未及施行而遽有乱军之变云，信否？」

我曰：「洪公忠爱，发为文章，果有袖劄事。」

袁曰：「可得一看否？」

我曰：「弟仅得一见草本，而恐于呈彻之后，洪公不为留稿耳。」

袁曰：「入贵邦先探大臣贤否，又以意斟酌，得其为人老成持重矣。其无建白，乃相权积轻之，故非洪公之咎也。」

我曰：「然矣。洪公平日且笃事大之诚，今适秉轴大帅与诸公，每事可以相为倚重耳。」

十三日

袁曰：「大皇帝屡有谕旨，饬吴大帅在此办善后事，惟大帅决意乞退，不能与丁、马为伍也。丁曾为匪类，即反臣贼子，曾领万人犯江南，投降得赦。马亦匪类之余。大帅乃世家耳，且其先人曾死于节，为匪所杀，如何肯与二人为伍耶？眉叔虽来，亦不留仍去，所谓留者，必其兄也，其为人比眉叔更劣。」

我曰：「既皇饬屡颁，大帅苟在此办善后事，丁、马亦何能为哉？何故让与二人而归乎？」

袁曰：「北洋不能相容，不如退而让之。且此邦君臣，亦未必真能十分相信。谚有云：负石登山，劳为不智。大帅何为耶？我何为耶？」

我曰：「此何言也？敝邦君臣于大帅未必十分相信，则更十分信何人耶？今乱虽稍息，人心未定，大兄亟驰书劝大帅还留，以图善后。」

十四日

我见李瀚臣（原注：花翎同知，名延祜），李曰：「贵国如欲行富强之术，有能开矿、取煤、采铁、练水师陆军、造轮船者，当授何职？各事弟均在中国办过。」

我曰：「自有其官耳。欲强先富，欲富必先煤矿，造船其次耳。非无可试之地，但未谙其事，大兄请以矿煤之法教我。」

李曰：「先择山次验煤苗，再核出产之煤多寡，然后集赀制取煤之器，招挖煤之人，所以山矿煤旺。日前从马山来，见各山旺气，知有煤铁之苗。」

我曰：「矿煤之法，请细细教我，虽至千言必忘，劳详录以示为望。」

十七日

袁曰：「贵邦人多服琼玉膏，或有制卖，可得买一剂或半剂，以奉病母乎？阁下可为我代卖否？」

我曰：「此药人虽多服，必待有病而后制服，无卖处耳。」

袁曰：「阁下是大王党也。」

我曰：「大兄真发前人所未发，今日始觉古来忠贤，在中邦为帝党，在敝邦为王党，古今天下未尝有一无党之人也。大兄为敝邦事劳心，即我大王党亦弟党也。」

袁曰：「然今见北洋来信，马眉叔亦似未必来也。」

我曰：「何故？」

袁曰：「内廷不悦。日本赔偿之多，马亦不得意，故未必来也。皇上有旨，令大帅在此办善后事，特大帅不肯还耳。大帅此行与北洋相商，必另派人来矣。太公已经廷讯，言大王任用闵谦镐，激变士卒，与他毫无干涉，词颇不曲，在保定府禁守。即使不曲，我辈岂肯甘心乎？廷议必不负我辈，亦不使大王复失大权也，此案终不可翻也。」

我见李瀚臣，共谈，李曰：「贵邦各山种茶，且种桑养蚕否？中国海口通商外洋运回之货，惟丝茶之种，每年售出不下数百万银。」

我曰：「敝邦不甚叶茶，其得啜者，皆为购来中邦，然所无者广植之，将来亦可多得也蚕丝，平安道最盛，他道亦有之。」

李曰：「种茶之法，亦需中土人教之方合西洋之味耳。弟向在李中堂淮军幕中十余年，剿灭长发贼、东西捻股，转战七省，均在前敌。同治十三年，江南长江监炮台六十四座；光绪二年，福建钦差船政大臣调弟在局，监造火轮兵船七艘，监制大炮、洋枪、水雷，兼训练水师兵勇，往台湾巡阅生番，往暹罗国办造船木料；六年，吴军门调来治水军；今来贵邦，贵邦之事，大可有为也。今之治国，非昔之可比。先理财，次强兵，方可处西洋。然日本效法西洋，外实中空，弟于西洋各事留心十余年，择善行之，皆经手办过矣。贵邦膏腴之地未耕者，亦多招来开垦，行屯田法，亦寓兵于农，又何惧日本西洋诸国哉？昔西洋英国只三岛，犹足且强，富甲诸国之上。今日贵邦开通海口，必就此自强，方可御外侮。若仍守成法，非中国之所厚望也。此外凡有利益之事，弟皆可为力，或有一二知而未经历者，弟之友人甚多，亦可约来相帮。弟拟得暇周游八道山川，审验物

产，未知可乎？昨阁下以煤铁为问，略录而呈览耳。」（原注：本稿誊下）

十八日

自大内下琼玉膏二缸，中使领来，袁不受。我曰：「昨日弟固饶舌对中使言，今悔已无及，然兄若不受，则弟以何颜谒我大王乎？且我大王以进御熟药赐兄，比于汉高推食，我之感尤为万倍，兄虽非我邦臣子，亦不当如是恝然也。兄虽欲保廉名，此受既非伤廉之事，且设或伤廉，试思名与礼孰重哉？」

袁对中使曰：「金侍郎好说话，使鄙衷大有不安者。」

中使去，袁曰：「大王待我如此其厚，弟何敢当？欲报之，何以耶？」

我曰：「报有三等。大兄驰书大帅还留，其上也；筱帅虽去，大兄留此，其中也；大兄归后，遍告当道诸公，若此邦有事，不惮频出东援之师，以固中邦屏蔽，其下也。」

袁曰：「弟亦非不愿留此报效，且此间实非武夫所能理者，而弟实难与共事。惟筱帅以国士遇我，我亦不能负耳，决意西渡，筱帅亦欲留我，而我力辞耳。前日送太公、诛乱党、捍日人，俱弟日夜奔驰，风雨不止，衣冠尽湿，犹能勉力从事，夜不能寐者七日，夜行赴公者五矣。前日风疾微有发作，故告于阁下。不久将病，弟亦深自知耳。」

我曰：「此膏必奏效矣。且今中外一家，大兄如欲为大皇帝党，莫如先为我大王党也。大王党即大皇党也，大兄如欲久留此间，饮食起居亦自有方便之道耳。上而大王爱党，下而弟辈爱党，岂不为大兄深思久安之计也？」

袁曰：「题目尽好，大皇视此邦甚重，诚与大王同党，然弟有所不能留耳。筱帅虽帅，能读经史，亦文章之士，如朱、黄留此，一字不识，并与奏陈之职而无能为力，不过在北洋前饶舌而已，寄书天津，亦不能明白说事耳。」

二十日

袁曰：「大王待我如此，敢不稍布腹心。吴帅热肠人也，事上、待友、驭下以至诚无欺为主，其廉介比我更坚十倍，如米价逼我送呈大王，大王不收，无以安其心耳。统军十载，他人皆富有数千万，独一贫如洗。皇上信其操守，令其来此，其平日常为朋友事无不尽心，誓以身殉，如大王欲振起善后各事以及练兵者，中邦更无如大帅实心为人谋者。如朱、黄，裨将耳，一字不识，惟知纵其欲，酒色之徒，犬马力耳，安能为贵邦分劳也？如大帅能迟至明春西渡，则尽四个月之力，弟又推挽其间，似有裨益。弟俟大帅，从中陈说，如肯留即留，不肯留亦无法也。」

二十一日

袁曰：「乱党间又捉得几名否？」

我曰：「弟久在此间，城内消息全不闻知，然大军出后，多有逃散，外方则诚不知何样祸机伏在何地，关虑甚深耳。」

袁曰：「前日攻枉寻里、利泰原时，出于过仁，不能斩草除根。若再有剿灭，必用火器，使其聚处，一扫平地，将人畜家舍霎时灰烬，始可知畏耳。我料六月余党以为迨今太公赴津之际又举事，则中邦必谓六月之变不干太公事，太公可早归云矣，特怕吾军在此耳。」

二十二日

我曰：「皇上不准大帅之回，则大帅何能不留此间？」

袁曰：「乞病耳。大帅去后，如分将驻此，非黄则朱。朱、黄之谁优谁劣，阁下欲知否？」

我曰：「总之，大帅不留，弟已寒心，更何较朱、黄优劣哉？亦不欲详闻耳。」

袁曰：「我已请其再来，十八日具信送马山矣。来后我当从中极力劝留，临时亦有大王之恳，留或可耳。」

二十四日

我曰："今日庭鞫罪人八名将结案正法。金云养俄有报使，弟说与大兄知之。"

袁曰："好大快事！我顷又捉得一逃兵在马山者，尚未解来，拟亦正法耳。"

我曰："敝邦乱军随捉即杀，宜也。此阵犯法者，须从宽典可耳。"

袁曰："逃兵我自有军法。贵邦乱党，事当练兵以慑其势，修政以固其心也，徒杀无益。"

我曰："乱党尚多未捕，人心未定，大兄须允留善后为望。"

袁曰："我留何用？杀人亦无益也，惟求二三老成，因时制宜，急固人心耳。虽此民慑于我兵，而至今太半仍思太公也。脱能东渡，诚无善者生于世矣。初我兵登岸，我与丁军门赤足先登，问之土人，莫不美扬太公。我来此后，有两来投书者，盛言太公好，大王不好。我乞大王随时防不测之虞，方合鄙望。"

我曰："投书之事，弟亦微闻，惊惋此是失志怨国者之所为也。其凶肚逆肠，大帅宜无不烛，然其谲言悖说，安知不流入中邦乎？大兄来此既久，宜深知我大王慈仁恭勤，为此邦之圣主也。"

袁曰："悖说不要紧，我且有定等。"

二十五日

我曰："大帅不留，以我邦事任一不识字之武夫，何能善后而有振起哉？"

袁曰：「朱多嗜欲。」

我曰：「国虽贫，一将之嗜欲何难充也？但其无见识才智何哉！窃恐中邦亦未免见笑于各国人，取议于乱党辈耳。」

袁曰：「事已出，于无可如何，且非此等人不肯留也。」

我曰：「大帅之所以决归，弟知之矣，必以敝邦事为不可为，如扁鹊仓公望而走也。然殊不知此邦事亦多可为也，我列圣深仁厚泽，固结民心，大王今又励精求治，翕受好言，大帅若久留以振起各事，相劝大王，必从善如流，次第施行，中邦之屏蔽永固矣。大兄须思挽留之道，切祝！」

袁曰：「中邦事亦甚繁，大帅亦中邦不可少之人，在此不过偏安之局，在中邦可握全局，故决归耳。如大王执意欲留之，可沥陈情形于内廷，且于大帅好言坚留之，似亦有望耳。大帅回，我当面商再告阁下。」

我曰：「向者凶徒投书大帅，曾览否？其说大概云何？」

袁曰：「其书巡捕来呈我，我即交季直一阅，嗣后亦于大帅前微谈其事。大帅亦知其谬谎，我欲收而杀之，细想或恐太公至亲所使，有所难处，故未动耳。」

我曰：「太公至亲，亦大王至亲，岂敢做此乎？此必昨秋安骥泳余党所为也。此后如又有此等凶书，必交我呈大内一查也，见其辞意与笔迹，不难讥诇捉得也。」

袁曰：「安骥泳余党何不殄灭无遗？」

我曰：「我大王性宽大，甚不欲穷治。此等狱事，其厚于渠辈至矣。而渠辈尚不知化，真戾气所钟耳！」

二十八日

袁曰：「大帅今二十四日登轮船，历过登州，耽搁两日，至明后日可抵马山浦，暂不能即回。」

我曰：「皇旨使之，仍留乎？」

袁曰：「然矣。此庙无以避寒，大帅回后，拟移住南别宫耳。」

二十九日

我曰：「大帅向来决归，今将回阵善后，皇恩如天，感颂无已。」

袁曰：「大帅与我辈皆为大王事不惮久留，凡事将听命于大王。大王能深信我辈否？」

我曰：「我大王素恪事大之诚，至近日尤感诸公勤劳，大兄其犹未尽知乎？」

袁曰：「大王虽信我辈，贵廷臣未必乐我军久留也。」

我曰：「廷臣之心即大王之心也。」

袁曰：「不然不然。云养如赴江华，我辈又将依谁而久客于此乎？」

我曰：「云养虽赴任，必当速还。且我大王亦必思诸公方便之道也，不必为虑。」

我见李瀚臣，问李中堂之为人。李曰：「李中堂广收人才，讲求自强之道，海疆赖以无事。昔日淮军为天下劲旅，枪炮精致亦与西洋并驾齐驱，此自强之实效。次则天津炮台、炮队，亦为西人佩服。现又开平煤矿大兴，台湾鸡笼煤矿已兴办矣。弟本为中堂留在天津办旅顺炮台船厂各事，近为吴帅留在幕中，明春将仍往中堂处治水师耳。向见阁下问煤矿事，深感留心时务欲强，且富煤矿可先而各事可做者，亦皆可知也。」

我曰：「愿大兄试为我概述各事有益富强者，著为一通文字以与弟，弟当献我大王也。」

李曰：「弟其试为之也，实为阁下酬报地，非关毛遂之荐，阁下谅之。」

二 容庵弟子记

沈祖宪、吴闿生 编纂

……袁公世凯，河南项城县人。……

光绪……六年冬，庆军统领吴武壮公长庆帮办山东海防，稔知公才，调赴登州，寘之幕中，嗣委会办营务，倚如左右手。七年秋，以文诚公安葬，假归。冬，回防。

八年夏，朝鲜前王无子，以其弟李昰应子熙继统，昰应有雄略，执政柄，境内治安。熙长，宠闵妃。妃险鸷，夺昰应政权，以戚党诸闵代之。两党积不相能。诸闵贪残，骄侈无度，军民交怨。会兵饷十阅月不发，饥军哗溃，「乱民」附之。昰应阴嗾「乱民」戕诸闵。曳妃出宫，将杀之。遇救免，携其子匿忠州闵应植家。「乱党」波及日本人之旅居韩境者，日人发兵入韩京。韩官金允植、鱼允中因事在津，乞援于署直督张公树声。树声入告，朝命吴长庆督师东渡。公奉檄赴津，谒张督，商度部署调兵运械各事。

七月，偕水师统领丁公汝昌率各船回防济师，复偕丁公先赴韩境沿海一带荡杉板探查陆兵下岸处，中途潮退，舟胶于滩，公及丁公赤足履砂石行里许，迨登岸，两足皆破裂。丁公笑曰：「纨绔少年亦能若是耶？」遂勘定由马山浦登岸，归白吴公，分调各队陆续咸登，遂偕将士露宿荒野。日本兵队由仁川口登岸，帆樯相望，彼此戒严。

清军以久无战事，纪律稍弛，分起开行，稽查难周，奸淫掳掠，时有所闻。吴公以为耻，商请公设法整饬。部将多吴公旧侣。素骄纵，复多谗阻，公因曰：「禁骚扰不难，得帅信非易耳。」吴公默然。逾日，滋扰愈甚，公入帐，请吴公出，外仰观山坡遗物堆集。吴公问何物。公曰：「兵丁掠民间什物，其粗劣者委弃于道也。」又曰：「王师戡乱，纪律若斯，遗笑藩封。玷辱国体，帅其勉旃，我请从此辞矣！」吴公大惊变色，誓曰：「请汝放手为我约束，有听谗谤者，非吴氏之子孙！」公乃传令各营，有入民居及杂伍者斩。适有犯令者，立斩数人传示。有韩绅控奸戕其妇者，公徒步往查，亲督搜捕，竟日夜不食，卒获犯，手刃之，厚恤韩绅。家滋扰稍敛，然仍未绝。公白吴公曰：「徒戮兵丁无益，其约束不严之官，弁须加惩治乃可。」吴公然之。檄公总理前敌营务，许以便宜行事，乃择官弁中约束尤疏者，撤办数人。将士慑服，不敢犯秋毫，军声乃振。分统提督黄仕林泣诉于吴公，谓公枉杀。吴公瞋目叱责，遂无敢再进谗者。兵民由是相安……

清军由南阳、水原进发，抵韩京南门外，支帐屯扎。道员马建忠建议以昰应赴华，然后捕治余党。张督树声采其策，密檄施行议。俟昰应来营答拜，即舁之行。吴公令公密为布置，昰应至营，护从甚众，公遣兵阻于外，引昰应入与吴公笔谈，昰应寒暄毕，觉有异，书曰：「将军将作云梦之游耶？」吴公尚支吾不忍发。公握刀在侧曰：「事已露，迟则生变。」即促人扶昰应入肩舆，星夜趋马山浦，登兵轮，送天津。适李相鸿章墨绖回北洋任，以昰应赴保定安置。吴公令公入城拘留韩大将王胞兄李载冕，勒令捕交乱党。夜深未获一人，适韩王函请遣兵剿办乱兵巢穴利泰院、枉寻里两屯，公立即率队驰往，黎明合围。党众初犹抗拒，旋即散走，获其中强悍者百余人解回营，请吴公鞫问。择尤悍者诛十人余，悉遣之。日本与韩廷亦缔约归好，事遂大定。庆军大营移扎记东门外关帝庙。

先是公居宿营帐数十昼夜，适多雨，常衾枕尽湿，不能眠，兀坐达旦。至是始得居斗室，病作剧热。夜深，黄仕林自城南遣人来报，见有多数日人白衣渡江，将袭其垒，亟待援助。吴公招公起，令率兵二百往援，公曰：「日韩甫成约，断无与我开衅理。果有之，二百兵亦无济，请先往察看。」乃力疾带四骑驰二十余里。至江岸，天微明，一无所见。询诸土人，乃昨夜有巨室殡葬曾由此渡，始知黄仕林张皇轻报。归告吴公，军中益服公之胆识。甲午之役，黄仕林果弃旅顺潜逃，捕获，死于狱。

事定论功，吴公以「治军严肃，调度有方，争先攻剿，尤为奋勇」等语。首论列公，咨李鸿章、张督树声会奏请奖。九月初一日，奉旨以同知用，并赏戴花翎。

时韩人交涉事繁，操防多，故吴公延通州张謇入幕，寄以内事，而外事悉委之公。令诸将及韩官造谒取决焉。时公年二十有四。日本以花房义质为驻使，近藤直锄、岛村久、竹添进一郎继之。吴公亦令公与之酬酢焉。

初，闵妃遁匿后，是应谓其已死，为发丧，乱定，始知妃所在，除服迎还宫。仍专政。中国营官往贺，有武弁凌殴韩人，公执将戮之，吴公亲造公室，乞贷一死，坐久不去。公故以案上图书，请吴公阅，潜出斩之。

入而请罪，吴公大笑曰：「执法固应若是！」吴公戚族有在军者，吴公常戒以汝勿犯法，袁某不汝恕也。有营役入民家食鸦片者，公执而诛之。诸役纠五百馀人，咸称有瘾。罢工请资遣内渡，将见公。公戒卫卒多备刀，索至，则缚而诛之，诸役旋散去。吴公闻之，谓公曰：「果来能尽杀之乎？」公曰：「惟田横之徒能同死，乌可律诸役？示怯必来；示威则散。果来拟尽缚之，按名讯问，认瘾者立诛，不认者释之，不过戮一二人，余皆必不认矣。」吴公叹服曰：「真应变良材也！」

韩王惩前毖后，意图维新，请于北洋，遣德人穆麟德总税务，华中书马建常赞外交，皆予秩俸。尤注意练兵，遣近臣数辈请公代治军旅，公勿许。时吴公移营下都监，十月，王亲造吴营，求借公，拜为上将；吴公知公志，亦勿许王。再四言非得请不去，自午至暮，吴公稍犹豫。公在外闻之，即草书遗吴公，曰：「某幼读父书，粗知大义，委贽事君，只知其一。韩为藩属，分茅立国，某头可断，陪臣必不可为也。」吴公席前启视，据以谢王。王知不可夺，乃商请吴公，委公兼代练新军；夜分始散。公奉檄后，草创章制，编选壮丁，先立新建亲军，继立镇抚军。王请公移居三军府，以为督练之所。公请王派韩员司粮饷，公专司训练，韩人供给悉不受。未及期年，成效大著。韩诸臣及洋员参观者，均深赞其技艺娴熟，步伐整齐，堪称劲旅。吴公及韩王亲临校阅，皆欣悦叹美。

公仰体清廷怀柔远人之意，待韩军民多主宽恕……韩初开禁，不谙外交，而内政亦极暗蔽，其君臣遇有重要事件，多咨商于公。其间吴公屡赴津就李相议事，常数月不回，留公护诸营，客主相安，从无间言。将士相戒，以袁公留护，素无假借，宜各自勖慎，勿稍犯之。

十年春，清廷议以法人失和，布置辽海，将调庆军分兵防金州。吴公拟檄公统三营留防韩京，公坚辞让于提督吴兆有，仍愿专办营务、防务。吴公白李督附片以公「廉明果毅，晓畅机宜，奏派总理亲庆等营，营务处，会办朝鲜防务」。又以吴公从军之始所带庆字营委公兼带，作为坐营。公以韩军练成，不暇兼顾，请韩王命将接统之。庆营哨弁从吴公最久，官多提镇，兵亦素骄，公恩威互用，数旬悉就范围，操练纪律冠各营。东西各国有来与韩订约者，李相令公赞助，指示韩人，多所补救。李相谓公非第知兵，且谙外交矣。

闰五月二十一日，吴公卒于金州，公为服心丧。吴公病笃，犹亲作书致子久公曰：「敝部能合，令侄可统；如仍分驻，士林资深。请转告李相。」

是年秋，清廷以定界事与法兰西国有违言，而韩臣之游日本者，煽惑日人，请其代韩练兵千余人，以备离清独立。又群小闻昰应有释回之议，惧甚，亟谋抵制。又进策韩王，遣员致款俄人。公微窥其情，料必有大乱，上书李相，预白机宜。

十月……十五日，韩臣开化党洪英植、朴泳孝、金玉均、朴泳教、徐光范、徐载弼等十数人请公及吴兆有、总兵张光前晚宴，设席于日本使馆对门邮政局内，谋先除中国三兵官，再分兵攻华营。吴、张疑有变，均辞不赴。公曰：「我辈全辞，适足示弱。」乃先一时，衷甲怀械轻骑往。主人半至，公即索酒馔先食，谓朴泳孝等曰：「今晚有要公，不能待主人毕集。」携朴泳孝手至马前，乘骑即回。党众相顾失色，谋不得逞。

十七日，洪英植等又设筵邀妃侄闵泳翊等诸戚贵及英、德、美、日诸驻使、中国商务委员道员陈树棠、税司穆麟德晚宴，日使托疾不赴。开宴已将三鼓，党徒自局后纵火，诸宾出观，徐载弼率留日武备生徒十二人乱刀击闵泳翊，泳翊仆地，宾主哗散；闵家人舁泳翊至穆麟德室始苏，延美医救治。树棠以难告公，即率兵二百往弹压，抵邮局，寂无一人。日使馆内紧闭，探知泳翊在穆宅，往询其故，及门，有一人持枪当门，不听入，意气凛然。公勒兵稍退，询其名，乃局员唐绍仪也，时由北洋派帮办税务。公告以故，乃让公入。见泳翊伤见骨，但言「开化党杀我」而已。

公督队沿宫墙巡视，道遇韩队疾走，询所往，对以奉命入卫宫禁。及宫门，门已闭；傍晓收队回营。探悉泳翊被贼后，洪英植等驰入宫泣告王，以清兵变戕及泳翊。王及妃大怖，任其处置。乃胁王移别宫，金玉均怀出洋纸铅笔，执王手逼书「日使入卫」四字送日馆。韩乱党已预嘱，请竹添先率卫兵三百余人在宫矣。遂拘王及妃世子于景祐宫，鐍门户，杜饮食，以留日生徒绕王座，日兵典门禁，矫诏召戚贵老臣，闵台镐、赵宁夏、闵泳穆、尹泰骏、韩圭稷、李祖渊等悉杀之，又杀太监柳在贤于王前，血染王襟。十八日，以洪英植为右相，朴泳孝典兵，徐光范司外交，朴泳教授都承旨。

公集吴、张，商救护策。二将谓无北洋令，不敢轻动。公曰：「渡海请命，其何能及？」乃会商致书韩王，请往护。党徒矫覆阻止。遂遣泰安兵船送书北洋，并令先经旅顺，请子久公电告。越旬余，始得北洋覆电，令坚壁自守，以待调停。时清政府以朝鲜夙隶东藩，必欲定其乱萌，仍备三恪；又虑外交滋生，或酿兵祸，议久不决。

十九日，韩举国惶恐。廷臣金允植、南廷哲等泣请救王，市民纠集十数万……韩议政府领议政沈舜泽备印文求带兵救王。公集吴、张二将议入宫。二将请遣书竹添，诘问不报。适有宫中人来报，党徒谋劫王赴他岛，另立幼君，附日背华。公奋起曰：「我辈统兵防韩，若失其君，又失其国，咎将焉归？且韩既附日，韩乱党必断我归路合兵攻我，何由回国？」吴、张请再告急于北洋。公曰：「防韩交涉，系我耑责，如因肇衅获咎，我一人当之，决不累及诸君。」吴、张不得已，强诺。乃嘱树棠函告各驻使以举兵之故，即议分兵进援。吴、张皆不敢任中坚，愿抄左右。公部有分驻马山浦者，兵只四哨，毅然任中路，由宫之敦化门入，吴抄其左，张抄其右；以韩王在内，戒勿用大炮。又密约韩营官金钟吕等，重予犒赏，使为内应。

部署定，公集所部，流涕宣誓。未刻出营，途中韩人杂沓，号哭四闻，见公至，伏地以迎。公先遣随员陈长庆持名简导引于队前，如日兵询问，请会见竹添询商办法。既入宫，行数武，内开枪迎击。公令将士猛进，还攻至王居之景祐宫前门，门早闭，排闼入。韩党徒退守楼台，朴泳孝督日人所练之韩军凭墙夹击，弹如雨下，公之左右前后兵卒伤亡者枕藉，有弁崔继泽见公立危地，牵衣请稍避，公以刀挥之，遂领亲兵数十人奋进，仰攻失势，顷刻间死伤过半。日兵数十突由后抄击，后队击走之。乃命哨弁唐宗远分兵绕院后夹攻，党众不支遂逃避。公麾兵进蹑，遇公向所教练之韩兵数百人，合力进战，士卒争先，声震屋瓦。至后院山坡下，见两兵掖吴兆有仓皇走避。兆有跌足号哭，公问其故。曰：「兵入宫受击，逃溃莫知所之。」公笑曰：「汝作此态，敌人其免汝耶？勿乱我军心，速归营，收集残卒。」公仍麾众前进，遇伏，地雷、格林炮齐发，有两兵轰飞空际，数日乃获其尸。雷距公不过数十步，震公仆坠坡下，微受伤，仍率兵追。闻日兵已归使馆，日暮遂收队，而公所练之韩军与日人所练者仍相击，枪声达旦，迄未见张光前一兵。遣人视之，乃在宫西金虎门内高墙下避弹丸，未敢发一枪、进一步。公叹曰：「淮军暮气何至此耶！」

公回营后，收殓亡卒，延美国医士阿连理治伤痍。尚不知王所在，悬赏探查。或传王已遇害，人心益惊惶。公曰：「国不可一日无主。」乃遣韩员李应浚访延王庶子，拟立为监国，此子因妃妒，匿养民间已九岁矣。李应浚甫行，有人报王在北门关帝庙内，见洪英植率留日生徒九人绕王侧，仍谋劫胁。遂遣委员茅延年先往，请王入华营。洪英植再三阻止，会吴、张二将亦至，王牵茅延年衣趋入舆。茅延年持洪英植手引出，并朴泳孝及各生徒均为韩卫士所诛，又生擒徐载昌等三人，取供正法。王舆过吴营，遂入稍息。公已先至，王执公手，使译传语曰：「不意复见君！虽然，君亦危。」并泣诉洪英植、朴泳孝逼其更衣赴日本，王及妃世子泣求不听。洪英植亲解王服，易白衣，甫着身，宫外枪声大震，党徒分出抵御不利，枪声逼入院，王及妃、世子乘间逃出，洪英植等仍踵至，迫胁，遇华兵往迎得免。挥泪陈述，哀动左右。次晨，移入公营。

时诸重臣均遇害，所有韩之内政外交军务悉请公主持调度。公请韩王召韩诸老成大臣金宏集、金允植等筹议庶政，择贤任使，调各道兵来京援护，请西国诸驻使来营晤见，告以肇乱情形，请其秉公调停。时英使与竹添善，美、德使初有误听，一再会议，请各使赴仁川诘商日使，迄无效力。乃议遣韩判书徐相雨、德人穆麟德赴日本，向其政府理论。公上马督兵，下马草檄，为韩国擘画经营……夜以继日，五官并用，而思力精强，一如平日。

日使回馆后，韩军民环绕狙击，竟夜严守，知难久持，次日自烧使馆，率兵列队，迳赴仁川，金玉均、朴泳孝、徐光范、徐载弼均偕行。公已救王，重邦交，嘱韩兵不可追袭。日商子女多半遗弃，韩人遇即杀之，公遣弁兵分觅多人，遗书竹添，遣兵护送至仁川交付。韩各道兵来者日众，商团亦附焉，不下十余万。公营外地狭不能容，而供给韩君臣资费亦多，乃请王还宫，先遣兵扫除。王请公率所部同入防卫。次日，分兵迎妃及世子于东乡，人心渐定……韩虽奉中国正朔，而国内纪载多用崇祯甲申后第几年，至是始用清帝光绪年号焉。王请公居其偏殿楼下，与王居一墙隔，朝夕接晤，握手谈心。诸部大臣，每日必造公白事，环绕左右听指挥。

日人济师至仁川渐众，风声鹤唳，警报频闻。公不动声色，代韩内筹抚治，外辑邦交，匝月来一手秉笔，一手按剑，衣不解带，目罕交睫。时年二十有六，发为半白。

韩廷议以南廷哲充谢恩使赴北京呈谢表，妃付十万金购珠玉缎疋。公闻而叹曰：「是无心肝，不亡何待！」

当警告纷传时，公召吴、张二将商令分兵驻汉江扼守，二将畏缩不敢任。公曰：「如乱党引日兵至，汝等守宫，我率所部自当之。」公部虽多伤亡，而士卒踊跃，视死如归。吴兆有营距宫近，当王未回宫时，兵多入宫掠物。公部居宫，秋毫无犯。盖淮军习染难挽，贪纵成风，独公严于执法，而待下甚厚，训诰未尝绝于口。

每曰：「用命者乃手足，违令者即寇仇。」信赏必罚，不稍假借。兵士食用，悉令有余；病者亲往抚视，给予药物；夜分巡营，见有在外卧者，呼令入室；战亡者，亲殓奠之，伤者督医救治，日必一视：故士卒感奋，咸乐为用。

竹添至仁川，二十二日始遣人遗覆十九日函，略谓「率兵入宫，由韩王所请。接书未及启视，贵军已闯入，不得已应发小枪以尽保卫之谊。」公覆以「韩乱臣劫君杀戮无辜，军民啸聚，愤将寻仇，恐犯王宫，波及贵部。韩内外署大臣请我军入卫，我军有保护之责，未便不理。辰刻致书贵使，日夕不报。事急难待，整队往候雅命。不图甫入门，枪炮并发。犹以为乱党抗拒，接来函始知发枪炮者贵使为之也」等语。竹添无可置辩。

日廷陆续发兵，一面向我政府声告公妄启衅端，曲不在彼。总理衙门不能辨，请旨特派吴大澂、续昌两星使来韩查办，带卫兵四百。吴公入他人言，意将罪公以谢日。公乃详叙变起事实为一册，附列证据，遣人待诸马山浦，十一月十三日，两星使至，即送览。

十六日将抵汉京，吴兆有等议率队跪迎于汉江上。公不可，乃令所部仍守宫，单骑至南门外，揖迓道左。星使降舆寒暄，就馆南别宫。公入见曰：「某带兵驻韩，责在保护。如失韩国，并丧其君，朝廷其谴责乎？」吴公曰：「必有严谴。」公曰：「既以死力救护韩之君国俱存，但有擅开边衅之罪，愿朝廷按律惩治。然某自问尚觉无愧怍耳！」吴公亟曰：「君劳苦功高，相见恨晚，当以实情上达。」续公亦言：「吾辈必竭力保全，望勿灰心。」吴兆有等跪迎江干，星使未降舆，甚忿，并衔及公。

十七日，星使晤王，因中法方有事，劝以忍耐息事。又虑日人猜疑藉口，令公于二十日率守宫兵回本营，韩君臣大失望。

是日，日本遣全权使井上馨率兵千余名驻西门外京畿道署，二十一日，带卫队二百人谒王。王恐怖甚，请诣公借精兵百名伏王院后以备不虞，王乃见井上。井上请屏左右密语，王不许，礼成乃退。遂命金宏集充韩全权与议款。井上以星使无全权，不与见。逾日约成，井上即行。约稿计五款：其第二款系恤给日商遭害损失十一万圆，余无甚重要。王据以奏闻，并请以战死弁兵附祀吴武壮公祠。

日人已露必要中国同撤驻韩兵之意。公既愤韩之王阍妃专，淮将之怯懦庸劣难与共事，又将议与日本同撤兵，虑迟去韩人必百计攀留，遂决计乞退。适牛太夫人偶有不适，乃以乞假归省之意告吴公；其随员潘中书志俊有意代公，公即托其陈请，并举志俊代理。十一月十四日，公谒吴公曰：「中朝极孝治之盛，钦使广锡类之仁，谁无父母？谁非人子？某情殷将母，务乞鉴原。」吴公太夫人亦在堂，颇动容。但曰：「汝为北洋人员，我何可准假！」公曰：「第望携某回津，当自求李相。」吴公应诺。公即辞回，定明日行，吴公令稍待。公谓迟则事泄，韩君臣必强留，多生枝节。遂出告续公。续公大惊曰：「我辈此来，未能宣国威，绥藩服，又放汝去，韩人将谓我何！」公伸请再四。续公曰：「吴公既许，我亦无可如何。」公归营，闭门潜作书，备致韩君臣暨吴兆有等及所部将吏，申明去韩之故，并布置一切。十五日黎明，公乘骑至南门外，称将有事于汉江，即渡江而南，始遣人以各书分往投送，左右无一预知者。王接书大骇，亲作书遣员飞追，至则公已在舟矣。十六日至马山浦。丁提督昌亲驾小舟来迎，握手曰：「功成退归，君舍得开，走得出，伟人也！请为君贺。」遂登大舟痛饮，皆大醉。是夜，乘超勇兵轮即开往旅顺。

是役也，韩王庸闇谬妄，思与各国并驾称帝，以臣属清廷为耻；闵妃贪残专横，时虑昰应回国，不利于己，亦谋自固：各有隐衷。洪英植、金玉均等逆揣意旨，进策以中国方有战衅，自顾不暇。若近亲日，远结俄，乘机崛起，驱逐华军，便可自立为帝，永不受制于清室，亦不虑昰应之复回。王若妃虽不能立断施行，而依乱臣实如心腹，故洪英植等告变，教以召日兵入卫，辄信从之，诸乱臣亦知王不足有为，特诱其入彀，售已奸谋，将图废立，专其政柄。以清廷方多事，防营在韩有所节制，决不敢擅自开衅。彼时电信尚未设，大沽封冻，请示北洋须阅数旬，而彼之谋已成矣。初不料清营迅赴事机，败其师徒。迨王已为清军所获，失所凭藉，智计丧沮，众志瓦解，不得不再举。王为乱臣所愚，乱臣复为党徒所愚，交互舛错，宜其败也。

十月杪，公献策北洋，宜早结法事，趁此机会，请旨责韩王政治不修，迭生变乱，选派监国，代执其柄。十一月中旬，又上书痛切言之，请仿汉封建设相治事，否则韩终非我有。「今之论者，曰省事，曰省费。夫失今不治，待至事发，必倾中国之全力而后可图。今日多事，即异日之省事也；今日多费，即异日之省费也。」李相以法事未定，不敢议及。

十七日，公至旅顺见子久公及宋公庆、刘道含芳，皆出意外。逾二日，两星使亦抵旅，见公曰：「汝去后，举国沸腾，我辈几为韩人所窘。汝得其所矣。」时大沽封冻，遂偕行，拟由山海关登岸，中途遇冰不得达，乃转赴烟台度岁，候开河仍由大沽进。十一年正月……杪，大沽冰泮，随使节莅津。吴公见李相曰：「公向谓张幼樵为天下奇才；我见天下才非幼樵，乃袁某也。」李相怃然。两星使入都复命，飏言于朝，以公才可大用。由是名望重中外，称袁司马云。

公谒李相，慰劳有加。公复陈善后策，娓娓数千言。李相仍拟命公回韩，公力辞，并请假归省，不许，数日未决。时子久公亦来津，李相谓之曰：「汝侄精悍有干济才，未可放远，汝善劝之。」公浼多人缓颊，始允给假两月。庆字营委人接带，而营务、防务不令卸责，仍带关防，不听呈缴。公……二月中旬遄回陈州。

未几，日遣全权使伊藤博文来津议约，朝命李相为全权大臣，吴、续二公会之。先是，清驻日使臣徐承祖电奏：日廷拟请惩办驻韩诸华将，朝廷寄谕李相，断不能曲徇其请，必设法坚持。是月十八日，伊藤抵津，吴、续二公亦由京来磋商，至三月初四日始定议。约三款：一，四个月内彼此尽撤驻韩兵；二，中日均勿派员教练韩兵；三，遇有重大事，中日遣兵互先知照。画押入告。伊藤次日即去。是年正月，韩增兵三营，咨请北洋派公代练，因预有撤兵议，不得行，且公已归矣。

时清醇贤亲王当国，廷议释昰应回，讽韩王遣使闵种默赍奏陈请。闵妃甚恚，拘于大义，不敢显阻，而阴筹抵制，无所不至。夏，清驻韩军如约撤回，公驻旅顺。吴兆有先恐公回营，弱其权利，重馈其乡人周提督盛传，属谮之李相，吴兆有继摭词禀讦之。李相廉得其情，滋不悦，未几撤其差回籍，呕血暴死。清军既撤，韩人轻清之心益甚，仇日之见益深，而结俄之谋亦益亟，穆麟德调唆其间，谣疑日繁，清廷忧之。

公抵陈州……李相以公一再续假，批檄敦促；公辞以疾。六月，以闵种默将至，豫筹护送昰应办法，虑韩反复抗拒，议遣丁提督月昌及黄总兵金志、王永胜、张绍华、黄建筦等率水陆师送之。嗣以讹言繁兴，又虑韩铤而走险，横生异议，李相焦灼甚，乃属子久公先作书喻公以大义，切劝赴津。是月二十日，李相命周道馥同子久公由济宁电催公速行，限七月十二三日到津。公既得子久公谕，乃治装北行，如期抵津。时周公馥任津海关道，与公最善。李相见公至，喜甚，谑曰：「今如演戏，台已成，客已请，专待汝登场矣。」公请仍令原议诸大员同往。李相笑曰：「韩人闻袁大将军至，欢声雷动，谁敢抗拒？原议诸员悉无所用，兵亦不须遣，只许汝带水师小队数十登岸作导引足矣。」

闵种默至京呈表。八月十二日，奉旨释回昰应，命北洋派委妥员护送回国。李相委公即行。时已革总兵王永胜希冀开复，恳公携往。公念其曾从程学启，颇有战功，言于李相，强而后可，因与之俱。闵妃遣闵泳翊来津探消息，谋阻昰应，迭求公拟使昰应居德山。公曰：「朝廷恩释，何能指地安置？王为亲子，讵可代建此议？」闵泳翊悻悻去。

十八日，李相接韩王咨，略谓「撤防后，人心危惧。袁使在东久，练达时事，上下依信。去冬冒险戡乱，诞敷皇灵，扶植藩邦，举国感佩。不图成功不居，飘然辞去，时深怅歉。闻其还津，请再派来东镇定民心、筹议时务，必大有裨艰难」等语。李相檄公抵韩，就近商筹。

十九日，公偕昰应乘两兵船开驶，过烟、旅，二十五日抵仁川。韩绅民络绎来迎，父老多流涕者，由仁至汉七十里，不绝于道。惟妃颇觖望，不许王遣一官候迎。公登岸就馆，知会各国兵船及各领事往还酬答，一面函电切责韩廷。次日，始有韩官暨内侍先后来迎。公诘责之，乃诿过于遣使。公告韩廷「某奉朝命送尔王父，似此简亵，何以对君父？无论如何，外观必须整肃，以昭敬重。」要王迎于郊外。二十七日，抵汉京，王设幕迎候南门外。公送是应至第，其妻妾家人均出见，馆公于新南营。妃捕是应亲信三人，托为上年逆党杀之，禁人往探视，又将捕治其同归者；是应不自安。次日，公谒王，委婉讽劝，申明朝廷推恩赐类全其骨肉之亲，存其慈孝之义，决不许是应干预他事。妃隐屏后共闻之，意始稍释。又说诸闵及其近臣：「负朝恩不忠，薄父情不孝。陷王于不忠不孝，腾笑各国，贻讥后世，王何以临民？诸大夫何以事君？」诸闵入告妃。并劝是应杜门谢客，以终余年，勿涉国事；是应领会。多方调停，始各相安。

俄驻韩使韦贝先公一日至汉京换约，并要求陆路通商，请俄人代练兵，并密议保护韩国，韩外部督办金允植仅允陆路通商；颇疑公代为指导。先是，穆麟德助韩结俄为主谋，李相撤其差，以美人墨贤里代之。穆麟德乃愚弄闵妃，谓有术可拒是应；又鼓吹韦贝，恫喝韩人。妃月给三百金，出入宫廷，至是愈无忌惮。公作《摘奸论》，词极严，九月初七日，以论遗王，又遍示诸闵及韩诸近臣；王及妃惊悟。次日，王请公笔谈良久，公反复譬喻，王意乃决，开穆麟德典圜局差使，给薪银三月遣之去。穆麟德失意，求公为图他事；公白李相，许予差羁縻之。适有金玉均勾结乱党谋袭韩之谣，韩人震恐，王复请公密筹防范。穆麟德离韩，王惑渐息，是应亦不干外事，遂依信公，事多就问。公留旬余，一切皆部署安谧，商于王，先回津销差。王坚约下月必须回韩。公回津谒李相，陈述各情，李相大悦，嘉奖备至。

是月初八日，奉旨：「庆军驻韩四年，藉资镇抚。上年乱党滋事，一切因应机宜，尚称妥善，着择尤保奖」等因。李相恐启嫌疑，拟从缓办以语公，公极赞成之。公驻防海外，曾届期满，代练韩兵久著成效，……应邀懋赏，而未进一阶，处之淡然。李相益重之。公常曰：「名以事立，岂独升官为功名耶？」李相纵谈时，偶及吴兆有禀讦事。公曰：「某苟有过，人皆当言；果其无过，过在言者，与某何与焉？」无一语及吴兆有；李相咨嗟叹服。

时驻韩商务委员陈树棠，以职轻望微，乏肆应才，韩人及各国驻使咸不礼重。北洋议选干员，优予事权，前往镇抚。公送是应事毕回津，李相讽树棠称病请假。九月二十一日，奏以公「胆略兼优，能持大体，为韩人所重，其王亦来函敦请遣往相助，宜优其权限，办理朝鲜交涉通商各事，略示预闻外交之意。该员历著劳绩，请超擢衔阶，以重体制，而资镇慑。」又附片密陈「韩趋向不专，择强自庇，日兵甫退，俄使旋来，借箸代筹，几于智尽能索。袁世凯足智多谋，冀可挽回匡正，默为转移。该员两次戡乱，皆身在行间，操纵合宜，厥功甚伟。本应优加奖擢，以酬劳勚。兹令出使属邦，尤须隆其位望，使稍有威风，藉资坐镇」等语。旋奉旨以道员升用，加三品衔。于是总理衙门加檄委公驻扎朝鲜总理交涉通商事宜，如北洋议。公屏当行李，选调随员，于十月初七日东渡。

是时，朝鲜特以名义号为清国藩属，内政、外交皆听自主，朝廷不加干涉，仅电局、关税以有条约预定由中国遣员代理。公以空名往为总理，无用人行政统帅军队之权，徒恃勋威夙著，韩君臣上下望风倾服，故得随事指挥，以广公益，而韩人之黠猾者，阴怀忌嫉，则联结外人，巧相煽构，嗾韩离清自立，务间绝公与韩国之交。公相机迎拒，与各外宾开心布诚、推信相结，久之亦遂相安无事。

当公之抵仁川也，韩王遣徐相雨及内侍等来迓，绅民迎候一如前时。十五日入谒韩王，谈论良久。王自防营撤后，常怀忧惧，迭行奏咨，请仍遣兵驻防，北洋限于日约，未能允从，王意不乐。公反复开导，告以仁川有兵船数艘常川驻守，足备缓急，王意乃解。

公在韩与各驻使酬酢交欢，晤日使高平小五郎，痛陈同洲利害之关系，遂相倾心。

防营撤后，游勇、土匪潜布内地，颇为民害，官吏不敢治。公分遣弁役，悉数捕获，惩其枭桀，余皆资遣。韩民大悦。

韩之商务久为日商垄断，华商寥寥无几，半系担负小贩。公乃招商东渡，公设各帮会馆，开驶商轮，筹予特别利益；又立董事，设巡警，以为维持：凡提倡保护之方，无不竭力经营。商人水陆辐辏，逾年骤增数倍，三年乃陵驾日商之上。于是请设龙山、仁川、釜山、元山四理事，派员莅事。

是月，韩由北洋代聘美人德尼为客卿。日使高平要请韩廷由汉城设电线至釜山接日本海线，公以韩电向由中国主政，却之。

十一月，谣传金玉均由日本率兵数千来寇，将劫韩王入江华。王大恐，公以为不足虑，令勿张皇，请派华快船巡缉海口，查禁帆船，金玉均果来，必为擒也。时日兵佯为商服，往来汉城，公告高平，令遣去。又电李相，请由驻使照会日廷逐金玉均出境，由中国收之。金玉均由是不得逞。

十二年三月，法韩定约，要求传教、杂居并减税则甚力。时韩俗固蔽，疑忌外人殊甚，三者皆难许诺，赖公力为维持。

韩王惑于佞臣之说，时遣人见俄使韦贝求相助，冀欲自主。公告韩臣闵泳翊，以华韩不可分离，韩政紊乱，用人无常，必不能久安，嘱以时切谏。韩自甲申冬蓄谋引俄甚坚，且金嘉镇、郑秉夏等迎合王意，藉以进身，有阴送文凭与俄密约之说。北洋诇知，饬公查办。公建议，如万不得已，宜明降谕旨，废去旧君，更立李氏贤者；次以数千兵保守东藩，置傅设监，不过三五月间可大定也。旋闻韩文凭已送俄，求俄保护，与华平行。公召韩诸臣来署，面加询问。诸臣驰告，王及妃皆大恐，遣领相沈舜泽、左相金宏集等先后诣公谢，谓王与政府皆不知，必小人伪造。公曰：「既不知，当索还此文；如假造，当严行查办。」于是韩廷囚金嘉镇、赵存斗、金鹤羽、金养默等皆抵罪，而俄使亦不承有密约事矣。

十二月，英以清政府之请，还巨文岛于韩，韩人感谢甚至。

十三年四月，美人福久曾与韩臣洪英植、金玉均往来，又结全良默、郑秉夏、金箕锡、郑洛镕等愚弄韩王。建自主背华之议。公乃托病赴仁川，微示将与韩绝。韩王惊恐，遣诸近臣相继来留，日夜守视，唯恐公去。复由韩外署照会美使丹士谟，遣福久行。时税司墨贤理与福久等相结，屡饵韩廷以借以洋款开矿诸说。公料其不能成也。

韩王尤亲信德尼，频入王宫为密谋。七月，韩派朴定阳为全权大臣赴美，沈相学为全权大臣赴英、德、俄、义、法，盖由德尼主谋，欲以尝试。公晤英、德领事，均不以韩派全权为然，谓此举大妨中国国体；如往，既非华属，何中国反漠不相关？公叠电李相，请由北洋迳电韩廷，责以事前未经商度，可得迳行遣使？且与各国并无商务交涉之事，徒费无益，谕止其行。

墨贤理请开平壤大同江口岸。公以大同适当华韩之冲，距边门仅数百里，与烟、旅逼近，设有事于韩，陆路必梗，水师亦无居中停泊之所，持不许。

时闵泳翊主议遣使最力，谓清素畏西洋，我遣西使，清必畏我，乞决大计。公闻，请拘闵泳翊赴津。于是有旨诘责韩廷，韩廷亦怀顾忌，乃遣使先出城，止南门外，而以使已发为词。领议政沈舜泽来见公，公令先招使回城，并速派大员奏谢。旋奉旨，以高丽隶华历数百年，虽从时宜，许与各国通商，交涉大端应由中国主政；并责韩王擅派驻使之罪。时清廷议令韩改全权为三等使，韩不肯听。十月驻美使朴定阳、驻英、德、俄、意、法使赵臣熙先后前往。清廷复以三端为约，令到各国后先谒华使，挈同赴外部请见。朴定阳至美违约，托病不见中国驻使。公传朝命诘责，令调回议处。赵臣熙至香港，逗留不行。

十四年二月，以华商在汉日盛，而往来运载皆借用日船，多受抑制，请由税务司提款万余元租招商局一船，每月往来仁、沪间。于是期年之间，赢利二万，商旅大使。

五月，汉城谣传天主教徒诱取小儿烹食，居民忿疾，殴毙教徒多人。俄、法、美、日皆调兵自卫，闾阎惊扰。公请调华水兵入汉。旋闻俄、法、美兵系韩王请调保护，因晤韩臣郑秉夏，引甲申事警喻之，使还告王。赵秉式、朴齐纯、金宏集等皆力谏王，不听。贵戚闵应植、外督办赵秉稷密告公。公建议北洋，请藉事责韩以察隐情，或咨撤德尼，或引拘闵泳翊，或责韩使违约之罪，择一严究，皆可以逆折异萌，不报。

十月，韩请收北路电线自办；公以北线为通俄要路，且违合同，却之。

公在韩与各国人曲意联欢，冀收利便；至国权所在，则密奉政府意旨，不少假贷，以故德、英、法、日员均极亲洽，惟美使丹士谟以韩派使事，俄使韦贝以陆路商约，为公所持，稍有违言，然亦交欢无间。韦贝于公讌时，故缺华旗以示嫚易。值清廷大婚，召外宾置讌，公特张俄旗以明不校。韦虽不言，而内愧屈服。

十五年三月，朴定阳回国，王拟授以外督办，公严诘乃止。

韩借洋款偿债，辄以关税作抵。公谓关税由华主政，禁勿得抵押，且严查已借各款额数。闵泳翊、德尼力主为韩贷款，王惑之，议贷法款二百万，廷臣皆不知。公闻，召赵秉稷、金宏集、金炳始等竭力阻止，旋贷款议亦罢。

七月朴定阳移匿城南门外，密于夜间入城，黎明复出。公知其将复用也，告郑秉夏以朴案关中东大局，不可听小人妄谋，至贻后祸；郑立驰白王。

日使高平小五郎来见公曰：「近年韩听群小簸弄，视华日日疏，严之则敬而远，宽之则狡而慢，交涉事一无能议。请密商所以应付之策。」公答以敦睦宽和，保全大局，乃使臣本分；设有难疑，应请命政府，非某所敢议也。

十月，韩盗日炽，华商数被焚掠，不能缉；公节饷添募巡差数十人轮防。

十一月，韩东学党始「作乱」。

十二月，王妃持朴定阳案甚力。公以近臣洪在羲曾救妃死，因恳语洪在羲使达妃。妃与韩王坚志蓄谋，寝食不忘，务求改去三端之约，令赵臣熙等得赴任。

十六年正月，韦贝邀同美、法、英、德驻员同请韩外署，拟在绝影岛择定租界。公以釜山本有各国租界，而绝影宛在水中，与市民隔远，非贸易所宜。韦意专在储煤，特以改租界为名，谕韩廷拒止之。是时，华商在汉城者计八十余家，人口六百余。在汉韩商闭市联名，要请韩廷将华日商家均移城外。公以商务宜多方招徕，方能繁盛，如勒令播迁，必妨大局，持不可。

韩五国使赵臣熙以国信未立，朴定阳案未决，称病自还；韩廷以朴齐纯代之。

韩又欲派黎仙得接德尼差，兼充总税司，收关税权。黎仙得以贷款饵韩，谓能借入二百万，将以关税作抵。公谓如此中华利权尽失，电告北洋请防之。

四月，朝鲜赵太妃薨，美派兵入城，王遣闵周镐等往来美馆。美提督兵船来仁，各国亦纷纷调兵。公亟电李相，且曰：「某在此素得士民心，且差丁已近百名，有事足以自了。唯韩为华属，乃请外兵自卫，华如不问，是自弃其主权矣。应否酌调驻仁水师赴汉，代为保护？」未几，美兵撤退。公又言赵太妃为韩王母，历事四朝，倾心向华，宜依故事，由朝廷遣大臣祭赙；朝旨从之。韩王妃素秉权，尤忌是应。太妃殂后，恐王与是应合，宣言王居丧不宜闻政，事无大小由妃专决，易置官属，戚近诸臣不得见王。公告北洋，以为政权久假不归，萧墙变起矣。

韩廷以公请罪朴定阳甚坚，乃假误值咎罢其职。公以违抗朝命罪至重，韩廷拟办太轻，应永禁不得委外交职，藉以杜其派充外督办之渐。八月，韩王久病，妃益专恣，听信周镐，起用朴定阳。九月，钦使到韩，公豫戒韩廷，迩来谣诼甚多，宜格外恭顺以释群言，不可听谗自误。时德尼、黎仙得均劝王在宫候见，不宜迎谒；卒为公威望所劫，计不得逞，使来，王亲郊迎，礼仪隆备，各国人士观礼者至空巷塞途焉。

十七年八月，公得电，嗣母牛太夫人病笃，请假回籍，荐龙山理事官唐绍仪「忠直明敏，胆识兼优，熟悉韩情，请委令代理」。韩王遣近臣来问，兼叩行期。答以「韩如无事，当在籍稍久；倘生枝节，或将中道折回。愿王勿听邪说，以靖疆圉，使某得调护慈亲，亦王之赐也」。公归，延中西名医诊治母疾，卒未奏效，十一月二十六日，牛太夫人弃养。公电告北洋李相电总署请旨。九月初一日，奉旨，赏假百日，假满即回差。公恳终制，李相未允转奏。……

十八年四月，重来汉城，王遣内协相朴齐纯迎劳。……韩王及妃世子均遣中使致赙，各二百金。公以遗命却之。

当公初在韩时，德尼、黎仙得、葛累好士等屡为韩谋贷款，公料其无成。及公归，而韩贷日款二十五万圆造钱币之议已定。公至汉城，内督办闵泳骏、外督办闵种默同来谒见，公乃喻以贷款利害，此次所贷日款，必应早偿；倘果有要需，不妨商请中国代为设法；一闵唯诺。

日廷因俄筹设铁路自海参威达元山，拟由釜山设电达汉城，并劝华由义州设电达汉，以分俄势；公以韩电政向归中国主持，尼其议。

闰六月韩廷商贷款事。公遣在韩粤商同泰顺承办贷款，先后计二十余万，由韩海关划解本息，分年拨还，禁不得再以关税抵押他债。

韩虽与各国定约通商，各国知为华属，不以平等相待，交涉事宜，惟设领事，日亦仅遣代理公使，至是乃遣梶山为正使，复议派遣二等全权。公电告北洋，称屡见西人告知日使举动有异，请电政府留意。

九月，韩总税司史纳机去，以马根代之。

十月，公遣同泰顺集资购浅水小轮二只往来仁汉及沿江各处，每年接运韩漕十万石，并运华货，不许再与他国接运。

日本井上馨著论，谓韩商务、电报均为华侵夺，应遣干员赴韩经理交涉，以抗拒中国，仿派兵赴台湾故事。十月，日派大石正已来汉充驻韩全权正使。

而韩王及妃方以称筹集倡优数百为乐，历时不散，赏赉费百万贯，库储如洗。官兵薪饷久未放，人尽切齿。「盗贼」公行，街巷夜断行人。又任用闵泳骏，贪愎怙权，百方聚敛，官职非贿莫得，而库无一米一钱，上下交困，「寇贼」纷起。公使郑秉夏与诸近臣等切言时弊，皆噤不敢发。王方耽乐不顾。公乃慨然，知韩之必亡矣。

自船局驶仁后，华商务益盛，惟釜、元两口无华船，郑秉夏以王命请代购华船一艘驶行各口。大石倡言，欲联各国胁华扶韩自主，称华海关员可逐，韩五国使可遣。附日诸人闻之，顿增气势云。

十九年正月，韩派闵应植充海军统御使，带兵五百驻南阳府。公以其政乱民贫，事同儿戏。闵应植来问计。公曰：「贵国贫甚，且无水师才，事非所急。宜先设学教练，筹款购炮雷，姑为自守之计。且南阳非冲要，应移驻江华。」公每嘱韩近臣，劝王节用爱民，慎外交，亲信北洋，时通咨问，遣学生赴津在水师、武备各学堂肄业，渐图自强之计。

时东学「邪教」，南道甚多，自诩能呼风雨，调遣神兵，来汉数十人，请韩政府尽逐各国官民，只留华人，揭榜挂西人门首，诟詈多端；外人均大恐，日本人尤惊扰，多带刀昼行。公嘱韩近臣，告王务镇静，择诛其魁，勿事怯懦，致酿巨变；韩廷不能办。英员禧在明见公，言各国均商调兵船防范。公告以华有弹压责，姑静候。三月六日，汉城老弱妇女陆续赴仁，西妇孺亦多去。日使以揭帖函送外署，请严缉。公指陈时事，迭电北洋，亟图补救。十八日，忠清道电称，报恩县「教匪」数万，日夜聚诵咒法，扬言斥夷讨日，且来攻汉。

韩廷风鹤皆惊，汉城居民多怨政府无道，思乱者十八九。公迭告以宜派重臣往谕，诛其渠首，倘拒即剿。闻「匪」少粮械，先发当易制，韩官怯耎不敢剿。赵秉稷请调华兵船代剿。公以华水兵少，且上陆难用。电告北洋，荐张文宣优于谋勇，吴长纯极精强为后起之冠，请预饬张、吴二将抽调数哨待发，须严约束，勿扰民以备接应后路，弹压京畿。并派水师数船在仁川、马山分泊。又告韩廷，「乱党」人多食少，宜先绝其粮道，自然解散。韩宣抚使鱼允中奉王命御「匪」，遵用公策，「匪」渐散去。公以「教匪」聚散无常，此次未加惩艾，渠魁未获一人，久后必仍酿事端，隐忧未释，切劝韩廷择吏抚绥，练兵镇慑，以防后患。复亲访日使大石正己，告以日韩有事，亚洲全局牵动，宜互相联络，勿以细人之言而误大局。时韩王欲请英员教练水师。英使见公，谓必由中国主持，始能派往。是时，韩内患外侮至迫切矣，而外交主权犹自华操，则公镇拊之力也。

四月，大石正已假归。

七月，公令同泰顺集资在沪造内江小轮来仁，以收运利，并以备意外载兵之用。

八月，日使大鸟圭介来，公与约，遇事开诚相商，勿存芥蒂。

二十年二月，金玉均自日赴沪，为韩人洪钟宇所杀。韩请解洪钟宇回国，并载金玉均尸备验。公以韩臣多与金玉均通书，如发觉必兴大狱，请饬沪道检其行李，凡文籍函件均焚之。

韩人李逸稷谋刺朴泳孝于东京，不成，日遣捕役在韩馆逮韩人权东寿以去。韩王忿怒，拟撤回驻使，与日绝好；公为调处之，乃解。

四月，全罗道泰仁县东学党起事，金州兵团千余为「乱党」所歼，忠清各属均起兵相应。韩遣洪启薰讨之。公以洪启熏兵止千名，各县请急，辄分兵助守，兵力愈单。嘱韩廷责成全忠两道官练团固守各邑，洪启薰则相机耑任攻剿。如破「贼」巢，余自瓦解。不听。韩政贪残，民不聊生，「盗贼」纷起，全「匪」已扰七邑，驰檄诟詈韩政，措词甚切。兵将皆畏缩不进，王犹疑不肯济师，略无筹策。公以为「匪」已聚粮掠械，攻城戕官，必有死志，当痛加剿洗，反复指陈；而韩廷玩愒性成，总未解决。韩王因贾怨已深，欲聚兵自保汉城，大集练兵。公屡劝分兵剿「匪」，以防外人干预，而韩上下皆不知兵，欲姑息待「贼」倦解，无可为计。既而「匪乱」益甚，韩臣议请公代剿；公答以当电商北洋，照约办理。未几，全州「贼」陷灵光。灵光素富庶。京兵逗留江华不进。韩君臣以「匪」南窜，距汉渐远，又生懈志。公为画策，嘱江兵堵「匪」前迎剿，京兵蹑「匪」后追击，右近海不必防，左饬各邑保聚以防奔窜。乃江兵驻「匪」右，任「匪」前窜，京兵但远蹑其后，韩兵又毫无纪律，一味迁延。盖韩廷平时恣意虐民，迨事起，一意濡忍，措置多谬。公随时筹嘱，舌敝唇焦，事机既失，挽救为难。既而京兵败挫。军实尽被掠夺，全州亦陷，韩各军皆破胆，议求华遣兵代剿。公电北洋，请先派一船载护商劲旅二三百人来仁。

是月，提督叶志超率兵至牙山。五月，大鸟亦率日兵船到汉。公以外人多谓韩官贪虐，「乱党」无罪，请叶军广行晓谕，示以宽大，诛止渠魁，胁附降宥，庶早日平定，不生他变。「匪」闻华兵至，自相惊溃，全州遂复。而日船载兵陆续来韩，分由仁、釜下岸沿途要害，分布驻守。公告大鸟，韩事渐平，我兵拟即撤归，以避暑雨。闻贵国遣大兵至，华亦将增军，两军杂处，必生嫌隙。倘宵小伺隙播弄，或西人亦增兵抗衡以收渔利，不但韩危，华日亦损，宜彼此互撤，以归平和。大鸟允诺，而水陆兵来日益多。济远船管带方伯谦方驻仁川，见日兵多，移船先去。于是汉城内外满屯日兵，仁汉华商纷纷逃散。公以十年经营之业，一旦坏散，深为痛心。

时李相重开战衅，犹属公议阻日兵。公请调南北水师严备，简练陆兵听调，并延驻华各使调处。又献议云：「遣师出疆，军律为重。事体得失，衅端息开，皆系乎此。宜先慎择知兵大员，以为主帅，水陆均听节制，免号令分歧，事权不一之弊。并遴派真通战时公法之员以备因应，庶免蹉跌致悮，且杜他国插手。」叶志超问计于公，公密陈方略，叶志超不能用也。

时日兵既据汉城，兼断华兵入汉之路，城中谣诼纷起，逃者日多。日兵架巨炮指公所居署，公犹日夜探报军情，与北洋通电不绝。大鸟圭介干涉韩政，韩已宣言不认属邦。李相犹望和解，而政府与李相意见参商，主张大举。公谓此时非开衅之时，否则简备北洋、东三省各军，先遣大枝驻边，以振国威，而系属邦之望，然亦应俟撤牙山兵后，密速豫备，待过溽暑，再作战计。又谓韩山路崎岖，进战匪易，西北边有韩猎户枪手万余人，号为精悍，谙习路径，乞备粮械，饬员选募数千，粗加训练，以为游击，较用华兵尤得力。又用兵于韩，必须参用韩人，始易奏效；否则大兵云集，居人远遁，即向导亦不可得，鲜不败事。日兵已据汉，我宜计出万全，不宜轻动。又谓北洋经营二十年，费数千万计，始成海军一枝，极宜郑重从事。如由南路进，耑恃海军，孤注可危。宜专由北道陆进，各水师均调回自守，待陆军获胜，士气一振，再出水师以为援应，或在韩南海游弋堵截，不宜当韩海口与敌力斗，船少无济，多则敌反牵制我军全力，非得计也。凡公所画策，多出奇制胜；而诸将庸懦，不相统摄，莫知所出。嗣后华兵败衄，皆不出公所料。亡何，衅端益亟，遂至开战。六月二十四日，公亦奉旨调回津矣。（以上卷一）

当公之未离韩也，日本增兵不已。公屡电李相，如政府决议开衅，请先调回驻使。并称「某以一身报国无所恇畏，惟惧辱使命、损国威」。不报。时东学党人必欲害公，藉日兵势力伺察周密，至不能出使馆一步。使馆薪米缺乏，幕僚皆托故潜遁，文牍电报乃以一身兼之。张公佩纶时在北洋甥馆，亦为公言，李相乃电总署请召公回国……

自平壤军败以后，李相颇韪公议，不主用兵……

七月，李相檄公抚辑朝鲜义州各道，委直隶臬司周馥办理东征转运事宜。周馥知公干练，坚邀襄助，乃先后出关。公先至凤凰城，设局。其时日兵已将渡江而西矣。扼江诸统帅，如宋庆、刘盛休、马金叙等，兵杂将嚣，毫无纪律，索械索饷，随给随弃。李相嘱公查沿途转运形势。公言新民厅在榆关至凤凰城中间，东扼辽河，水陆通衢，奉北杂粮辐辏于此，宜设粮台，厚储粮饷，按前后要站分设官车，随时协雇民车，分段转运。盛京以东，亦有数处，尚可采买。拟于驻兵处，就近买存，总以新民厅为根据地。遂自前敌至辽阳，分设十二站，接济饷械，源源不绝。

九月，公查抚溃兵，至亮甲站，受寒，肺疾增剧。闻日兵已击退倭恒额之军，渡过辽河，马玉昆、宋得胜均力战北，宋庆拟退扼摩天岭。公谓日兵必分三路进，徒守一路无济于事，遂力疾赴辽，移设饷械局所。未几，闻日兵在岫岩州花园口下游欲登岸，一枝向大东沟，一路向皮子窝进发，于是防守各军疲于奔命矣。

十月，公至望宝石，溃兵抢掠运局车马，公搜截数百人，戮数人以徇，馀给钱米押送归营。又电告盛宣怀，谓西人用兵，大概分为四排队，前一排散打，败则退至第三排后整队，以第二排接应，轮流不断。后排队伍严整，亦以防包抄傍击。又队后数里，驻兵设炮，遏止追兵，掩护残卒，虽败不溃。今前敌各军，平时操练亦有此法，乃临陈多用非所学，每照击土匪法，挑奋勇为簇，飞奔直前，宛同孤注，喘息未定，已逼敌军。后队不敢放枪，恐误击前队，只恃簇前数十人拥挤一处，易中敌弹，故难取胜。后队又不驻兵收束，一败即溃。请告统帅，饬各军照西法认真练习。又谓刘盛休军专以溃掠为事，毫无战志。聂士成军兵不过千馀，而精壮俱殁；吕道生军亦伤亡大半，实难再战，莫若调回整顿。又言宋庆南援，似知岭不可守，退难过沈，故请作游击之师。事势至此，惟有停战议和，较为合算。冀因盛宣怀风示当轴罢战息民。

十月十五日，公抵辽阳，闻九连城兵溃，遂移存辽局饷数十万，军火三千馀箱于新民厅，租赁数店，调养伤兵。又建议敌兵分路来攻，零星分防必不能支，须纠大枝迎战。如岫岩州、海城不保，营、辽益危。又迭电聂士成，毋引兵入绝地，恐被包抄。

十一月，以催提饷械及料理设电线事至石山站，旋赴双台。闻海城失守，宋军、刘军败至田庄台。时湘抚吴大澂率李光久携湘军来援，亦至田庄台，公谓吴大澂曰：「日兵如逾海城抵牛庄，西援可断营业田路，北趋可绝辽沈援，各军必难支，奉省亦可虑。」而宋、吴两帅在田庄台尚争驻兵地点，未几均败窜，悉如公言。

十二月清廷以江督刘坤一督办关外军事，驻节榆关；而王文韶以帮办北洋军务，代李相督直。公自石山站回榆到津谒晤，并陈前敌各情。二十一年正月，回至前所，与聂士成会晤。二月，回石山站。旋闻牛庄、营口次第沦陷，清廷遣李相赴日本议和。公愤各统将多不知兵，未战而溃，溃兵所过焚掠一空，金、复、海、盖之间民骚然矣。

其时日兵扬言北取辽阳，西攻榆关。将军长顺、依克唐阿匆遽告急，而关外各军亦争弃防守地段，纷纷赴调。或不遵节制，随意先行，或托故迁延，自相惊扰。公谓统帅刘坤一曰：「管见用兵必须赏罚公平，始足以资鼓励。我公驻关督师，应请随时分别贤否，立予抑扬，庶诸将咸知惩劝，冀可挽救。查马玉昆胆识兼优，宋得胜忠勇性成，均垒经苦战，始终如一，似宜请旨嘉奖，俾益加奋勉。吴凤柱、徐邦道兵多骚扰，不知自爱，似宜申斥，俾知警惕。营口防营蒋希夷委弃重地，肆行剋扣，似宜俟兵队解散后，从严参办。此五人只举其尤。时艰至此，惟望淑慝先分，庶中材皆知激劝。」刘公雅契重公，然事多掣肘，亦不能用也。

方兵事紧迫时，长芦运司胡燏棻请公特立一军以资策应。公谓须饷优械精，熟练数月，能操不溃之权，方敢措手；否则，决不愿随人奔溃。故此役公仅携亲军二百人，督饬转运，搜捕逃兵，始终未预军事。而自秋徂春，逴行冰天雪地中，呕血壮热，视事不废……

二月，公电吴大澂，如驻兵双台，地太偏僻，且傍海依河，易被包抄，请其回驻杜家台一带。又电督帅王文韶，谓牛庄失，营口必难守，我军两面敌，一面海，后阻辽河，势成釜底，请饬各帅分驻杜台、双台，互相策应。二月，又电刘统帅，谓日兵万馀屯聚海城，其重兵则在金、旅，我军防辽援榆，兵分势涣，敌乘虚而入，可为寒心，宜集大枝以备迎击。均不报。

三月初一日，闻李相在马关被刺，公发电慰问。时议割弃台湾，而停战期间，日兵仍进规鞍山站、吉通峪等处，都中谣言，日兵将攻榆关，扰天津。公谓刘统帅曰：「日本如得台湾，必分兵弹压防守，抽兵北上，至多不过三两万，势难分趋，必将专力图一处，藉以要挟，图津榆为上，图辽沈次之。宋帅驻间石，专待回援榆津，日兵未得辽沈以前，必无大枝由田庄一路泥淖中西行，如留嵩、铭等军，自可防范。惟间石至凌西虽不及百里，然凌流甚急，渡船无多，待闻警拔队西趋，必四五日始能毕济。如绕义州桥较远百馀里，泥涂不便，亦难尅期。宋帅请先渡凌河以待西援，确有深算。惟凌河西岸已有湘军填扎，或虑语言隔阂，未便稽查，请电饬魏光焘军量移锦州西南各地，其双阳店、四筒碑等处暂让毅军三十五营屯扎待援，庶免夹杂。」盖公调护诸军，不能惜身为怨府，而党毅攻湘之说，流播行间矣。

三月十三日，总署接李相马关电云，日兵持函知照鞍山站华军停战，为华军所阻，是停战之信尚未送到，饬公发专马速递辽沈各营电线不通之处。时凤军在关外抢掠尤甚，公告刘统帅，谓「关外居民本极困苦，近遭灾荒，营勇骚扰太甚，哭声载道，惨不忍闻，乞传令严禁……」公愤兵扰民，迭次上言，虽未能尽从，而各营亦渐知约束。

二十三日，公以和局已定，即应收束运局，停止采买。遂电胡燏棻商议，尽现有米粮发给各军，俟放竣即归各军照营章自办，饷银亦由各军派员赴津请领；各局官车酌量减数，俟各军调派驻定，即行全裁；子弹择地存储，辽锦两局亦即撤裁。又言南来各军由天桥厂登舟回南较便，如陆行至津易车而船，兵民交困，请预饬商局，查访水道。时议裁撤防军，而各统将拥败卒观望，莫肯即行；公冀早日撤回，以安闾阎也。

四月，抵榆，谒刘统帅。时和约未换，内外仍主战，刘统帅、王督帅亦强附主战议。公备陈战无把握。十四日，和约定，赔款二万万，割辽东、台、澎予日本共十三款。于是俄、法、德三国出阻，日许还辽东半岛，并许清廷以三千万赎还辽南各地……

辽沈自遭兵祸，四民失业，饥馑流离，地方官颇议赈抚，费无所出。公言于刘统帅，请以锦州应运军米二千九百馀石、宁远应运军米五千馀石，拨一半协赈。

三月二十七日，闻李相旋津，电告转运事已将结束，请销差回籍。四月，抵榆谒刘统帅，遂回津。（以上卷二）

三　《张季子九录》涉韩文献辑录

张謇　撰

代吴长庆拟致张树声七件函〔一〕

（清光绪八年1882）

第一函　六月廿九日

振轩〔二〕仁兄亲家大人阁下：

即夜三鼓抵登途中，风涛殊恶，差幸狎水不似当年。前此排递函牍，并以廿五始达，戎行诸事，略已筹备，初四首路无愆期也。轮船澄庆、登瀛州、泰安外，载运军资器械拟恳多调招商船一二艘，悬军深入，巧迟不如拙速也。兵轮拟留一二调用，亦请加以檄敕，俾就约束。丁雨亭〔三〕所部自成一队，不能周旋左右，自我主之也。船回，祗请，惟亮察不备。

〔一〕吴长庆致张树声函七件，系张謇客吴军幕时所代拟，时在清光绪八年阴历六月——八月间。朝鲜

发生壬午兵变，日本乘机出兵，欲图干涉，吴时驻军登洲，奉命率师入朝定乱。吴与张树声配合默契，赴机迅速，使兵变得以早日敉平。乱首朝鲜国王生父李昰应被监送至天津，日本野心未能得逞。

〔二〕张树声，字振轩。安徽合肥人，时署理直隶总督。

〔三〕丁雨亭，丁汝昌字，又字禹亭。安徽庐江人。淮军将领。

第二函　七月初三日

振轩仁兄亲家大人阁下：

雨亭军门来，奉咨函五件，所度极中肯綮。此行如春秋书子突救卫以定属邦之乱，为正义，至于保护日本，原不过借消其阴谋，而塞其分我刑威之渐，犹文之撇笔耳。鄙意主专问李昰应以擅废王命之罪，以兵辅礼，分别惩夷，使四海知中国固非徒事敷衍，而日人亦无置喙之地。至于英、美各国如有交涉，则问途已经，因应机宜，自当商之眉叔[一]。今日只来正东、威远两船，长庆明日巳刻即发，先带一营三哨，此后各营船来便东，祈先以此入告，用慰朝廷拳拳之意。专肃。敬请勋安。仍希指示为幸。

傅相[二]闻命后，是否即行出山？得有确耗，即请遄示。又叩。正拟封函，泰安已由津驶至，知念，附闻。

〔一〕眉叔，马建忠字。江苏丹徒人。助李鸿章办理洋务交涉。

〔二〕傅相为李鸿章。李官文华殿大学士、直隶总督、北洋通商事务大臣。时丁忧在籍守制。

第三函　七月初四日

振轩仁兄亲家大人阁下：

昨晚奉上一书，交泰安船星夜付烟台文报局三百里排递，想正在路。请代陈奏启行日期，未用公椟，戎行旁午，不遑及此耳。即午方当首路，慰廷〔二〕中翰乘日新驶至，将到手教暨津友各函件，指授机宜，具征我公忠信渊亮之学，极深敬服。此举申威定乱，自是堂堂正正之师，迅速持重，皆须因机揽要，而非明正其罪，不足正钟鼓曰伐之名，破胁从无知之惑。还防后曾匆匆作檄文一首，拟见金允植后审定施行。今见叔耘太守、眉叔观察所陈说总署与我公所筹谋，私幸愚虑尚有万一之当，用先录初稿奉览。拱北若继日新而至登，明日又可续发两营，长庆拟抵仁川后，坚阵登陆，择要扼扎。第二起兵到，则金允植可相见，一面驰檄王京，一面令后兵践扎所壁即帅原带人数更足两营，进驻去京二三十里之地。二三日后第三起兵到，仍更番践扎，此时长庆便将三营经壁京城矣。以此计之，亦尚非缓，但登瀛洲、威靖今日尚未到，殊可恨耳。眉叔所筹因应花房义质等语，及与仁川府使笔谈，极是极是。度此君才，果可与共事也。今日风极大，因添煤小泊烟台，诘朝东发。造次述答，不宣不备，仍惠教。万万。

〔一〕慰廷，袁世凯字，亦作慰庭。

第四函　七月初七日

振轩仁兄亲家大人阁下：

初四日烟台排递一缄，计早蒙览。是日各营登船，缘登洲海滩极宽，轮船离岸四五里，驳船仅载十余人、数十人不等，一切搬运军资器械尤费周折，直至未刻开行。是夕，因添煤小住烟台，略与方佑民观察商略后路事宜。初五日辰刻开行，风涛大作，兵勇之晕船者十居八九，暂碇威海卫避风。初六日辰刻风杀展轮，傍晚始见海定继至，初七日辰刻抵朝鲜。仁川已驻日本兵船七艘，陆兵一营，我师若同处其地，有所未便。因泊于六七十里之南阳界内，离岸马山约三十里，民船无多，潮势涨落，相悬率三丈许，往返皆以潮为候。悬计一朝汐只可载一两营登陆，本日即饬各轮舢板乘潮先载一营登岸权扎，为节节前进地步。闻南阳府备船十数号听差，以所见民船计之，想亦不大，似此周折，殊甚费事。大沽现有广艇，乞择其坚固可用者数号，添派水手，刻日东来，以资转运，盼待之至。

至朝日情形据鱼允中密切探得，证之马眉叔所说无异。日兵于初三日便入王京，国王及李昰应，均未接见，意盖恃中国之援而待我师之至。国人闻大兵入境，无不欢跃，情事如此，实为可乘之机。但日兵既已入城，虽据鱼允中所探花房义质别无反侧情形，而我师远来，不得不稍持重以防其变。顷与眉叔商定，明早即派兵两哨，偕眉叔驰赴王京，微观动静。长庆俟部署略定，即行进发。李昰应势孤力竭之时，当易得手。但处置此人则乱定，而亦可杜日人之要挟矣。鱼允中所探各情，别录奉览。长庆不敢迂缓以失事机，亦不敢轻举以误事理也。手此，敬请台安。只希亮察不具。

再长庆今日午刻登陆岸进扎南阳，彼处有渠大官赵宁夏、属官金宏集，国王所派令料理军前各事者，亦可借悉该国近事，相机应付也。

初八辰刻

附录：金允植、鱼允中所探各情节略

乱之初起由于兴宣激变军心，为之窝主，自称国太公，揽执国权，追逐日本使者。后或恐滋事，遣人解说，归罪于乱民，及日兵入城，兴宣屡通好意，日人不应，自觉势孤，闻中国救兵救护，似有倾心亲附之意。现派大官赵宁夏、副官金宏集依旧迎接，甚至愿款之意，且其意欲借中国兵势，攻退日人，其愚若此。目下定顿乱局，应不必用兵，只以兵威临之，自可迎刃而解也。日本军中亦有敝邦人金玉均、徐光范二人，此人皆同志之友，在彼调停，必不致格外滋事。鱼一斋亦见花房义质，其言云：日本初闻是事，欲大举来侵，岩苍久视、井上馨力持不可，只带一千三百名为自护之。权日本之意，亦惟在还权于国王而已，无干涉内政之意。中国乘此抚定，事面正大，不烦兵力，不构争端，抑亦敝邦之至幸也。缙绅杀死者：兴寅君、闵谦镐、金辅铉、闵昌植等数人。以外如闵泳翊、洪英植等幸而逃免。金洪集亦当场逃避，毁破家舍，事后稍稍还家，此数人得免于祸。甚幸甚幸。所在民散家空，军前所用，无处可买，闻兴宣夺政之后，勒夺富民之米、钱积置京城，其数不少，盖为散给乱党兵丁，为收拾军心之计也。挪此充饷，未为不可。见今彼势孤危，盼望中国。允等若一向藏在船中，或被猜着，反为见疑之端，故欲与鱼一斋随军入京，以示无疑，相机周旋，两家眷属亦免于祸，尤无自外之嫌耳。

第五函　七月廿一日

振轩仁兄亲家大人阁下：

十九、二十日各函件驰送南阳，由轮船遄递矣。昰应抵津时，傅相度亦莅止，请旨定夺，处置如何？极念极念。门我眉乱党复聚事，经饬捕盗营讥诇校详探，则枉寻里奔散之兵同所部移屯其近处，率从门我眉美牙里为避罪之计，居民恐其为祸，臆测告变，尚未确有屯聚构乱情状也。第狼子野心，深难倚信，我军自合严备耳。二十日午后，有曾官县监沈宜淹以王妃未死，款门来告。谓当时被创，逸藏民舍，今蛰防竹县长湖村左翊赞闵应植处，应植疑妃懿亲，故往依之。而乱军散后，不见妃所在，遂以薨闻者。及询之金参判、重侍讲，佥谓不谬，且述奉迎之意。比以事未大定，属且少缓。以妃英武，遇祸能藏，其才实足以佐王治国，惟为昰应所欲杀之人，与是应一旦归国，则其祸正未有已，若得朝廷以三四品卿衔羁縻之，俾老于京师或（五六年后）竣其精力衰耗，徐议遣归，既全王父子之恩，亦消其国祸乱之蘖。如此布置，似为允洽。我公如以为可，更望裁定入告。乱党既失是应，又经剿捕，宜亦少有畏心，不敢披猖起事。鄂军如未启路，请且少迟几日，拟俟是应之事，奉有明谕，日本所索傅相定议，相事缓急更为请遣。此则公先知之，必获操纵合度也。傅相北来，圣明究何以相处？进退之间，度公必能自谋，而为我谋。先后陈请，幸速予施行，不胜大愿。手此。敬惟台履休预，惠鉴不宣。

明按：此札有未解处，若「门我眉乱党复聚事」，「率从门我眉美牙里为避罪之计」云云，疑其释文有误耳。

第六函　七月廿二日

振轩仁兄亲家友人阁下：

午刻得眉叔二十一日临行来书，据天津僚友所述，日人调集水陆各军，将有逞其大欲之势，总署亦虑其干预内政，损我藩服，而当道采威妥玛不必与之纠葛之论。眉叔亦深幸日高款议之成，属长庆惟有镇定云云。此见亦是不错。以长庆度之，日人要约已成，欲壑差遂，目前广为声张，调集各军，要是因我兵入城，彼兵退之回故，以此掩其日前之非惧而兼以防我之乘袭，故与阁下书曾请略示虚声，以扰其虑而分其力。花房义质不日入城相见时，只有晓之以情理，禁之以威信。渠有限二十日拿获乱首之语，此事自在朝鲜主持，未便顿然为之办理，以失众心，以乖待以自主之约。若果狡焉思逞，仍当少耐，待请命于朝，如前所手函云云。此时并以严饬将士务为持重以待之，要之决计用战，长庆自忖尚不至贻辱中夏，特恐如臂上鹰纵之仍维之耳。莼斋星使〔一〕近日有无来讯？总署枢廷意旨若何？庙算若何？傅相议若何？阁下筹策若何？均乞详示，日夜以冀。眉叔已行，度能说一切也。惟希亮察不宣。

〔一〕莼斋，黎庶昌字，贵州遵义人，时任驻日使节。

第七函　七月廿五日

振轩仁兄亲家大人阁下：

二十一日函计尚在路，今日得雨亭留启，始知其同傅相北来，并偕眉叔乘威远往津海口，虽无事而水师各船岂可无调驭之人，甚用悬系，昰应抵津后，论说何如？此人极机变，必有强辞申辩之事。长庆昨见国王，坚以太公护行官趁船往津为请，因其恳笃，遂姑应之。而闻金允植言，则所请实非国王本意，且其中别有阴谋，至为可虑。今日与国王书及允植笔谈，皆权词缓之，俾人不猜疑于国王，中怨于允植。但鄙见断不可令昰应便尔归国。傅相二十一日来书中亦有昰应应当在中国安置之语〔二〕，似与长庆所筹不相枘凿。其金允植讯所云，是否须节以入告，为预杜翻案之地，惟公裁定。议迎闵妃之事，诘朝便选劲旅百人协同国王所遣文武吏士前往保护，以防意外之变。妃所匿处在阴竹县，距此百八十余里（绕从大道略远数十里），计月杪可还矣。乱党之桀，尚有未就获者数人，属已略有所闻，但少缓之必能禽置于理。日兵水陆探只千五六百人，其在城内者三四百人，长庆先密令人日伺城门，识其士卒出入之数，呈报查核。仍严令军中不得与日兵交涉一言，以防启衅。花房以今日入城，彼此差拜其译官，虚张声势，谓其兵有四千余人，恐喝伎俩，于此可见。倘花房相晤，自当相机应付，动之以理势，约之以威信，如其侈慢及我，中国当令前赴津门取决于议。长庆向不娴洋务秘策，不必强食马肝以为知味也。

保案后咨请于傅相，眉叔、雨亭想亦各自开列矣。

金允植讯，洪淹穆笔谈日兵大数，均另录奉览；总此，祇请台安。一切融亮不具。

又附探得是应家讯三纸，此人操纵徒党之才，阅之可悉。

〔一〕李昰应监送到津后，由李鸿章安置于保定居住。

八月二十日

附录：吴长庆亲拟致张树声函

振翁仁兄亲家大人阁下：

奉手谕及录示各件，差幸此次东来尚不贻公之辱，惟庆生平事事务求深稳，而此次捷速如是，前事则赖薛叔耘、何梅生〔一〕之规画周详；临时则赖张季直赴机敏决，运筹帷幄，折冲尊俎，其功自在野战攻城之上。其三君之平时巨才清望，则尤庶类所交推。比欲列保，张君辞却再四。张君在军中将近十年，淡于功利，则因以知何、薛两君必不轻受人誉矣。然好善之诚，根诸天性，况处置如此大事，举重若轻，何等识力器量，若不彰其功，哲人俊乂无可求矣。拟请阁下叙其功绩及其品行，另片会衔或请破格录用，或请优予奖励。恩施一听朝廷，以全三君之志。举贤非敢为私，想公必能亮之，必能许之也。手此，即请勋安。

再，—前请论荐薛何三君之函，乃弟手缮，即晚季直又以为辞，始知梅生有函于彼。二君志节诚可敬佩，但此次竞功者纷纷，而吾辈序事不及，发纵之人万不能安，但隆栋之材不彰可惜。敝意辞者自辞，行者自行，无论为乞圣恩与否，话总不可不说。各行其是，并行不悖，想阁下以为然也。小病方愈，令人代写。再请台安。

〔一〕薛叔耘即薛福成，号庸庵，江苏无锡人，在李鸿章幕办理外交；何梅生即何嗣焜，江苏武进人。

代吴长庆拟陈中日战局疏

清光绪八年（1882）

伏念自来中外交哄，不过战和两策。和取日前之无事，而战为全局之通筹。以和为和，是罢战之论发于我，而彼强我弱，以战为和，使愿和之请出于彼，则彼绌我伸。此在稍识时务者，即能辨之。臣之愚，以为今日之事，惟赖皇太后、皇上之乾纲独断而已。

今之议者或怵于庚申之变，谓未可轻于一试。不知当时承平日久，人不知兵；夫津要隘，地无重镇，且南方多事，众心皇皇，仓卒不虞，乃有此变。今则陕甘督臣左宗棠扼强敌之要冲，直隶督臣李鸿章控京都之门户。东三省龙兴旧壤，民气忠勇，铠马骁雄。但得文武重臣建节于此，责以选练兵将，慎固险厄，守御有恃，攻讨有资，何惮于战？且臣侧闻俄夷所要诸条，苟或从之，则是开门揖盗，坐弃全局。战即不利，亦尚万不至此。况以今筹之，战固不必不利乎。外夷船坚炮利，狎习风涛，是以议者又以东南海疆为虑。不知江海要口皆有防兵，轮船火器，制造不乏。原庙谟之深意，所以自强，竭辛苦之民膏，正为今日。置而不用，何事防为？且我必毋庸舍长用短，相持于汪洋大海之中，争不必争之地也。但严扼诸海口，凭据险要，以顺制逆，以逸代劳，以众御寡，以主伺客，又海滨之民，多能熟悉形势，洞晓情实，用得其道，破敌尤易。兼此数者，岂谓非长？

议者又虑兵事一兴，饷糈难继。不知国用之告匮，半在冗兵之虚糜，筹饷之要，不在取务其多，而在用求其实。往者，故大学士臣曾国藩、故湖北巡抚臣胡林翼，办贼楚中，其时东南财赋，荡为邱墟，邻省警兵，更穷接济。而二臣犹能慷慨誓众，卒成大功。今各省厘捐数逾千万，比较畴昔，难易判然。若战虑伤财，则和约各款岂非财？战须惜费，则养兵不用岂非费？诚使计饷厉兵，核兵就饷，则兵以求精而益强，饷不必加而可裕，又何乏饷之足患乎？俄夷于西洋诸国，最为强大，近其国有内患为之掣肘，又见朝廷前容日本之不共，思假恫喝以济其欲。是以阳示敢战，阴冀速和。设更失计，堕其术中，恐长强敌要挟之端，启列邦轻量之渐，且使忠义灰心，天下短气。事机一误，后悔莫及，尤非计之得者也。

臣逖远武臣，智识庸劣，何敢抗论大计，速获咎戾。顾念先臣大节，余恸难忘，荷国殊恩，捐躯莫报。仰承明问，不敢以奉职无状之身，更得罪于君父。屏营悚惕，罔知所云。

〔一〕吴长庆（清谥武壮），字筱轩，安徽庐江人。以守备官至广东水师提督、帮办山东军务。1882年（光绪八年），朝鲜内讧，日本使馆被焚。阴历七月，吴率军赴朝平乱。张謇自光绪二年(1876)入吴长庆军幕，治机要文书，为吴所器重。时沙俄占据伊犁，以战争相威胁。清廷为此延询疆吏意见，以备抉择。

为韩乱事致驻防吴提督孝亭函〔一〕

清光绪十年（1884）

敬承治军贤劳，以为歧颂。顷《申报》载，十月十七、十八日，朝鲜复有内乱，闵妃及其族台镐、泳翊、赵宁夏、李祖渊、尹泰骏、韩圭稷等并同日与难。又载，华弁伤三人，华兵与日兵战于宫门，王为我军护居营中，乱党尚踞王宫，云云。

东事之不可为而祸悬眉睫，謇在壬午八月即历历言之。今其国中尚有謇所作《朝鲜善后六策》可证（记得京师尚有数本）。然亦初不意所谓近而三四年祸且踵至者，今不幸而吾言之偶中也。彼时武壮公言于朝，朝臣或是之，或非之；言与东人，东人或是之，或非之；言于吾军，吾军中是非之声，时时相出入；言于北洋，北洋则悍然斥之。今果何如耶？以闵妃及务外诸臣恣意妄为，得祸固当。惟所传起衅之由，言人人殊。且乱之方作，吾军未发，何以便有华弁三人？日兵阻吾卫王之军，有所说否？曲直何似？日兵驻入王宫在今春，彼时何无一人极力争之，为曲突徙薪之计。是皆不解。就时势情事而论，日与法通，日之构衅，必有为法牵制吾军之谋（观超武、扬威援台之船调赴高丽，亦可少见日之所以为法，盖即为此。非如《申报》所谓缓北圻之救也），必更有借端干预要索兵费之事。阁下及仲明〔二〕、慰廷处彼，虽仅典兵，然实难处，其间诚不易明言。清卿〔三〕之为人，乃今天下所谓功名中人。胸中也无一定识见，左右又无一人，恐也是糊涂了事。然却不可再赔兵费于日，更蹈从前覆辙。此事似不必待日本向我说，我即先须向日本理论曲直。

此次进兵不可由马山，当即先据仁川至王京形胜之地，连络屯扎，兵轮分布口门，为先声夺人、建威销萌之举方好。若计不出此，恐事将有不可问者。

謇于公等有休戚扭关，故为局外之妄言，想公等必有奇谋胜算出我意表者也。粤督、江督两处先后延致，皆用缓谢。今冬在家度岁，明春即入都，彼时东事或尚未了也。天下事成败在人，而所以成败者天。公等和衷戮力，不幸功，不委过，思武壮当日何以从容而布置，声施而至今，则思过半矣。公等三思鄙言为幸！并乞将所以起衅，所以入卫，目前所以办理情形，详由薰南、子冲两兄一一见告。或者有稍稍足以为公等赞益者，未可知也。万万盼望！

薰南、子冲两兄匆匆不另笺，赐同省览是祝。伏冀勋名慎处，为贱子荣。

〔一〕吴孝亭，名兆有，为吴长庆部属，长庆病殁金州，孝亭接统其部，驻防朝鲜。后朝鲜内争复起，张作此函，对吴有所建议，并要求详悉内情。

〔二〕仲明，张光前之字，吴长庆旧部。

〔三〕清卿，吴大澂之字，江苏吴县人；会办北军军务。

为韩乱事致韩参判金允植函[一]

清光绪十年（1884）

自二月辱承损问，道路邈然，嗣音不续。五月以吴武壮公移节金州，再往省疾。人事聚忽，故主告薨。当此之时，悲感郁中，百念灰绝矣。展转两月，航海南还，值边圉传警，疆吏延进人士。粤督南皮公、江督湘乡公[二]先后礼辟，逮于下走。自以天下之事，方用纷纷。好伪惧真，所在而是。苟非难进而易退，鲜有不丧身而辱名者。是用卷然，引义避谢，杜门却轨。内自度量，未尝不于天下之故，慨焉若有微契也。

顷者，海上文报相闻，朝鲜内乱，十月复作。据所传达，虽亦象胥重译，言人人殊，而要其大端，大都与謇往昔所详于执事，与往反苦口于东中士大夫者若合符节。以謇当日固是嫠忧纬恤之伦，然私自揆度，人理未灭，圣人不我欺，则所言固当世君子所共见许。曾何意不幸而我言之中也。如报所言，方乱党肇事，妃若世子若闵氏父子、赵惠人、李浣西、尹葵堂、韩圭稷，并以十月十八日同时与难。日人借端干预，阻吾军入卫之兵，遽相攻杀。又言赵、李诸人之死，由日使兵挟国王，故悉骈戮，且有华弁三人与难云云。此正可疑。日岂将乘人之危以要利，除不附己者以示威，开贵国事大之心，为觊觎非常之举，假乱民构祸之势，而阴行法虏嗾使之谋耶？抑乱者自乱而因以为利耶？远隔沧海，无从知之。要之，日与朝鲜有唇齿相依之势，即有图为我有之心，饵之以甘言小惠，钳之以秘党禁戍，此皆事之彰彰者。国王仁厚不断，奸臣得以输款敌人，为首鼠两端之术，而日人即因之以为用。此其大可虑也。日兵何为而入宫？服制何为而更易？揖虎狼以自卫，而不知非我族类之防，矫泥古之小弊，而不知忘本不可以国。此固向与执事痛切言之，即东中士大夫亦必尚有能诵我说者。曾不意遂至于此也。壬午五十万之款，日既不索以市惠矣，今者且复将有所诘责矣，我朝且命使臣措斯事矣。金马覆辙，明明在前，尊主戢邻，尤在守义。固知执事能担荷大事者，岂不能令闻者餍心乎？桑中三宿，且有情焉，矧与贵国君臣曾通款悃。闻此之耗，能不系心？乱事颠末，及所以措置之方，幸便详告一一。

浣西，葵堂家尚在否？石萱昆季尚居官否？一齐无恙否？令子景鲁学业何如？沧江〔三〕计安善？其所征寿文、诗序，缘事不能便作，终当有以报之。烦语沧江。时局方艰，朋侪阻寂。如公忠清亮素，盖不易求，幸万万善自慎卫。人直造对，致此下诚。

〔一〕1882年（光绪八年），吴长庆率军东渡时，韩派领选使参判（相当于清之侍郎）金允植前来陪行，在舟中，吴曾与金作笔谈。1884年（光绪十年）朝鲜又有内争，时张謇方家居。

〔二〕江督湘乡公指曾国荃。光绪十年，曾国荃署两江总督。

〔三〕沧江，名金泽荣，朝鲜人，工诗文，擅书法。

论出处及韩乱事致袁子久观察函〔一〕

清光绪十年（1884）

金州往事，令人有感慨遗世之心。七月南还，矢意韬戢。方道出沪上时，见故人束畏皇〔二〕为南皮见辟之书，即自奏记，敬谢不敏。迨九月，漱兰年丈〔三〕复为劝驾，重以前说申辞。诚不知中间执事于謇遣使命舟，并渤海而踪迹之，如是其勤勤可感也。

马端临曰：「三代选举之法不行，天下人才归于幕府。」今之延士与所待延于人者，其所自处，殆亡古义，然少自重者，无下难进易退，以自慎其身名。往时于武壮公朝鲜功成，即萌退志，徒以相处七载，礼意有加，重以贫故，不得不因其维絷，委蛇而迁就。而于其卒也，不能无悔。天下事诚不可以来咎往，以彼例此，然使以义早自裁决，亦何至此耶？南皮不就，益却一切之招，惩羹而吹齑，伤桃而戒李，岂不自嗤？然窃于当世之所谓大人先达，思之熟矣。能以诚求士、以礼义进退之者谁乎？不予人以可轻者，必先能不予人以可重。我贫固我分也。明春当入都，挟吾所素业，刻励以求于世，观其合否，时方多故，纷然且杂途而进。吾诚有不久弃于世者，固将有所合也。其果我弃耶？将益退而博求天下之故以适我贫。贫而日不能一饘粥也，将于世所稍稍知我者，鬻其力以求数年之饱。謇今者之志，如是焉而已。

朝鲜闻又内乱，乱作益厉。嗟乎！此固壬午八月謇于武壮公论朝鲜必不可为、筹所以救之而去就争者也。謇于朝鲜，往者盖不自量度，时有陈说，所谓善后六策，与其王若大臣书，及《朝鲜废疾针废》，及为武壮先后所拟奏，间有其国人所能诵者。今乱之作，不幸偶中。当事者梦梦，徒足死武壮，令武壮既殁而增重于天下耳。以所传闻，日之借端干预，显然有迹，而曲直自在。可不待其有辞，而据义诘责，益赖经营防卫以持其后，则建威销萌、巩固本根之计也。仅曰靖乱，乱党奚能为？一武将率三数百人，足制其死命矣；安用纷纷？然吾料朝鲜之终必不可有为也。

厝火积薪，人以为安，曲突徙薪，举世以为笑。自古而慨之久矣，可胜叹哉！慰廷任事非不勇，治事非不勤，而时时杂以世故客气之习，故举动辄不胜有识之求，而其材固公家谢幼度也。方戍乱国，幸属慎之。恃执事能爱我，能以义相质，故贡其狂愚，并陈至隐，且谢往惠。万万亮察，不宣。

〔一〕袁子久，名保龄，河南项城人，袁世凯之叔。吴长庆病逝后，宾僚星散，张謇亦南返。张之洞欲邀张謇入幕，因不知其行踪，转托李鸿章寻访，李命子久乘轮沿渤海各口岸觅访。张謇坚辞不就，一心欲由科名进取。

〔二〕束畏皇，江苏江都人，张謇友人。

〔三〕漱兰年丈，黄体芳字漱兰，浙江瑞安人，曾任江苏学政。

朱曼君、张謇致袁世凯函〔一〕

清光绪十年（1884）

别后仅奉一书，固知司马劳苦功高，日不暇给也。筱公〔二〕内调金州，以东事付司马，并举副营而与之。窃想司马读书虽浅；更事虽少，而筱公以三代世交，肫然相信，由食客而委员，由委员而营务处，由营务处而管带副营，首尾不过三载。今筱公处万不得已之境，仅挈千五百人退守辽海，而以中东全局为司马立功名富贵之基。溯往念来，当必有感知遇之恩，深临事之惧者。及先后见诸行事，及所行函牍，不禁惊疑骇笑，而为司马悲恨于无穷也。

司马初来，能为激昂慷慨之谈，且谦抑自下；颇知向学，以为是有造之士，此仆等贸然相交之始。迨司马因铭盘一言之微，而得会办营务处之号，委札裁下，衔灯煌然，迎谒东抚，言行不掩，心已稍稍异之。然犹以少年气盛，不耐职事，需以岁月，或有进境也。东事扰起，适际无人，謇遂与司马偕行。彼时司马意气益张，然遇事尚能奋厉，不顾情面，节而取之，兹犹足多。曾不意一旦反复，夸诞谬戾，至如今日所闻见者也。凡诸无据，如自上申报，以弋虚名，诡设同文馆以楞物听等事，尚不足以折司马之心，姑不说。请即仆等所躬被者论之：一营务处常事耳，南北两洋、漕河、沿海道、府、州、县，往往有营务处之名也。仆等与司马虽非旧识，要是贫贱之交，而往春初见，虽诩诩作公孙子阳见马文渊之状，一再规讽，不少愧悔，此一可笑，謇今昔犹是一人耳，而老师、先生，某翁、某兄之称，愈变愈奇，不解其故，此二可笑，詧司筱公支应所，司马既有领款，应具领结。詧因司马问领结格式，遵即开乌，辄斥为何物支应所，敢尔诞妄。不知所谓诞妄者何在？勿论公事矣，詧于司马平昔交情何如？而出此面孔，此三可笑。

顾此犹寻常世态也，司马今贵人，不足以为轻重。更即有关于司马品行心术者论之：司马所谓营务处，分统三营之营务处也，会办朝鲜防务，孝亭〔三〕会办也。公牍具在，文理昭然，而司马札封称钦差北洋大臣会办朝鲜防务总理营务处，将不屑于此间欤？则不应受事，将以此愚瞽东人欤？则东人不尽无知，将窃借北洋以欺人欤？则人不可欺。言官劾左宝贵者，列其妄称钦差钦命字样，不知司马此举与左宝贵何异？此其一。营务处是差事，而官则同知，五品耳。于镇将用札，于州县用札，等而上之，将道员兼营务处者，于实缺提镇，亦当用札耶？在司马之意，岂不谓关防颁自北洋，便用北洋体制。彼州县检簿之印，无一不颁自礼部，将亦与礼部一体耶？事例乖缪，此其一。既为孝亭会办，同见国王，便当孝亭居左，一应公事，便当会孝亭前衔，而事事任性，妄自尊大，威福在我，陵蔑一切，致使将领寒心，士卒怨涕，司马将谓势力可以摄人，权诈可以处事耶？不学无术，此其一。内地职官，惟实缺出则张盖，若营务处营官，从未见有用之者，乾、嘉间册使东临，国王迓以肩舆，曾被诏旨申饬，事载朝鲜大事考例。而司马居然乘舆张盖，制五色马旗，呵殿出入，平时建兵船黄龙大旗，不知自处何地？置孝亭何地？置国家体制于何地？此其一。副营是筱公三十载坐营，方檄司马接管之日，欷歔嗟叹，偏谓宾僚，慰亭是三世交情，吾所识拔，必不负吾，必不改吾章程。而司马接管后，初次来函，便较论海防教练各费，吞吐其词，意谓筱公曾借以冒领浮支，使之警觉恐惧乎？不知海防费二千两，金州、朝鲜各得其半，系有明文。教练费早于去冬十月截止，鼎铛有耳，岂不闻之？且筱公故人旧部从者实多，用度日绌，而其津贴司马，动二三百、四五百不等。即司马到营之始，仆役口粮亦照差官发给。今恩谊所在，略不顾，义利之辨略不省，此其一。筱公以副营畀司马，有举贤自代，衣钵相传之意。受人知者，虽其人之一事一物，亦须顾惜，而司马自矜家世，辄哗然谓是区区何足奇？便统此六营，亦玷先人。夫子孙当思祖父所以荣当时而福后人者，兢业以绍其休，不应蹈君家公路、本初[四]，四世三公之陋说，且由司马之说，则令叔祖端敏公，令堂叔文诚公进士也，尊公及令堂叔子九观察举人也，司马何以并不能博一秀才？玷有先于此、大于此者，何不此之耻；而漫为夸说，使人转笑筱公付托之非。易一人而如此焉，司马谓其尚有良心乎？此其一。贩烟有诛，宿娼有禁，司马所曾律以杀人刑人者，而烟膏鬻自三军府则容之，官妓三名，聚宿三军府，则躬与之，不知何以对所杀、所刑之人而无愧？此其一。教练新建营，会办朝鲜防务，司马所得预者军事耳，此外朝鲜一切政事，岂应越俎？而尹泰骏之被褫归第，李祖渊之解去兵符，司马公然为关说；张敬夫所购湖桑，必不值一万四千金，此中弊窦，人人所晓，司马公然为之主持。司马今日，方谓凭我一言，何事不办，以此自鸣得意，雅不顾有识之嗤于其后，此其一。筱公于北洋[五]三十余年之旧部也，孝亭亦三十余年之旧部，司马于北洋辗转因缘，而窃承其呼吸者，裁年余耳。司马尝为仆等说李某忌文诚公、先公事，愤恨不已，今何以裁得其一札，公牍私函便一则曰禀北洋，再则曰禀北洋，岂昔所谓怨者，今已修好耶？抑挟北洋之虚声，以笼罩一切耶？抑前所云者，不过因李某方冒天下之不韪，而姑假此说以附清议之末焉，是皆不可，况北洋未必尽吞噬天下之人；天下之人，亦未必尽如司马昭之皈心委命于北洋。不然，愚人而徒自露其先后不侔之迹，此其一。茅少笙、纪雨农之二人者，司马曾亲为仆等言其轻躁贪鄙贩货挟妓之状，且述二人酗酒辱骂筱公语，斥其病狂丧心，当时意司马诚知人，诚忠于筱公，有昔贤待府主之义，今何以此而昵之，所闻司马之议论，且如出茅、纪二人之口，此其一。

仆等与司马相识，今三年矣。以司马往日之为人，疑其不应如此，以司马今日之行为，恐其不止如此。试为溯其源，则司马胸中，既恃家世，又谓二十许人作营务处营官，姓名见知于一新办洋务之宰相，是旷古未有之事。又有虚憍者、浮检者、圆熟者、庸恶陋劣者左之右之，颂公述德，务求合乎司马之所乐。而司马亦遂志得意满，趾高气扬，而不顾蹈于不义。试为穷其流，则司马既与尹泰骏等换帖矣，必盖联络朝鲜之中使，外务衙门，张皇体面，高掌远蹠，使孝亭不安而退；必用兼并之术，扬此抑彼，轻此重彼，使筱公旧人互相不安而退；必借北洋以干预朝鲜一切用人行政之权，必交欢闵氏，俾国王专奏力荐，希揽防务商务之柄，必以取重于国王者，因取重于北洋，希作海关道。凡此之说，未免近于逆臆，然欲檄总兵刘朝贵为提调，分明是闹标，分明是制郭春华，是何体制？而饬其词曰以符体制。此次国王来函，无一不称曰袁会办，而孝亭转似在牵连得书之例。此得谓非司马之心思力量手眼之所构耶？

今仆等于司马隔若秦越，亦何乐哓哓？然窃念当时交谊，实不忍徒引谙于知人之咎，而坐视沈迷，故痛切言之，冀大声疾呼以痞司马。或者司马见此讯，必大怒大骂，必有人助司马大怒大骂，必来见筱公辞差，必以讯并入浮言之例，哀禀北洋，以钳将来之口，而益坚北洋之信。或谓司马虽大怒大骂，然必故事含宏，谦词谢过，指天誓日以明无他。是二者，意司马必不出此，亦不必出此。司马诚试思所说有虚者否？有不是者否？愿司马息以静气，一月不出门，将前劝读之《呻吟语》、《近思录》、《格言联璧》诸书字字细看，事事引镜，勿谓天下人皆愚，勿谓天下人皆弱，脚踏实地，痛改前非，以副令叔祖、令堂叔及尊公之令名，以副筱公之知遇，则一切吉祥善事，随其后矣。

此讯不照乎日称谓而称司马，司马自思何以至此？若果然复三年前之面目，自当仍率三年前之交情。气与词涌，不觉刺刺，听不听，司马其自酌之。

〔一〕光绪十年（1884），吴长庆调防金州，分兵三营畀袁世凯留驻朝鲜。未两月，袁结纳李鸿章，「一切更革，露才扬己，颇有令公（指吴长庆）难堪者」。为此，张与其兄张謇、朱铭盘联名致函袁世凯，对袁在朝鲜言行有所指责、规劝。此后，张与袁世凯二十年不通音讯。朱铭盘，字曼君，江苏泰兴人。举人，工诗文，曾与张同客吴幕。

〔二〕筱公即吴长庆。

〔三〕吴兆有字孝亭，吴长庆旧部。

〔四〕袁绍字本初，袁术字公路，均东汉末年人。

〔五〕北洋指李鸿章，时任直隶总督，北洋通商大臣。

代某公条陈朝鲜事宜疏〔一〕

清光绪十一年（1885）

窃惟国家盛京、吉林，皆以朝鲜为屏蔽。是以太宗文皇帝首先戡定，然后专意中原。仰惟先朝肇造之远谋，即为今日必争之要地。该国恪恭藩服，近三百年。自光绪八年春，听朝鲜为自主之国，与各国立约以来，始通商务。旋因风气初开，构成内乱，经故广东水师提督臣吴长庆奉命东援，庙算指麾，随时安缉。十年春，留防之军先撤三营。该国复与日本启衅，围及王宫。幸中国尚有三营搘拄保护，仅而无事。是以中国以朝鲜为外户，朝鲜亦倚中国为长城。当此积孱极弱之后，固不可一日而无中国防护之兵也。既防营尽撤，而觊觎之者乃益肆无忌惮矣。觊觎之者，无过于俄罗斯、日本二国。俄之据库页岛，经营珲春，侵该国之图们江，而招致其民人十余年矣。日本力不逮俄，而较俄为近。既攘中国之琉球为己有，得陇望蜀，益思图我朝鲜。其君臣上下，处心积虑，亦非一年。凡见于中外新闻报纸者，人人知之。惟其有必图之心，而又迫于俄人相乘之势，是以绝不度量，动辄先发其意，专破朝鲜臣服中国之说，因以夺中国保护朝鲜之权。夫使权之所在，徒以为名，如琉球、安南、暹逻、缅甸之类，犹可说也。朝鲜与中国唇齿相依，利害相因，大权一失，实祸随之。况眈眈虎视者，不止一日本，而未尝不以日本要求之得失为动静。日本得则各国皆动矣，日本失则各国皆静矣。琉球去而安南随之；安南去而暹逻、缅甸随之，此已事之鉴也。朝鲜若复为日人所有，英俄之起而争西藏，可立而待。且渤海、天山堂奥尽露，京师能高枕而卧乎？皇上天亶聪明，必能明见万里。

臣疏远小臣，知识极陋，本不敢越职而陈大计。顾当此宵旰忧劳之会，实不胜犬马图报之忱，谨以愚虑所及，条陈援护朝鲜八事，以备刍荛于万一，不胜激切屏营之至。

一、请速申旧约，布告各国，以定藩服之名。查朝鲜纳土归降，臣服中国，在我朝崇德二年，载在盟府。即光绪八年许朝鲜与各国立约，亦尚有认明朝鲜系中国属国之说。今闻日本忽以重兵胁制该国王，令立向来不属中国之约。恃强犯顺，情事显然。应请布告各国，以见彼此曲直之所在；并请声明：日本即有暗中胁制该国王占据其地之事，中国亦定须索回。而必请从速宣布者，所以塞日本诿为不知之口也。

一、请起用宿将，分别统兵，以壮先事之备。器十年不用则坏，兵列年不用则钝。今天下不乏勇敢忠义之士，而常少练达更事之人。勇敢忠义本乎天，练达更事由于人。故才犹易得而望难猝成也。数年以来，宿将凋谢，惟湘军之刘锦棠，淮军之刘铭传、王孝祺尚在。此外如云南提督冯子材、广东南澳镇总兵刘永福，并曾于关外著有战绩；永福尤为外人所重；应请立予起用，有旧部者仍令督率所部；无旧部者即令自募数营，以免兵将不习之弊。仍令各督抚核实荐举将才，以备选用。

一、请简调海军，参置前敌，以收练胆之益。查神机营之外，别立海军，将以收拱卫京师之效，如宋时禁兵之制也。平时养以重饷，而临事不足折冲；是糜甚有用之钱，养群无用之人，安用此军？且技艺可习于无事之时，而胆智之习，非使之经历行间、习惯艰苦危险之事不可。应请严饬该军翼长人等，简调精壮，参置前敌，与他军相为磨荡，增长胆气；庶目前不致有虚设海军之名，将来亦可望钳制他军之用。

一、请别选奇兵，驰出间道，以为攻心之助。朝鲜故都向在平壤，平壤陆路东西相距不远，盖海势之所束，南拊王京之背，北控元山，地为今平安道，与奉天相距不远。今以南北洋兵船计之，分别战守策应，仍恐不敷调度，亦虑兵力单薄，不足以壮声势，拟请饬下北洋大臣于旅顺防营中，择曾在朝鲜带兵、明白耐劳之员，统率十余营，由间道前往，规平壤为后路，助前敌之声援，通奉天之形便。

一、请南洋各口，严兵屯守，以防逸突之寇。日本在明代习为中国边海之患，今其国情形，较从前迥不相同，而知中国保护朝鲜，毅然必出于战，难保不分兵突犯南洋各口，为炫我视听、摇我军心之计。应请饬两广、闽，浙、台湾、两江各督抚，无事增募重兵，但就本省防营处所，严督将领勤实训练，加意防范。设日船阑入，急击勿失。若我兵一路得手，日本在朝鲜之兵，亦必无坚志矣。

一、请量增劲旅，屯驻北洋，以便战守之资。北洋之防，以天津、旅顺、山海关、烟台、威海为最大。此外各小口甚多，断无各处设防之理。就目前形势而论，既分大队援护朝鲜，不知内地防军兵力足支与否？应请饬下北洋大臣量增劲旅：为守计，预于天津屯扎一枝；为战计，须于威海屯扎一枝，以便分别策应。惟不得有名无实，致将来又多一撤兵之累。

一、请断自宸衷，无恤小挫，以坚将士之志。兵法云：「善战者不败，善阵者不溃。」败固军家所不讳言。昔勾践之败，卧薪尝胆，出入警呼。近者普法之战，法亦图画败状，以激怒人心，使之不忘报复。是又所谓因败为功者也。以天理、国势、人力论之，中国固有致胜之道，而兵事万变，一彼一此之间，利钝准必。但得上下、内外，坚持一力图自强之心，即令朝鲜竟为日本所有，不难规复。少康一旅犹兴，况堂堂之中国而顾巽懦畏人乎！应请明饬将领，随时将如何筹战之法，据实上闻。如其并非观望却退，虽小挫败，许其自赎。庶人人知上有必战之心，将心益坚，士气百倍。

一、请力持大体，无轻许和，以杜窥伺之隙。东西洋各国风尚，政治，本不相谋，亦有向系仇敌，或内相猜疑者，而一遇中国交涉事件，则无不联为一气。或此方欲战，彼为讲和；或彼本虚声，此为证实。种种要求，无非公法中所谓「利益均沾」四字括之。今日本野心日张，无理日甚；彼方以中国为其演试军事之地。若遇事轻许，自取损失，彼力有仲伯于日本者，迭起效尤，何以应之？臣抑闻各国驻京使馆窥探朝政，消息至灵。至于中国将帅，尤无不观望皇上意旨。臣尤伏愿皇上时时存必战之心，事事图能战之实，自然有可和之时机，无轻和之后悔。是以战为和者，千古中外不易之长策。而皇上此时却不可即存以战为和之意，庶窥伺者无从乘隙，图强者有所秉承。天下幸甚！国事幸甚！

〔一〕某公指盛昱，字伯熙，隶清镶白旗。官国子监祭酒。1885年（清光绪十一年），张謇国子监考取第一。当年十月廿四日《日记》载：「为意园拟陈朝鲜事。」意园为盛昱居所。

四　《寿恺堂集》涉韩文献辑录

周家禄　撰

朝鲜乐府　有序

光绪八年六月，朝鲜都监营兵之变，倭人乘机启衅。上命广东水师提督庐江吴公长庆往援护之，应时定乱，功业伟矣。顾朝廷之谕旨凭于疆吏之奏疏，疆吏之奏疏凭于军咨之椟报，奉辞伐罪，立言有体，事状或未尽其实。余征诸国人与朝之士大夫、庆军将校之与于斯役者，作朝鲜乐府十篇，随事立名，托于辞以风，事不悉喻，复篇序如左：

昌德宫

王所居也。先是，道光十四年，宣恪王玜薨，世子追谥康穆。王昊前卒，昊子庄肃王奂立。二十九年，奂薨，无嗣。庄顺王昑四世孙忠敬王昪立。同治二年，昪薨，无嗣。庄顺王昑五世孙兴宣大院君昰应次子熙以康穆太妃赵氏命入奉国统，为康穆王嗣，以继纯祖——纯祖，国人所称宣恪王庙号也。当是时，嗣王幼，太妃临朝，委任大院君，十年而国治。既而王亲政，妃闵氏擅权，任用外戚；开海禁，通外交，而国以乱。王之始亲政也，居昌德宫，与外约，有警则举火，于是宫中夜不息火者九年，至是而乱作，光绪八年六月初十日也。宫有二，新宫曰景福，盖前毁于火矣。

昌德宫，骊山火，景福宫，阿房炬。骊山烽火未渠央，阿房一炬成焦土。当年宣恪弃群臣，孙子联翩相接武。王奂、王昇皆无嗣，谁继先朝不祧祖？汉家老寡定六计，博陆、延年奉卤簿。太妃效法宣仁圣，诸侯夹辅冲人主。定陶虽自外藩入，丕奕相承惟守府，外家许史已盈朝，何况横行十阿父？中宫将种有权术，手持太阿罢群辅；玉妃拊膝六宫愁，可惜私心为门户。殿前楚舞和楚歌，私语微闻有阉竖，金缯十万辇民间，敕建招提三百所。黄金布地竟何为？身向华林学市估，祖宗家法一朝弃，从此开边召外侮。三军鼓噪无奈何，出走仓皇夜向午，罘罳小殿闭长秋，明日归来余败堵。余败堵，君不见景福宫前行路愁，昌德宫中夜歌舞！

长湖村

在广州阴竹县，王妃从弟闵应植家在焉。方乱之作也，王及世子皆避匿，妃被创，间道走应植家。国中求妃不得，以薨闻。既发丧矣，会左右知其事者密以闻，吴公命甲士五百人迎而还之。

沉沉赐第上东门，谁其居者窦王孙。大军不识阴竹县，路人却指长湖村。长湖村中越女浣，绿杨罨画开朝暾。元戎小队从天下，下令不许惊鸡豚。玉妃鳌冠微出视，渔阳鼙鼓犹惊魂。传宣禁止都监卒，生还要是天朝恩。是年六月公宫火，襄王梦破南山云。羽林训将召不至，武库甲仗何纷纷？六宫相扶下殿走，仓舒伏匿犹声吞。玉钗惊飞匣中燕，乱党悖逆云私奔，阿奴暂去无消息，仓卒不知亡与存。沉香亭北羽衣舞，宫娥收得当时裙，招魂野祭有成例，权宜便筑骊山坟。谁知缟素已一月，义与反正零陵君。伊何锺建肎负我，仿佛云是奄人文。君王论功称第一，手敕便进监门军。昭阳从此再相见，母爱子抱皆欣欣。就中微闻永巷泣，禁脔一近遭黥髡。君王不采南陔兰，贱妾不采南涧苹。王师伐罪罪人得，大义已灭生身亲。天寒且进一杯酒，银花火树元宵春。

大院君

昰应柄政十年，功最高，权侔人主。既反政，王妃所为不道，王不能制；昰应浸不平。光绪七年，昰应子载先谋犯宫废立，事觉，词连昰应，寝不问。日本使人议条约，所要求奢，国人疾之，欲因以作乱。会都监营饷不时给，士卒哗噪，乘机攻杀日本人，突入王宫，宫中大乱。都监营弁卒，皆先世宿卫有功，子孙蟠踞兵籍，以营为家，所为多不法。乱既作，昰应始出解散之。朝鲜使臣在天津者曰金允植、鱼允中告变，直隶总督闻于朝，罪状昰应；朝廷命吴公统兵治之。

大儿承政院，小儿大将军。康穆太妃侧席问，朝鲜嗣王惟守文。借问朝鲜执政谁？今王生父大院君。周公践阼将十载，瞽瞍为父生杀人。朝更宰执暮除吏，出必专乘坐绝茵。雄才大略政自我，富国强兵功在民，首绝外交御外侮，十年不见东倭尘。一朝内中出片纸，君王更用一番臣。太妃归政太公罢，王妃英武王柔仁。当时嗣王始亲政，大功乃出椒房亲，外生诸壻奉朝请，何况霍氏诸弟昆？岁时赐予辄无算，苍头赍出濯龙门。是时倭奴始觊觎，是时卫士方纷纭，都监饷匮哀训将，训将驽怯佯不闻。吾曹饥困徒自苦，先朝宿卫皆有勋。叫呼索食岂得已，矢及君屋聊自陈。燎原一发遂难制，玉石岂救昆冈焚。太公当年柄政日，卫士奉法勇且驯。仓皇变起虽叵测，大义解散如摧薪。亡不越境何濡滞，反不讨贼何逡巡。春秋大书法不宥，天王问罪天威申。中朝圣人亦有父，懿亲明德何恂恂。小邦陪臣敢为尔，何不上法圣父尊。尧母震怒命皋陶，放勋三宥全天伦，皇畿右辅寓公宅。羁留不遗如天恩。

南坛山

吴公防海山东，驻兵登州。闻命，剋五日，期以七月初四日航海，初七日抵朝鲜马山浦。十一日渡汉江，山介王京、汉江之间，吴公命部将黄提督据险为营。十三日，吴公入城谒昰应，还趣南坛。昰应答谒，从者五百人，公命黄纳其众而守之，更数人与昰应笔谈，设食，禁从者不得辄白事。昰应疑，语吴公使人还取衣；公出朝旨，执而致之于天津，朝廷命安置保定府，仍捕其余党。

四日发东牟，七日抵三韩，十一径冠岳，十三趣南坛。南坛、冠岳相对出，含青滴翠双烟鬟。将军不看青山色，下令且壁南坛山。囊沙糗精一齐下，深沟千尺流潺湲，前有汉江后木觅，四园绝壁中当关。延陵都尉儒者将，轻裘缓带坐雕鞍。淮南健儿好身手，长枪簇立青琅玕。南别宫前齐下马，刀光剑气暑月寒，延陵微笑手麾却，当年令公骑且单。豁堂石楼迤逦入，宾主握手谈笑欢，临行固谢勿答谒，千乘骤至如惊湍。斯时营门纳从骑，千人馔具仓卒间。太公惊疑欲有问，回顾不见所从官。南山日落照衣袂，欲去苦辞纱縠禅。延陵褒衷中出片纸，罪状若此何能宽？是非功罪有一定，咫尺自去朝天颜。长缨三尺不系颈，登车肃揖何闲闲。自从出师甫十日，从容杯酒禽渠奸。至今壁垒尚严整，苍松翠柏柯交攒。登高却望太公宅，云岘宫在青云端。

罪己教

乱既定，王下教罪己，循旧例也。

世间万事皆有例，国破家亡始罪己，教书哀痛出深宫，三院词臣夜进拟。王曰呜呼天不吊，告尔多方及多士。国家传序五百年，皋陶、庭坚几不祀，萧墙祸起复何言，罪不在民余小子。将无主极有偏颇，或者后宫微僭侈？缁徒铺地辇黄白，戚畹薰天袭朱紫，朝营峻宇莫雕墙，体极轻暖口甘旨。人君失德岂在多，未或不亡一于此。直言极谏赖汝贤，亲贤远佞从兹始。于嗟文告岂在多，鼓钟声闻有至理。嗣王当日下教时，父老欢呼行路喜。减膳彻乐能几时，元夜宫中召声技。

陈情表

王再上表，请归昰应，朝廷不许；朝廷许王岁遣吏省问昰应，王亦不遣。

一上表，再上表，小臣返哺学乌鸟。一陈情，再陈情，返哺不得乌哀鸣。天子有父何尊亲，小邦亦愿全天伦。天下岂有无父国，孝治天下惟皇仁。矜怜老病许归国，请以臣父罪罪臣。天子览表心恻然，顾命宗伯传丝纶：汝父得罪宗与社，汝国我国民我民。亲虽在汝法不宥，网开三面全其身。岩岩保定府，迢迢析木津。沉沉开第宅，灿灿罗羞珍。扁舟一水何涟沦，放流不到山海滨。上维伦纪定国变，下安反侧清边尘。颇闻太公对簿日，抗辨不屈如仪秦。爰书一定岂由尔，春秋大义徒引申。秋风落叶催上道，百年古屋开荆榛。闭门读易自思过，旁人为整乌角巾。七十老翁复何求？幸免城旦输鬼薪。小邦失计在互市，此事恨不当宁陈。煌煌天语许通问，岁时不见双鱼鳞。深宫弄儿一何乐，玉食坐对妃与嫔，不念太公安置处，冰天雪窖寒无茵。

仁川口

日本之通市朝鲜也，前明时始于釜山浦，国朝康熙初，日人病旧馆隘，请开新馆东莱府。光绪初年，两国立约，又增元山、仁川二口。八年之变，日使花房义质跳而免；既而以兵舰七艘至，分兵屯城南门，责送乱人，要七事立约，势张甚。我师至，日兵遁回仁川。既侦知无事，仍坚要七事，索兵费。朝鲜外务大臣李裕元等以洋银五十万圆署约，听屯兵王京卫使馆，国人不谙洋务，请命我北洋大臣李鸿章，以德国人穆麟德往，自是贷洋款，购机器，置关榷税，英、俄、奥、德、美之使骆驿踵至矣。

始开市，釜山浦；始设馆，东莱府。东莱府，客欺土，釜山浦，宾夺主。先朝遗患倭数户，草梁村前暂寄庑。往年马岛隶鸡林，岁例遣船二十五。后来羌白渐鸱张，三岛蔓延俱属虏。王京南部倭馆洞，时有格倭（见朝鲜《通文馆志》）狐假虎。八年六月变仓皇，先取诸倭膏质斧。花房公使夜闻警，飞如黄鹄窜如鼠。去时伴从散云烟，来日楼船骤风雨。蒙冲七舰驶飙轮，日出仁川见楼橹。虚张七事肆要求，缚送乱人凭责数。是时王师已入境，半夜地中鸣角鼓。倭奴仓卒出不意，强者失色懦栗股。韬戈潜渡杨花津，掬指争舟岂论伍。情见势绌机可乘，绝客闭关堪一怒。云何虏去反求和，自辇金缯输阿父。五十万元谁画诺，全权大臣敬书簿。可怜小国已如虀，竭泽而渔我忍睹。狄人所欲吾土地，岂在皮币与玑珇。已开口岸仍输金，从此他族实逼处。春风杨柳汉城南，洋乐乌乌自讲武。颇闻帝制欲自为，币聘西人为夹辅。病夫觅死苦不速，更启膏肓纳二竖。君不见元山口、仁川口，榷税置关谁可否？又不见英使馆、俄使馆，揖盗开门谁敢缓。

三军府

朝鲜禁兵，有军籍都监，有训练都监，有扈卫厅，有御营厅，有总戎厅，有禁卫营，有总卫营，有三军府。是应既被逮，余党保枉寻里、利泰院者尚数千人，吴公分兵捕治之，戮数十人。王惩禁兵之不可用也，一旦尽废诸营；即三军府募壮勇，置亲兵左右营习洋操，吴公命中书袁世凯统之。东兵废弛久，饷不如额，亲兵一切从湘、淮军制，数倍常饷。曩时羽林禁军及罢遣诸营兵皆不平，日寻细故忿争。效未著而衅已成，识者忧之。

上都监，下都监，军符佩，军籍占；总戎厅，总卫营，入宿卫，出专征。一朝变起肘腋间，三军卫士如云烟，枉寻里接利泰院，玉石一炬谁能全？犯宫不道为大逆，无知迫胁终堪怜。尽裁旧额傅新籍，逐去鸟雀留鹰鹯；汝南中书坐管领，两营十哨精卒千，临淮乍入汾阳垒，气色一变缘旌旃。羽林旧部颇睚眦，往往狭路交戈鋋，投醪可饮冀同饱。一丰一啬毋乃偏！此邦军政久废弛，侵渔积习成相沿。囊沙杂米那可煮，废券不入腰间缠。暂令饱食岂知感，渐成欲壑愁难填。殷鉴不远在六月，祸根已植毋使坚。他时一发恐难制，江河正坐流涓涓。

卖国碑

是应立以罪状朝臣之通外交者。

桓、灵卖官犹得直，栾、彭卖身犹得食。世间失计无逾此，名为外交实卖国；可怜卖国仍输赀，得不偿失况不得。天朝当年初定鼎，八道倾心输北极，不侵不畔三百年，长与神州为左翊。岂知大运有乘除，货殖道行王迹熄。十二万年无此变，四大部洲一市集。祖宗创造一何艰，松京、汉京好社稷。谁令魁柄属庸奴，一寸江山不知惜。天朝大吏主通商，下国何曾解居积？大书立券日中市，驵侩纷纷论交易。丰碑屹立城通衢，斐豹丹书比悖逆。愤时嫉俗毋乃过，大声疾呼竟何益？君不见西英吉、东亚墨，后来居上俄、法、德，中间居间傅相伯。

守旧党

朝鲜士大夫好立朋党，前明时有东、西、南、北各党，继又有大北、小北、中北党；国朝僖顺王焞时，有宋时烈、尹拯之老论、少论党；近世朝士，又分开化、守旧二党。论朝鲜国势，三十年前自当以守旧为正。

今则外夷环伺，风气大开，非人力所能挽回；一二拘墟之士，不顾国势之阽危，欲闭关谢客为自守计，亦多见其不知量已。诗曰：「不愆不忘，率由旧章。」不由先王之法而猥以守旧为辞，骛虚名而昧实祸，朝鲜其危矣哉！呜呼！岂独朝鲜也哉！

东西党，老少党，学术分门何不广？开化党，守旧党，朝政分门何扰攘？檀君壤土箕子封，八条教化何雍容。当年遗杖岂堪拄（平壤城内有箕子杖），只今故墓余高墉（江东县有檀君墓）。读书粗辨周与孔，数典未谙祖及宗，身为老论不讲学，各挟门第夸庸庸。古来党祸出衰世，国事如此谁适从？春秋尊王虽攘楚，战国连衡遂合纵。当今定复返中古，中古何不还轩农？世运变迁岂得已，大道破碎谁能镕？同舟胡越且共济，何况寮寀宜寅恭？如何阋墙不御侮，操戈入室难撄锋。外交未拒英、俄、法，内乱先构天地蜂（李载先谋乱时私立名号）。朝中朋党为祸始，坐令国势忧蒙茸。九州四海尽波靡，砥柱孰障中流峰？君看守旧几人在？海山冰雪摧寒松。

将发朝鲜留别东土大夫四首

春风杨柳汉江波，零雨三年有凯歌。汉将龙旗回日月，王人虎节照关河。楼船横海威名盛，台笠遮山惠爱多。二十一都驰马过，城南风景奈愁何。

王师七月下东方，国难县知痛未忘。岂有亡人仇卫辄，似闻故剑在昭阳。檀君废壤关时局，卫满荒营彻旧防。宵旰两宫频左顾，诸君何以副尊王？

连鸡策士有阴谋，从楚微闻欲背周。四郡从来为左翊，九夷何处著欧洲？徙薪曲突君终谅，揖盗开门我定忧，崇礼门前重回首，出城江水正悠悠。

熙宁雅乐溯宫县。铙吹从人索和篇。冬雪貂皮辽海市，春旗牛种汉阳田。明农事业归留相（时金留守允植方锐意农务），老论风流萃众贤。七子赋诗如见宠，东渐文教为君传。

朝鲜奏正使卞吉云元圭同舟至天津，见和留别四首之二，复次其韵

天子将征马伏波，楼船将士尽酣歌。三春边马犹思汉，二月征鸿渐度河。辽海风光千里共，皇华掌故一门多（时令子以贡使随行）。知君亦有澄清志，奈此边氛扰攘何。

蓬莱阁上记传笺，仙侣同舟有和篇，槲叶路长仍作客，桃花水长好归田。高、岑诗格留边塞，群、纪交情嗣昔贤。今日析津重系櫂，龙门声望有人传。

书朝鲜留别诗卷后

是卷始出时，朝鲜当轴诸公若闵蕙庭台镐、尹石汀泰骏、李浣西祖渊皆深不然之。其实煽处之焰，噂沓之情，有甚于中二首所云者。洪英植以元辅之子，甘为戎首，遂致公宫之火，险婴成济之戈；关庙之衣，再溅侍中之血，贵戚勋臣，同为煨烬。乌虖！是可哀已！家禄既悲前言之验，复感闵尹诸贤见几之不早，匡正之无术，而朝鲜党人之祸未有已焉。爰题其后，以告当世留心东藩之事者。

题赵判书书扇

光绪辛巳、壬午间，朝鲜金参判云养允植、赵判书惠人宁夏以大官奉使往来天津、烟台。论者称云养沉深有大度，而惠人不修边幅；惠人去官，云养实劾之。既反命，惠人以散秩奉朝请，闭户不与外事。甲申正月，家禄从吴武壮内渡，于三军府一见惠人。是年十月，洪英植之乱，云养诡避获免，而惠人遂以骂贼支解死。忠义之忱，平时不见亮于君友；及事至变起，婴不测之锋，若渴赴水泉，饥趋美食，惟恐失之。呜呼！何其烈也！今书扇俱存，而惠人不可复作，宜曼君太息珍重之不能已也。光绪十一年乙酉九月记。

朝鲜朝士题画诗记

右诗在朝鲜所征题，作者凡五人。曰金允植，字云养；壬午六月之变，以通商交涉事，先偕副使鱼允中在天津。乱作，北洋大臣召问状，云养恸哭乞援。随王师东下，以功擢江华留守，入为礼曹判书。正色立朝，弹劾不避权贵；然湛几远祸，卒不与甲申十月之难。以忤国妃旨免官。曰郑基世，字周溪。水原留守，入领右议政。时闵相擅权，周溪年逾七十，更历多难，深惧祸及，累乞休不许，以甲申某月卒。曰赵冕镐，字玉垂，年八十馀，老病失官，饥寒不能自存，甲申某月卒。曰金奭准，字小棠，年差少；困于下僚，工诗善隶，人鲜知者。曰卞元圭，字吉云；博学多通，文辞敏赡。王师东征，三充奏使，称职，擢任外部。为忌者中伤，流窜远道，时论惜之。诗不尽工。然此五人者，当师驻朝鲜时，家禄从往来最稔，从咨访山川阸塞、土俗民风甚悉。玉垂、周溪之殁，皆在我师内渡之后。小棠、云养、吉云或穷而不遇，或遇矣而免官，窜谪存亡不可知。曾几何时，已不胜死生契阔之感，吁！可存也已。光绪十四年戊子七月记于长沙试院。

与沈刑部曾植论朝鲜党人书

……朝鲜党祸，由来已久。在东时曾戏草一党人表，属稿未竟而内渡。近年彦复索观，遍觅不得，不知阁置何处。大约发端于前明隆庆间，国王李昖之世。当时仅有沈义谦、金孝元二党，主沈者为西党，主金者为东党。一变而为禹性传、李发之南北党，南北党兴而东西之绪绝。南北二党，以北党为盛。北党又分大小二党，李尔瞻等为大北党，柳永庆等为小北党。大北最强，郑昌衍承之，又别为中北党，又蔓延为清北、浊北、骨北、肉北诸党。国朝康熙间，国王李焞时，宋时烈为尹宣举撰墓志，论学术不合，宣举子拯贻书绝之。然时烈故东国老儒，研程朱之学，拯所师事者也，时论颇右时烈而抑拯。自是宋、尹之徒分门立论，各不相下，主宋者为老论党，主尹者为少论党。焞之末年，定斯文处分，严敕勿扰；然二党之子孙互相标榜，二百年而未已。今王熙之初年，朝士分开化、守旧二党：洪纯穆、金炳始等为守旧之魁；闵台镐、赵宁夏、李祖渊等则开化领袖也。开化之中又分中、日、俄三党。甲申十月，洪英植引日本兵作乱，台镐等皆死，是中、日二党相争也。后来交涉愈繁，分党益多，甲申以后，莫知究竟矣。大略如此，敢撮举以备乙部之采择。敬承起居，不宣。

与范肯堂

闻季直上书朝鲜国王，劝其内禅。家禄之愚，以为无论封立外藩有天子之命在，即使国王自欲援光尧故事，而王世子方数龄，今日之国王不又将为昔日之李昰应乎？揆度事理，未见其可……

与朝鲜政府

中国与欧美各国立约通商，要是世运迁流，不得不然。利不胜害，得不偿失，上下之人，疾首痛心，而无可如何。贵国开办之初，切宜慎之又慎。修好睦邻，诚为经国大计；但夷情叵测，惟利是图，名为通商，实存觊觎，措词偶失，即堕其术中。彼族谲诈之情，约有数端：以无足重轻之事巧为尝试，往往言在此而意在彼，使人不觉入其彀中，一也。条约之中，偶有间隙，即从此引绳批根，使我必不能许，而彼即藉为败约之地，往往有全款既定，决裂于一二款、一二字者；起灭自由，而复令咎归于我，二也。以他国为比，动称利益均沾，其实无一国不思独占其利。迨一国得手，则各国又群起而争，狼狈为奸，合以谋我，而必托名公法，藉口邦交，三也。未换条约先征兵舰，许则得步进步，不许则声言用兵；迨必不得已而许，而偿兵费数十百万之议已随其后。知我之必出于和，而始以恫喝，继以要挟，终以诛求，务满其欲而后已，四也。鬼蜮之情，反复靡常，要其大端，不外乎此。

细读贵政府复书及两次答问，皆力持大体，而措词浑融，不落边际，常使权操于我，而不受制于人，可谓极词令之能事。将来折冲尊俎，必可不辱君命，佩服！佩服！答问中，愚见所及，谨随条诠识，伏祈鉴察。

五　朝鲜壬午甲申事件之文件

陈裕菁　辑

余近假得光绪间《申报》，虽残缺破旧，然载籍所不具者，此独可征；故一鳞半爪，在当时为零碎新闻者，吾今分类汇集之，竟过半为秘闻焉。朝鲜壬午、甲申之变，于我国关系至大。顾五十年来（壬午距今四十七年）记载寥落，方彼东邻，宁无愧色！不自揣度，妄思有述，人事牵率，卒未暇为也。今检此报，两次事变始末，乃纤悉具备，视薛福成、马建忠所记，互有出入；刺取其说，吾夙愿其终偿矣。兹先搜集其中文件多通，汇为一编，为治近代史者之一助。读者倖之，吾将陆续以原料为供，或亦史界所不废乎？

一　朝鲜致日本照会

谨兹照会者：

窃念贵国与敝邦修睦约已三百年，近因开港通商往来更聘亦且六七年，庆贺哀慰无有间然，技艺学习俾尽其妙，自幸敦好共享安乐。而敝邦军民尚狃旧习，少见多怪，每值贵国人来，辄怀疑惧；贵国人见敝邦人亦视若等闲，滋弊非常，此则贵朝廷谅必洞察有素矣。

不意本月初九日，敝邦军民始由小事忽焉肆怒，十倡万应，蚁聚蜂起，变出顷刻，人莫敢格，毁破屋舍，戕害人命，猝入坤教，干犯教师，防不胜防，三人被死而僵路旁；又有四人儦劫清水馆，因风纵火；贵国人放炮挥剑，杀死我人殆数十人：岂但敝邦之不幸，抑亦为贵国之不幸也。

无知军民，不自解散，初十日劫害我大臣，抢入我宫阙，豕突咆哮，惊动君父，王妃升遐，宰臣二三人被执见杀：此千古所无之大变也。花房公使见机图避，至济物浦驶船鼓轮，未知时日之间已抵贵国否？伊时兵民迫及仁川，路上所杀者六人，并与留京被杀者负为厚葬，竖标明白，容俟自抵不诬也。

当此骇机，镇安为重。幸赖我国太公威信素洽，宽严互用，亲冒锋镝之间，晓谕分义，莫不感戢，衿绅耆幼得以无恐：此敝邦宗社生灵之福也。

以后凡有申约，彼此照应，永缔旧好，共相遵守，则可谓由于不幸而归于大幸，想贵朝廷决不为过语也。

此颂台安。不备。

前京城盐司金辅舷、宣惠掌上闵陈镐、前参判同昌植。（录自光绪八年七月《申报》）

二 吴长庆等安抚朝鲜军民示

钦命二品顶戴办理朝鲜事宜候选道马

钦命广东水师提督军门办理朝鲜事宜瑚敦巴图鲁吴

记名简放提督军门办理朝鲜事宜西林巴图鲁丁

钦加布政使衔随办朝鲜事宜河南候补道魏

为晓谕事：

照得朝鲜为中国藩服之邦，素秉礼义。比年以来，权臣窃柄，政出私门，毒积祸深，遂有今年六月之变。夫弑妃、辱王、残民、虐吏，一时并发，此千古之至变也。凡乱之兴，必有主者：或由于豪宗积威之渐，或根于奸邪异志之萌，原本各殊，轻重斯判。顷者，变告上闻，道路流传，皆言尔国太公实知其事。皇帝赫然震怒，念尔国太公既知其事，必能得其主名，特命遣师临尔国境，先以尔国太公带回中国，亲问事状，一俟罪人斯得，更伸天讨之威，歼渠释从，明正典刑。廷旨殷切，敢弗祗懔？今统领北洋水师丁军门暂与尔国太公航海诣阙。处人骨肉之间，全恩明义，我大皇帝自有权衡，必不于尔太公有所深责。但举动仓猝，恐尔上下臣民未明斯意，妄生疑惧，以元代执高丽忠宣、忠惠为例，大负圣意高深。此外，从前乱党，或以畏迫更造异谋。目前大兵水陆齐进，已有二十营，此后继发者，海上相属。尔自度王师可以显拒、兵力可以相抗，严阵相待，尽可一战；否则，深鉴祸福，早自激发，幸勿执迷怙恶，自速诛夷，而震恐良善。

呜呼！天朝视尔朝鲜臣主谊犹一家；本军门等奉命而来，则体皇帝之至仁，为军中之律令，雷霆日月，斯言告谕谆谆，尚其信谅。切切！特谕。

光绪八年七月十三日。（同上）

三 朝鲜国王罪己谕

王谕曰：

呜呼！予以否德，猥托民上十有九年，不明厥德，政失民散，罪积于上，殃集于躬，由予所召，虽悔曷追？粤自嗣服以来，大兴土木，勒敛民财，使贫富俱困，是予之罪也。屡改钱币，多杀无辜，是予之罪也。毁撤祠院，忠贤不祀，是予之罪也。玩好是求，赏赐无节，是予之罪也。过信祈禳之事，虚縻国币，是予之罪也。用人不广，宗戚是崇，是予之罪也。宫闱不肃，妇寺干泽，是予之罪也。贿赂公行，贪墨不惩，穷民愁苦之状莫达于上，是予之罪也。储胥久虚，军吏失哺，实价积欠，市井废业，是予之罪也。联好各国，乃是时宜，施措乖方，徒滋民疑，是予之罪也。竟致神怒人怨，变端百出，下临其上，灾及六亲，上贻天子之忧，下扰万民之生，失信于邻国，取笑于天下，此又予之罪也。呜呼！予罪至此，尚有何面目复对一国臣民乎？悲惶愧惧，实无南面之福。惟尔大小人民，肯弃予前过，许予自新，予将洗心涤虑，惩前善后，从前之政令不便于民者，悉令除之，择循良吏以牧群生，讲究实效，思与一国更始。尔等亦宜各懋乃绩，告以嘉谟；言虽不合，必无苛责之理。庶几补缀前过，共振丕基，则宗社之幸也。

今兹天兵渡海，乱逆斯讨，不极其武，宥其余党，行将大赦国中，咸与维新。予方悔过，何暇责人？呜呼！兴国恒于是，亡国恒于是，安危之机，凛如一发，尚可不戒之哉？兹以敷心谕告，想宜知悉。

光绪八年七月二十日谕。（光绪八年八月《申报》）

四 吴长庆严禁勇丁滋事告示

钦命帮办山东全省军务、广东水师提督军门吴为晓谕事：

照得兵士所至，乃以卫民。本军门统兵三十载，纪律极为肃严。今闻军中勇丁间有滋事扰民，此等恶习，殊堪痛恨！前在南阳府时，勇丁滋事，当经查出，将该勇丁等枭斩军前，并将该管哨官千总葛正明撤差参军，重加棍责，以示惩警。本军门爱兵爱民，原无畛域；但其人若不自爱，干犯纪律，苟耳目见闻之所及，无不立予创惩。此后如有勇丁滋扰民间者，许被扰之家认明该勇丁所穿号衣上某营某哨某人，赴辕指禀，以凭究办。若有良儒不敢挺身声诉者，则可诣尔礼部参判金允植及鱼允中处，指名控告，庶不至有所蒙蔽。凡尔缙绅士

庶，当谅区区相厚之心，幸无忍若茹毒，以重予不德也。切切！特谕。（同上）

五　朝鲜国王谕

八月初五日

维我东方僻在海隅，未曾与外国交涉，故见闻未□，谨约自守五百年。挽近以来，宇内大势迥异前古，欧、美诸国，如英、如法、如美、如俄，创其精利之器，极其富强之业，船车遍于地球，条约联于万国，以兵力相衡，以公法相持，有似乎春秋列国之世。故以中华之独尊天下，而犹然平等立约；以日本之严于斥洋，而终亦交好通商——是岂无自而然哉？诚以势不得已也。

然我国亦于丙子之春，重讲日本之好，许开三处之港。今又与美、英、德诸国，新定和约。事系创始，无怪乎尔士民之疑且谤。然交际之礼，均系平等，则揆以义理，无所碍也。留驻之意，本在护商，则参以事势，亦无虞也。

交际有道，尽在经传；而迂腐之儒，徒见宋朝和议之误国，妄为援譬，辄付斥和之论。何不思人以和而来，而我以战而待，则天下其将谓我何？如国也孤立无援，生衅同也。畔万国，致众镞之交集，自分败亡而不少悔恨，于义果何据？

议者又以联好西国，谓将渐染邪教——此固斯文为世教深长虑也。然联好自联好，禁教自禁教，立约通商，只据公法而已，礼不许传教内地，则尔等素习孔孟之训，久沐礼义之俗，岂有一朝而趋邪乎？设有愚蚩夫氓，潜相传习，则邦有常宪，诛殛不赦，何忧崇辟之无其术也？且见器械制造之稍效西法，则辄以染邪目之，此又不谅之甚也。其教则邪，当如淫美色而远之；其器则利，苟甘以利用厚生，则农桑、医药、甲兵、舟车之制，何惮而不为也？斥其教而效其器，固可以并行而不悖也。况强弱之形既相悬绝，苟不效彼之器，何以御彼之侮而防其觊觎乎？诚能内修政教，外结邻□，守我邦之礼义，效各国之富强，与尔士民共享升平，则岂不美哉？

乃者，习见难化，民志靡定，遂有六月之变，失信邻国，贻笑天下，国势日以岌嶪，赔款至于巨万，宁不寒心？日人之入我国，何尝虐我、侮我？而特以军民妄生疑窦，积愤怀怒，无故而犯之，有乖和好；尔等自思，其失在谁？

今幸办理粗完，旧好更伸，而英、美诸国又将踵至立约通商，此乃万国通例，非创行于我国，决非可惊可愕之事。尔等各宜帖然，士勤工课，民安稼穑，勿复以曰洋、曰倭，妄动骚讹也。各港近地，虽有外国人闲行，宜各晏然为常，无可相犯。倘如彼有凌虐，自当按约惩办，决不屈我民而护外人也。

呜呼！愚而自用，圣人悠戒；在下讪上，王法当诛。不教而刑，是为罔民，故以胪述洞谕。至既与西国修好，时昔有异，则京外所立斥洋之碑阁，概行拔去。尔等士民各悉此意。特令议政府发八道四都揭示。（光绪

八年十月《申报》）

六　朝鲜王招辑军民谕

谕尔军民知悉：

近闻乱魁尚有漏网，余党怵迫，逃者未归，流者未集，何可以若干人之罪俾无辜军民罹此苦也？今谕尔众：如有捕获乱魁者，每人赏赉百金，而别有褒奖之典。其余协从之辈，决无追究之理，勿复怀疑，斯速集还。

右令政府揭示。（同上）

（以上壬午事件）

七　日使与朝鲜督办为使馆随员生死事往来公牍

赵督办阁下，敬启者：

本馆随员矶林真三，前携贵衙门护照游历内地，至今尚未归来，道路风闻，传该员及语学生等在南门外被杀，或传该员等转路向水原地方。为此亟请贵衙门查照，请速行查明该员生死踪迹而回复可也。

专此，顺颂日祉！明治十七年十二月十二日。竹添进一郎。

竹添公使阁下，敬复者：

即接本月二十七日来函内开：「本馆随员矶林真三，前携贵衙门护照游历内地，至今尚未归来，请速行查明该员生死踪迹」等因。查贵馆随员矶林真三已经带有本衙门护照游历关东地方，当变乱之际，我君主深虑游历人在外被害，派人东路所在保护。讵谓矶林之行舍东而南，不知京中之变，孤行遇害，极为惊惨。据京畿观察使报称，派选营校查验日本人死处：一人死在果□县蚕室里前坪，二人死在南门外青坡前路，并已具棺埋瘗于文岩等语。据此，矶林之尸想在此三人之内，当经饬知畿营运送□川地。

肃泐奉复，藉颂台祺，不宣。

甲申十月二十九日赵秉镐。

八　朝鲜派全权大臣使日事往来公牍

大朝鲜督办交涉通商事务赵照会事：

照得本月二十七日，敬奉我大君主之命，「特派礼曹参判徐相雨作为全权大臣、兵曹参判穆麟德作为副大臣，前往贵国，谒见大皇帝，仍与贵政府商办本月十七日至二十日在京城经变事宜。钦此。」相应备文照会。请烦查照也。须至照会者。

右照会大日本钦差办理大臣竹添。甲申十月二十八日照会。

大日本钦差大臣竹添为照复事：

准贵历甲申十月二十八日照会内开：「照得本月二十七日，敬奉我大君主之命，『特派礼曹参判徐相雨作为全权大臣、兵曹参判穆麟德作为副大臣，前往贵国，谒见大皇帝，仍与贵政府商办本月十七日至二十日在京城经变事宜，钦此。』相应备文照会，请烦查照也」等因来，准此。

查经变事宜，业经本大臣日来屡次照会在案。今贵大臣奉大君主之命，内有「商办经变事宜」等语，未审贵大臣备文照会之意在搁置本大臣屡次照会而不顾，乃示绝于本大臣，忽派全权大臣于我国，俾其直与我政府商办经变事宜乎？望请明白见复可也。为此照复，须至照复者。

右照复大朝鲜督办交涉通商事务赵。明治十七年十二月十七日。

大朝鲜督办交涉通商事务赵为照复事：

准来文内开：「经变事宜，本大臣日来屡次照会在案。今贵大臣奉大君主之命，内有『商办经变事宜』等语，未审贵大臣备文照会之意在搁置本大臣屡次照会而不顾，乃示绝于本大臣，忽派全权大臣于我国，俾其直与我政府商办经变事宜乎？望请明白见复」等因。自贵大臣去馆就外以后，本大臣耿耿在心，以书以面，冀暴区区之忱，而未见采察。比闻逆臣金玉均等已搭往回船，此辈必诪张为幻，构我两国之间。本国上下窃有未安，另派全权使臣，前往办理，意在杜谗辨奸，保全交好而已。如贵大臣顿释前憾，俯就所商，则亦本大臣之所愿也。相应照复。须至照复者。

右照复大日本钦差大臣竹添。甲申十二月初四日。

九 朝日为缴还照会及保护公约事往来公牍七通

竹添公使阁下，迳启者：

本署十九日照会，缘彼时贵兵入宫卫守，内外隔绝，杀害大臣，皆云出于贵兵之手，不得不信而书之。迨闻事机乃奸党之从中挟势，除去异己之计，非贵兵手刃云，则前次照会句语未免失实，应请缴还原照会，以便改送，实为公允。

此请轺安！不宣。甲申十月二十六日金宏集。

金宏集大人阁下，迳复者：

接贵历十月二十六日来文内开：「本署十九日照会，缘彼时贵兵入宫卫守，内外隔绝，杀害大臣皆云出于贵兵之手，不得不信而书之。迨闻事机乃奸党之从中挟势，除去异己之计，非贵兵手刃云，则前次照会句语未免失实」云云。披阅之下，乃知杀戮大臣之事，业经贵政府查明，实系奸党之计，非本大臣之所知。至移宫之事，未知果出于谁耶？望请贵大臣查明见复为幸。

专此，顺颂勋祺！明治十七年十二月十四日办理公使竹添进一郎。

竹添进一郎阁下，迳启者：

顷接本月二十七日据前督办金还章内开：「乃知杀戮大臣业经贵政府查明，实系乱党之计，非本大臣之所知。至移宫之事未知果出于谁耶？请查明见复」等因。查杀戮大臣一节，操刃者凶党，而不幸而凶党所藉挟者贵国兵也；敝邦物论，用是滋惑。至移宫一案，本非两样之事，想贵大臣早已默会也。

本月二十日，贵公使离馆之事，贵国兵丁在市中伤害本国之人四十三名，皆系民人，并无防身之器具，内有妇女幼稚，仰贵公使幸即秉公查明通知，务协公平，用为办理为希。

专此奉布，顺请勋安。甲申十月二十九日赵秉镐。

大日本钦差大臣竹添为照会事：

前督办金十月十九日照会内载有「各国均有保护之约」等语，本大臣未知贵国于各国有保护之约，请贵督办即将该约明文抄送本大臣，以便用备查阅可也。

须至照会者。

右照会大朝鲜督办交涉通商事务赵。明治十七年十二月十八日。

赵督办阁下，迳复者：

接甲申十月二十九日来文内开：「查杀戮大臣一节，操刃者凶党，而不幸而凶党之所藉挟者贵国兵也；敝邦物论，用是滋惑。至移宫一案，本非两样之事，想贵大臣早已默会也。本月二十日，贵公使离馆之时，贵国兵丁在市伤害本国之人四十三名，皆系民人，并无防身之器具，内有妇女幼稚，仰贵公使即秉公查明通知，务协公平，用为办理为希。」等因，准此。

查贵署二十六日来文内有「从中挟势」等语，本大臣以「中」字作旨由中出之中解，以为是即贵署二十四日照会内所载「胁制王上之意」，今据来文云：「凶党之所藉挟者贵国兵也」，乃知从中挟势云者，仍指我而言也。本大臣深信贵署无以凶党心事移加于本大臣之理，因想必有其所藉挟事实，切望举其证，迅速见示。

移宫一案，据来文云：「贵大臣早已默会」。夫移宫与杀戮自是两事，而贵照会初以大臣为我兵所手刃，次则为凶党所戕杀，其后二十六日来文辨非我兵手刃，而云前次照会句语未免失实，而移宫一节则不言及之，本大臣何由得默会乎？

又来文云：「贵国兵丁在市中伤害本国人四十三名，贵国公使即秉公查明」云云。当本大臣出馆由大道向西门去之时，贵国兵民放炮、放枪、射矢，或乱投瓦石，我不得已而为适当之防御；在此丸矢瓦石乱投之际，岂知贵国妇女幼稚逍遥于市乎？贵政府乃不责贵兵民之为此暴行，贻此祸害，而反望本大臣秉公查明，本大臣所未解也。渡汉江之后，无复贵兵民为暴行者，故我亦解严矣。贵兵民暴行既已如此，仰贵政府秉公查明，务协公平，用为办理为希。

复此，顺颂日祉。明治十七年十二月十八日竹添进一郎。

大朝鲜督办交涉通商事务赵为照复事：

接准本月初二日来文内开：「前督办金十月十九日照会内载有各国均有保护之约等语，本大臣未知贵国与各国有保护之约，请贵督办即将该约明文抄送本大臣，以便用备查阅」等因前来，准此。

查本年十月十九日照会句语，苍黄之际，或恐失当，前督办金业于十月二十六日遂函至贵公使，请将原照会缴还，以便改送在案；而贵公使不惟不见听施行，乃从字句抉择苛问，此本大臣之所未能解也！相应照复，请烦贵公使查照可也。

须至照复者。

右照复大日本钦差办理公使竹添。甲申十一月初四日。

大日本钦差大臣竹添为照复事：

接准贵历甲申十一月初四日照复内开：「查本年十月十九日照会句语，苍黄之际，或恐失当，前督办金业于十月二十六日送函至贵公使，请将原照会缴还，以便改送在案；贵公使不惟不见听施行，乃从字句抉择苛问，此本大臣之所未能解也」等因，准此。

查二十六日来函内，独言杀害大臣非贵兵手刃，则前此照会句语未免失实，应请缴还原照会；故本大臣业经将十二月十四日复函更问以移宫之事，果出于谁，而缴还十九日照会一节未复以允肯也。且前督办金送函曰「未免失实」，而贵大臣今此照会则曰「或恐失当」，既失实则不可谓「或恐失当」也，「或恐失当」则未为失实也，本大臣甚惑焉。至各国条约，则所系最大，请抄送其明文，以备查阅，因为使臣不可少之事。贵大臣乃云从字句抉择苛问，是本大臣之最所不解，请一一见复，以解本大臣之惑可也。

相应照复，须至照复者。

右照复大朝鲜督办交涉通商事务赵。明治十七年十二月二十一日。

（以上甲申事件）（编者案：陈氏所辑第九至十四各条，系朝鲜督办交涉通商事务衙门与日本公使来往照会及公函，因已见于本书第一册所选《中日交涉史料第二七六附件二》，故不再录。）